상법총칙 · 상행위

: 사례와 이론

김병연 · 박세화 · 권재열

박영사

머 리 말

본서는 법학전문대학원과 법과대학의 상법총칙·상행위 강의를 위한 교재이다. 상법총칙·상행위 분야는 주요 국가시험에서 회사법을 중심으로 배점이 높은 문제가 출제되기도 하는 등 회사법에 비해 상대적으로 소홀히 취급해 온 면이 없지 않다. 그러나 상법총칙·상행위 분야는 상사법 분야의 기본적 틀을 다지는 매우 중요한 분야이다. 또한 상거래의 특수성으로 인해 민법에서의 기본적 이론과 상이한 점을 다수 가지고 있는 분야이기 때문에 민법과 상법의 주요 쟁점들을 동시에 강의하여야 하고, 그래서 회사법에 비해 분량은 적지만 강의부담은 결코 가볍지만은 않다. 민법과 상법을 동시에 연결하여 이해하여야 할 부분이 많고 상사법의 기본체계도 정립해야 하는 학생들의 입장에서도 힘들기는 매한가지이다. 이러던 차에 십수 년간 법과대학과 법학전문대학원에서 상법총칙·상행위 강의를 담당해 오고 여러 국가시험 출제에 참여해 온 저자들이 어떻게 하면 이 분야를 잘 강의할 것인지, 어떻게 하면 수험생들이 효율적으로 이해하도록 할 것인가를 고민하던 차에 의기투합하여 집필하게 되었다.

평소 학문적인 교분을 많이 가지고 있는 저자들은 위와 같은 점에 충분히 공감하고 독자들의 선택에 복잡함을 더해주지 않으면서도 독창적인 체계를 잡고자 최선을 다하였다. 기본적인 이론을 간단명료하게 정리하면서 주요한 논점에 대한 다수의 판례를 제시함으로써 이해를 높이고자 하였고, 이 과정을 거친 후에 사례형 연구와 선택형 연구를 통한 연습을 하게 함으로써 이해에 대한 점검을 하도록 하는 방법을 택하였다.

연구의 결과물을 세상에 내놓는 것은 참으로 힘들고 두려운 작업임에 틀림없다. 상법총칙·상행위 분야에는 이미 많은 교과서들이 출간되어 있지만, 집필과정에서 모든 교과서를 참고문헌으로 언급하지는 않았다. 비슷한 내용이 있기도 하지만 모든 문헌을 섭렵하고 언급하기에는 아직 저자들의 역량이 부족하다.

이 점 선배, 독자제현들의 이해가 있기를 바란다.

특히나 무더웠던 이번 여름 내내 씨름하며 취지에 맞게 하고자 하였지만, 저자들의 목적에 맞게 집필이 잘 되었는지 두려운 마음이다. 부족한 부분을 보충하여 좀 더 나은 결과물로 발전할 수 있기를 바랄 따름이다. 출간에 시간적 여유를 많이 드리지 못하고 독촉만 하여 무더운 여름철을 더욱 힘들게 보낸 편집부 김선민 부장님께 죄송함과 감사함을 표현하지 않을 수 없다.

2012년 8월

김병연 · 박세화 · 권재열

차　　례

제1편 서　론

제 2 편 총 칙

제 3 편 상 행 위

참고문헌

김성태, 상법총칙·상행위강론, 법문사, 2002

손주찬, 제15정증보판 상법(상), 박영사, 2005

송옥렬, 상법강의, 홍문사, 2011

이기수·최병규, 제6판 상법총칙·상행위법학, 박영사, 2008

이철송, 제10판, 상법총칙·상행위, 박영사, 2011

정동윤, 제5판 상법(상), 법문사, 2010

정찬형, 제14판 상법강의(상), 박영사, 2011

채이식, 개정판 상법강의, 박영사, 1996

최기원, 제19판 상법학원론(상), 박영사, 2011

최준선, 제7판 상법총칙·상행위법, 삼영사, 2011

제1편

서 론

제 1 장 상법의 의의

제 1 절 형식적 의의의 상법과 실질적 의의의 상법

1. 형식적 의의의 상법

형식적 의의의 상법은 우리나라 법률 제1000호(1962년 1월 20일)로 공포된 상법전(商法典)을 의미한다. 상법전은 제1편 총칙에서 법원(法源), 인적·물적 설비 및 영업양도, 공시제도를 다루고 있고, 제2편 상행위에서는 통칙을 시작으로 영업을 위한 특수한 재무적·조직적 제도(상호계산, 익명조합, 합자조합), 상행위의 주요 유형 등을 다루며, 제3편 회사에서는 합명·합자·주식·유한·유한책임회사의 5가지 종류 회사에 대하여 그 조직과 활동을 규정하고 있다. 제4편 보험에서는 보험계약법을 다루고 있고,[1] 제5편 해상에서는 해상기업조직과 해상기업의 활동을, 마지막으로 제6편에서는 항공기를 이용한 공중운송에 관하여 규율하고 있다.[2]

기본적으로 대륙법계의 계통에 서 있는 우리나라의 상법전은 그 구성에 있어 프랑스와 독일의 상법전의 영향을 받았다. 대륙법계의 대표적인 상법전은

---

1) 보험조직법은 보험업법((타)일부개정 2011. 7. 21 법률 제10866호 시행일 2012. 7. 22)에 규정되어 있다.

2) 2011년 상법개정으로 상법에 큰 변화가 있었다. 상법총칙편에 공동기업의 한 형태로 기존의 익명조합 외에 합자조합(Limited Partnership)이 추가되었고, 회사편에 새로운 회사형태로서 유한책임회사(Limited Liability Company)가 도입되었다. 또한 상법전에 항공운송편이 신설되어 「국내운송의 여객 연착에 대한 책임한도액과 운송물에 대한 항공운송인의 책임한도액(최초 정부안에서는 여객 1명당 4,150SDR이었으나 상법에는 500SDR로 하향조정되었고, 운송물에 대한 국내항공운송인의 책임한도도 1킬로그램당 17SDR에서 15SDR로 하향되어 결정되었음. 907조 2항 및 915조 1항), 운송물의 멸실·훼손에 대한 책임 및 지상 제3자의 손해에 대한 책임의 면책사유('불가항력' 사유의 추가. 913조 1항 5호 및 931조 4호)」 등이 입법되었다.

근대적인 상법전의 효시라고 평가받는 1807년 프랑스의 나폴레옹 상법전을 비롯하여, 1897년 독일제국 상법전(Handelsgesetzbuch für das Deutsche Reich: HGB), 1892년 독일 유한회사법(GmbHG), 1937년 독일 주식법(Aktiengesetz) 등을 들 수 있다. 그러나 현재 상법전의 영역은 다른 법역과는 달리 미국 상사법의 영향을 크게 받고 있어, 이사회제도나 대표소송제도 등 상법전의 주요제도가 미국의 상사법제와 많이 닮아 있다. 미국의 경우는 대륙법 계통인 독일과 달리 불문법 체계이기 때문에 모든 상사법의 영역에 통일된 연방 상법전이 존재하지 않지만, 1952년 만들어진 통일상법전(Uniform Commercial Code: UCC), 모범사업회사법(Model Business Corporation Act: MBCA) 등이 우리나라 상법의 발전에 많은 영향을 끼치고 있다.

대부분의 국가들이 상법 영역의 독자성과 자주성을 인정하고 있으나, 각 국가의 법체제상 성문의 상법전을 두고 있지 않는 국가도 있고, 스위스의 경우처럼 민법과 상법을 채무법에 함께 규정하는 경우도 있다.[3] 또한 독일은 상법전에 총칙과 상행위만을 규정하고 회사법과 보험법은 독립된 법전으로 분리시켰으며, 일본의 경우도 2005년에 회사법을 상법에서 분리하여 독자적인 법전으로 개편하였다. 반면에 우리나라는 상법전에 주요 상사 영역을 모두 모아서 규정하는 방식을 고수하고 있다.

2. 실질적 의의의 상법

(1) 규율대상의 문제

실질적 의의의 상법이란 상법전의 존재여부와 상관없이 통일적이고 체계적으로 파악되는 '商(Commerce)'에 관한 법이라고 정의하는 것이 일반적이다. 여기서의 '商'도 본질적으로는 공급자와 수요자 간의 재화의 이전을 매개하는 일체의 행위를 말하는 것으로 경제학적 개념인데(고유의 商),[4] 이에 대하여 역사적으로 많은 논의가 있었지만 현재는 법률적 의미가 있는 '商'은 '기업(企業)'을 의미한다고 보는 것이 통설적 견해이다.

---

3) 한국, 독일, 일본, 프랑스 등의 대륙법계 국가의 경우에는 상법전이 존재하지만, 영국, 미국, 노르웨이, 스웨덴 등의 경우에는 성문의 상법전이 존재하지 않는다.

4) 이철송, 4면.

결국 실질적 의의의 상법의 개념을 정립한다는 것은 상법의 규율대상인 생활관계 즉 '기업관계'가 무엇인가를 파악하는 것이 핵심이다. 예를 들어 경제가 발달하면서 중개업 · 대리상 · 위탁매매업 · 운송업 · 운송주선업 · 창고업 · 은행관련업 등이 법률적으로 의미가 있는 독립된 영업의 형태로 발전하게 되었고, 결국 이들이 상법의 규율대상으로 포함된 과정은 실질적 의의의 상법이 확대되는 중요한 현상으로 이해된다.[5] 그리고 1897년 독일 신상법과 1911년 스위스 채무법은 상행위의 내용이 아닌 영업의 형식과 규모에 의해 상인의 개념을 설정하는 방식을 채택하는데, 이 같은 입법으로 모든 형태의 회사가 상법의 규율대상이 되었다.

앞에서 언급한 바와 같이 상법의 규율대상이 무엇이고 이를 살피는 방법으로 무엇이 타당한가? 등에 관하여는 역사적으로 복잡한 개념논쟁과 다양한 의견제시가 있어 왔다. 그렇지만 기업법설과 상인법설이 대표적인 학설로 평가받고 있다.

(가) 기업법설(통설)

상법은 기업적 생활관계에 특유한 법규의 총체인 기업법이라고 보는 견해인데, 기업은 일정한 계획에 따라서 계속적 의도 하에 영리행위를 실현하는 독립된 경제단위를 의미한다. 여기에서의 '기업'은 자연인과 법인, 그리고 기업의 규모정도에 상관없이 영리추구를 목적으로 하는 일체의 경제적 조직체를 의미하는 것이기 때문에 일반적으로 사용하는 회사와 동일한 의미가 아니라는 것을 주의해야 한다.

기업법설에 대하여는 기업에 관련된 모든 법을 전부 상법의 범위에 넣게 되어 상법의 성격을 모호하게 한다는 비판이 있지만, 상법의 대상이 되는 생활관계를 내용 면에서 통일적으로 파악하였다는 면에서 많은 지지를 받고 있다.[6]

(나) 상인법설

상인법설은 상법의 모든 규정은 상인의 법률관계에 대한 것이기 때문에 상법을 상인법으로 이해하는 입장이다. 그러나 상인의 개념을 상법의 다른 개념보다 먼저 상정하는 것은 매우 어려운 일이며, 상행위를 토대로 영업이라는 의미

5) 1807년 프랑스상법이 그 예이다(이철송, 4면; 최기원, 6면).
6) 이철송, 6면; 정동윤, 8면; 최준선, 11면.

가 전제되어야 상인이라는 개념이 파악되는 경우도 적지 않기 때문에 논리전개에 있어 완전하지 못하다는 비판이 있다.[7)]

(2) 적용범위에 따른 구분

(가) 협의의 실질적 의의의 상법

실질적 의의의 상법을 협의로 파악하면 상법전과 어음법(법률 제1001호)·수표법(법률 제1002호)을 일컫는 게 보통이다. 어음법·수표법은 비상인인 일반시민 관계에도 이용되지만, 수표의 지급인이 은행에 한정되고, 어음의 배서나 할인이 비상인 간에는 거의 이용되지 않는다는 점에서 실질적 의의의 상법으로 포섭하여야 한다. 그리고 강학상으로도 상법전과 어음법 및 수표법은 상법의 분야로 같이 강의되고 있는바 이를 협의의 실질적 의의의 상법이라고 분류한다.

(나) 광의의 실질적 의의의 상법

상법은 그 성질상, 그리고 경제사회의 변동에 적응하기 위하여 특별법의 제정이 많은 분야이다. 그리고 기업의 운영과 관련이 있기 때문에 노사관계를 다루는 노동법, 경제법, 세법 등의 관련 분야와도 밀접한 관련을 가지고 있다. 따라서 실질적 의의의 상법을 광의로 파악한다면 이러한 분야들을 모두 포섭할 수 있다.

---

7) 이철송, 6면; 정동윤, 8면; 최준선, 10면.

제 2 장 상법의 지위

제 1 절 상법과 민법

1. 상호관계

상법은 민법의 특별법이라고 불린다. 공법과 사법의 기본적인 분류체계 하에서 민법은 사인 간의 거래를 포함한 일체의 생활관계를 규율하는 법규인 반면에, 상법은 특별히 사인 간의 상거래관계를 규율하는 전문적인 법의 영역이다.

민법과 상법은 일반법과 특별법의 관계에 있기 때문에 원칙적으로 특별법 우선의 원칙에 따라서 상법이 먼저 적용될 뿐만 아니라, 거래당사자 일방만 상인이어도 전원에 대하여 상법이 적용되기 때문에(3조), 상법의 적용영역은 상당히 넓다고 보아야 한다. 다만 상법이 영리법인인 회사의 조직과 운영 등에 대하여는 상세한 규정을 가지고 있지만, 계약법적 규정은 상대적으로 많지 않아 일상 상거래적 관계에서 민법이 최종 적용되는 경우가 많다.

상법의 규정들을 민법과 연관하여 유형별로 분류하여 보면, ① 민법규정을 보충하여 적용하는 경우,[1] ② 민법의 예외 내지 특칙규정으로 존재하는 경우,[2] ③ 독자적인 특수한 제도[3] 등으로 나눌 수 있다.

---

1) 무능력자의 행위에 관한 6조, 7조, 8조가 그 예이다.
2) 상업사용인에 관한 10조, 법정이율에 관한 54조, 소멸시효에 관한 64조, 상사매매의 특칙규정인 67조 이하 등이 그 예이다.
3) 상호에 관한 18조 이하 규정, 상업등기에 관한 34조 이하 규정, 상업장부에 관한 29조 이하 규정 등이 그 예이다.

2. 민상법 통일론[4)]

(1) 근 거

민상법 통일론자들은 상법과 민법은 특별법과 일반법의 관계에 있기 때문에, 상법에 규정이 없으면 자연스럽게 민법이 적용되게 되므로 굳이 상법이 민법과 독립하여 독자적인 법률로 존재할 필요가 없다고 주장한다. 오히려 두 개의 법에 의한 규율로 인하여 혼란만 가중시킨다는 것이다. 이들의 구체적인 논거는 다음과 같다.

첫째, 현대사회에서는 경제생활의 복잡성 내지 일반성으로 인하여 특별한 상인단체의 법이 아닌 일반사회생활에 적용되는 상법의 성격이 강조될 필요가 있다.

둘째, 독립된 상법의 적용은 대기업의 이익을 우선보호하는 등의 편향성을 가지게 될 가능성이 있어서, 일반시민의 이익이 침해될 우려가 적지 않다.

셋째, 독립된 상법전의 존재는 통일적인 사법이론의 발전을 저해하며, 민법의 상화(商化)[5)]에 의한 문제점을 지적한다.

(2) 민상법 통일론에 대한 비판

위와 같은 민상법 통일론의 주장에 대하여 아래와 같은 비판이 가해질수 있다.

첫째, 일반생활관계와 구별되는 기업적 생활관계가 분명히 존재한다. 민법은 개별적·일회적인 거래가 중심인 반면에, 상법은 집단적·조직적·반복적인 거래를 대상으로 하는 것으로 분명히 구별된다(상법의 자주성(自主性) 강조).

둘째, 상법의 내용과 해석에서 나타나는 상인 또는 대기업의 이익보호는 정책의 문제이지 법체계의 문제가 아니다. 또한 상법의 모든 내용이 상인 또는 대기업의 이익을 보호하는 것은 아니며, 오히려 최근에는 소수자의 보호를 위한 제도가 적지 않게 도입되고 있다.

셋째, 민법의 상화현상이 발생한다고 하더라도 이에 대한 부정적인 평가만

---

4) 민상법통일론의 근거와 비판에 대하여는 이철송, 10면; 정동윤, 14면; 최준선, 17면 참조.
5) 민법의 상화현상은 상법에서 형성된 사상이나 법규가 민법에 의해 수용되는 현상을 말한다.

이 가능한 것이 아니며, 가족법의 영역과 같이 상화가 이루어질 수 없는 분야와 관련하여서는 논리적 주장으로 평가받기 어렵다.

제 2 절　상법과 경제법

경제법은 자본주의 및 자유주의경제체제의 고도화에 따른 폐해를 공법적으로 시정하기 위한 법이다.[6] 상법의 영역도 개인 간의 상사거래관계에 법이 개입하는 면이 있다는 점에서 유사한 점이 있다.

그러나 경제법의 영역은 국민경제의 균형있는 발전을 위하여 사적자치의 법률관계에 대하여 정책적 차원에서, 그리고 후견적 입장에서 공권력이 개입하는 영역인 반면에,[7] 상법은 기본적으로 사적자치의 관계에서 발생할 수 있는 불평등을 시정하기 위하여 개별 경제주체 간의 이해관계를 조정하는 것을 목적으로 한다는 점에서 차이가 있다. 또한 경제법은 어느 정도 규모 이상의 기업에 한정하여 적용되는 것이지만 상법은 원칙적으로 모든 기업을 적용대상으로 한다. 이 처럼 두 가지 법역은 경제의 발전이나 그 사회의 환경에 따라서 일부의 중복이나 혼재가 있을 수 있지만 기본적으로 구별되는 분야이다.

제 3 절　상법과 노동법

기업주에게 노무를 제공하는 기업보조자인 근로자의 생활을 보호하기 위한 것 즉 근로관계 및 고용관계를 보호하기 위한 법이 노동법의 영역이며, 이는 사회정책적 견지에서 발달되어 온 법영역이다. 이에 반해 상호연관성이 논의될 수 있는 기업보조자에 관한 상법규정은 기업주에 갈음하여 제3자와 거래관계를 맺는 것을 규율하는 영역으로서 기본적으로 기업과 제3자와의 거래문제 규율에 초점이 있다.

다시 말하면 기업의 보조자가 기업주를 대리하는 법률관계에서, 내부적인

---

6) 이철송, 14면.
7) 이철송, 14면; 정동윤, 14면; 최준선, 19면.

관계인 고용관계를 규율하는 것이 노동법의 영역이고, 기업의 대외적인 법률관계인 거래상대방에 대한 책임관계를 규율하는 것이 상법의 영역이다. 이렇듯 상법과 노동법은 각자 분명히 구별되는 특유의 적용분야가 있지만, 기업의 운영과 관계된다는 점에서는 양 법역 모두 광의의 기업법으로 볼 수 있다.[8)]

8) 최준선, 19면.

제 3 장 상법의 특성

1. 서 설

상법은 현실에서 일어나는 다양한 유형의 상거래와 경제활동의 주체인 기업의 혁신적인 활동을 규율하는 법이기 때문에 시장경제의 발전을 반영하는 진보적이고 통일적인 성향을 보이는 특성을 가지고 있다. 즉 이러한 상법의 특성은 상법의 이념 실현을 위하여 상법이 갖추어야 하는 특유한 속성으로, 상법상 제도나 원리에 의하여 현실적으로 구현되어야 하기 때문에, 상법의 특성은 상법의 입법이나 해석에 있어 중요한 기능을 하게 된다.

2. 기업사법으로서의 상법의 특성

(1) 내용상의 특성

(가) 기업조직면의 특색(기업의 유지·강화)

1) 기업의 유지·강화

상법은 거래관계의 당사자 및 사회적·국민경제적 입장에서 기업유지의 필요성을 반영하는 특성을 가지고 있다. 기업을 유지·강화하는 방법에는 적극적으로 기업을 보호하는 방법과 기업해소의 절차를 신중하게 하는 소극적인 방법이 있다.

먼저 적극적으로 기업유지를 위한 상법상의 제도는 기업의 구성원인 개인으로부터 독립된 법인격을 부여하는 회사제도(171조 1항), 기업상호의 재산적 가치를 인정하는 상호제도(18조), 민사대리와는 달리 영업주인 본인이 사망하는 경우에도 대리인의 대리권이 존속되는 상사대리제도(50조) 등이 있다. 또한 소유와 경영의 분리를 인정하여 기업경영의 전문성을 제고함으로써 기업유지를 강화하는 제도로서는 익명조합(78조), 주식회사제도, 이사회제도, 영업의 임대차 및 경영위임제도가 있다. 이외에도 기업운영에 필요한 자금조달을 원활히 하기 위한 주식회사의 수권자본제도(289조), 사채발행제도(469조), 주식으로 전환되는 전환사채제도(513조), 다양한 종류주식제도(344조 이하), 채권자보호규정(42조, 232조, 462조 3항) 등이 있다.

한편 기업해소절차를 신중하게 함으로써 기업을 유지·강화하는 제도로서는 주식회사의 경우 존립기간의 만료 기타 정관소정사유의 발생 또는 주주총회결의로 해산한 경우에는 특별결의로 회사의 계속이 가능하다(519조). 동일한 제도가 유한회사(610조), 합명회사(227조), 합자회사(285조, 286조), 유한책임회사(287조의40)의 경우에도 존재한다. 그리고 회사설립의 무효주장을 소에 의하도록 함으로써 기업유지의 성격을 나타내기도 한다. 또한 주식회사와 유한회사의 경우 사원이 1인으로 된 경우에도 해산사유로 하지 않음으로써(517조, 609조) 1인회사의 개념을 인정하고 있다.

2) 기업의 영리성과 인적·물적 자본의 집중

기업의 영리성은 기업의 본질상 당연히 요청된다. 이를 반영하여 별도의 약정이 없어도 상인의 보수청구권(61조)을 당연히 인정하고 있다.

기업활동은 기본적으로 인적 조직과 물적 자본을 필요로 함과 동시에 신속한 의사결정을 필요로 한다. 먼저 민법상의 제도(대리, 도급, 위임, 고용 등)의 수준을 넘어서는 대규모 인적 조직제도로 상업사용인(10조), 대리상(87조), 중개인(93조), 위탁매매인(101조), 운송주선인(114조), 회사(169조 이하), 집행임원(408조의2) 등의 제도가 있다. 또한 민법상의 제도(소비대차, 조합 등)로 해결하기 힘든 자본조달 및 집중현상 조정제도가 자연스럽게 나타나는데, 익명조합(78조), 합자조합(86조의2), 주식회사의 사채제도(469조 이하), 선박공유(753조), 선박담보권(861조) 등이 그 것이다.

3) 위험의 분산과 책임의 제한

기업활동은 비교적 대규모의 자금 투자가 일반적이기 때문에 필연적으로 위험의 발생이 수반된다. 이러한 위험을 분담하고 일정한 범위로 책임을 제한함으로써 기업을 유지하려는 특성이 나타나게 된다. 즉 손해의 분담제도(82조), 각종 회사에 있어서 유한책임사원의 존재, 보험제도, 공동해손제도(865조) 등이 이러한 특성이 반영된 제도이다.

(나) 기업활동면의 특색(거래의 신속과 안전, 집단적 기업거래의 원활화)

1) 계약의 자유

민법은 개별당사자 간 거래에 있어서 거래의 안전도 확보하지만 그보다 더 개인의 이해관계 및 진실된 권리관계의 보호에 초점을 두는 경우가 있다. 그러나 상사거래에 있어서는 영리성과 전문성을 고려하여 당사자의 자유의사에 의한 계약체결을 가급적 존중하려는 경향이 있다. 민법상 금지되는 유질계약이 상사거래에서 허용되는 것(59조) 등이 전형적인 예이다.

2) 법률관계의 정형화

상거래는 동일한 내용의 계약이 반복적으로 일어나는 경우가 많기 때문에 개별거래의 경우마다 별도의 계약관계서류를 작성하는 것은 효율성이 떨어진다. 그래서 보통보험약관, 화물명세서(126조), 화물상환증(128조), 사채 및 주식청약서(303조, 474조), 선하증권(813조) 등의 제도를 도입하고 있다.

3) 기업거래의 간이·신속화

상거래는 신속하게 종결될 필요가 있다. 실제 경제사회에서는 하루에도 수많은 거래가 일어나기 때문에 자금의 원활한 회전을 통하여 기업활동의 활성화를 도모할 필요가 있는 것이다. 상사매매에 있어서 매도인의 목적물 공탁·경매권(67조) 등이 대표적이며, 이외에도 상사단기소멸시효(64조), 계약청약의 발신주의(53조)와 같은 제도들이 이 같은 특성을 뒷받침하고 있다. 상호계산제도(72조)도 일정 기간의 거래를 한꺼번에 종결하는 기능을 제공함으로써 많은 상거래를 간편하게 결제하게 한다.

4) 거래안전보호

상거래의 안전이 보장되지 않으면 시장에서의 활발한 거래는 기대할 수 없기 때문에 상법에는 거래의 안전을 위한 제도가 많다. 상업등기부, 선박등기부, 대차대조표 등의 공시제도, 외관을 존중함으로써 거래의 안전을 기하는 제도로서 지배권의 제한에 대한 제3자의 보호(11조 3항), 표현지배인(14조), 점포사용인의 대리권(16조), 명의대여자의 책임(24조), 부실등기의 효력(39조), 영업양도에서 상호속용시 양수인의 지위(42조, 43조), 유가증권의 선의취득(65조, 359조, 어음법 16조, 수표법 21조), 성명사용을 허락한 익명조합원의 책임(81조), 화물상환증·창고증권의 문언성(131조, 157조), 인적회사의 자칭무한책임사원(215조)과 퇴사원의 책임(225조), 주식회사의 유사발기인 및 표현대표이사의 책임(327조, 395조), 선장·선박관리인의 대리권제한(761조, 775조), 선하증권의 문언성(820조) 등이 있으며, 어음법과 수표법에도 어음수표의 문언성, 인적항변의 절단(어음법 17조, 수표법 22조), 배서의 자격수여적 효력(어음법 16조), 어음(수표)행위독립의 원칙(어음법 7조, 수표법 10조) 등이 거래의 안전을 기하는 제도이다.

5) 책임 및 주의의무의 가중(연대책임)

상법은 기업조직면에서 일정한 경우 책임을 경감하는 제도를 가지고 있지만, 기업활동이라는 측면에서는 거래안전을 위하여 책임을 가중하고 주의의무를 강화하려는 이중적 태도를 보인다.

먼저 책임을 가중하는 제도는, 명의대여자의 책임(24조, 81조), 상행위로 인한 다수채무자의 연대책임(57조), 순차운송인의 연대책임(138조), 합명·합자회사의 사원의 연대책임(212조, 269조), 주식회사의 발기인의 연대책임(322조), 주식·유한회사의 이사(399조, 567조) 및 감사(414조, 570조)의 연대책임 등이 있다. 또한 주의의무를 강화하는 제도로는 무상임치인의 선관주의의무 부담(62조), 상인 간 거래와 관련한 목적물검사 및 하자통지의무(69조)와 목적물보관·공탁·경매의무(60조, 70조, 71조) 등이 있다.

(2) 경향상의 특성

상법은 경제사회의 발달에 따라 새로운 상행위를 만들어내는 점에서 진보적인 성격을 가지고 있다. 또한 이익을 추구하는 상거래의 특성상 제도의 합리성을 강조하기도 한다.

한편 자본주의 시장경제체제의 특성상 국제 간 거래가 부단히 일어날 수밖에 없기 때문에 각종 국제조약을 통하여 국제적 통일성을 추구하려 한다.[1)]

1) 손주찬(상), 30면; 최준선, 31면.

제 4 장 상법의 법원(法源)

제 1 절 서 설

1. 상사의 의의

상법 1조는 "상사에 관하여 본법에 규정이 없으면 상관습법에 의하고 상관습법이 없으면 민법의 규정에 의한다"(1조)고 규정함으로써, 기본적으로 상사관계의 법원은 상법(전)과 상관습법이라고 규정하면서 보충적으로 민법이 적용됨을 밝히고 있다.

그런데 상법의 존재형식 즉 기업관계의 분쟁발생시 적용될 규범의 문제로서 법원성에 대한 고찰은 먼저 상사에 관한 의미 확정에서 출발한다. 상사의 의미를 형식적으로 이해하는 견해(형식설)에서는, 상법전에서 규정하고 있는 사항 또는 특별법에 의하여 상법전을 적용하기로 규정된 사항을 말한다고 한다. 이와 다르게 상사라 함은 기업생활과 관련된 모든 재산법적 법률관계를 의미한다고 설명하는 견해(실질설)가 있다. 실질설에 의하면 상법전이나 특별법에서 규정하고 있지 않는 것이라도 그 성질에 따라 상사에 포함되고 상법의 적용대상이 된다고 설명한다. 이론적 측면에서 양 견해의 차이는 상법이나 특별법에서 규정하고 있지 않는 기업의 재산적 관계에 대한 규범적용에 있다. 그렇지만 실질설에 의하든 형식설에 의하든 법규적용에 있어 현실적인 차이점은 발생하지 않는다고 보아야 한다.[1] 상법이나 특별법에서 정하고 있지 않는 사항에 대하여 형식설에 따라 판단하면 민법 1조(민법 → 관습법 → 조리)에 따라 법원이 결정된 것인데, 보통 민법이 규정하고 있지 않는 사항일 것이어서 결국 상

1) 자세한 내용은 이철송, 30면 참조.

관습법이 적용될 것이기 때문에 상법 1조를 적용하는 경우와 현실적으로 차이가 없다.

2. 상사관계와 민법의 법원성

상법 1조에서 상사에 관하여 상법전 및 상관습법에 규정이 없으면 민법이 적용된다고 하고 있기 때문에 민법이 상법의 법원인지에 관하여 논란이 있다. 그러나 상법 1조는 상법의 법원 중에서 상법전과 상관습법을 예시적으로 열거하고 그 적용순서를 정한 것이지 민법을 상법의 법원으로 열거한 것은 아니라고 보는 것이 통설이다.[2)]

민법의 규정이 상사관계에 적용되는 경우가 많기 때문에 당연히 그 법원성을 인정하는 견해[3)]도 있으나, 민법과 상법은 그 법역을 달리하므로 민법은 상법의 법원이 될 수 없다고 보는 것이 통설[4)]이다. 즉 민법이 상사관계에 적용되는 것은 민법이 상법의 법원이기 때문에 그러한 것이 아니고, 상사관계 중에는 민사적인 요소가 있으므로 그러한 민사적인 점 때문에 민법이 적용되는 것으로 보는 것이다.[5)] 예컨대 시효의 기산점에 관한 민법규정이 상사관계에 적용되는 것은 민법이 상법의 법원이어서 그런 것이 아니고 그 부분의 법률관계가 민사관계이기 때문이라는 것이다.

제 2 절 상사에 관한 법원

1. 상사제정법

상사제정법에는 1962년 1월 20일 공포되고, 1963년 1월 1일 시행된 법률 제1000호의 상법전이 있고, 상사특별법령으로는 상법시행법, 상업등기법, 독점규제 및 공정거래에 관한 법률(공정거래법), 주식회사의 외부감사에 관한 법률(외

---

2) 김성태, 119면; 송옥렬, 9면; 이철송, 29면; 정찬형, 34면; 최준선, 68면.
3) 임홍근, 36면.
4) 이철송, 30면; 정동윤, 24면; 최준선, 68면.
5) 이철송, 31면.

감법), 자본시장과 금융투자업에 관한 법률(자본시장법), 은행법, 보험업법, 채무자회생 및 파산에 관한 법률, 선박의 속구목록의 서식에 관한 규정 등 많은 특별법들이 있다.

2. 상사관계조약

헌법 6조 1항에서는 "헌법에 의해 체결·공포된 조약과 일반적으로 승인된 국제법규는 국내법과 동일한 효력을 가진다"고 규정되어 있다. 1929년 국제항공운송에 관한 Warsaw Convention이 대표적인 상사관계조약이라고 할 수 있다.

3. 상관습법

상거래에 오랫동안 반복된 결과 형성된 상관습에 다수인에 의한 법적 확신이 가해진 것을 상관습법이라고 하는데, 이러한 법적 확신은 주로 판례에 의해 확인된다고 할 수 있다. 이와 유사한 개념으로 아직 법적 확신까지는 이르지 못한 상태인 '사실인 상관습'이 있는데, 다수설과 판례[6]는 양자를 구별한다. 상관습법에 어긋난 판결에 대해서는 상고이유가 되지만(민사소송법 423조), 사실인 상관습은 당사자가 이에 따를 의사를 가진 경우에만 구속력을 가진다[7]는 점에서 구별된다.

상관습법이 성문법으로 수용되는 경우도 있는데 백지어음(어음법 10조), '일반적으로 공정·타당한 회계관행'(29조)을 그 예로 들 수 있다.

4. 상사자치법

회사나 단체가 그 조직구성원들의 법률관계 및 대내외적 활동에 관하여 자율적으로 정함으로써 구속력을 가지는 상사자치법에는 자치법규, 정관, 한국거래소 규정 등이 있다. 법에 의해 제정된 자치법은 당연히 법원성을 가지지만, 법에 근거하지 않은 자치법의 효력에 대하여는 법원성을 인정하는 견해도 있

6) 대법원 1983. 6. 14. 선고 80다3231 판결.
7) 대법원 1959. 5. 28. 선고 4291민상1 판결.

고,[8] 계약적 성격에 의한 구속력을 가질 뿐이라고 보고 정관이나 거래소 규정의 경우에도 자발적으로 따르기로 하였기 때문에 구속력이 있는 것이지 법규이기 때문은 아니라는 견해도 있다.[9]

Q **사단법인 정관의 성질은 어떠한가?**

【대법원 2000. 11. 24. 선고 99다12437 판결】[10]

【판결요지】

사단법인의 정관은 이를 작성한 사원뿐만 아니라 그 후에 가입한 사원이나 사단법인의 기관 등도 구속하는 점에 비추어 보면 그 법적 성질은 계약이 아니라 자치법규로 보는 것이 타당하므로, 이는 어디까지나 객관적인 기준에 따라 그 규범적인 의미 내용을 확정하는 법규해석의 방법으로 해석되어야 하는 것이지, 작성자의 주관이나 해석 당시의 사원의 다수결에 의한 방법으로 자의적으로 해석될 수는 없다 할 것이어서, 어느 시점의 사단법인의 사원들이 정관의 규범적인 의미 내용과 다른 해석을 사원총회의 결의라는 방법으로 표명하였다 하더라도 그 결의에 의한 해석은 그 사단법인의 구성원인 사원들이나 법원을 구속하는 효력이 없다.

5. 보통거래약관

(1) 의 의

근대 사법에서 당사자는 계약자유의 원칙에 따라 계약의 방식이나 내용을 합의에 의해 자유롭게 정할 수 있다. 보통거래약관은 다수의 고객과 거래하는 사업자가 동종의 거래에 적용하기 위하여 부동문자로써 미리 작성한 것을 말한다(약관의 규제에 관한 법률 2조). 이러한 약관은 대량의 반복적인 거래를 신속하게 처리하게 하고 계약체결비용을 절감시켜 주는 등의 장점과 편의성을 제공하기 때문에 현대의 대중적인 집단거래에는 대부분 약관이 활용되고 있다. 그러나 약관은 사업자가 일방적으로 작성하는 것이기 때문에 그 내용의 공정성이 결여

8) 이철송, 35면.
9) 정동윤, 30면.
10) 이 판례는 비영리사단법인의 정관의 성질에 관한 것이기는 하지만, 정관의 본질을 이해하는 데 도움이 된다.

되어 있을 가능성이 있고 권리·의무의 비대칭성이 존재할 가능성이 높기 때문에 약관의 규제에 관한 법률 등에 의해서 규율되고 있다.

약관은 일반적으로 사업자단체에서 표준약관을 제정하면 사업자들이 이를 채택하여 사용하고 있는데, 소비자보호의 차원에서 감독관청에서 이를 인가하는 경우도 있다. 그러나 이러한 감독관청의 인가는 행정목적상 하는 것이므로 인가를 받지 아니한 약관도 사법상 효력에는 영향이 없다.

당사자가 충분한 협의를 거쳐 약관을 작성하거나 약관의 내용을 알고 합의하였다면 그 약관은 당연히 계약의 내용으로서 당사자를 구속하게 된다. 그러나 고객이 약관의 내용을 구체적으로 알지 못하거나 약관에 따라 계약을 체결한다는 의사표시를 하지 않아도 그 약관 내용에 의해 구속될 것인가의 여부는 문제로 남아 있다. 만약 구속력을 부여한다면 그 근거가 무엇인가도 밝혀야 한다. 이러한 문제에 대한 논의가 약관의 본질에 관한 학설 및 판례 태도의 검토에 있어 핵심적인 사항이다.

(2) 학설 및 판례의 태도 및 평가

(가) 규 범 설

규범설은 법사회학적 현상에 착안하여, 특정한 거래를 위하여 미리 마련해 놓은 약관은 다수가 오랫동안 이용하면서 특정 거래분야 내지 거래사회에서 하나의 제도 내지 법규로서 기능을 한다고 주장한다. 즉, 약관이 객관적으로 법과 유사하다는 것에서 구속력의 근거를 구하는 입장이다. 이 견해에 따르면 법의 존재나 내용을 알지 못하더라도 그 법의 적용을 받는 것과 마찬가지로 특정한 거래권 내에 있는 당사자는 자신의 의사와는 상관없이 그 약관에 의해 구속된다.

규범설은 다시, 고객이 계약을 체결함으로써 거래분야·거래사회에 들어오게 되면 그 거래분야의 자치법규인 약관에 의해 구속된다고 설명하는 자치법설과 특정한 거래분야에서 약관에 따르는 것이 하나의 상관습법으로 형성되었기 때문에 약관이 구속력을 가진다는 상관습법설로 나뉜다(약관 그 자체가 상관습으로 인정된다는 의미가 아님).[11]

---

11) 이 밖에 약관을 계약과 국가법의 중간에 있는 '기업의 자성법(自成法)' 등으로 보는 견해가 있다. 자성법설에 따르면 정관은 기업의 내부질서를 형성하는 제도로서 조직법적 방면으로 전개되지만 약관은 기업의 외부질서를 형성하는 제도로서 행위법적 방면으로 전개하는 것으로 이해된다. 米谷隆三, 「約款法の理論」(有斐閣, 1970), 96頁.

규범설은 약관이 당사자의 의사와 관계없이 당사자의 권리의무를 규율하는 현상을 용이하게 설명할 수 있다는 장점이 있다. 그러나 약관은 사업자가 작성하는 것으로 형성과정이나 효력발생의 근거 등에서 볼 때 국민의 대표자로 구성된 의회에서 제정한 법률과는 성격이 전혀 다르다. 따라서 약관의 효력도 고객이 그 약관에 따라 계약을 체결함으로써 비로소 발생하는 것일 뿐 고객의 지(知)·부지(不知)에 관계없이 이를 공시 내지 게시하는 것만으로 발생하는 것이 아니다. 특히 약관은 사실상 사업자의 경제적 우위에 의해 이용되는 것이어서 단체가 그 구성원을 상대로 정하는 정관과 같은 자치법과는 다르다. 약관을 자치법이라 한다면 이에 대한 국가적 규제를 설명하기 곤란하다.[12] 또한 약관을 상관습법으로 보기도 어렵다. 그 이유로서는 첫째, 강자가 약자를 일방적으로 지배하는 것을 정당화하는 상관습법을 인정할 수 없으며 둘째, 특정한 거래분야에서 약관을 최초로 사용하거나 다른 사업자가 사용해온 약관을 많이 변경하여 사용하는 경우 및 새로운 형태의 계약이 등장함에 따라 그 계약에 이용할 약관에 관련된 상관습법이 형성될 만한 시간적 여유가 없는 경우에는 그 약관을 상관습법이라고 할 수 없기 때문이다.[13]

(나) 계약설(의사설)

계약설에 따르면 약관은 사업자가 일방적으로 작성한 계약의 모형에 불과하기 때문에 그 자체가 법규범으로 될 수는 없고, 계약에서 당사자가 "계약은 약관에 의한다"라는 의사표시를 한 때에만 구속력을 갖게 된다고 설명한다.

다만 계약설에서도 실무상 고객이 약관을 보지 않는 경우가 많기 때문에 약관내용의 제한적 적용이나 부정이라는 문제점이 크게 노출될 수 있어서 계약에의 편입요건 완화에 대한 논의가 있다. 약관에 의한 계약에서 당사자가 약관에 의하지 않는다는 취지의 의사표시를 하지 않은 채 계약을 체결한 경우에는 반증이 없는 한 그 약관에 의할 의사로서 계약을 한 것이라고 추정된다는 주장을 하기도 하고(의사추정설), 약관의 구속력을 약관에 의하여 계약을 체결한다는 포괄승인, 즉 부합(adhesion)하는 데서 구하거나(부합계약설), 약관은 계약의 당사자가 편입의 합의를 하고 개별적인 계약에 편입시킨 경우에만 계약내용으로 되어 구속력을 가지게 되는데, 이 경우의 편입합의는 반드시 명시적일 필요는 없

---

12) 川又良也 外 2人, 「商法の基礎」(青林書院新社, 1980), 226頁.
13) 河本一郎, "普通取引約款の拘束力," 「別冊ジュリスト(商法の争点)」(有斐閣, 1987), 7頁.

고 묵시적이라도 상관없다는 견해(편입 또는 채용합의설) 등을 펴기도 한다.

그렇지만 위와 같은 계약 편입요건의 완화를 위한 이론구성에 대하여 아래와 같은 우려나 비판적 평가가 있다. 의사추정설에 따라 약관에 의한 구속력을 인정하기 위해 당사자의 의사를 무제한적이고 광범위하게 추정한다면 이는 규범설과 차이가 없게 된다는 우려 섞인 비판도 있고,[14] 부합계약설은 약관에 의한 계약체결에 관한 이론일 뿐 약관자체의 본질에 관한 설명은 아니라는 결정적 단점이 지적되기도 한다. 또한 편입합의설은 약관의 구속력을 편입합의에서 구하는데, 묵시적 합의의 판단에 있어 어려움이 존재한다고 하면서 만약 계약의 상대방이 약관의 내용을 인식하지 못하였음에도 불구하고 묵시적 합의가 있는 것으로 인정해버린다면 이는 규범설과 실질적으로 별다른 차이가 없게 될 것이라고 한다.

(다) 판　　례

대법원 판례는 일관되게 당사자가 약관을 계약에 편입시키겠다는 합의가 인정되는 경우에만 구속력을 인정하고 있어 원칙적으로 계약설을 따르고 있다. 다만 판례는 약관내용의 계약편입 요건을 완화하기 위하여 당사자 사이에 다른 개별약정이나 특별한 의사표시가 없는 한 원칙적으로 약관내용이 계약에 편입되는 것으로 해석하거나 사업자가 약관규제법 3조에 따라 약관의 중요내용을 명시하고 설명했다면 약관의 계약편입을 인정하여 고객이 약관내용을 부지했다는 주장만으로 약관의 구속력을 배제하지 못한다고 판시하고 있다.[15]

Q 약관의 본질은?

【대법원 1989. 11. 14. 선고 88다카29177 판결】

【판결요지】

보통보험약관이 계약당사자에 대하여 구속력을 가지는 것은 그 자체가 법규범 또는 법규범적 성질을 가진 약관이기 때문이 아니라 보험계약 당사자 사이에서 계약내용에 포함시키기로 합의하였기 때문이라고 볼 것인바, 일반적으로 보험계약자가 보통보험

14) 이은영, 「약관규제법」(박영사, 1994), 98면.

15) 대법원 1985. 11. 26. 선고 84다카2543 판결; 대법원 1999. 7. 23. 선고 98다31868 판결; 대법원 2000. 4. 25. 선고 99다68027 판결 등.

약관을 계약내용에 포함시킨 보험계약서를 스스로 작성한 이상 그 약관의 내용이 일반적으로 예상되는 방법으로 명시되어 있지 않다든가 또는 중요한 내용이어서 특히 보험업자의 설명을 요하는 것이 아닌 한 보험계약자가 위 약관내용을 자세히 살펴보지 아니하거나 보험업자의 설명을 듣지 아니하여 알지 못한다는 이유로 약관의 구속력에서 벗어날 수 없다.

(라) 사 견

약관의 구속력과 관련하여 원칙적으로 계약설이 타당하다. 그 이유는 약관 그 자체를 법규범이라고 보기보다는, 당사자가 약관을 개별계약의 내용으로 함으로써 법률행위의 일반이론에 따라 구속력을 가진다고 이해하는 것이 사적자치의 원칙과 무리 없이 양립할 수 있기 때문이다. 그러므로 약관이 당사자를 구속하는 것은 당사자가 그 약관을 계약내용으로 명시적이든 묵시적이든 편입하기로 합의하여야 한다는 점이 전제가 되며, 약관의 해석에는 계약의 해석원칙이 적용되어야 한다. 보통보험약관에 관한 상법 638조의3이나 약관의 교부·명시의무를 부과하고 있는 약관규제법 3조도 약관이 가지는 구속력의 근거를 당사자의 의사에서 구한 것이라고 볼 수 있어 기본적으로 계약설의 입장을 취한 것으로 판단된다.[16] 다만 약관거래의 실태나 약관규제법 3조 등과의 조화로운 해석을 위하여 약관의 계약 편입요건을 완화하고자 한 판례의 태도는 불가피한 선택이라고 볼 수 있다.

6. 상사판례법

판례에 대하여는 법원성을 부정하는 것이 일반적인 견해이다. 그러나 국가기관에 의한 법해석의 결정판이라고 할 수 있으므로 제한적으로나마 법원성을 인정하는 것이 타당한 측면이 있으며, 상관습법에 관련한 상법 1조의 해석상 판례의 법원성을 인정하여야 한다.

---

16) 약관규제법 및 기타 약관규제관련법은 표준약관제도와 인가약관제도를 마련하고 있다. 표준약관제도에 따르면 필요한 경우 약관을 공정거래위원회에 표준약관의 심사를 청구할 수 있으며(약관규제법 19조의2), 보험업법 등은 인가약관제도를 채택하고 있다(보험업법 5조 3호 등). 이러한 표준약관제도와 인가약관제도는 건전한 거래질서의 확립과 약관의 공정성을 확보하기 위해 보완적으로 당사자 간의 계약에 개입하는 것일 뿐 이것이 계약설을 부정하는 논거가 될 수는 없다(강창경 외 2인, 「소비자법과 정책」 개정판(학지사, 2000), 169면).

7. 조 리

민법 1조가 "민사에 관하여 법률에 규정이 없으면 관습법에 의하고 관습법이 없으면 조리에 의한다"고 규정하고 있기 때문에 조리의 법원성을 인정하는 견해가 있지만, 조리는 법관이 재판을 함에 있어서 법의 흠결된 부분에 관해 보충적인 입법을 해야 하는 경우에 근거해야 할 규범이지 법의 존재양식 그 자체는 아니므로 이를 법원으로 보기 어렵다고 보는 다수설적 견해에 찬동한다.

8. 학 설

학설은 실정법의 내용이 아니기 때문에 법원이 될 수는 없다. 그러나 법의 발전은 학설의 논쟁을 통하여 발전하는 경우가 많기도 하고 법해석에 있어서 중요한 기준을 제시하는 경우가 많기 때문에 그 현실적 중요성은 가벼이 볼 수 없다.

제 3 절 법원의 적용순위

상법만이 상사관계에 적용되는 것은 아니다. 상사관계에 관련된 다른 법이 상법보다 우선적 혹은 후순위적으로 적용될 수 있다. 상사관계에 대하여 적용되는 법원의 적용순위와 관련하여 그 원칙을 정리하면 다음과 같다. 첫째, 특별법은 일반법에 우선하여 적용된다. 둘째, 강행법규는 임의법규에 우선한다. 따라서 정관과 같은 자치규범과 약관은 임의법규에는 우선할 수 있으나 강행법규에는 우선할 수 없다.

이상의 상사의 법원들에 관한 논의를 바탕으로 그 적용순위를 생각해 보면, 상사자치법 → 상사특별법령(상사조약) → 상법전 → 상관습법 → 민사자치법 → 민사특별법령(민사조약) → 민법전 → 민사관습법 → 조리의 정도로 생각해 볼 수 있다.

Q 특별법과 일반법의 구분기준은?

【대법원 2004. 12. 10. 선고 2003다41715 판결】

【판결요지】

소수주주의 주주총회소집청구권에 관한 법률 조항들이 만들어진 연혁과 그 입법 취지를 살펴보면, 증권거래법 제191조의13 제5항은 1997. 1. 13. 증권거래법이 개정되면서 같은 법 제191조의13 제2항으로 신설된 것인데(2001. 3. 28. 개정법에서 5항으로 됨) 위 조항은, 당시 상법상의 소수주주의 주주총회소집청구요건인 주식보유비율 5%를 완화시켜 주권상장법인(1998. 2. 24. 개정으로 협회등록법인도 포함됨)의 경우에는 3%(그 후 1997. 3. 22. 신설된 시행령 제84조의20 제1항에 따라 최근 사업연도말 자본금이 1천억 원 이상인 법인의 경우에는 1.5%) 이상의 주식을 보유하고 있으면 주주총회의 소집을 청구할 수 있도록 하고, 시행령 제84조의20 제2항의 신설을 통해 그 주식보유비율요건을 계산할 때 합산할 주식의 보유방법에 관하여도 주식을 소유한 경우뿐만 아니라 주주권 행사에 관한 위임장을 취득한 경우 등까지로 확대함으로써 소수주주의 주주총회소집청구요건을 완화한 규정으로서, 그 입법 취지는 상장기업의 경우 주식보유비율 5% 이상이라는 그 당시 상법상의 주식보유요건을 갖추지 못한 주주에게도 증권거래법에서 정한 주식보유요건을 갖추면 주주총회소집청구를 할 수 있도록 함으로써 기업경영의 투명성을 제고하고 소수주주의 권익을 보호하려는 데 있었고, 다만 증권거래법의 위 조항에 보유기간요건을 두어 주주총회소집청구의 요건을 일부 강화하고는 있으나 이는 소수주주권 행사의 요건을 완화함으로 인하여 소수주주권의 행사를 목적으로 주식을 취득한 자가 그 권리를 남용하는 것을 방지하기 위한 부수적인 목적에서 비롯된 것으로 볼 수 있다. 그런데 증권거래법의 위 조항에 따라 소수주주의 주주총회소집청구요건이 완화되었음에도 불구하고, 1998. 12. 28. 상법이 개정되면서 같은 법 제366조의 주주총회소집청구요건인 주식보유비율이 5% 이상에서 3% 이상으로 낮아짐으로써 상법과 증권거래법상의 각 주주총회소집청구를 위한 주식보유비율이 3% 이상으로 동일하게 된 반면, 증권거래법상의 보유기간요건은 그대로 유지됨으로 말미암아 시행령에서 따로 정하고 있는 일정한 법인과 주식보유방법을 논외로 하면, 일반적인 경우 증권거래법에 기한 소수주주의 주주총회소집청구요건이 상법상의 그것보다 더 엄격해지는 결과로 되었는바, 이와 같은 상법 및 증권거래법의 해당 조항의 개정 연혁, 입법 취지, 각 그 조항의 내용 및 적용범위 등을 종합적으로 고려해 보면, 증권거래법 제191조의13 제5항은 상법 제366조의 적용을 배제하는 특별법에 해당한다고 볼 수 없고, 주권상장법인 내지 협회등록법인의 주주는 증권거래법 제191조의13 제5항이 정하는 6월의 보유기간요건을 갖추지 못한 경우라 할지라도 상법 제366조의 요건을 갖추고 있으면 그에 기하여 주주총회소집청구권을 행사할 수 있다고 봄이 상당하다.

제 5 장 상법의 적용범위

1. 때에 관한 적용범위

신법우선의 원칙(소급효 인정)에 의하면, 상법은 특별한 규정이 없으면 상법 시행 전에 생긴 사항에도 적용된다(상법시행법 2조 1항 전단). 그러나 소급효의 제한에 의하여, 종전의 규정에 의하여 생긴 효력에는 영향을 미치지 아니한다(동법 2조 1항 후단).

2. 장소에 관한 적용범위

대한민국 영역 전부에 미치는 것이 원칙이다. 그러나 외국기업의 우리나라에서의 행위나 우리나라 기업의 외국에서의 행위에 대하여는 일률적으로 우리법을 적용할 수 없으며, 이것은 국제사법[1]에 의하여 해결된다.

3. 사람에 관한 적용범위

대한민국 국민에게 모두 적용되는 것이 원칙이나, 외국인과의 상거래에 대하여는 국제사법에 의해 준거법을 정하게 된다.

---

1) 원래는 섭외사법(1962년 1월 15일 법률 제966호)이라는 명칭이었으나 2001년 4월 7일 전문개정과 함께 국제사법으로 변경되었다. 국제사법은 외국적 요소가 있는 법률관계에 관하여 국제재판관할에 관한 원칙과 준거법을 정함을 목적으로 하는데, 주로 준거법을 정하는 내용으로 구성되어 있다. 예컨대 국제사법 34조 1항에서는 "채권의 양도인과 양수인간의 법률관계는 당사자 간의 계약의 준거법에 의한다. 다만, 채권의 양도가능성, 채무자 및 제3자에 대한 채권양도의 효력은 양도되는 채권의 준거법에 의한다"고 규정함으로써 국제적인 법률관계에 적용될 준거법을 정하는 방식을 제시하고 있다.

소상인(小商人)에게는 그 규모의 영세성으로 인하여 지배인·상호·상업장부·상업등기 등에 관한 규정이 적용되지 아니한다(9조).

제 2 편

총　칙

제1장 영업주체

- 제1절 상인의 개념
- 제2절 상인의 종류
- 제3절 상인자격의 취득과 상실
- 제4절 영업능력
- 제5절 영업의 제한

제2장 기업의 인적설비(기업조직)

- 제1절 상업사용인

제3장 기업의 물적설비

- 제1절 총설
- 제2절 영업소(기업의 주소)
- 제3절 상호(기업의 명칭)
- 제4절 상업장부(기업의 회계)
- 제5절 상업등기(기업의 공시)

제4장 영업양도

- 제1절 총설
- 제2절 영업양도의 개별적 유형분석
- 제3절 영업양도의 당사자와 영업양도의 절차
- 제4절 영업양도의 효과

제5장 영업의 임대차와 경영위임

제 1 장 영업주체

제 1 절 상인의 개념

1. 상인의 개념에 관한 입법주의

(1) 총 설

상법(전)에 대한 바른 이해는 상인 및 상행위의 개념에서 출발한다. 상법의 대상은 실질적으로는 기업의 생활관계이다(기업법설). 그러나 기업의 개념은 상법전에 근거규정이 존재하지 않고 그 폭도 너무나 넓어 기업을 핵심으로 하여 상법의 대상을 고찰한다는 것은 이론적으로나 현실적으로 어려움이 있다. 이러한 이유 때문에 상법의 대상으로 되는 사항을 정함에 있어서 상법의 대상으로 되는 생활주체, 즉 상인을 우선적으로 규정하는 입법(상인법주의)과, 상법의 대상이 되는 생활활동, 즉 상행위를 우선적으로 정하는 입법(상행위법주의), 그리고 이들을 절충한 입법(절충주의) 등이 있다.[1] 또한 상인의 개념을 상인의 행위형식 또는 상인의 행위의 실질이라는 기준에 따라 정할 경우, 형식주의, 실질주의 그리고 절충주의로도 분류할 수 있다. 아래에서 설명하는 바대로 상인법주의는 형식주의와 주관주의의 논리적 귀결이고, 상행위법주의는 실질주의와 객관주의의 논리적 귀결이라 할 수 있다.

(2) 입법주의의 분류

(가) 상인법주의(형식주의 · 주관주의)

기업의 실질에는 관계없이 오로지 상인의 형식을 기준으로 하여(형식주의)

---

1) Rudolf B. Schlesinger et al., *Comparative Law*, 5th ed.(Mineola, NY: Foundation Press, 1988), pp. 592-593.

상인을 정하는 입법태도이다. 이 입장은 "일정 형식을 갖춘 자는 상인이다. 그리고 이러한 자가 영업으로 하는 행위가 상행위이다"라는 방식의 입법을 의미하는 것으로, 먼저 상인의 개념을 형식적으로 정하고(주관주의), 그 상인의 영업상의 행위를 상행위로 보는 방식이다. 이러한 입법태도는 중세 상인단체인 길드가 자치권을 바탕으로 자치규약을 제정하였고, 그 자치규약은 길드(guild)의 조합원만을 상인으로 보아 그들에 대해서만 적용된 것에 논리적 기원을 두고 있다. 그러므로 이 입법태도의 전형은 상법을 상인을 위한 계급법(Standesrecht)으로 이해할 수밖에 없는 측면이 있다.[2)]

상인법주의는 새로 생겨나는 유형의 영업을 포섭하기가 용이하다는 장점이 있다. 그러나 이 입법주의에서는 다음과 같은 문제점이 있다. 첫째, 상법적용의 대상으로서 상인을 비상인으로부터 구분한다는 점에서 평등사상에 반한다는 비판을 받을 수 있다. 둘째, 일정한 형식적 기준을 만족하여야만 상인으로 되는데, 실제적으로는 그 형식상의 한계를 정하기가 쉽지 않다는 난점이 있다. 셋째, 상인개념을 확정하기 위한 전제로서 상행위의 개념이 필요하다는 점을 망각하고 있다. 왜냐하면, 사물의 실질과 형식은 불가분의 관계에 있기 때문에, 기업의 실질적인 활동인 상행위와 전혀 연결없이 상인개념을 정할 수는 없기 때문이다.

상인법주의를 채택한 입법의 예로서는 스위스채무법[3)]과 1897년의 독일신상법, 그리고 1914년의 중국상인통례(中國商人通例) 등이 있다.

(나) **상행위법주의**(실질주의 · 객관주의)

기업의 실질에 착안하여(실질주의) 행위의 주체가 누구인가를 묻지 않고, 일정한 행위를 객관적 성질자체에서 상행위로 정의하고(객관주의), 그로부터 상인의 개념을 유도하는 입법태도이다. 즉, "특정 행위는 상행위다. 그리고 그러한 행위를 하는 자는 상인이다"라는 입법방식으로, 행위의 객관적 성질에 따라 우

---

2) 池島宏幸, 「增補 商法學の現代的課題—社會科學としての商法學—」, 敬文堂出版部, 1976, 15-16頁.

3) 스위스채무법 934조 1항에 따르면 상업·제조업 기타 상인적 방법에 의하여(nach kaufmännischer Art) 영업을 하는 자는 그 상호를 상업등기부에 등기할 의무를 부담하고, 비로소 등기함으로써 상인의 자격을 취득한다. 따라서 농업, 임업 또는 광업과 같은 원시적 생산업이나 의사나 변호사, 회계사, 화가와 같은 자유직업에 종사하는 자라도 상인적 설비로써 영업을 하는 경우에는 그 규모·설비에 따라 상인으로 인정받아 상법의 적용을 받을 수 있다. 스위스채무법은 기업경영의 형식을 등기에 의한 공시와 결합시켜서 상인개념을 명확하게 하는 입법이라 할 수 있다.

선 상행위의 의미와 범위를 구체적으로 결정하고, 그것을 기본으로 하여 상인과 기타 기본개념을 정하는 입장이다.

이 입법주의는 프랑스 혁명의 자유평등의 사상을 배경으로 하여 상법을 계급법으로부터 일반법으로 해방시키고자 하는 적극적인 취지를 가지고 탄생되었다. 그리하여 상행위법주의로의 변신의 효시를 일반적으로 1807년의 프랑스 상법전에서 찾고 있다. 그러나 상행위의 개념을 정하는 객관적인 기준은 없을 뿐 아니라, 상법에 절대적 상행위를 폭넓게 인정하는 경우 주관적 고려 없이 모든 행위자를 상인으로 취급하게 되는 문제점이 발생할 수도 있다. 또한 급격하게 변화하고 있는 경제발전에 부응하지 못하는 어려움이 있다.

상행위법주의를 채택한 전형적인 예로서는 1885년의 스페인 상법이 있다.

(다) 절충주의

절충주의란 문자 그대로 상인법주의와 상행위법주의를 절충한 입법태도로서, 상행위라고 정하여진 행위를 영업으로 하는 자를 상인으로 인정하는 것과 더불어(실질주의), 일정한 형식을 갖추고서 상인적 방법으로 영업을 하는 자도 상인으로 보는(형식주의) 입장이다.

일반적으로 독일 상법, 프랑스 상법, 그리고 일본 상법을 절충주의의 입장에 있는 입법태도라고 본다.

2. 입법주의의 변천

역사적 측면에서 살펴볼 때, 중세에는 상인법주의가 중심이었으나, 근대로 넘어오면서 상행위법주의로 이동하였다. 최근에는 각국의 입법이 다시 상인법주의로 움직이고 있다. 상인법주의에서 상행위법주의로의 이행(移行)은 중세 봉건시대의 계급법이 초래한 불평등에 대한 일종의 정치적 반동의 표현이라는 점에서 그 연혁적인 의미가 있다. 그리고 최근의 상인법주의로의 회귀현상은 경제활동이 활발해짐에 따라 경제생활도 다기(多岐)한 양상을 보이게 되었고, 이에 따라 상법의 적용이 필요한 영역이 확대된 사실에 그 이유를 찾을 수 있다. 즉, 객관적 성질에 따라 상행위를 하나하나씩 열거하는 상행위법주의는 개념의 고정성이라는 단점으로 인하여 시대의 진보와 경제활동의 확대에 부응할 수 없기 때문이다.

3. 상법의 입법태도

(1) 서 언

상법은 상인을 4조에서 당연상인, 5조에서 의제상인으로 나누어 규정하고 있다. 상법상의 상행위로는 기본적 상행위(46조)와 보조적 상행위(47조)만을 규정하고 있어, 절대적 상행위(의용상법 501조)를 인정하지 않는다.[4] 이와 같은 상법상의 규정 때문에 우리 상법은 상인개념과 상법의 대상에 대하여 어떠한 입법태도를 취하고 있는가에 관하여 견해가 나누어지고 있다.

(2) 학설의 검토

(가) 상인법주의설

상법 4조의 당연상인은 기본적 상행위를 토대로 해서 상인개념을 정하고 있는데, 이때의 기본적 상행위란 영업과 영업의 주체인 상인 사이의 관련이 없으면 그 상행위성이 인정되지 않는다. 이처럼 상행위개념의 주요 요소로서 영업성을 도입하여 주관주의적 판단요소인 영업성이 만족되는 경우에만 기본적 상행위로 인정받기 때문에 상인법주의로 해석하는 것이 옳다고 한다.

(나) 절충주의설

당연상인은 상법 46조의 기본적 상행위를 기초로 하여 상인개념을 정하고 있으므로 상행위법주의에 근거한 것이며, 의제상인은 상행위와 무관하게 상인적 방법이라는 형식적 기준에 의해 상인성이 인정된다는 점에서 상인법주의를 취하고 있어 우리 상법은 양자를 절충한 입법주의를 채택하고 있다고 보는 견해이다. 이러한 절충주의는 다시 당연상인 규정에 강조점을 두어 상행위법주의에 가까운 절충주의로 파악하는 견해와 의제상인 규정에 강조점을 두어 상인법주의에 가까운 절충주의로 보는 견해로 다시 나누어 볼 수 있다.

(3) 사 견

상법 4조의 당연상인은 구조학적으로 보면 상행위의 개념을 우선적으로 정

---

4) 우리 상법은 절대적 상행위를 인정하고 있지 않으므로 더더욱 순수한 의미에서의 상행위법주의로 분류될 수 없다. 이러한 이유 때문에 우리나라에서 순수하게 상행위법주의만을 주장하는 자는 없다.

하고 여기에서 상인개념을 도출하고 있다. 그러나 당연상인의 경우 그 개념의 전제가 되는 기본적 상행위는 상인과의 관련에서만 인정될 수 있다는 점에서 상법 4조는 순수하게 상행위법주의를 채택한 것으로 볼 수 없다. 그리고 상법 5조와 47조에서 상행위개념의 파탄이 드러나고 있음을 알 수 있다. 즉, 상법 5조는 상행위와 관계없이 점포형식 또는 회사형태로서 기업을 경영하는 자는 상행위를 하지 않더라도 상인으로 간주하고 있으며, 상법 47조 1항의 이른바 보조적 상행위와 2항이 규정한 보조적 상행위로의 추정에서는 상인개념에서 상행위의 개념을 추출하고 있다. 따라서 우리 상법은 상인법주의와 상행위법주의 중에서 어느 한쪽에 입각하여 나머지 쪽을 포기한 입법이라고 할 수 없다. 그러므로 우리 상법은 절충주의적 입법으로 이해된다. 이처럼 '상행위'의 개념과 '상인'의 개념은 서로 복잡하게 얽혀 있기 때문에, 어느 일방의 개념만을 고집할 경우에 다른 일방의 개념과의 연계성 때문에 순환논법에 빠지게 된다.[5] 이런 이유에서 우리 상법은 상인법주의(형식주의·주관주의) 요소의 비중이 다소 높다고 평가할 수 있지만, 상인법주의에 가까운가 아니면 상행위법주의에 가까운가에 관한 논의는 이론적으로나 실무상으로 큰 의미를 가지지 못한다고 생각한다.

제 2 절 상인의 종류

1. 분류기준

상인은 자기명의로 46조의 기본적 상행위를 영업으로 하는 당연상인과 기본적 상행위를 영업으로 하지 않더라도 경영의 형식 내지 기업적 설비에 착안하여 상인으로 의제되는 의제상인으로 구분할 수 있다. 또한 영업규모의 대소(大小)를 기준으로 해서 완전상인(Vollkaufmann)과 소상인(Minderkaufmann)으로 분류할 수도 있다. 완전상인에 대하여는 상법상의 모든 규정이 적용되며 소상인에 대하여는 상법의 적용이 부분적으로 배제된다는 데 그 구분의 실익이 있다. 이하에서는 상법상의 상인으로 규정되어 있는 당연상인, 의제상인 및 소상인에 관하여 살펴본다.

---

5) Schlesinger et al., p. 593.

2. 당연상인

(1) 의 의

당연상인은 자기명의로 상법 46조상의 기본적 상행위를 영업으로 하는 자를 말한다(4조, 46조). 그러나 오로지 임금을 받을 목적으로 물건을 제조하거나 노무에 종사하는 자의 행위는 이에서 제외한다(46조). 이처럼 기업의 규모의 영세성 때문에 당연상인에서 제외되는 자는 상법 9조에서 정하고 있는 소상인으로 보지 않는 것이 통설이다.

(2) 자기명의

'자기명의'로 한다는 것은 상행위의 결과 생기는 권리와 의무의 주체가 된다는 것이며, 타인에 의한 대리도 무방하고 타인의 영업자본이라도 무방하다. 따라서 상행위로 인한 권리와 의무의 귀속과는 상관없는 실제 행위자가 누구인가? 누구 명의로 행정관청에 신고했는가? 누구의 계산인가? 등의 문제는 상인성 판단을 위한 절대적 기준이 되지 않는다.

예를 들어 주식회사의 대표이사가 회사의 행위를 하지만 그로 인한 권리와 의무는 회사에 귀속하므로 상인은 회사가 된다. 또한 친권자가 미성년자를 대리하여 영업을 하여도 그로 인한 권리와 의무는 미성년자에게 귀속되므로 미성년자가 상인이다. 또한 타인의 명의를 차용하여 영업을 하는 경우에는 실질적으로 누가 거래의 주체인지를 살펴보는 것이 상인성을 판단함에 있어서 중요하다. 즉 타인의 이름을 차용하여 영업을 하는 경우에 실질적으로 영업을 하는 명의차용자가 상인이며(영업행위로 인한 권리와 의무가 명의차용자에게 귀속되므로) 명의대여자가 상인이 되는 것은 아니다. 한편 명의대여자가 일정한 표현적 지위로 인하여 책임을 부담하는 경우(24조)는 거래한 제3자를 상법이 정책적으로 보호하기 위한 것으로[6] 상인성 인정과는 다른 차원의 문제이다.

6) 이철송, 75면.

【대법원 1987. 3. 24. 선고 85다카2219 판결】
【판결요지】
상법 제24조는 금반언의 법리 및 외관주의의 법리에 따라 타인에게 명의를 대여하여 영업을 하게 한 경우 그 명의대여자가 영업주인 줄로 알고 거래한 선의의 제3자를 보호하기 위하여 그 거래로 인하여 발생한 명의차용자의 채무에 대하여는 그 외관을 만드는 데에 원인을 제공한 명의대여자에게도 명의차용자와 같이 변제책임을 지우자는 것으로서 그 명의대여자가 상인이 아니거나, 명의차용자의 영업이 상행위가 아니라 하더라도 위 법리를 적용하는 데에 아무런 영향이 없다.

행정관청의 신고인이나 납세의무자명의도 상인성을 판단함에 있어서 의미가 없는 것은 아니지만, 상인의 개념에서 이야기하는 '자기명의'와는 동일한 개념은 아니므로 상인성을 판단함에 있어서 절대적인 기준이 되지는 못한다.[7]

【대법원 1962. 3. 29. 선고 4294민상962 판결】
【판결요지】
갑과 갑의 처가 점포에서 포목상을 현실적으로 공동경영하고 있고, 그 점포의 임차명의자가 갑의 처의 명의로 되어 있는 반면에 영업에 관한 납세의무자가 갑명의로 되어 있는 사실과 갑이 다른 직업을 가지고 있지 아니하다는 사실에 의하면 남편되는 갑이 경영하고 있는 것이라고 추정하였음은 정당하다.

(3) 기본적 상행위

당연상인의 개념을 정함에 있어서 고려되는 상행위는 상법 46조의 기본적 상행위이다. 따라서 상인이 영업을 위하여 함으로써 상행위로 되는 보조적 상행위(47조)는 포함되지 아니한다.[8] 기본적 상행위는 채권법적 법률행위가 될 것이며, 물권행위는 단순한 이행행위로서 그 자체에 영업성이 결부될 여지가 없다.[9]

(4) 계속성 · 반복성 · 영리성(영업성)

상인이 '영업으로 한다'(상 46조)는 것은 영리성 · 계속성 · 비영세성의 요소를

7) 이철송, 75면; 정동윤, 48면; 최준선, 81면.
8) 이철송, 71면; 최준선, 79면.
9) 이철송, 71면.

갖추고 행위하는 것을 말한다. 계속성에 대한 판단에 있어서는 계속적인 영업활동이 외부에서 객관적으로 인식되어야 하며, 계속적인 의사가 있으면 족하므로 영업활동을 시작한 경우도 당연히 영업성이 인정된다.[10)]

상행위는 영리를 목적으로 동종의 행위를 반복하는 것이며, 영업의 의사가 외부에서 인식될 수 있어야 한다. 즉 영리로 상행위를 한다는 주관적 의사와 일정한 외관의 형성이 있어야 한다. 영리성에 대한 판단은 기업활동의 전체를 대상으로 판단하여야 할 것이며 실제적으로 이익이 발생하고 있는 것과 반드시 일치하지 아니하여도 무방하다. 따라서 일시적으로 재고품을 원가 이하로 판매하는 행위도 넓은 의미의 영리성에 포함된다.[11)] 한편 기업활동의 목적이 비영리목적이라고 한다면 활동 자체가 영리라고 하여도 영리성이 있는 상인이라고 하기에는 어렵다.[12)]

【대법원 1994. 4. 29. 선고 93다54842 판결】

【판결요지】

대한광업진흥공사가 광업자금을 광산업자에게 융자해 주고 소정의 금리에 따른 이자 및 연체이자를 지급받는다고 하더라도 이와 같은 대금행위는 대한광업진흥공사법 제1조에서 정하는 목적, 즉 민영광산의 육성 및 합리적인 개발을 지원하기 위하여 하는 사업이지 '영리의 목적'으로 한다고 보기 어렵다.

【대법원 1998. 7. 10. 선고 98다10793 판결】

【판결요지】

새마을금고법의 제반 규정에 의하면 새마을금고는 우리나라 고유의 상부상조 정신에 입각하여 자금의 조성 및 이용과 회원의 경제적·사회적·문화적 지위의 향상 및 지역사회개발을 통한 건전한 국민정신의 함양과 국가경제발전에 기여함을 목적으로 하는 비영리법인이므로, 새마을금고가 금고의 회원에게 자금을 대출하는 행위는 일반적으로는 영리를 목적으로 하는 행위라고 보기 어렵다.

변호사·의사·화가 등 자유직업의 영역에 속하는 자의 행위는 영리목적이 있지만, 영리만을 목적으로 하지 않기 때문에 영업성이 배제되어 상인성을 인정

10) 이철송, 74면; 최준선, 80면.
11) 이철송, 73면.
12) 이철송, 74면; 최준선, 79면.

받지 못한다고 봄이 전통적인 견해이다. 그러나 병원의 행위에 관하여 상법상 명의대여자의 책임(24조)을 인정한 사례가 있고,[13] 변호사의 경우도 기업적인 법무법인(law firm)의 발생 등에 비추어 볼 때 위의 자유직업군의 영업성을 제한적으로나마 명문으로 인정하여야 할 필요가 있다.[14]

변호사, 법무법인, 법무사 등의 상인성에 대하여 법원은 일관적으로 그들의 활동은 상인의 영업활동과는 본질적인 차이가 있음을 들어[15] 상인성을 인정하지 않고 있다. 즉, 판례는 개인변호사의 상호등기에 대하여 부정적이며,[16] 법무법인의 등기를 '명칭등기'로 하도록 하고[17] 조세정책적 목적으로 과세한다고 하더라도[18] 그들이 상인적 방법으로 영업을 하는 것이라고 볼 수 없고,[19] 그 공공성에 비추어 볼 때 이들을 상인이나 의제상인으로 볼 수는 없다고 하였다.

Q 변호사/법무사가 상법 5조 1항의 의제상인에 해당되는지 여부?

【대법원 2007. 7. 26.자 2006마334 결정】

【판결요지】

변호사의 영리추구 활동을 엄격히 제한하고 그 직무에 관하여 고도의 공공성과 윤리성을 강조하는 변호사법의 여러 규정에 비추어 보면, 위임인·위촉인과의 개별적 신뢰관계에 기초하여 개개 사건의 특성에 따라 전문적인 법률지식을 활용하여 소송에 관한 행위 및 행정처분의 청구에 관한 대리행위와 일반 법률사무를 수행하는 변호사의 활동은, 간이·신속하고 외관을 중시하는 정형적인 영업활동을 벌이고, 자유로운 광고·선전활동을 통하여 영업의 활성화를 도모하며, 영업소의 설치 및 지배인 등 상업사용인의 선임, 익명조합, 대리상 등을 통하여 인적·물적 영업기반을 자유로이 확충하여 효율적인 방법으로 최대한의 영리를 추구하는 것이 허용되는 상인의 영업활동과는 본질적으로 차이가 있다 할 것이고, 변호사의 직무 관련 활동과 그로 인하여 형성된 법률관계에 대하여 상인의 영업활동 및 그로 인하여 형성된 법률관계와 동일하게

13) 대법원 1987. 3. 24. 선고 85다카2219 판결.
14) 김성태, 165면.
15) 대법원 2008. 6. 26.자 2007마996 결정; 대법원 2007. 7. 26.자 2006마334 결정.
16) 서울고법 2008. 7. 2. 선고 2007나118684 판결.
17) 대법원 2008. 6. 26.자 2007마996 결정.
18) 대법원 2007. 7. 26.자 2006마334 결정.
19) 대법원 2008. 6. 26.자 2007마996 결정.

상법을 적용하지 않으면 아니 될 특별한 사회경제적 필요 내지 요청이 있다고 볼 수도 없다. 따라서 근래에 전문직업인의 직무 관련 활동이 점차 상업적 성향을 띄게 됨에 따라 사회적 인식도 일부 변화하여 변호사가 유상의 위임계약 등을 통하여 사실상 영리를 목적으로 그 직무를 행하는 것으로 보는 경향이 생겨나고, 소득세법이 변호사의 직무수행으로 인하여 발생한 수익을 같은 법 제19조 제1항 제11호가 규정하는 '사업서비스업에서 발생하는 소득'으로 보아 과세대상으로 삼고 있는 사정 등을 감안한다 하더라도, 위에서 본 변호사법의 여러 규정과 제반 사정을 참작하여 볼 때, 변호사를 상법 제5조 제1항이 규정하는 '상인적 방법에 의하여 영업을 하는 자'라고 볼 수는 없다 할 것이므로, 변호사는 의제상인에 해당하지 아니한다. 결국 변호사는 그 직무수행과 관련하여 의제상인에 해당한다고 볼 수 없고, 조세정책적 필요에 의하여 변호사의 직무수행으로 발생한 소득을 사업소득으로 인정하여 종합소득세를 부과한다고 하여 이를 달리 볼 것은 아니며, 변호사가 상인이 아닌 이상 상호등기에 의하여 그 명칭을 보호할 필요가 있다고 볼 수 없다.

【대법원 2008. 6. 26.자 2007마996 결정】

【판결요지】

법령에 의하여 상당한 정도로 그 영리추구 활동이 제한됨과 아울러 직무의 공공성이 요구되는 법무사의 활동은 상인의 영업활동과는 본질적인 차이가 있고, 법무사의 직무 관련 활동과 그로 인하여 형성된 법률관계에 대하여 상인의 영업활동 및 그로 인하여 형성된 법률관계와 동일하게 상법을 적용하지 않으면 안 될 특별한 사회·경제적 필요 내지 요청이 있다고 볼 수도 없으므로, 법무사를 상법 제5조 제1항이 규정하는 '상인적 방법에 의하여 영업을 하는 자'라고 볼 수는 없다. 따라서 법무사의 상호등기 신청을 각하한 등기관의 처분은 정당하고, 법무사 합동법인의 경우 법무사법 제33조 이하에서 그 명칭의 등기를 허용하고 있다거나, 상호의 등기를 허용하는 다른 일부 전문 직종에서 관계 법령에 공익적 목적의 제한규정을 두고 있는 경우가 있다는 사정만으로 부당한 차별에 해당하여 위법하다고 볼 수는 없다(대법원 2007. 7. 26.자 2006마334 결정 참조).

【서울고법 2008. 7. 2. 선고 2007나118684 판결】

【판결요지】

변호사는 상법 제5조 제1항이 규정하는 '상인적 방법에 의하여 영업을 하는 자'에 해당하지 않고, 변호사법이 법무법인을 '상행위 기타 영리를 목적으로' 한 회사의 형태가 아닌, '변호사가 그 직무를 조직적·전문적으로 행하기 위하여' 설립한 사단의 형태로 규정하고 있으므로(제40조) 법무법인 역시 상인에 해당하지 않는다{법무법인(유한)과 법무조합도 같다}. 법무법인은 변호사법 제42조 제1호에 의하여 정관에 '상호'가 아닌

'명칭'을 기재하고, 같은 법 제43조 제2항 제1호에 의하여 설립등기시 '상호'가 아닌 '명칭'을 등기하도록 되어 있으므로, 이러한 법무법인의 설립등기를 '상호' 등을 등기사항으로 하는 상법상 회사의 설립등기나 개인 상인의 상호등기와 동일시할 수는 없다. 그러나 애당초 상호 내지 명칭의 등기가 불가능한 개인 변호사와는 달리 법무법인은 구 비송사건절차법(2007. 7. 27. 법률 제8569호로 개정되기 전의 것)의 상업등기에 관한 규정에 따라 그 명칭을 등기할 수 있고(개인 상인과는 달리 상호등기부에 따로 등기되는 것은 아니고, 설립등기의 일부로서 '민법법인 및 특수법인 등기규칙'에 따라 특수법인등기부에 등기될 뿐이다), 법무법인의 '명칭'은 법무법인이 사업상 자기를 표시하기 위하여 사용하는 칭호로서 상인의 상호와 거의 동일한 기능을 수행하고 있으며, 법무법인의 등기에 준용되는 구 비송사건절차법의 상업등기에 관한 규정 중 제164조의 적용이 배제되어야 할 이유가 없을 뿐 아니라 만약 법무법인 설립등기에 위 규정이 적용되지 않으면 선등기한 법무법인과 동일한 명칭으로 법무법인 설립등기를 신청할 때 이를 각하할 근거가 없게 되어 부당하므로, 법무법인의 '명칭'에 상호의 등기와 보호에 관한 상법 제22조, 제23조 등과 구 비송사건절차법 제164조 등의 규정이 준용된다.

Q **'상호'가 아닌 '명칭'을 등기하도록 하는 법무법인의 설립등기를 '상호' 등을 등기사항으로 하는 상법상 회사의 설립등기나 개인 상인의 상호등기와 동일시할 수 있는지 여부?**

【대법원 2007. 7. 26.자 2006마334 결정】

【판결요지】

변호사가 변호사법 제40조에 의하여 그 직무를 조직적·전문적으로 행하기 위하여 설립한 법무법인은, 같은 법 제42조 제1호에 의하여 그 정관에 '상호'가 아닌 '명칭'을 기재하고, 같은 법 제43조 제2항 제1호에 의하여 그 설립등기시 '상호'가 아닌 '명칭'을 등기하도록 되어 있으므로, 이러한 법무법인의 설립등기를 '상호' 등을 등기사항으로 하는 상법상 회사의 설립등기나 개인 상인의 상호등기와 동일시할 수 없다. 따라서 법무법인에 대하여 상호등기를 허용하면서 변호사에게는 상호등기를 허용하지 아니하는 것이 헌법상 평등의 원칙에 위반된다는 재항고이유의 주장은 그 전제가 잘못된 것이므로, 더 나아가 살펴볼 필요 없이 받아들일 수 없다. 또한, 일부 변호사에 대하여 상호등기가 마쳐진 사례가 있다고 하더라도 이는 등기되어서는 아니 될 사항이 잘못 등기된 것에 불과하므로 이를 이유로 이 사건 상호등기신청을 받아들여야 한다는 근거로 삼기 어려우며, 이 사건 등기관이 이 사건 상호등기신청을 각하한 처분이 헌법상 평등의 원칙에 위반된다고 볼 수 없다.

Q **변호사의 상호등기신청을 각하한 등기관의 처분이 적법한지?**

【대법원 2007. 7. 26.자 2006마334 결정】
【판결요지】
변호사는 그 직무수행과 관련하여 의제상인에 해당한다고 볼 수 없고, 조세정책적 필요에 의하여 변호사의 직무수행으로 발생한 소득을 사업소득으로 인정하여 종합소득세를 부과한다고 하여 이를 달리 볼 것은 아니며, 변호사가 상인이 아닌 이상 상호등기에 의하여 그 명칭을 보호할 필요가 있다고 볼 수 없으므로 등기관이 변호사의 상호등기신청을 각하한 처분이 적법하다고 한 사례.

3. 의제상인

(1) 의 의

상법은 46조상의 기본적 상행위 이외의 행위를 하더라도 일정한 경우에는 상법의 적용을 받는 상인으로 인정하는 경우가 있는데, 설비상인과 민사회사의 경우가 바로 그것이다. 설비상인과 민사회사의 경우 상법상의 형식적인 측면에서의 판단으로 상인여부가 결정된다고 하여 이를 형식상인이라고도 한다.[20]

(2) 설비상인

설비상인은 점포 기타 유사한 설비에 의하여 상인적 방법으로 상법 46조상의 기본적 상행위가 아닌 행위를 영업으로 하는 자를 말한다(5조). 설비상인의 개념은 경제 및 상법의 발전적 성질에 맞추어 상인의 개념을 파악하는 것이다. 즉 시대에 따라 발전하고 다양화되는 경영의 형식 내지 기업적 설비에 착안하여 상인의 개념을 확장하고 있는 것이 바로 설비상인제도이다.

설비상인의 개념에 있어서 특이한 점은 점포 기타 유사한 설비에 의하여 상인적 방법으로 영업을 한다면 상법상 기본적 상행위를 하지 아니하여도 상인으로 본다는 것이다. '상인적 방법'이라 함은 사회통념상 그 방법과 범위에 있어서 상인적인 설비와 경영조직을 갖춘 영업을 경영하는 것을 말한다.

20) 정동윤, 50면; 최준선, 82면.

상인의 개념을 정함에 있어서의 입법주의적 관점에서 설비상인의 개념을 본다면 '점포 기타 유사한 설비'의 측면에서는 형식주의의 입장을 택하고 있는 것이고, '상인적 방법'의 측면에서는 실질주의의 입장을 취하고 있는 것이라고 할 수 있다.

영업으로 한다는 것은 당연상인의 경우와 마찬가지로 같은 종류의 행위를 영리의 의사로서 계속적으로 반복하여야 하는 것을 의미한다.

(3) 민사회사

회사는 상행위를 하지 아니하더라도 회사라는 이유만으로 상인으로 인정된다(5조 2항). 즉 회사는 상인의 개념을 정함에 있어서 형식주의에 의하여 상인으로 인정되는 경우이다. 이와 같은 경우를 일반적으로 민사회사라고 하여 설명하는 것이 보통이다. 기본적 상행위를 하는 회사(상사회사)는 당연상인이 되는 것이고, 기본적 상행위 이외의 행위를 하는 회사(민사회사)는 의제상인으로서 상법상 상인으로 인정된다는 것이다. 상법상 회사는 '상행위' '기타' 영리를 목적으로 하여 설립된 법인(169조)인데, 이때 '상행위'는 당연히 기본적 상행위를 의미하는 것으로 상사회사의 영리성에 관한 설명이고, '기타'는 기본적 상행위 이외의 행위를 의미하는 것으로 민사회사의 영리성에 대한 설명이다.

이러한 분석에 대하여 민법 39조에 의해 인정되는 영리법인 즉 민사회사의 개념은 '영리를 목적으로 하는 사단으로서 상사회사의 설립조건에 따라 설립한 법인'이고, 또 상사회사는 상행위뿐만 아니라 상행위 이외의 행위도 목적으로 할 수 있으므로, 상사회사와 민사회사의 개념을 굳이 구별할 이유가 없다고 보는 견해[21]도 있다. 즉 상법 5조 2항을 민사회사라는 개념을 설정하고 이에 대하여 상법을 적용하기 위해서 둔 규정으로 풀이하지 아니하고, 상행위 이외의 행위를 영업으로 하는 회사를 상인으로 보기 위해서 둔 규정이라고 보는 것이다(상사회사의 범주에 포함시키기 위한 입법). 양자에 대하여 여러 측면의 분석이 가능하지만 상법 적용상의 실익은 없다.

---

21) 이철송, 78면; 최준선, 85면.

4. 소 상 인

(1) 의 의

소상인은 영업의 규모가 영세하여 상법의 일부 규정이 적용되지 아니하는 상인을 말하는데, 소상인 이외의 상인을 보통상인 또는 완전상인이라고도 한다. 소상인의 개념은 독일법계의 여러 나라에서 인정하고 있다.

법정요건을 구비하면 누구나 상인이 될 수 있고 상법의 적용을 받으며, 기업의 대소와는 상관없는 것이 일반원칙이다. 그러나 소규모기업에 대하여 복잡한 규모의 기업을 대상으로 한 법규를 적용하게 되면 당사자들을 번잡하게 하고 불필요한 비용을 발생하게 할 우려가 때문에 소규모의 상인에 대해서는 따로 규정하는 것이다.

(2) 소상인의 범위

현재 대통령령으로 정해져 있는 소상인의 범위는 1,000만원 미만의 자본금을 가지고 영업을 하는 상인으로 회사가 아닌 자이다(상법시행령 2조). 소상인에서의 자본금액은 회사의 경우와 같이 특별한 의미를 지니는 것이 아니라 단순히 현재의 영업재산의 총액을 말한다.[22)]

(3) 배제규정

지배인, 상호, 상업장부, 상업등기에 관한 규정은 소상인에게는 적용되지 아니한다(9조). 위의 규정들이 소상인에게 적용되지 않는다는 의미는, 소상인이 선임한 지배인은 상법상 지배인으로 보지 않는다는 것이고, 소상인도 상호를 선정해서 사용할 수 있으나 상호에 관한 상법상 보호를 받지 못한다는 것이다. 또한 소상인도 영리를 추구하므로 영업에 관한 장부를 작성할 수 있으나 상법상 상업장부로 보지 않으며 더욱이 상업장부를 작성할 상법상의 의무가 없다. 그리고 상업등기의 경우 소상인은 등기제도를 이용할 수 없다.

---

22) 이철송, 79면; 정동윤, 51면; 정찬형, 69면; 최준선, 86면.

제 3 절 상인자격의 취득과 상실

1. 의 의

상인자격이라 함은 권리능력자가 상행위 또는 영업이라는 특별한 목적을 위하여 가지게 되는 자격을 말하는데, 이는 상행위를 하고자 하는 상인의 의사에 의해 취득되는 것이다. 상인자격을 취득하게 되면 상법의 적용을 받게 되는 것이므로 언제 상인자격을 취득하고 상실하는지는 매우 중요하다.

2. 자연인의 상인자격

자연인이 상인의 자격을 취득함에 있어서는 상법 4조와 5조 1항의 요건을 구비하면 되는데, 현실적으로 본다면 영업행위의 개시라는 사실관계에 의하여 취득된다. 여기서 영업의 개시란 영업의 목적인 기본적 상행위 자체를 개시하는 것을 의미하는 것이 아니라 점포의 임차, 영업용재산의 구입, 종업원의 고용 등과 같은 개업준비행위의 개시를 포함하는 것으로 풀이하여야 한다. 그 이유는 다음과 같다.

첫째, 개업준비행위에 대하여 상법을 적용하는 것은 사회적 요구에 부응하고자 하는 상법의 기본 취지에 합치된다. 둘째, 상법을 기업법으로 보는 기업법설에서는 기업을 중심으로 하여 그 활동을 포괄적으로 고찰하여야 하므로 기본적 상행위 이전에 보조적 상행위를 인정하여야 할 필요성이 있다. 셋째, 개업준비행위도 계획적 일체로서 영업의 불가결한 일부이므로 영업 그 자체에 속하는 행위로 보아야 한다.[23]

Q 개업준비행위의 구체적인 모습은 어떠한가?

【대법원 1999. 1. 29. 선고 98다1584 판결】
【판결요지】
영업의 목적인 기본적 상행위를 개시하기 전에 영업을 위한 준비행위를 하는 자는

23) 蓮井良憲 外 2人 編,「講義 商法總則」, 青林書院, 1980, 53頁.

영업으로 상행위를 할 의사를 실현하는 것이므로 그 준비행위를 한 때 상인자격을 취득함과 아울러 이 개업준비행위는 영업을 위한 행위로서 그의 최초의 보조적 상행위가 되는 것이고, 이와 같은 개업준비행위는 반드시 상호등기·개업광고·간판부착 등에 의하여 영업의사를 일반적·대외적으로 표시할 필요는 없으나 점포구입·영업양수·상업사용인의 고용 등 그 준비행위의 성질로 보아 영업의사를 상대방이 객관적으로 인식할 수 있으면 당해 준비행위는 보조적 상행위로서 여기에 상행위에 관한 상법의 규정이 적용된다.

상인자격의 상실은 영업의 종료로 상실된다고 보는데 설비의 폐지 등이 기준이 될 수 있을 것이지만, 단순한 시설의 폐지나 인원의 처리가 종료되었다고 상인자격이 상실되는 것이 아니라 영업의 사후처리인 청산행위가 종료한 때가 상인자격의 상실시점으로 된다.

파산선고를 받은 경우에는 파산관재인이 상인인 파산자를 대리하므로 파산자는 계속해서 상인의 자격을 보유한다고 보는 견해[24]와 파산관재인의 직무는 파산사무에 불과하고 영업을 대리하는 것이 아니므로 파산으로 상인의 자격은 상실된다고 보는 견해[25]가 있다.

3. 법인의 상인자격

(1) 사법인(私法人)의 상인자격

(가) 영리법인(회사)

영리법인인 회사는 당연히 그 설립목적이 영리에 있다. 따라서 상행위를 하느냐의 여부에 관계없이 회사가 법적 절차에 따라 설립되면 당연히 상인이 된다. 즉 회사는 상인자격을 떠나서는 존재할 수 없으며, 회사를 설립한 이상 영업의 목적인 행위가 개시되지 아니하더라도 상인이 된다.

회사는 법인격의 소멸과 함께 상인의 자격도 상실하게 되는데, 회사가 해산하더라도 청산의 목적범위 내에는 청산을 종결할 때까지는 법인격이 있고 상인의 자격도 유지된다.[26]

---

24) 이기수·최병규, 95면.
25) 이철송, 83면.
26) 파산의 경우에는 자연인의 경우와 같이 파산에 대한 시각을 어떻게 가지느냐에 따라서 견

(나) 비영리법인

공익법인(公益法人)의 경우 법인의 목적달성수단으로서의 영업을 인정하는 것이 통설이므로 수익사업을 하는 그 부분에 관한 한 상인성을 인정하여야 한다.[27] 이러한 법인이 부분적으로 상인이 되는 경우 상인자격의 취득과 상실의 시기는 자연인의 경우와 동일하게 해석해야 할 것이다.

협동조합, 노동조합, 상호보험회사 등 비영리법인이면서 공익법인이 아닌 것을 중간법인(中間法人)이라고 하는데, 이러한 법인은 그 목적이 특정되어 있으므로 상인성을 부정하는 것이 통설이다. 그러나 이러한 법인도 법령이 정하는 신용사업부문에 대하여는 은행법이 적용되는 금융기관으로 보고 있으므로(은행법 5조) 이 범위에서는 상인으로 보아야 한다.[28]

(2) 공법인의 상인자격

국가나 지방자치단체 같은 일반적 공법인은 국민의 복지증진을 목적으로 하지만, 그러한 목적을 위해서 수익사업을 할 수 있으므로 상인성이 인정될 수 있다. 예컨대 철도나 선박의 운송사업이 그러한 것들이다. 예컨대 철도여객이 철도 또는 열차의 관리부주의로 상해를 입은 사건에서 정부를 상법상의 여객운송인으로 보아서 상법 148조의 손해배상책임을 인정한 사례가 있다.[29]

한편 농지개량조합, 수리조합 등과 같이 법률상 그 설립목적이 제한적으로 특정되어 있는 이른바 특수공법인은 영리사업을 할 수 없으므로 상인이 될 수 없다.[30] 더 나아가 법원은 건설회사가 정부의 금융·기업 구조개혁촉진방안에 따라 금융기관에 대한 부채상환을 위하여 한국토지공사에 그 소유의 토지를 매도한 행위에 대하여 상행위에 해당되지 않는다고 보았다.[31]

해가 달라진다.

27) 사립학교법 6조 1항에서는 학교법인이 수익사업을 할 수 있음을 규정하고 있다.

28) 최준선, 103면.

29) 대법원 1982. 7. 13. 선고 82다카278 판결. 이철송, 85면 참조.

30) 대법원 판례에 따르면 신용보증기금의 상인성이 인정되지 않는 것도 이러한 범주에서 이해할 수 있다(대법원 1989. 6. 27. 선고 88다카16812 판결).

31) 창원지법 2000. 3. 16. 선고 99가합5187 판결. 그러나 한국전력공사·대한석탄공사·한국도로공사·대한주택공사 등 특별법에 의해 설치되는 정부투자기관은 공익성이 강하기는 하지만, 독립된 경제적 단위로서 독립채산을 원칙으로 하는 등 영리성이 강하다는 이유로 상인으로 보아야 한다는 견해가 있다(최준선, 105면).

제 4 절 영업능력

1. 영업능력의 의의

자연인의 권리능력에는 제한이 없으므로 누구든지 상인의 자격을 가질 수 있다. 그러나 모든 자연인이 영업능력을 가지는 것은 아니며 행위능력이 없는 자연인은 제한된 범위 내에서 한정적으로 영업능력을 가질 수 있을 뿐이다.

회사의 경우에는 행위무능력의 개념을 인정할 수 없으므로 상인자격이 있으면 당연히 영업능력도 있다.

2. 무능력자의 영업능력

미성년자 또는 한정치산자는 일반적으로 법정대리인의 허락을 얻어 유효하게 법률행위를 할 수 있으나(민법 8조 1항), 영업을 하는 상인이 되기 위해서는 그러한 사실을 등기하여야 한다(6조). 그런데 상업등기에 관한 상법 규정에 의하면 등기하여야 할 사항을 등기하지 아니하면 선의의 제3자에게 대항하지 못한다(37조 1항). 따라서 미성년자 또는 한정치산자가 법정대리인의 허락을 받았으나 등기를 하지 아니한 경우에는 선의의 제3자에 대하여 법정대리인의 허락이 있었음을 대항하지 못하게 된다.

미성년자 또는 한정치산자가 법정대리인의 허락을 얻어 회사의 무한책임사원이 된 경우에는 그 사원자격으로 인한 행위에 관하여는 능력자로 본다(7조). 무한책임사원의 지위에 취임하게 되면 그 지위에 수반되는 행위도 하는 것이라고 보아야 하므로 미성년자 또는 한정치산자가 하는 회사업무의 편의성을 도모하기 위한 것이다. 만일 그렇지 않고 지위의 취득과 행위를 별개로 본다면 취득에 대한 허락이 있었다고 하더라도 행위시마다 다시 허락을 얻어야 하므로 이는 무한책임사원의 지위에서 나오는 회사대표권 및 업무집행권의 행사를 사실상 못하게 하는 것이나 다름없기 때문이다.

법정대리인이 무능력자를 위하여(즉 대리하여) 영업을 하는 때에는 등기를 하여야 한다(8조 1항). 그 이유는 대리권의 존재와 범위를 등기하여(법정대리인의 성명·주소·주민번호, 무능력자의 성명·주소·주민번호, 영업의 종류, 영업소 등이 등기사항) 거래의 안정을 기하기 위함이다. 만일 이를 등기하지 않은 경우에 상법 37조 1항에 의하여 등기해야 할 사실을 가지고 선의의 3자에게 대항하지 못하므로 무능력자 또는 법정대리인이 거래의 유효를 주장하지 못한다는 결과가 된다. 그렇지만 법정대리인이 등기를 하지 아니하고 미성년자를 위하여 영업을 대리한 경우에도 현실적으로는 거래의 상대방이 유효를 주장하는 경우가 더 많은 것이어서 이러한 논의는 무의미할 수 있다는 점을 지적한다.[32] 따라서 법정대리인이 등기없이 대리 영업을 하는 상황에서 무능력자 본인이 상행위를 한 경우에, 선의의 상대방에 대하여는 그 영업을 법정대리인이 대리하여 영위한다는 사실, 더 나아가서 무능력자의 행위임을 이유로 하여 취소할 수 없다는 뜻으로 새겨야 하는 것이 더 합리적이라고 보고 있다.[33]

제 5 절 영업의 제한

1. 공법상의 제한

공공적인 목적을 위해서 회사의 영업 또는 일정한 행위를 제한하는 경우가 있는데, 예컨대 마약, 음란문서와 같이 절대적으로 금지되는 것과 증권업, 식약업 등 인·허가를 요하는 경우도 있고, 법관이나 변호사의 경우처럼 일정한 직업에 종사하는 자의 자격을 제한하는 신분상의 제한이 있다.

2. 사법상의 제한

사인 간의 이익의 조정을 위하여 법률로 영업의 자유를 제한하는 경우가 있다. 즉 상업사용인의 경업피지의무(17조), 영업양도인의 경업금지의무(41조), 그리고 공정거래법상 제한 등이 그 예이다. 이 외에도 회사의 설립목적에 의한 제한 및 당사자의 합의에 의한 계약상의 제한도 있을 수 있다.

---

32) 이철송, 87면.
33) 이철송, 87면. 이는 결국 제3자의 보호에 초점을 맞추는 견해일 것이다.

사례형 연구

X는 1990년 이래로 변호사법이 변호사의 업무로 규정한 범위 내에서의 업무를 적법하게 수행하면서 '기러기 법률 사무소'라는 사무실을 운영하고 있다. X가 위의 변호사 사무실 명칭을 등기소에 상호로 등기해 줄 것을 신청하였다. 등기관 Y는 X의 신청을 각하하였다. Y의 신청각하는 적법한가? 단, 상업등기는 당사자가 등기신청에 요구되는 방식과 절차에 따라 신청하고 이에 등기관은 등기의 신청이 적법하지 않다고 인정되는 때에는 그 이유를 기재한 결정으로서 각하할 수 있고, X가 사용한 명칭은 부정한 경쟁을 목적으로 타인의 명칭을 도용한 것은 아님을 전제로 한다.

Ⅰ. 문제의 소재

상호는 기업의 영업설비 가운데 물적설비에 해당하며, 상업등기사항이다. 변호사 사무소의 명칭을 상호로 등기하는 것은 결과적으로 변호사를 상인으로 보는 것과 다를 바 없다. 따라서 변호사가 상인인지의 여부 및 그의 법률사무소(또는 법무법인)의 명칭이 상업등기의 대상이 될 수 있는지를 검토하여야 한다.

Ⅱ. 상인의 종류 및 자격

1. 상인의 종류

상인은 상행위의 여하를 기준으로 자기명의로 상법 제46조 소정의 상행위를 영업으로 하는 당연상인(상법 제4조)과 상행위를 영업으로 하지 않더라도 경영의 형식 내지 기업적 설비에 착안하여 상인으로 의제되는 의제상인(상법 제5조 제1항)으로 구분할 수 있다. 전자의 행위에는 상행위법통칙(상법 제47조 내지 제65조)이 적용됨에 반하여 후자의 행위는 준상행위(상법 제66조)로서 상행위법통칙의 규정이 준용된다.

상인은 영업규모의 대소(大小)를 기준으로 완전상인과 소상인으로도 분류할 수 있다. 소상인의 범위는 대통령령으로 정하도록 되어 있는데(상법 부칙 제1조), 현재에는 자본금액이 1천만원 미만의 상인으로서 회사가 아닌 자로 그 범위를 정하고 있다(상법의 일부규정의 시행에 관한 규정 제2조). 여기서 자본금액이라 함은 회사의 자본과는 다른 개념으로서 기업경영에 필요한 재화, 즉 영업재산의 현재 가격을 의미한다. 완전상인에 대하여는 상법상의 모든 규정이 적용되며 소상인에 대하여는 지배인, 상호, 상업장부 및 상업등기에 관한 규정을 적용하지 않는다는데 그 구분의 실익이 있다(상법 제9조).

2. 변호사와 같은 자유업자의 상인자격 유무

변호사와 같은 이른바 자유업자는 당연상인이 아님은 물론이고 의제상인으로도 볼 수 없다. 이들의 업무는 고도로 개성적인 특징과 공익성을 지니고 있기 때문이다. 대법원 판례도 이와 동일한 입장을 취하고 있다. 예컨대, 대법원은 "변호사의 영리추구 활동을 엄격히 제한하고 그 직무에 관하여 고도의 공공성과 윤리성을 강조하는 변호사법의 여러 규정에 비추어 보면, 위임인·위촉인과의 개별적 신뢰관계에 기초하여 개개 사건의 특성에 따라 전문적인 법률지식을 활용하여 소송에 관한 행위 및 행정처분의 청구에 관한 대리행위와 일반 법률사무를 수행하는 변호사의 활동은, 간이·신속하고 외관을 중시하는 정형적인 영업활동을 벌이고, 자유로운 광고·선전활동을 통하여 영업의 활성화를 도모하며, 영업소의 설치 및 지배인 등 상업사용인의 선임, 익명조합, 대리상 등을 통하여 인적·물적 영업기반을 자유로이 확충하여 효율적인 방법으로 최대한의 영리를 추구하는 것이 허용되는 상인의 영업활동과는 본질적으로 차이가 있다 할 것이고, 변호사의 직무 관련 활동과 그로 인하여 형성된 법률관계에 대하여 상인의 영업활동 및 그로 인하여 형성된 법률관계와 동일하게 상법을 적용하지 않으면 아니 될 특별한 사회경제적 필요 내지 요청이 있다고 볼 수도 없다"고 판시한 바 있다.[34)]

Ⅲ. 상호의 의의

상법은 영업설비에 관하여 규정을 두고 있다. 영업설비는 상인에 특유한 것으로서 물적설비와 인적설비로 나누어진다. 물적설비로서는 상업등기, 상호 및 상업장부가 있으며, 인적설비로서는 상업사용인 및 대리상이 있다. 이 중에서 상호는 상인이 그의 영업활동에 있어서 자기를 표시하기 위하여 사용하는 명칭이다. 이를 자세히 설명하면, 상인이 아닌 자가 자신의 업무를 수행함에 있어서 특별한 명칭을 사용하여도 상호로 되지 아니한다. 그리고 상호는 상인이

---

34) 대법원 2007. 7. 26.자 2006마334 결정. 대법원은 법무사에 대해서도 동일한 입장이다(대법원 2008. 6. 26.자 2007마996 결정).

영업활동에 있어서 사용하는 명칭이기 때문에 상인의 영업이 없으면 상호로 인정되지 않는다.

회사의 경우에는 상호는 반드시 등기할 사항으로 된다(상법 제180조 제1호, 제271조 제1항, 제317조 제2항 제1호, 제549조 제2항 제1호). 왜냐하면, 상호를 등기하여야만 회사의 존재를 인식할 수 있기 때문이다. 이에 반하여 개인상인은 상호를 등기할 의무가 없다.

Ⅳ. 사례의 해결

변호사는 상인이 아니므로 그의 법률사무소의 명칭은 상호가 아니다. 즉, 변호사 사무소의 명칭은 상업등기의 적법한 대상이 아니다. 따라서 X의 상호등기신청에 대한 Y의 각하는 적법하다.

제 2 장 기업의 인적설비(기업조직)

제 1 절 상업사용인

1. 의 의

(1) 총 설

상인의 영업규모가 확대되면, 상인은 그 영업활동의 수행을 위하여 점포나 공장, 기계 등의 물적설비 이외에도 타인의 능력으로부터 보조를 받아야 하는 필요성이 나타나게 된다. 상법은 이러한 영업의 인적설비를 위해 상인의 영업활동에 대한 보조자로서 상업사용인제도를 두고 있다.

상업사용인이라고 함은 '특정상인'에 '종속'되어 그 상인의 대외적인 영업활동을 보조하는 자를 말한다. 상업사용인은 특정상인의 영업활동을 보조한다는 점에서 대리상과 유사하지만, 대리상은 특정인에게 종속되지 않은 독립상인이라는 점에서 상이하다. 상법상 상업사용인에는 지배인, 부분적 포괄대리권을 가진 사용인 및 물건판매점포의 사용인의 3종류가 있다.

(2) 대내적 관계(특정상인에 종속)

상업사용인은 영업주라는 특정상인에 종속되어 있는 자를 말하는 것이므로, 중개인 또는 위탁매매인과 같이 불특정한 상인의 요구에 따라 그 영업활동을 보조하는 사람이라든가, 특정한 상인을 위하여 그 영업활동을 보조하는 사람이라도 독립된 상인으로서 외부에서 보조하는 사람은 상업사용인이 아니다. 또한 상인을 '보조'하는 자이기 때문에 상인이 아닌 자의 대외적 거래를 보조하는 자와도 구별하여야 한다.[1)]

---

1) 무능력자를 위해 대리행위를 하는 법정대리인은 후견인적 지위에서 행위를 하는 자이므로

‘특정상인’이라 함은 반드시 1인을 이야기하는 것은 아니므로 한 사람이 2인 이상의 상인의 상업사용인을 겸할 수 있다.[2] 여기에서 상업사용인의 보조를 받는 상인은 회사이든 개인상인이든 무관하며, 개인상인의 경우에도 행위무능력자이든 소상인이든 무관하다. 그러나 상업사용인은 자연인에 한하여 될 수 있고 법인은 상업사용인이 될 수 없다고 보는 것이 통설이다.

법인 상인인 회사의 기관으로서 그 조직 자체의 일부로 볼 수 있는 이사 또는 업무집행사원 등도 상인의 영업(경영)과 밀접한 관련이 있는 자이지만, 영업활동을 보조하는 것이 아니고 직접 영업을 담당하는 자로서 영업주인 회사에 종속하는 자가 아니므로 상업사용인이 아니다. 더구나 법인의 영업집행 구조에는 대표의 법리가 적용되고 대리의 법리가 적용되는 것이 아니므로 상업사용인으로 보기 힘들다는 것이 일반적인 견해이다. 다만 이 같은 구별은 실질적인 지위를 보고 판단하여야 한다는 것이 법원의 입장이다.[3]

상업사용인은 특정상인의 영업거래를 대리하는 자이므로 대리권수여행위는 반드시 있어야 하나, 고용관계의 존재를 반드시 전제하지는 않는다.[4] 고용계약의 체결과 같은 형식적인 면보다는 실질적으로 대리권이 있느냐에 따라서 판단하여야 한다(통설).

Q **이사가 상업사용인의 지위를 겸할 수 있는가?**

【대법원 1996. 8. 23. 선고 95다39472 판결】
“주식회사의 기관인 상무이사라 하더라도, 동 회사의 사용인을 겸임할 수 있으므로, 원판결이 증거에 의하여 피고회사의 상무이사인 소외 오남룡이가 피고회사의 대표이사에 의하여 경리사무에 관한 포괄적 대리권을 가진 상법 제15조의 이른바, 부분적 포괄대리권을 가진 사용인으로 겸임되었다는 취지로 인정하였다 하여 법리를 오해한 잘못이 있다 할 수 없다”고 하였다. 즉 주식회사의 기관인 상무이사라고 하더라도 부분적 포괄대리권을 가지는 동 회사의 사용인을 겸임할 수 있다고 할 것이다(대법원 1968. 7. 23. 선고 68다442 판결 참조). 원심판결 이유에 의하면 원심은, 그 내세운 증거

상업사용인이 아니라고 본다.

2) 이 경우에는 상법 17조에 의한 경업피지의무가 문제될 수 있다.

3) 대법원 1968. 7. 23. 선고 68다442 판결; 대법원 1996. 8. 23. 선고 95다39472 판결.

4) 예컨대 상인의 가족이나 친척이 고용관계 없이 영업활동을 보조하는 경우에 대리권만 있다면 상업사용인이 된다. 이철송, 93면.

> 에 의하여 소외인은 1981. 7. 14. 원고 회사에 경리부차장으로 입사하여 경리업무를 담당하여 오다가 1990.경 경리담당 상무이사로 승진하였으며, 1990. 6.경 원고가 피고 은행 퇴계로 지점과 이 사건 어음수탁보관거래계약을 체결하고 계속적으로 어음수탁보관거래를 함에 있어 위 소외인이 원고의 대리인으로서 대부분의 어음을 자신이 직접 피고에게 위탁한 사실 등을 인정한 다음, 위 소외인은 원고의 기관인 상무이사이기는 하지만 이 사건 어음수탁보관거래에 관하여는 부분적 포괄대리권을 가진 사용인으로서 겸임되었다는 취지로 판단하였는바, 이를 기록과 대조하여 살펴보면 원심의 사실인정과 판단은 옳다고 여겨지고, 거기에 상고이유의 주장과 같은 채증법칙을 위배하여 사실을 오인한 위법이나 부분적 포괄대리권을 가진 사용인에 관한 법리오해의 위법이 있다고 할 수 없다.

(3) 대외적인 영업활동의 보조

대외적인 영업활동을 보조하는 것이 아닌 단순 기술보조인인 직공이나 기사 등은 상업사용인이 아니며, 순전히 내부적인 영업상의 노무를 제공할 뿐이고 대리권을 가지지 아니하는 경비원, 청소원이나 내부관리업무를 행하는 비서, 인사부장 등의 직책에 종사하는 자도 상업사용인이 아니다.

'대외적인' 활동을 보조하더라도 영업활동이 아니면 상법상의 상업사용인이 아니다.[5)]

2. 지 배 인

(1) 의 의

지배인은 영업주에 갈음하여 그 영업에 관한 재판상 또는 재판외의 모든 행위를 할 수 있는 자이다(11조). 지배인은 영업주(상인)로부터의 수권행위로 발생하는 정형적·포괄적 대리권인 지배권을 보유한다. 상법은 이러한 포괄적인 대리권을 가진 지배인과 관련된 거래관계의 안전을 위하여 지배인의 선임과 그 대리권의 소멸에 관하여 그 지배인을 둔 본점 또는 지점소재지에서 등기하도록 하고 있다(13조). 상법상 지배인제도에 관한 규정의 특징은 결국 기업의 활동범위를 확대하는 동시에 거래의 신속과 안전을 도모하려는 것이다.

지배인인지의 여부는 명칭(지배인, 지점장 등) 여하에 관계없이 실질적인 권

5) 즉 기자의 직이라든지 After Service를 담당하는 사원의 경우가 그 예라고 할 수 있다.

한 보유에 따라 판단하게 되며, 상법상 지배인에 관한 규정은 소상인에게는 적용되지 아니한다(9조).

(2) 선임과 종임

(가) 선 임

1) 법적 성질

지배인 선임행위의 법률상의 성질에 관해서는 지배인에 대한 영업주의 지배권수여의 의사표시가 있어야 하는지, 지배인의 동의가 필요한지 또는 영업주와 지배인간에 고용이나 위임 계약관계가 필요한지 등에 관하여 몇 가지 견해가 대립한다.

지배인의 선임행위는 '대리권수여행위와 결합한 고용계약 또는 위임계약'이라고 보는 입장[6]이 있으나, 상업사용인은 고용관계를 전제로 하지 않는다고 보는 것이 통설적 견해이고 고용관계가 없는 가족이나 친족도 대리권이 존재한다면 지배인으로 보는 것이 타당하므로 이를 지지하기 어렵다. 따라서 지배인 선임행위는 기본적으로 '대리권의 수여행위'로 풀이하면 충분하다. 다만, 대리권 수여행위의 법적 성격에 관하여는 학자들의 입장이 나누어진다. 즉, 대리권 수여행위는 지배인에게 대외적 자격과 권한을 수여할 뿐이고 의무나 책임을 부담시키는 것이 아니기 때문에 대리인의 승낙 등의 의사표시는 요구되지 않는다고 보아 지배인 선임행위는 지배인의 수령을 요하는 영업주의 단독행위로 보는 견해[7](단독행위설)와, 지배인의 선임은 등기사항이고 지배인이 그 의무와 책임에 있어 자유롭다는 주장은 옳지 않다는 이유에서 지배인 선임행위는 대리권 수여계약이고 따라서 지배인의 승낙의 의사표시가 있어야 지배인으로 선임된다는 견해[8](계약설)가 있다. 지배인의 선임행위는 영업주의 선임의사와 지배인의 동의의사의 합치에 의하여 효력이 발생하는 계약으로 보아야 옳다.

2) 선임권자

지배인의 선임권자는 영업주인 상인이다(10조). 이 경우의 영업주라 함은 상법 4조와 5조에 의해 상인성이 인정되는 자를 의미한다. 소상인에 대하여는 상

6) 정동윤, 59면; 최기원, 81면.
7) 이철송, 101면.
8) 송옥렬, 29면.

법상의 지배인에 관한 규정이 적용되지 않으므로, 상법상 지배인의 선임권을 가질 수 없다(9조). 따라서 소상인이 영업전부에 걸쳐 포괄적 대리권을 갖는 임의대리인을 선임하여도 그는 상법상의 지배인으로서의 지위를 가질 수 없다.

영업주인 상인 이외에도 그 지배인선임권한이 수여된 대리인도 지배인을 선임할 수 있다. 다만, 이 경우의 대리인의 범위에 관하여 법정대리인에 한한다는 견해[9]와 법정대리인과 임의대리인을 구별하지 않는다는 견해[10]로 나누어져 있다.

지배인은 다른 지배인을 선임할 수 없다. 하지만 지배인선임에 관하여 영업주의 특별한 수권이 있는 경우에는 그러하지 아니하다(11조 2항).

회사의 지배인은 회사 내부의 일정한 절차를 거쳐(203조, 274조, 393조, 564조) 대표기관이 선임한다. 이러한 내부절차상의 하자가 있더라도 그 하자는 대내관계에 지나지 않기 때문에 선임행위의 효력에는 영향을 미치지 않는다. 지배인은 영업을 전제로 한 상업사용인이므로 청산중의 회사나 파산중의 회사는 지배인을 선임할 수 없다.

3) 피선임권자의 자격

지배인의 자격에 관하여 상법상 명문의 규정이 없다. 따라서 지배인이 될 수 있는 자는 자연인에 한한다는 입장과 법인도 포함된다는 입장으로 나누어져 있는데, 자연인에 한한다는 견해[11]가 우리나라의 통설이다. 그러나 지배인으로 되는 자연인이 반드시 행위능력자일 것을 요하는 것은 아니다(민법 117조).[12] 따라서 행위무능력자인 지배인에 의한 지배권행사도 법률상의 효과를 가진다.

회사의 대표권이 없는 업무집행사원이나 이사 또는 합자회사·유한책임회사의 유한책임사원, 익명조합의 익명조합원 등도 그 회사의 지배인으로 선임될 수 있다. 다만 주식회사나 유한회사의 감사는 그 성질상 지배인을 겸할 수 없다(411조, 570조). 또한 다른 회사의 무한책임사원, 이사나 다른 상인의 지배인이 지배인으로 선임되는 경우에는 겸직금지의무의 위반이 성립한다(17조).

---

9) 정동윤, 58면.
10) 김상규, “지배인의 법적 지위,” 「법학논총」 제11집(한양대학교, 1994), 207면.
11) 정동윤, 58면; 이철송, 102면.
12) 상법 7조의 무능력자의 경우도 회사의 무한책임사원이 될 수 있음에 비추어 볼 때 당연히 이렇게 해석하여야 할 것이다.

4) 선 임

개인상인의 경우에는 별다른 선임절차를 요하지 않지만, 회사의 경우에는 회사의 종류별로 각각 다른 규정이 적용된다. 합명회사나 유한책임회사의 경우 정관에 다른 정함이 없는 한 총사원의 과반수의 결의(203조, 287조의18), 합자회사에서는 무한책임사원 과반수의 결의(274조), 주식회사에서는 이사회의 결의(393조 1항), 유한회사에서는 이사 과반수의 결의 또는 사원총회의 결의(564조 1항·2항)[13]로 지배인을 선임한다. 회사의 경우 단체법상 의사결정절차는 매우 중요한 법률요건이므로 이를 결한 경우라면 당연히 무효로 보아야 한다는 견해[14]도 있지만 선임절차를 거치지 않고 선임하더라도 그러한 지배인의 선임행위 자체는 대외적으로 유효한 것으로 보는 것이 통설[15]이다.

지배인의 선임행위에는 법문에 특별한 방식을 규정하고 있지 않다. 따라서 반드시 서면에 의할 필요는 없다. 그러나 지배인의 대리권이 법률상 광범위하고 거래관계에서도 정확성이 요구되기 때문에 명시적 의사표시에 의해 선임된다고 보아야 할 것이다.[16] 다만 영업주의 선임 의사표시나 지배인의 승낙 의사표시가 다른 일반 계약과 함께 이루어지는 경우가 많고 의사표시를 구분하는 것이 실무적으로 쉽지 않은 경우도 적지 않아 묵시적 의사표시에 대한 신중한 검토가 필요하다는 주장[17]도 있다.

(나) 종 임

지배인은 영업주인 상인과의 계약내용에 따라 계약의 종료 또는 계약상의 대리권소멸사유로 인해 종임한다.[18] 즉, 지배인과 영업주인 상인과의 법률관계는 위임이므로 민법이 정하는 지배인의 사망·금치산·파산(민법 127조 2항), 영업주 또는 지배인의 상호간의 위임계약의 해지(민법 689조), 영업주의 파산(민법 690조) 등의 경우 지배인의 대리권은 소멸한다. 그러나 지배인의 대리권은 상행위의 위임에 의한 대리권이며 따라서 상인의 사망은 기업 자체의 존속에 영향을

13) 유한회사의 경우 정관에 다른 정함이 없는 한 이사 과반수의 결의로 지배인의 선임 및 해임을 할 수 있지만(546조 1항), 1항에도 불구하고 사원총회의 결의로 지배인의 선임 및 해임을 할 수 있다(546조 2항).
14) 이철송, 101면.
15) 정찬형, 83면; 최준선, 117면.
16) 정동윤, 59면.
17) 송옥렬, 28면.
18) 김상규, 앞의 논문, 208면.

주지 않기 때문에, 영업주의 사망에 의해서 지배권은 소멸되지 않는다(50조). 왜냐하면, 지배인은 개인의 대리인이 아니라 기업의 대리인이기 때문이다. 영업주가 사망하는 경우에는 그의 상속인이 상인의 지위를 갖게 되며, 여러 명의 상속인이 있는 경우 그들이 그 지위를 승계한다.

영업의 양도가 지배인의 종임사유가 되는가에 관하여 기업의 유지라는 측면에 중점을 두어 이를 부인하는 견해[19]가 있으나, 이 경우에도 지배인은 종임하는 것으로 보아야 한다. 왜냐하면, 지배인은 영업주와의 고도의 신뢰관계에 그 바탕을 두고 있기 때문이다. 따라서 영업의 양도가 된 경우나 영업주가 사망한 경우는 모두 영업주가 변경된 경우이지만 양자에 대한 법적 취급은 동일하지 않게 된다. 그 이유는 영업양도의 경우는 양수인에 의하여 기업경영이 계속되므로 영업주 사망의 경우처럼 기업유지 확보가 그다지 중요한 문제로 되지 않기 때문이다.

(다) 등　기

상인은 지배인의 선임과 종임에 관하여 그 지배인을 둔 본점 또는 지점소재지에서 등기하여야 한다(13조). 지배인의 선임과 종임의 사항을 등기하도록 한 이유는 지배인은 광범위한 지배권을 가지기 때문에, 지배인의 지위상의 변화는 거래의 상대방에 대하여 중대한 이해관계를 갖기 때문이다.

지배인의 선임이나 종임의 등기는 그 선임이나 종임의 구성요건이나 효력요건은 아니므로, 이를 등기하였는지의 여부는 지배인과 상인 간의 실질적 법률관계에 대하여 어떤 영향도 미치지 않는다. 다만 등기는 선언적 효력이 있어 대항요건으로 될 뿐이다. 그러나 지배인의 선임이나 종임의 사실이 있더라도 이를 등기하지 않는 경우, 이에 대하여 선의의 제3자에 대항할 수 없다(37조).

이러한 등기는 영업주가 등기신청서에 일정사항을 기재하여 신청하는데 영업주가 개인상인의 경우에는 지배인등기부에, 회사의 경우에는 회사의 등기부에 한다(상업등기법 53조, 54조, 55조).

---

19) 김상규, 앞의 논문, 209면; 이철송, 103면.

(3) 지 배 권

(가) 의의 및 특색

지배인은 영업주에 갈음하여 영업에 관한 재판상 또는 재판외의 모든 행위를 할 수 있는 권한을 가진다(11조 1항). 이처럼 지배인이 가지는 권한인 지배권(Procura)은 지배인을 선임한 영업주의 일신전속적인 것을 제외하고 영업의 전반에 걸치는 포괄적인 것이며, 그 범위도 법률에 의해 객관적으로 정형화하고 있다. 이처럼 지배권을 포괄·정형화한 것은 거래의 상대방보호, 거래의 신속성확보, 그리고 거래안전을 도모하기 위해서이다. 그러나 지배권은 영업을 전제로 하는 것이므로 영업의 양도나 폐지는 하지 못한다.[20] 그리고 지배인은 이미 시작된 영업을 전제로 그에 관한 행위를 대리하는 것이므로 상호의 선정·변경·폐지도 여기서의 영업에 관한 행위라고 볼 수 없다.[21]

지배인과 대표이사는 권한의 포괄성이라고 하는 면에서 유사하지만, 각각 개인법상 관계와 단체법상 관계라는 차이와 더불어 지배인의 권한은 영업거래에 한정되지만 대표이사의 권한은 영업거래뿐 아니라 회사의 내부조직상의 권한 및 영업과 관계없는 대외활동에도 미친다는 점에서 서로 다르다.[22]

이상과 같이 지배인의 권한은 그 범위가 객관적으로 법정되어 있기 때문에 법정대리와 유사하지만 지배인의 선임은 영업주의 자유라는 점에서 임의대리이

지배권과 대표권의 비교

지배권 (11조 1항)	회사의 대표권 (209조, 269조, 287조의19, 389조 3항, 567조)
권한의 포괄성	
개인법상 대리관계 (개인적 대리권수여행위에 기초)	단체법상 대표관계 (회사의 기관선임에 기초)
지배인은 영업의 대리인	회사의 대표기관
특정영업소 거래로 영업범위 한정됨	회사의 영업전반이 대표권의 범위

20) 최준선, 119면.
21) 이철송, 106면.
22) 이철송, 99면.

다. 즉 선임되는 것은 상인에 의해 선임되지만, 그 권한의 내용은 원칙적으로 법률에 정해진다.

(나) **지배권에 대한 제한**

지배인의 대리권에 대한 제한은 영업주와 대리인 간에만 유효하고 선의의 제3자에게 대항하지 못하기 때문에(11조 3항) 영업주는 권한 내의 대리행위와 마찬가지로 책임을 진다. 여기에서 말하는 '선의'는 지배인의 대리권이 제한되어 있다는 사실을 알지 못함을 말하며, 경과실의 경우도 보호된다. 다만 중과실은 악의와 동일하게 보호받지 못하며, 상대방의 악의 또는 중과실은 영업주에게 입증책임이 있다.[23] 또한 지배인과 영업주 간 고도의 신뢰관계에 비추어볼 때 지배인은 자신의 권한의 전부 또는 일부를 타인에게 양도할 수 없다.

(다) **지배권이 미치는 범위**

1) 재판상의 행위

지배인은 소송행위를 할 수 있다. 지배인은 모든 심급의 법원에서 영업주의 소송대리인으로서 소송행위를 할 수 있다(민사소송법 80조). 다시 별도의 소송대리인을 선임하는 것도 가능하다. 그러나 지배인 자신이 소송당사자로서의 자격을 가질 수는 없다.

2) 재판외의 행위

영업에 관한 행위이면 영업의 목적인 행위 자체 또는 영업을 위한 행위의 여부나 유상행위 또는 무상행위의 여부는 아무런 중요성이 없다.[24] 그리하여 여기서 '영업에 관한 행위'라 함은 영업의 목적이 되는 행위는 물론 영업을 위하여 직접적 혹은 간접적으로 필요한 모든 행위를 포함하는 광범위한 개념이다.[25] 특정의 행위가 영업에 관한 것인가의 여부는 그 행위의 객관적·추상적인 판단에 의해 결정하여야 하므로, 지배인의 주관적 의도를 고려할 필요성은 없다. 그러나 구체적으로 어떠한 것이 영업에 관한 행위인지를 판단하는 것은 쉽지 않다. 결국 영업의 내용과 규모, 상거래의 실정 등을 종합하여 사회통념에 따라서 구체적인 상황 하에 판단할 수밖에 없다.[26]

---

23) 대법원 1997. 8. 26. 선고 96다36753 판결.
24) 김상규, 앞의 논문, 212면.
25) 이철송, 104면; 최기원, "지배인의 대리권에 관한 소고," 법학 제27권 4호(1986), 22면.
26) 이철송, 106면.

지배인이 할 수 있는 영업에 관한 행위의 예로서는 회사를 위한 자금차입 또는 대여행위, 어음행위 등을 들 수 있다. 지배인은 지배인이 아닌 상업사용인을 선임 또는 해임할 수 있다(11조 2항). 그러나 지배인은 영업의 양도 또는 폐지, 상호의 변경 또는 폐지, 청산신청, 법정관리, 인적회사에의 입사 및 퇴사, 지점의 개설·이전·폐지 등과 같은 회사의 본질적이고 근본적인 행위(Grundlagengeschäfte)를 할 수는 없다.[27] 배서와 같은 어음행위는 상업사용인의 영업범위에 당연히 포함되는 것이라고 보기 힘들다는 것이 판례의 입장[28]이다.

Q **영업주의 영업에 관한 것인가 여부는 어떤 기준으로 판단해야 하는가?**

【대법원 1987. 3. 24. 선고 86다카2073 판결】
지배인의 어떤 행위가 영업주의 영업에 관한 것인가의 여부는 지배인의 행위당시의 주관적 의사와는 관계없이 그 행위의 객관적 성질에 따라 추상적으로 판단되어야 할 것이다.

(4) 공동지배인

(가) 의 의

지배권은 영업에 관하여 재판상·재판외의 모든 행위에 미치는 광범위한 것이기 때문에 1인의 지배인에 의한 지배권의 오용 또는 남용을 방지하기 위하여, 상법은 공동지배인 제도를 인정하고 있다(12조 1항). 공동지배인이 선임된 경우에는 공동지배인은 공동으로만 영업주를 대리할 수 있다. 그러나 공동으로 하여야만 하는 경우는 능동대리의 경우에만 적용되는 것이며, 수동대리의 경우에는 공동지배인의 1인에 대한 의사표시로 충분하다(12조 2항). 공동지배인제도는 지배인의 권한의 행사방법에 대한 제한이다. 이에 반해 지배권에 대한 제한(11조 3항)은 대리권의 내용 또는 범위에 대한 제한으로서 서로 구별된다.

(나) 공동지배권의 행사 및 등기

수인의 지배인이 선임된 경우 별다른 사정이 없는 한 원칙적으로 각 지배인

27) 김상규, 앞의 논문, 211면.
28) 대법원 1984. 7. 10. 선고 84다카424·425 판결; 대법원 1960. 12. 8. 선고 4293민상22 판결.

이 지배권을 단독으로 행사할 수 있다(민법 119조). 즉 수인의 지배인이 선임되었다고 하여 공동지배가 자동으로 성립하는 것은 아니며, 공동지배인의 선임과 그에 관한 등기가 있어야 하며(13조 1항), 공동지배에 관한 등기가 되어 있다면 등기사실을 알지 못하는 선의의 제3자에 대하여도 대항할 수 있다(37조 1항).

공동지배인이 공동으로 하여야 함에도 불구하고 공동지배인 중 1인이 단독으로 한 행위에 대하여 영업주가 이를 추인할 수 있음은 물론이며, 추인하면 무권대리 행위시로 소급하여 영업주에게 효력이 생긴다(민법 133조).

(다) 공동지배권의 형태

공동지배의 형태는 수인의 지배인 전원이 언제나 공동으로 대리하여야 하는 형태와 수인의 지배인 중에서 특정의 지배인은 단독으로 나머지 지배인 중 1인은 특정한 지배인과 공동으로 대리하는 형태 등이 있다.[29]

이 밖에 공동지배권의 형태로서 지배인과 영업주가 공동으로 대리권을 행사하는 것을 인정할 수 있는가의 문제가 있다. 생각건대, 이 경우에는 공동지배인의 요건을 충족시키지 못하기 때문에 이를 부인하여야 한다.[30]

또한, 지배인이 지배인이 아닌 다른 상업사용인, 즉 부분적 포괄대리권을 가진 사용인(15조)이나 물건판매점포의 사용인(16조)과 공동으로 대리권을 행사하는 형태도 후자의 대리권이 전자의 대리권보다 크기 때문에 공동지배인제도에 포함할 수 없다. 이에 관해서는 이론(異論)이 없다. 이와 같은 논리의 연장선에서 인적회사의 지배인이 업무집행권이 없는 사원 등과 함께 지배권을 공동으로 행사하는 것도 공동지배인의 형태로 허용되지 않는다.[31]

(라) 공동지배권의 행사와 그 효과

공동지배인제도는 지배권의 불가제한성에 대한 법적 예외로서 인정되기 때문에 공동지배의 법률효과는 영업주와 지배인 사이의 대내적 관계는 물론이고

---

29) 정동윤, 62면.

30) 김상규, 앞의 논문, 214면. 이에 대한 독일학자들의 견해는 긍정설과 부정설로 나누어진다고 한다. 긍정설의 논거는 "공동지배인의 대리권은 다른 대리권한을 갖는 자와의 공동으로 하는 면에서 제한되므로 공동지배인보다 더 많은 권한을 갖는 영업주와 연계시키는 것이 가능하다"는 데 있으며, 부정설의 논거는 "공동지배인제도의 구성요건, 즉, 다수의 대리인에 의한 공동행사는 대리권수여자로서의 영업주와 대리인이 공동으로 하는 것으로는 충족되지 않는다"는 데 있다. 김상규, 앞의 논문, 214면.

31) 김상규, 앞의 논문, 214면.

거래의 상대방에 대한 대외적 관계에도 미친다. 공동지배인은 공동으로 지배권을 행사하여야 한다는 제약 이외에는 단독지배인과 동일한 법적 지위를 가진다. 공동지배인의 대리권의 행사방법과 행사의 효과는 그 행사가 능동대리 또는 수동대리의 여부에 따라 다르게 나타난다.

1) 능동대리

가) 대리권의 행사방법

능동대리(Aktivvertretung)의 경우 공동지배인은 공동으로 대리권을 행사하여야 한다. 그러므로 지배인의 의사가 합체되어 하나의 완성된 — 결국은 통일된 — 의사로 거래의 상대방에 대하여 표시될 것이 요구된다.

의사는 어떠한 형태로든, 즉 명시적 혹은 묵시적으로든 상대방에게 직접적으로 표시하여야 한다. 그러나 의사표시의 방법이 법정되어 있는 경우에는 그러하지 아니하다. 예컨대, 엄격한 요식성을 갖는 어음·수표행위에 있어서는 수인의 공동지배인이 각각 기명날인 또는 서명을 하여야 한다. 그러나 공동지배인 사이의 의사가 외관상으로만 합체된 것으로 보이는 경우처럼 공동지배인의 공동성이 없는 경우에는 거래는 성립하지 않는다.[32] 공동대리의 의사표시는 반드시 시간적으로 동시에 있어야 하는 것은 아니기 때문에, 이시적(異時的) 의사표시도 가능하다. 그렇지만 공동지배인 중의 일부가 한 대리행위를 그 밖의 다른 공동지배인이 내부적으로 동의 또는 추인하는 형태의 행위는 공동지배권의 행사로 인정되지 않는다.

공동지배권행사가 재판상의 대리에도 관철되는가의 여부가 문제된다. 이에 대하여 소송법상의 개별대리의 원칙(민사소송법 93조) 때문에 공동지배권을 부정하는 견해[33]가 있으나, 공동지배인제도의 취지에 비추어 볼 때, 소송상의 대리도 예외가 아니라고 보아 공동지배권행사를 인정하는 것이 타당하다.[34]

나) 지배권의 위임불가

공동지배인이 그 중 한 사람에게 위임하여 대리시킬 수 있는가에 대하여 공동지배의 본래 목적을 생각하여 이를 부정하는 것에 이론이 없다. 그런데 공동지배인이 포괄적으로 권한을 위임하는 것은 부정하지만, 개별적인 특정거래

32) 김상규, 앞의 논문, 216면.
33) 손주찬, 102면.
34) 김상규, 앞의 논문, 216면; 정동윤, 111면; 최기원, 86면.

행위에 대하여 위임이 가능한가에 대하여는 견해가 나뉜다.

긍정설은 개별적인 사항에 대한 위임은 남용의 가능성이 적고 원활한 기업 활동을 위하여 이를 인정할 수 있다고 한다.[35] 다만 긍정설의 경우에도 재판상의 행위와 어음·수표행위와 같은 요식행위는 수인의 공동지배인이 반드시 기명날인 또는 서명하여야 하는 것으로 해석한다.[36]

부정설은 이를 허용하는 것은 복임권(復任權)을 인정하는 것과 다름이 없으므로 공동대리인 제도의 객관적 운영을 어렵게 할 뿐 아니라 예측가능성을 흐리게 하므로 인정할 수 없다고 한다.[37]

이와 관련하여 상거래의 신속요청에 부응하기 위하여 공동지배인 간의 위임관계를 대리행위시에 현명한다면 개별거래에 관한 위임이 가능하다는 견해가 있다.[38] 주식회사의 공동대표이사의 대표권위임에 관한 대법원의 판례를 보면 이와 동일한 입장을 취하고 있다.[39]

Q 공동지배인 중 일부가 다른 일부에게 자신의 권한을 위임할 수 있는가?

【대법원 1989. 5. 23. 선고 89다카3677 판결】
주식회사에 있어서의 공동대표제도는 대외관계에서 수인의 대표이사가 공동으로만 대표권을 행사할 수 있게 하여 업무집행의 통일성을 확보하고, 대표권행사의 신중을 기함과 아울러 대표이사 상호간의 견제에 의하여 대표권의 남용 내지는 오용을 방지하여 회사의 이익을 도모하려는데 그 취지가 있으므로 공동대표이사의 1인이 그 대표권의 행사를 특정사항에 관하여 개별적으로 다른 공동대표이사에게 위임함은 별론으로 하고, 일반적·포괄적으로 위임함은 허용되지 아니한다.

다) 공동지배권의 단독행사의 효과

공동지배인의 등기가 되어 있음에도 불구하고 공동지배인이 대리권을 공동으로 행사하지 않았다면, 그의 대리행위는 무권대리가 되어 무효이다(민법 130

35) 정동윤, 62면; 정찬형, 89면; 최기원, 86면; 최준선, 124면.
36) 정찬형, 89면; 최준선, 124면.
37) 김성태, 208면; 손주찬, 103면.
38) 이철송, 112면.
39) 대법원 1989. 5. 23. 선고 89다카3677 판결.

조). 따라서 본인인 영업주에게 효력이 발생하지 않는 것은 당연하다. 그러나 영업주가 이를 추인한 경우에는 대리행위를 한 때로 소급하여 그 행위의 효력이 영업주에게 미친다(민법 133조).

2) 수동대리

거래의 상대방은 공동지배인 가운데 1인에 대하여 의사표시를 하여도 영업주에 대하여 그 효력을 갖는다(12조 2항). 이처럼 수동대리(Passivvertretung)의 경우에는 대리권의 남용이라는 염려가 없으므로 공동지배인이라도 각자가 단독대리권을 갖는다. 이러한 수동대리에서의 단독대리의 원칙은 거래의 상대방의 불편을 해소하는 효과도 있다. 그러므로 공동지배인 중의 일부가 의사의 수령이 불가능한 상태에 있어 유효한 의사표시를 할 수 없게 되는 상황을 방지할 수 있다.[40]

(마) 공동지배권행사에 관련한 문제점

1) 의사표시의 하자 등

능동대리인가 수동대리인가를 불문하고 공동지배인 중의 1인이 의사의 흠결, 지(知) 또는 부지(不知), 선의 또는 악의 등의 주관적 사정이 있는 경우에는 영업주에 대하여 효력을 미친다. 왜냐하면, 공동지배권은 하나의 합체된 대리권이기 때문이다.[41] 예컨대, 어떠한 법률행위를 하였는데 그 행위에 하자가 있는 것을 공동지배인 중의 1인만이 알고 있더라도 그 효과는 영업주에 미친다. 거래상대방이 공동지배인 중의 1인에 대하여 사기행위를 하거나, 공동지배인 중의 1인의 의사표시에 하자가 있는 때에는 영업주는 이를 취소할 수 있다.[42]

수동대리에 있어서 거래의 상대방이 한 공동지배인에 대한 의사표시의 흠결, 사기, 강박 또는 어느 사정을 알았거나 과실로 알지 못한 것으로 인하여 영향을 받을 경우에 그 사실의 유무를 결정하는 표준은 그 의사를 수령한 공동지배인이다(민법 116조 1항).

2) 공동지배인 중 일부의 대리권소멸

공동지배인 중 일부의 대리권이 소멸한 경우에도 나머지 공동지배인의 대

40) 김상규, 앞의 논문, 216면.
41) 정동윤, 62면.
42) 김상규, 앞의 논문, 216면.

리권은 소멸하지 않는다. 그 이유는 공동지배권은 하나의 지배권이 수인의 공동지배인에게 합유적으로 귀속되기 때문이다. 다만, 이 경우 공동의 대리권행사가 불가능하므로 능동대리는 불가능하다. 수동대리에는 아무런 영향을 미치지 않는다. 만약 남아있는 공동지배인이 단독으로 능동대리를 하였더라도 영업주가 이를 추인한 경우에는 무권대리의 추인으로 되어(민법 130조, 133조) 유효하게 된다.

(5) 표현지배인

(가) 의의 및 효과

상법은 지배인이 아니면서 본점 또는 지점의 본부장, 지점장, 그 밖에 지배인으로 인정될 만한 명칭을 사용하는 자에 대하여는 본점 또는 지점의 지배인과 동일한 권한이 있는 것으로 본다(14조 1항). 이러한 자를 표현지배인이라고 한다. 지배인의 권한을 가진 것으로 인식할 만한 명칭을 사용하는[43] 자의 행위에 대하여는 영업주는 이를 신뢰한 제3자에 대하여 정상적인 지배인의 행위가 있었던 경우와 동일한 책임을 부담한다. 그리고 표현대리인은 등기가 되어 있는 것이 아니므로 제3자가 악의인 경우에는 표현대리인임을 주장하여 본인에게 책임을 주장하지 못한다.

이상과 같은 상법상의 표현지배인제도는 민법상의 표현대리(민법 125조, 126조, 129조)를 제도적으로 강화하여 정형화시켜 둔 것이다. 이는 거래의 안전(선의의 제3자 보호)을 위해서 영미법상의 금반언(estoppel by representation)의 법리나 독일법상의 외관주의(Rechtsscheintheorie)의 정신에 따라 영업주로부터 지배권을 부여받지 않았으면서도 사실과 다른 외관을 작출한 자에게 책임을 부담시키기

43) 표현지배인이 되기 위해서 '사용인'이어야 하는지에 관하여 논란이 있었다. 즉 2010년 상법개정전에는 '영업주임 기타 유사한 명칭을 가진 사용인'이라고 하고 있었기 때문에 표현지배인이 되기 위해서는 최소한 사용인의 지위는 가져야 되지 않느냐는 지적이 있었기 때문이다. 이에 대하여 지배인으로서의 표현적 지위를 갖춘 것으로 족하고 상업사용인이어야 할 필요는 없다고 보는 견해도 있었으나(김성태, 212면; 이철송, 115면), 표현적 지위 자체가 상업사용인일 가능성이 매우 높으며 상업사용인으로 제한하는 것이 자신의 권한 밖의 대리행위를 한 경우에 표현지배인에 관한 상법 14조를 적용하는데 자연스럽다는 등의 이유로 최소한 상업사용인의 지위가 필요하다는 견해가 있었다. 표현제도를 통하여 본인 책임을 인정하려면 최소한 상업사용인의 일종은 되어야 한다는 주장에 타당한 측면도 있었기 때문에 논란이 있었는데, 2010년 개정으로 '지배인으로 인정될 만한 명칭을 사용하는 자'라고 개정됨으로써 과거의 논란은 큰 의미가 없게 되었다.

위한 제도이다.

표현지배인 제도는 다른 상업사용인에는 없는 제도이다. 법규정상으로도 직접적으로 지배인 외의 다른 상업사용인에게 준용되고 있지도 않고 판례도 이에 대하여는 부정적이다.[44)]

(나) 요 건

1) 외관에 관한 요건

가) 표현적 명칭의 사용

표현지배인으로 되기 위해서는 본점 또는 지점의 '본부장, 지점장 그 밖에 지배인으로 인정될 만한 명칭'을 사용하여야 하며, '본부장, 지점장'이라고 한 것은 표현적 명칭의 예시이다. 통상적으로 '지배인·지사장' 등의 명칭이 이에 해당된다고 할 수 있다.

한편 '현장소장'이나 '영업차장', '지점장대리' 등의 직함은 상위 사용인의 존재를 인식할 수 있으므로 표현지배인으로 보기 어렵다고 할 것이며,[45)] 판례의 입장도 동일하다. 이런 명칭을 가진 자들은 부분적 포괄대리권을 가진 상업사용인이나 점포사용인에 해당될 것이다.

Q 표현지배인으로 보기 어려운 명칭의 예는?

【대법원 1993. 12. 10. 선고 93다36974 판결】
지점차장이라는 명칭은 그 명칭 자체로서 상위직의 사용인의 존재를 추측할 수 있게 하는 것이므로 상법 제14조 제1항 소정의 영업주임 기타 이에 유사한 명칭을 가진 사용인을 표시하는 것이라고 할 수 없고, 따라서 표현지배인이 아니라 할 것이다.
【대법원 1994. 1. 28. 선고 93다49703 판결】
일반적으로 증권회사의 지점장대리는 그 명칭 자체로부터 상위직의 사용인의 존재를 추측할 수 있게 하는 것이므로, 상법 제14조 소정의 영업주임 기타 이에 유사한 명칭을 가진 사용인이라고 할 수는 없고, 단지 같은 법 제15조 소정의 영업의 특정한 종류 또는 특정한 사항에 대한 위임을 받은 사용인으로서 그 업무에 관한 부분적 포괄대리권을 가진 사용인으로 봄이 타당하다.

---

44) 대법원 1993. 12. 10. 선고 93다36974 판결; 대법원 1994. 1. 28. 선고 93다49703 판결.
45) 이철송, 114면; 최준선, 128면.

나) 영업소의 실질

표현지배인으로 인정되기 위해서는 '실질적인 영업소의 존재'가 전제되어야 한다. 즉 외관형성에 대한 신뢰의 보호가 표현제도의 목적이기 때문이다. 지배인은 본점 또는 지점의 영업에 관해 포괄적인 대리권을 보유한 자이므로, 표현지배인으로 인정되기 위해서는 영업소로서의 실질을 갖추어야 한다고 보는 실질설의 입장이 통설[46]과 판례[47]의 입장이다. 영업소로서의 실질이 없이 단지 영업소라는 명칭이나 지배인과 유사한 명칭이 사용되고 있다는 이유로 그 거래 상대방을 보호하기는 어렵다는 것이다.

이와는 달리 형식설의 입장에서는 상법 14조가 외관법리에 기초하고 있으므로 지배인으로서의 외관을 신뢰한 거래 상대방은 당연히 보호되어야 하며, 실질설을 취할 경우 거래상대방에게 본·지점의 영업소의 실질의 구비 여부까지 조사하도록 하는 부담을 주는 것이기 때문에 부당하다고 보고 있다.[48]

2) 주관적 요건

가) 영업주의 허락

만일 지배인이라고 하는 명칭을 사용하고 있고 그러한 명칭의 사용에 '허락'이 있었다면 실질적인 권한 보유 여부는 묻지 아니하고 표현지배인으로 인정하여야 할 것이다. 허락은 명시적일 필요는 없고 명칭의 사용을 묵인한 경우와 같이 묵시적인 경우도 허락으로 보는 것이 통설이다.

이것이 바로 표현지배인의 표현적 명칭사용에 대한 영업주의 귀책사유에 해당한다. 따라서 표현제도는 사실과 다른 외관의 형성에 대하여 영업주에게 책임을 묻는 제도이므로 만일 허락이 전혀 없고 사용인이 자의적으로 표현적 명칭을 사용하여 거래한 경우에는 민법상의 사용자책임(민법 756조)의 대상이 될 가능성은 있지만, 상법 14조는 적용될 여지가 없다.[49]

---

46) 이기수·최병규, 127면; 이철송, 117면; 손주찬(2003), 104면; 정동윤, 67면; 정찬형, 91면.
47) 대법원 1978. 12. 13. 선고 78다1567 판결; 대법원 1998. 8. 21. 선고 97다6704 판결.
48) 최준선, 126면.
49) 이철송, 115면.

Q **어떤 경우에 영업소의 실질을 갖추었다고 볼 수 있는가?**

【대법원 1978. 12. 13. 선고 78다1567 판결】
(주)범한화재해상보험 부산영업소장이 위 회사의 지배인도 아니고 본사로부터 어음행위에 관한 수권도 받은 바도 없는데, 수취인난에 '범한해상화재보험 주식회사 부산영업소'라고 기재된 약속어음을 교부받아 다시 '범한해상화재보험 주식회사 부산영업소장 ○○○'이라는 이름으로 배서하였던바, 어음소지인이 위 회사에 대하여 상법 제14조를 근거로 배서인의 담보책임을 물어온 사건에서, 대법원은
"상법 제14조 제1항 본문에 본점 또는 지점의 영업주인 기타 유사한 명칭을 가진 사용인은 본점 또는 지점의 지배인과 동일한 권한이 있는 것으로 본다 하여 표현지배인을 규정하고 있는데 '표현지배인으로서 본조를 적용하려면 당해 사용인의 근무장소가 상법상의 영업소인 '본점 또는 지점'의 실체를 가지고 어느 정도 독립적으로 영업활동을 할 수 있는 것임을 요한다 할 것'이다. 그런데 기록에 의하면 피고회사는 보험업법의 규제를 받는 보험사업자로서 보험계약의 체결, 보험료의 영수 및 보험금의 지급을 그 기본적 업무로 하고 있음이 분명하며 피고회사 부산영업소의 업무내용은 본점 또는 지점의 지휘감독 아래 보험의 모집, 보험료의 집금과 송금, 보험계약의 보전 및 유지관리, 보험모집인의 인사관리 및 교육 출장소의 관리감독 기타 본·지점으로부터 위임받은 사항으로 되어 있음이 또한 뚜렷하므로 이에 의하면 위 부산영업소는 피고회사의 기본적 업무를 독립하여 처리할 수는 없고"라고 하면서 "단순히 본·지점의 지휘감독 아래 기계적으로 제한된 보조적 사무만을 처리하는 영업소는 상법상의 영업소라 볼 수 없으므로 동 영업소의 소장을 상법 제14조 제1항 소정의 표현지배인으로 볼 수 없다"고 하였다.

【대법원 1998. 8. 21. 선고 97다6704 판결】
제약회사 지방분실장이 자신의 개인적 목적을 위하여 권한없이 대표이사의 배서를 위조하여 어음을 할인한 사건에서, 대법원은 "피고 회사 부산 분실은 그 원심이 판시한 바와 같은 인적 조직을 갖추고, 부산 일원의 약국 등에 피고 회사가 제조한 약품을 판매하고 그 대금을 수금하며 거래처에서 수금한 약속어음 등을 할인하여 피고 회사에 입금시키는 등의 업무를 담당하여 온 사실"을 보고,
"상법 제14조 제1항 소정의 표현지배인에 관한 규정이 적용되기 위하여는 당해 사용인의 근무장소가 상법상 지점으로서의 실체를 구비하여야 하고, 어떠한 영업장소가 상법상 지점으로서의 실체를 구비하였다고 하려면 그 영업장소가 본점 또는 지점의 지휘·감독 아래 기계적으로 제한된 보조적 사무만을 처리하는 것이 아니라, 일정한 범위 내에서 본점 또는 지점으로부터 독립하여 독자적으로 영업활동에 관한 결정을

하고 대외적인 거래를 할 수 있는 조직을 갖추어야 한다"고 하면서 "지배인의 행위가 영업주의 영업에 관한 것인가의 여부는 지배인의 행위 당시의 주관적인 의사와는 관계없이 그 행위의 객관적 성질에 따라 추상적으로 판단하여야 할 것인바, 지배인이 영업주 명의로 한 어음행위는 객관적으로 영업에 관한 행위로서 지배인의 대리권의 범위에 속하는 행위라 할 것이므로 지배인이 개인적 목적을 위하여 어음행위를 한 경우에도 그 행위의 효력은 영업주에게 미친다 할 것이고, 이러한 법리는 표현지배인의 경우에도 동일하다"고 하였다.

나) 상대방의 선의

표현지배인과 거래하는 상대방은 선의여야 한다(14조 2항). 이처럼 상대방이 악의인 경우에는 표현지배인제도를 적용하지 않는다. 여기서의 선의라 함은 특정한 거래에 있어서 대리권이 없음을 모른 것으로 봐야 한다는 견해[50]가 있으나, 표현적 명칭을 사용한 당해 지배인을 지배인이 아님을 모른 것으로 보아야 한다(통설).[51] 왜냐하면 표현지배인제도는 표현적 명칭으로 인하여 외관을 신뢰한 자를 보호하기 위한 것이기 때문이다.

선의에 중과실이 있는 경우에는 악의로 보아 보호받지 못한다. 선의유무의 판단시기는 거래시를 기준으로 결정하는데, 상대방의 선의의 유무에 대한 입증책임은 영업주가 부담한다.

(다) 효　　과

1) 진정한 지배인과 동일한 권한

상법 14조 1항에 따라 본점 또는 지점의 지배인과 동일한 권한이 있는 것으로 본다. 결과적으로 지배권 없는 자의 행위가 지배권이 있는 자의 행위로 의제된다. 따라서 무권대리행위가 진정한 지배권의 행위인 유권대리행위로 취급된다. 따라서 영업주가 이에 대하여 책임을 부담하여야 한다. 이처럼 표현지배인제도는 거래의 상대방을 보호하기 위하여 지배인으로 의제할 뿐, 표현지배인이 지배인으로 되지는 않는다.

이러한 영업주의 책임은 지배인이 아닌 자의 행위에 대하여 부담하는 책임이므로 지배인이 내부적으로 제한된 지배권의 범위를 넘어서 선의의 제3자에게 한 행위에 대하여 영업주가 책임을 지는 상법 11조 3항의 경우와는 구별되어야

50) 최기원, 90면.
51) 이철송, 118면; 정동윤, 68면.

한다.

2) 재판외의 행위에 한하여 적용

표현지배인제도는 재판외의 행위에만 적용된다. 재판상의 행위에 대하여는 표현지배인 규정이 적용되지 않는다(14조 1항 단서). 이는 표현지배인제도의 의의가 외관을 신뢰하여 이루어진 거래를 보호하고자 하는 것인데, 재판상의 행위는 외관을 형성하는 거래가 아니기 때문이다.[52)]

3. 부분적 포괄대리권을 가진 사용인

(1) 의의 및 법적 지위

부분적 포괄대리권을 가진 사용인이라 함은 영업의 특정한 종류 또는 특정한 사항에 대한 위임을 받은 사용인을 말하는데, 이러한 종류의 사용인은 위임받은 종류 또는 사항에 관한 재판외의 모든 행위를 할 수 있다(15조 1항). 예컨대 부장, 과장, 계장, 주임과 같은 특정의 사용인이 이에 해당될 수 있으며, 이러한 명칭을 가진 자들의 권한의 실질을 따져서 판단할 문제는 아니다. 그러나 이러한 명칭이 절대적인 기준이 되는 것은 아니고, 일반적인 사회통념에 따라서 해당 여부가 판단될 성질의 것이다.

한편 회사의 경우에는 이사가 회사의 일상적인 업무를 분장하여 대리하는 경우도 있는데, 그러한 경우 그 이사는 부분적 포괄대리권을 가진 사용인의 지위를 겸하는 것으로 보는 것이 판례[53)]의 입장이다.

Q **이사의 지위와 부분적 포괄대리권을 가진 상업사용인의 지위를 겸할 수 있는지 여부**

【대법원 1968. 7. 23. 선고 68다442 판결】

【판결요지】

주식회사의 기관인 상무이사가 같은 회사의 사용인을 겸할 수 있는 것이며 그와 같은 경리사무에 관한 포괄적 대리권을 가진 위 사용인을 겸한 상무이사가 개인적으로 쓰

52) 이러한 근거와 관련하여 재판상의 행위에 있어서는 외관주의보다는 실체적 진실이 더 중요하기 때문이라고 보는 견해도 있다. 이철송, 118면.

53) 대법원 1968. 7. 23. 선고 68다442 판결; 대법원 1996. 8. 23. 선고 95다39472 판결.

기 위하여 동 회사 대표이사의 도장을 위조하여 약속어음을 발행한 경우 수취인이 그러한 사정을 알았다고 볼만한 입증이 없는 이상 회사는 그 어음에 대한 책임을 면할 수 없다.

【이 유】

주식회사의 기관인 상무이사라 하더라도, 동 회사의 사용인을 겸임할 수 있으므로, 원판결이 증거에 의하여 피고회사의 상무이사인 소외 1이 피고회사의 대표이사에 의하여 경리사무에 관한 포괄적 대리권을 가진 상법 제15조에 이른바, 부분적 포괄대리권을 가진 사용인으로 겸임되었다는 취지로 인정하였다 하여 법리를 오해한 잘못이 있다 할 수 없다.

(2) 대리권의 제한과 대리권의 한계

영업주나 지배인이 부분적 포괄대리권을 가진 사용인의 대리권에 대하여 내부적인 제한을 하더라도 지배인의 대리권의 제한의 경우와 마찬가지로 이러한 대리권에 대한 제한을 가지고 선의의 제3자에게 대항하지 못한다(15조 2항, 11조 3항).

부분적 포괄대리권을 가진 사용인이 수권받은 범위 외의 행위를 한 경우에는 무권대리가 되는 것이 원칙이다. 그런데 부분적 포괄대리권을 가진 상업사용인이 특정된 영업이나 특정된 사항에 속하지 않는 행위를 한 경우, 즉 수권받은 범위 외의 행위를 한 경우 영업주에게 책임을 묻기 위해서는 민법상의 표현대리의 법리에 의하여 그 상업사용인과 거래한 상대방이 그 상업사용인에게 그 권한이 있다고 믿을 만한 정당한 이유가 있어야 한다.[54)]

Q ‘부분적 포괄대리권을 가진 상업사용인’의 행위가 위임받은 영업의 특정한 종류 또는 사항에 속하는지 여부의 판단 기준

【대법원 2009. 5. 28. 선고 2007다20440·20457 판결】

상법 제15조에 의하여 부분적 포괄대리권을 가진 상업사용인은 그가 수여받은 영업의 특정한 종류 또는 특정한 사항에 관한 재판 외의 모든 행위를 할 수 있으므로 개개의 행위에 대하여 영업주로부터 별도의 수권이 필요 없으나, 어떠한 행위가 위임받은 영업의 특정한 종류 또는 사항에 속하는가는 당해 영업의 규모와 성격, 거래행위의 형태

54) 대법원 1999. 7. 27. 선고 99다12932 판결.

및 계속 반복 여부, 사용인의 직책명, 전체적인 업무분장 등 여러 사정을 고려해서 거래통념에 따라 객관적으로 판단하여야 한다.

(3) 표현적 부분적 포괄대리권을 가진 사용인

부분적 포괄대리권을 가진 사용인에 대하여는 표현지배인제도와 같은 것이 없으므로, 그러한 명칭을 가졌다고 하더라도 실질적인 권한이 없는 경우에는 제3자가 예측하지 못한 손해를 받을 위험이 있다.

이에 대하여 민법상의 표현대리제도(민법 125조)를 적용하기 힘든 경우에는 상법의 표현제도(14조)를 유추적용하여야 한다고 보는 견해[55]가 있지만, 외관창출에 대하여 책임을 묻는 기본적인 규정인 민법상 표현제도에도 해당하지 않는 경우라면 영업주에게 표현책임을 물을 만한 행위를 했다고 보기 어려울 것이고 그 정도의 책임을 물을 만한 정도가 아니라면 민법 756조에 의한 사용자책임에 의하여 거래상대방을 보호할 수 있으므로 명문의 규정이 없는 한 유추적용은 곤란하다.[56] 판례도 부분적 포괄대리권을 가진 사용인이 권한 외의 행위를 한 경우에 영업주의 책임을 묻기 위해서는 상법 14조를 유추적용하는 것이 아니라 민법상 표현대리의 요건을 충족하여야 하는 것으로 보고 있다.[57]

Q 부분적 포괄대리권을 가진 사용인으로 오인될 만한 유사한 명칭을 사용한 사용인의 경우에도 표현지배인에 관한 상법 제14조를 유추적용할 수 있는지 여부

【대법원 2007. 8. 23. 선고 2007다23425 판결】
상법 제14조 제1항은, 실제로는 지배인에 해당하지 않는 사용인이 지배인처럼 보이는 명칭을 사용하는 경우에 그러한 사용인을 지배인으로 신뢰하여 거래한 상대방을 보호하기 위한 취지에서, 본점 또는 지점의 영업주임 기타 유사한 명칭을 가진 사용인은 표현지배인으로서 재판상의 행위에 관한 것을 제외하고는 본점 또는 지점의 지배인과 동일한 권한이 있는 것으로 본다고 규정하고 있으나, 부분적 포괄대리권을 가진 사용인의 경우에는 상법은 그러한 사용인으로 오인될 만한 유사한 명칭에 대한 거래 상대방의 신뢰를 보호하는 취지의 규정을 따로 두지 않고 있는바, 그 대리권에 관하여 지

55) 손주찬, 108면; 정동윤, 70면; 정찬형, 95면.
56) 김성태, 219면; 송옥렬, 41면; 이철송, 126면; 최준선, 132면.
57) 대법원 2007. 8. 23. 선고 2007다23425 판결; 대법원 1999. 7. 27. 선고 99다12932 판결.

> 배인과 같은 정도의 획일성, 정형성이 인정되지 않는 부분적 포괄대리권을 가진 사용인들에 대해서까지 그 표현적 명칭의 사용에 대한 거래 상대방의 신뢰를 무조건적으로 보호한다는 것은 오히려 영업주의 책임을 지나치게 확대하는 것이 될 우려가 있으며, 부분적 포괄대리권을 가진 사용인에 해당하지 않는 사용인이 그러한 사용인과 유사한 명칭을 사용하여 법률행위를 한 경우 그 거래 상대방은 민법 제125조의 표현대리나 민법 제756조의 사용자책임 등의 규정에 의하여 보호될 수 있다고 할 것이므로, 부분적 포괄대리권을 가진 사용인의 경우에도 표현지배인에 관한 상법 제14조의 규정이 유추적용되어야 한다고 할 수는 없다.

4. 물건판매점포의 사용인

물건판매점포의 사용인은 예컨대 점원, 서기, 용원의 경우와 같이 물건을 판매하는 점포의 사용인을 말한다. 물건을 판매하는 점포의 사용인은 그 점포에 있는 물건의 판매에 관한 모든 권한을 가지는 것으로 본다(16조 1항). 즉 점포라고 하는 장소적 개념과 권한의 인정이 밀접하게 이루어져 있는 경우라고 할 수 있다.

물건판매점포의 사용인에 대한 상법의 태도는 법률관계의 실질과 관계없이 사용인의 대리권을 의제하는 것으로서 강력한 외관주의의 표현이다. 이러한 입장을 취하는 이유는 점포를 중심으로 하여 이루어지는 상거래의 신속과 안전을 보호하기 위함이다.[58] 따라서 이러한 강력한 외관주의를 인정하는 결과 상대방이 악의인 경우에는 상대방을 보호하지 않는다(16조 2항, 14조 2항).

상법은 물건판매점포라고 특정하고 있지만, 물건대여점포, 공중접객업소의 사용인과 같이 점포와 사용인의 존재로 강하게 결속되어 대리권이 있음을 인식시키는 외관이 형성된 경우에는 상법 16조를 준용하여야 한다(통설).

5. 상업사용인의 경업피지의무

(1) 의 의

상업사용인은 영업주의 영업에 관한 기밀에 정통하기 때문에 이를 이용하

58) 이철송, 127면; 정동윤, 70면; 정찬형, 96면; 최준선, 133면.

여 영업주의 이익을 희생시키고 사적인 이익을 취할 가능성이 높다. 일반적으로 타인의 사무를 처리하는 경우에는 민법상 선량한 관리자의 주의의무(민법 680조 등) 등이 인정되지만, 상법에서는 이러한 의무들과 관련된 특별한 규정을 두고 있지 않다. 그 대신에 특수한 부작위의무를 부과하고 있는데, 이를 일반적으로 경업피지의무라고 한다. 구체적인 내용으로는 경업행위금지와 겸직금지로 구성되어 있다(17조 1항).

상법 17조의 적용은 '상업사용인'을 전제로 하는 것이므로 대리권이 없는 사용인은 본조의 적용대상이라고 보지 않는다. 또한 상법 17조는 그 내용상 고용이나 위임과 같이 계속된 근무관계를 전제로 하는 것이므로 고용관계나 대리권의 유무를 따지지 아니하는 물건판매점포의 사용인에 대하여는 적용하지 않는다고 보는 견해[59]가 있다.

경업피지의무는 상업사용인뿐만 아니라 대리상, 합명회사사원, 합자회사의 무한책임사원, 주식회사와 유한회사의 이사에도 요구되나 상업사용인의 경우는 '동종영업'을 조건으로 하지 않으므로 다른 경우보다 광범위하다.

상법상 경업피지의무의 비교

구분	상업사용인(17조)	대리상(89조)	무한책임사원(합명회사, 합자회사)·업무집행조합원(합자조합)(86조의8 2항, 198조, 269조)	업무집행자(유한책임회사)(287조의10 1항)	이사·집행임원(주식회사), 이사(유한회사)(397조, 408조의9, 567조)	영업양도인(41조)
취지	영업주와의 부정경쟁 방지 및 정력분산 방지	본인의 이익보호	회사(조합)의 이익 보호(업무집행자의 사익추구 금지)	회사의 이익보호	회사의 이익보호	영업양도의 실효성확보
내용	ⓐ 경업(영업주의 영업부류에 속하는 거래) 금지 ⓑ 특정지위(다른 회사의 무한책임사원, 이사, 다른 상인의 상	ⓐ 경업(본인의 영업부류에 속하는 거래) 금지 ⓑ 특정지위(동종 영업 회사의 무한책임사원, 이사) 겸직 금지	ⓐ 경업(회사, 조합의 영업부류에 속한 거래) 금지 ⓑ 특정지위(동종 영업을 목적으로 하는 다른 회사의 무한책	ⓐ 경업(회사의 영업부류에 속한 거래) 금지 ⓑ 특정지위(동종 영업을 목적으로 하는 다른 회사의 업무집	ⓐ 경업(회사의 영업부류에 속한 거래) 금지 ⓑ 특정지위(동종 영업을 목적으로 하는 다른 회사의 무한책	경업(동일하거나 인접한 특별시, 광역시, 시, 군에서의 동종영업)을 10년간 금지 * 단, 위와

59) 이철송, 131면.

	업사용인) 겸직 금지		임사원, 이사) 겸직 금지	행자, 이사, 집행임원) 겸직 금지	임사원, 이사) 겸직 금지	다른 약정이 가능하고, 특약으로 경업금지기간을 20년까지 확대 가능
허용요건	영업주의 허락	본인의 허락	다른 사원(조합원) 전원 동의	다른 사원의 동의	이사회 승인(이사가 1인 또는 2인이면, 주주총회 승인)	개별약정으로 허용가능
위반효과	ⓐ 경업거래위반 • 개입권행사 • 손해배상청구 • 해임사유 ⓑ 겸직금지위반 • 손해배상청구 • 해임사유	ⓐ 경업거래위반 • 개입권행사 • 손해배상청구 • 해임사유 ⓑ 겸직금지위반 • 손해배상청구 • 해임사유	ⓐ 경업거래위반 • (회사, 조합의) 개입권 행사 • 법원에 제명청구(사원이나 조합원의 과반수 결의에 의해) • 법원에 업무집행권, 대표권의 상실선고 청구(사원이나 조합원이면 누구나) • 손해배상청구 ⓑ 겸직금지위반 • 손해배상청구 • 법원에 제명청구(사원이나 조합원의 과반수 결의에 의해) • 법원에 업무집행권, 대표권의 상실선고 청구(사원이나 조합원이면 누구나)	ⓐ 경업거래위반 • (회사의) 개입권 행사 • 손해배상청구 • 법원에 업무집행상실선고 청구(사원이면 누구나) ⓑ 겸직금지위반 • 손해배상청구 • 법원에 업무집행상실선고 청구(사원이면 누구나)	ⓐ 경업거래위반 • (회사의) 개입권 행사 • 손해배상청구 • 해임사유 ⓑ 겸직금지위반 • 손해배상청구 • 해임사유	• (양수인이) 영업의 폐지(중지) 청구 • (양수인이) 법원에 위반한 것 제거 및 장래의 적당한 처분의 청구 • 손해배상청구

(2) 경업행위금지

(가) 내 용

상업사용인은 영업주의 허락이 없으면 자기 또는 제3자의 계산으로 영업주의 영업부류에 속한 거래를 하지 못한다(17조 1항). 상법 17조가 '영업주의 허락 없이'라고 하고 있으므로 영업주의 허락이 있으면 동종의 영업부류라고 하더라도 거래가 가능하다. '허락'은 명시적인 경우도 있을 것이고 묵시적인 경우도 있을 것이며, 사전적인 허락이 원칙이겠지만 사후추인도 가능하다. '자기 또는 제3자의 계산'으로 한다고 함은 거래의 경제적 효과의 귀속점을 말하는 것이며, 결국 경제적인 이익을 누가 향유하는지를 불문하고 규제한다는 취지이다. '영업부류'에 속하는 거래라고 하는 것은 현재의 영업내용에 국한되지 아니하고 사실상 영업주의 영리적 활동의 범위에 포섭될 수 있는 것도 모두 포함된다. 그러므로 지배인은 영업주의 허락 없이 영업주의 현재 실제로 경영하고 있는 영업에 뿐만 아니라, 일시 중단한 영업과 이미 준비에 착수한 영업을 할 수 없다. '거래'는 영리추구의 성격을 가진 거래를 의미하며, 일회적이든 계속적이든 상관이 없다. 그러므로 영업부류에 속하는 거래라고 할지라도 영리적 성질이 없는 것은 가능하다.[60)]

한편 금지되는 영업의 종류에 대하여는 다른 경업피지의무의 규정과 비교하여 본다면[61)] 반드시 동종 영업에 한정되는 것은 아니라고 본다. 그리고 동종 영업이 아니라고 하더라도 대체재 내지 시장분할의 효과가 있는 것도 영업주의 이익실현을 방해할 수 있으므로 금지된다.[62)]

경업행위금지를 하는 목적은 잠재적인 이해충돌을 방지하기 위한 것이므로 상인에게 현재 손해가 발생했는지 여부는 중요하지 않다.

---

60) 이철송, 132면; 최준선, 137면. 부동산매매상인의 사용인이 자기주택을 매입하는 것이나 은행지배인의 예금·금전대차계약이 그 예가 될 것이다.

61) 예컨대 상법 198조의 합명회사 사원의 경업피지의무에 관한 규정에서는 '동종영업을 목적으로 하는'이라고 규정함으로써 분명히 한계를 긋고 있는 반면, 지배인에 관한 17조에서는 단순히 '영업주의 영업부류'라고 함으로써 더 포괄적으로 규정하고 있다.

62) 어음의 중개를 주업으로 하는 금융회사의 사용인이 사채의 대금업을 한다면 이익충돌이 발생하는 경업으로 보아야 한다. 이철송, 132면.

(나) 위반의 효과

상업사용인이 경업행위금지에 위반한 경우라고 하더라도 상법은 거래상대방을 보호하기 위해서 그 위반한 행위 자체는 유효하게 하더라도, 영업주는 계약해지권을 행사할 수 있고 손해가 발생한 경우에는 손해배상청구권을 행사하도록 하고 있다(17조 3항). 여기에서 말하는 계약의 해지는 영업주와 사용인과의 일체의 계약관계 즉 대리권 수여계약이나 고용계약관계 등을 모두 포함하는 개념으로 이해해야 한다. 과거에 이루어진 거래관계의 안전을 위하여 장래에 향하여 계약을 해지하도록 하고 있다.

한편 위반행위에 의한 거래 자체에 대하여는 고객관계를 유지하기 위하여 그 의무에 위반한 거래가 상업사용인의 계산으로 한 것인 때에는 영업주는 이를 영업주의 계산으로 한 것으로 볼 수 있는데(17조 2항), 이를 개입권(Eintrittsrecht) 혹은 탈취권(Aneignungsrecht)이라고 하며 그 법적인 성질은 형성권으로 본다. 영업주의 계산으로 본다는 것은 영업주가 사용인과 제3자와의 계약관계에서 직접 사용인을 대신해서 계약당사자로 된다는 의미는 아니라고 해석하며,[63] 이는 개입권의 행사를 통하여 단지 계약의 경제적 효과만을 영업주에게 귀속시키려는 의도이다. 즉 영업주는 개입권행사를 통하여 상업사용인에게 계약상 경제적 효과의 이전을 청구할 수 있는 채권적 권리를 가지게 되는 것이다. 개입권행사에 의하여 거래 이익이 영업주에게 귀속되면 상업사용인이 그 거래로 인하여 채무를 부담하였거나 비용을 지출한 경우에는 영업주가 이를 변제하거나 상환하여야 한다.

한편 제3자의 계산으로 한 것인 때에는 영업주는 사용인에 대하여 이로 인하여 얻은 이익의 양도를 청구할 수 있는데, 이를 이득양도청구권이라 한다(17조 2항). 여기에서 말하는 '이득'은 제3자로부터 받은 보수 등의 이득을 말하며 거래 자체로 인한 이득은 아니다.[64] 거래 자체의 발생으로 인하여 영업주가 손해를 보았다면 손해배상청구권을 행사하여 손해를 보상받거나 추가적으로 사용인선임계약을 해지하면 된다(17조 3항).

위와 같은 영업주의 권리는 거래를 안 날로부터 2주간이 경과하거나 거래가 있은 날로부터 1년이 경과하면 소멸하며(17조 4항), 이는 제척기간으로 본다.

---

63) 송옥렬, 45면; 이철송, 133면; 정동윤, 66면; 정찬형, 103면.
64) 이철송, 133면; 정찬형, 103면; 최준선, 140면.

상법상 개입제도의 비교

	영업주의 개입권 (17조, 89조)	중개인의 개입의무 (99조)	위탁매매인의 개입권 (107조)	운송주선인의 개입권 (116조)	각종 회사·조합의 개입권 (86조의8, 198조, 269조, 287조의10 1항, 397조, 408조의9, 567조)
행사·의무 발생 요건	상업사용인이나 대리상의 경업금지위반	중개인이 거래당사자 일방의 성명, 상호를 묵비한 경우	거래소의 시세가 있는 물건 또는 유가증권의 매매를 위탁받은 경우	① 운송주선인의 직접운송 결정(이에 대한 다른 약정이 없어야 함) ② 운송주선인의 개입의제(운송주선인이 위탁자의 청구에 의해 화물상환증을 발행한 경우)	무한책임사원, 업무집행조합원, 업무집행자, 이사, 집행임원 등의 경업금지위반
행사효과	개입권행사자에게 경업거래의 경제적 효과귀속(채권적 효력)	중개인이 이행책임 부담(이행담보책임)	위탁매매인이 매매의 직접 거래상대방이 됨(위탁계약이 실행된 효과)	운송주선인이 운송인과 동일한 권리·의무를 가짐	개입권 행사한 회사나 조합에게 경업거래의 경제적 효과귀속(채권적 효력)

(3) 특정지위 취임금지(겸직금지)

상업사용인은 영업주의 허락이 없으면 회사의 무한책임사원, 이사 또는 다른 상인의 사용인이 되지 못한다(17조 1항). 이러한 의무를 부담하는 이유는 지배인은 영업주와의 고도의 인적 신뢰관계를 바탕으로 하는 광범위한 대리권을 가지므로 겸업으로 인한 상법 17조 1항을 위하여 정력분산 없이 전심전력(undivided loyalty)을 다 해야 하기 때문이다.[65] 그리하여 이 의무는 특정지위 취임

65) 김상규, 앞의 논문, 16면.

금지의무 내지 겸직금지의무 이외에도 충실의무 또는 정력집중의무[66]로 불리기도 한다.

여기에서 말하는 회사의 의미에 대하여, 영업주의 영업과 동종영업을 목적으로 하는 회사로 보는 견해(제한설)와 모든 회사의 겸직이 금지된다고 보는 견해[67](무제한설)가 있다. 이 같은 논의에는 대리상의 경업금지의 위반에 관한 규정에서는 '동종영업'을 목적으로 하는 회사라고 되어 있기 때문에 상업사용인의 경우와 차별적인 것으로 입법이 된 것인지 여부에 대한 이견이 자리하고 있다. 상업사용인의 경우는 기업의 내부에서 상인을 보조하는 자이므로 대리상의 경우와는 달리 겸직금지의 범위를 확대해 놓은 것이라고 보는 견해[68]가 있다. 그러나 합명회사나 합자회사의 무한책임사원의 경우(198조)나 주식회사 이사의 경우(397조)에는 기업 내부에서 활동하는 자임에도 불구하고 동종영업으로 제한하고 있다는 점에서 설득력이 떨어진다. 모든 회사의 겸직이 금지된다고 보는 것이 타당하다.

지배인의 겸직금지의무의 위반에 관해서는 상법은 명문의 규정을 두고 있지 않지만, 상법 17조 3항을 유추하여 손해배상의 청구와 계약의 해지라는 구제수단이 사용가능하다.[69] 한편, 겸직금지에 위반한 경우에는 겸직행위의 성질을 고려할 때 개입권을 행사할 수 없음은 물론이고 상법 17조 1항이 상업사용인의 의무를 규정하고 17조 2항이 개입권을 규정하면서 거래를 지위로부터 구분하여 사용한다는 점에서 이를 부정하는 것이 타당하다(통설).

6. 종업원(노동자)

종업원이라 함은 기업주체에게 고용되어 대내적으로 기업의 생산활동 등을 노무제공으로써 보조하는 종속적 기업보조자를 말한다. 종업원과 상인은 고용계약에 의해 관계를 형성하는 것이 보통이며, 이에 관하여는 노동법의 규율영역이다.

66) 이철송, 130면.
67) 송옥렬, 45면; 정찬형, 101면; 최준선, 137면.
68) 김성태, 227면.
69) 김성태, 226면; 송옥렬, 46면; 이철송, 135면; 최준선, 138면.

● 사례형 연구

乙 보험주식회사는 보험사업을 영위하는 회사로서 영업상 다수의 보험증권의 발행이 매일 이루어지고 있음은 주지의 사실이다. 乙 회사의 강남 영업소장 Y는 여러 고객과 보험계약을 체결하는 등의 영업을 행하였으며, 그 과정에서 '乙 보험주식회사 강남 영업소장 Y'의 명의로 100만원 규모의 약속어음을 고객 X에게 발행하였다. 乙 회사는 Y를 동 회사의 강남 영업소장으로 선임하였지만 어음행위를 할 수 있는 권한을 명시적으로 부여한 바는 없었다. 그러나 乙 회사는 Y의 영업실적이 좋다보니 Y가 동 회사의 강남 영업소장의 명의로 어음을 발행하는 것을 여러 차례 묵인하였다. 이 경우 X가 어음금 지급을 청구하였다면 乙 회사는 그 지급을 거절할 수 있는가?

Ⅰ. 문제의 소재

지배인은 영업주에 갈음하여 그 영업에 관한 재판상 또는 재판외의 모든 행위를 할 수 있다(상법 제11조 제1항). 상법은 더 나아가 민법상의 표현대리(민법 제125조, 제126조, 제129조)를 제도적으로 강화하여 정형화시켜 표현지배인을 인정하고 있다. 표현지배인이라 함은 지배인이 아닌 자가 본점 또는 지점의 본부장, 지점장 그 밖의 유사한 명칭을 가짐으로써 본점 또는 지점의 지배인과 동일한 권한이 있는 것으로 의제되는 사용인으로 정의된다(상법 제14조 제1항). 이는 거래의 안전(선의의 제3자 보호)을 위해서 영미법상의 금반언의 법리나 독일법상의 외관주의의 정신에 따라 영업주로부터 지배권을 부여받지 않았으면서도 사실과 다른 외관을 작출한 자에게 책임을 부담시키고 있는 것이다.

본 사례에서는 Y가 乙 회사의 영업소장의 명의로 어음행위를 한 것에 대하여 乙 회사의 책임여부를 묻고 있다. 이에 Y가 상법상의 표현지배인에 해당하는지의 여부를 살펴볼 필요가 있다. 만약에 Y가 乙 회사의 표현지배인에 해당한다면 乙 회사는 X에 대한 어음금 지급을 거절할 수 없게 된다.

Ⅱ. 표현지배인의 요건

1. 외관에 관한 요건

(1) 표현적 명칭

먼저 본점 또는 지점의 본부장, 지점장, '그 밖에 지배인으로 인정될 만한 명칭'을 가진 사용인이어야 한다. 여기서의 명칭을 정형화하는 것은 쉽지 않지만, 적어도 그 영업소의 책임자임을 표시하는 것이어야 한다. 따라서 실제 거래계에서의 지배인, 지점장, 본점의 영업부장, 영업소장 등의 명칭은 대표적인 예라 하겠다. 지점차장이나 지점장대리 등은 영업소의 영업을 책임지는 지위가 아니라는 점에서 '그 밖에 지배인으로 인정될 만한 명칭'에 해당하지 않는다.[70)]

(2) 영업소의 실질

상법 제14조 제1항의 '본점 또는 지점'의 인정방법에 대하여 견해가 나누어진다. 이 경우 영업소지배인이 근무하는 본점이나 지점이 형식적으로 본점 또는 지점의 외관을 갖추면 그 실질에 관계없이 영업소로 보아야 한다는 견해가 있다(형식설·외관설). 이 견해는 거래안전의 보호라는 측면에서 장점이 있다. 하지만 형식설을 따를 경우 외관의 작출에 귀책사유가 없는 경우에도 영업주에게 책임을 귀속시키는 불합리가 생겨난다.

우리나라 다수 학자들의 견해이자 대법원 판례의 태도[71)]는 형식적 명칭이나 등기의 유무와는 상관없이 상법상의 영업소의 실질을 구비하여야 한다는 입장이다(실질설). 따라서 보험회사의 지점장 또는 영업소장은 그 지사나 영업소가 진정한 지배인을 둘 만한 영업소의 실제를 가지고 있지 못하다는 점에서 설령 표현지배인의 성립에 필요한 다른 요건을 갖추더라도 표현지배인으로 될 수 없다.[72)]

2. 지배인의 권한 내 행위 요건

사용인이 표현적 명칭을 사용하여 한 행위가 지배인의 권한 내에 속하여야 한다. 지배인의 행위가 영업주의 영업에 관한 것인지의 여부는 지배인의 행위 당시의 주관적인 의사와는 관계없이 그 행위의 객관적 성질에 따라 추상적으로 판단하여야 한다.[73)]

재판상의 행위에 대하여는 표현지배인 규정이 적용되지 않는다(상법 제14조 제1항 단서). 이는 재판상의 행위는 거래도 아니며, 실체적 진실의 발견이 외관주

---

70) 대법원 1993. 12. 10. 선고 93다36974 판결.

71) 대법원 1971. 5. 24. 선고 71다656 판결; 대법원 1978. 12. 13. 선고 78다1567 판결; 대법원 1998. 10. 13. 선고 97다43819 판결; 대법원 2000. 8. 22. 선고 2000다13320 판결.

72) 대법원 1967. 9. 26. 선고 67다1333 판결; 대법원 1978. 12. 13. 선고 78다1567 판결; 대법원 1983. 10. 25. 선고 83다107 판결.

73) 대법원 1997. 8. 26. 선고 96다36753 판결.

의보다 더 중요하다는 데 그 이유가 있다.

3. 주관적 요건

(1) 영업주의 귀책사유

영업주는 사용인에게 명칭을 부여하고 그 사용을 명시적 또는 묵시적으로 허락하여야 한다. 이것이 바로 사용인의 표현적 명칭사용에 대한 영업주의 귀책사유이다.

(2) 상대방의 선의

표현적 명칭을 사용하는 사용인과 거래하는 상대방은 선의여야 한다(상법 제14조 제2항). 상대방이 악의인 경우에는 표현지배인제도에 의해 보호받지 못한다. 여기서의 선의라 함은 특정한 거래에 있어서 대리권이 없음을 모른 것으로 봐야 한다는 견해가 있으나, 표현적 명칭을 사용한 당해 사용인을 지배인이 아님을 모른 것으로 풀이하여야 한다. 왜냐하면 표현지배인제도는 표현적 명칭으로 인하여 외관을 신뢰한 자를 보호하기 위한 것이기 때문이다.

선의에 경과실이 있는 경우에도 선의로서 보호를 받는다. 하지만 선의에 중과실이 있는 경우에는 악의로 보아 보호받지 못한다. 상대방의 선의 유무는 거래시를 기준으로 판단하며, 이에 대한 입증책임은 영업주가 부담한다.

Ⅲ. 표현지배인 성립의 효과

상법 제14조 제1항에 따라 본점 또는 지점의 지배인과 동일한 권한이 있는 것으로 본다. 결과적으로 지배권 없는 자의 행위가 지배권이 있는 자의 행위로 의제된다. 즉, 무권대리행위가 진정한 지배권의 행위인 유권대리행위로 취급되므로 영업주가 이에 대하여 책임을 부담하여야 한다. 표현지배인의 어음행위의 경우에도 상법의 규정에 의하여 영업주가 어음상의 책임을 부담한다. 그러나 표현지배인제도는 거래의 상대방을 보호하기 위하여 지배인으로 의제할 뿐, 표현지배인이 지배인으로 되는 것은 아니다.

이러한 영업주의 책임은 지배인이 아닌 자의 행위에 대하여 부담하는 책임이므로 지배인이 내부적으로 제한된 지배권의 범위를 넘어서 선의의 제3자에게 한 행위에 대하여 영업주가 책임을 지는 상법 제11조 제3항의 경우와는 구별되어야 한다.

Ⅳ. 사례의 해결

본 사례에서 乙 보험주식회사 강남 영업소장인 Y가 명시적인 수권은 없었지만 그 명의로 어음을 발행하는데 대하여 영업주가 묵인하였다는 점에 대해서는 영업주 乙 회사의 귀책사유가 있다. 그러나 보험회사의 영업소는 상법상의 영업소로서의 실질을 구비하지 못하다는 실질설과 대법원 판례에 따르면 Y는 상대방 X의 선의여부 및 Y의 어음발행행위가 지배인의 권한 내에 속하는지의 여부와 관계없이 어떤 경우라도 표현지배인으로 될 수 없다. 그 결과 乙 회사는 X에 대한 어음금 지급을 거절할 수 있다.

이와 달리 영업소의 외관만 있으면 그 실질을 요구하지 않는 형식설을 따를 경우 강남 영업소는 형식적으로 지점의 외관을 갖추고 있다. 또한 乙 회사가 영업상 다수의 어음을 발행해 온 것이 주지의 사실인 점에 비추어 보아 Y의 어음발행행위는 지배인의 권한 내의 행위에 속한다고 보는 것이 타당하다. 그 경우 X가 Y와 거래함에 있어서 선의라면 표현지배인이 성립하지만 X가 악의라면 금반언 내지 외관법리에 의하여 보호할 필요가 없으므로 표현지배인으로 될 수 없다. 따라서 표현지배인의 요건 중에서 영업소의 실질을 요구하지 않는 형식설을 따르고, X가 Y와 거래하는데 선의인 경우에 한하여 Y는 진정한 지배인과 동일한 권리를 가지는 것으로 의제되어 영업주가 책임을 부담하게 되므로, 乙 회사는 X의 어음금 지급청구를 거절할 수 없다.

제 3 장 기업의 물적설비

제 1 절 총 설

상인의 물적설비에는 장소적인 개념에 관한 영업소, 영업활동과 관련된 상업장부, 그리고 재산적인 가치를 가지고 있어 보호되는 상호를 들 수 있다. 그리고 상인의 물적설비는 아니지만 거래관계와 관련된 인적·물적 설비의 공시와 관련된 상업등기에 관한 규정도 이곳에서 다루기로 한다.

제 2 절 영업소(기업의 주소)

1. 의 의

영업소는 상인의 영업활동의 중심인 일정한 장소를 말한다. 상법상 영업소가 되기 위해서는 계속적으로 내부적인 영업지휘통로로 작용하여야 하고 외부적으로 인식될 수 있어야 한다. 영업활동의 중심이 되어야 하므로 상품의 제조·가공·보관 등이 이루어지는 공장이나 창고는 영업소가 될 수 없다. 또한 영업활동과 관련이 있기는 하지만 단순히 거래가 이루어지는 데 불과한 점포나 그 밖의 물적설비도 영업조직의 중심이라고 할 수 없으므로 역시 영업소가 아니다. 결국 영업소가 되기 위해서는 대내적인 영업에 대한 관리와 대외적 거래의 중심기능을 수행할 수 있는 곳이 되어야 한다.

상법에서는 영업소의 개념적 정의에 대하여는 규정하지 아니하고 주로 등기와 관련하여 규정하고 있을 뿐이다.

2. 영업소의 종류와 수

동일한 영업에 대하여 여러 개의 영업소가 가능하다. 즉 영업소 중에서 그 기능에 따라 본점과 지점으로 나누기도 하는데, 본점이 되기 위해서는 실질과 관계없이 정관에 본점으로서 기재된 곳이 본점이 되며 이는 회사의 주된 영업소라고 할 수 있다. 정관에 기재된 곳이 본점이므로 지점은 여러 개가 있을 수 있으나 본점은 한 개뿐이다.

지점영업소가 되기 위해서는 단순히 사무의 일부분을 실행하는 출장소의 형태로는 충분하지 않고 본점으로부터 독립하여 그 영업을 계속할 수 있는 인적·물적 조직을 구비해야 한다. 반드시 '지점'이라는 명칭에 한하지 아니하며 '사업부', '직매장' 등도 유효한 지점의 명칭이 될 수 있다. 그러나 자회사는 독립된 법인이며 이를 통상적으로 지사(支社)라고 부르고 있지만 그 자체로서 하나의 독립된 법인격을 가지는 회사상인이고 여기에서 말하는 지점은 아니다.[1]

어느 회사든지 본점 및 지점의 소재지는 등기사항이며(180조, 269조, 287조의5, 317조, 549조), 본점의 소재지는 정관기재사항이므로 본점의 변경은 정관변경사항이 된다(179조, 269조, 287조의3, 289조, 543조). 지점의 설치 및 변경은 합명회사, 합자회사 그리고 유한책임회사의 경우에는 통상적인 업무방법에 따라서 결정되고(200조, 201조, 269조, 287조의12), 주식회사의 경우에는 이사회의 결의를 거쳐야 하며(393조 1항), 유한회사의 경우에는 이사의 과반수의 결의를 얻어야 한다(564조).

3. 영업소의 법률상 효과

영업소에 관하여 상법상의 직접적인 조문은 없으며 상업등기에서 간접적으로 규정하고 있다. 영업소의 법률상의 효과에 대하여는 상법의 여러 규정에서 서류의 비치장소와 관련하여 규정하고 있어서 간접적으로 가늠해볼 수 있다.

영업소에 관한 일반적인 법률상 효과는 ① 채무의 이행장소(민법 467조 2항, 516조, 524조),[2] ② 지배인의 선임단위(10조, 14조),[3] ③ 재판적의 결정(민소법

1) 이철송, 138면.

2) 지참채무는 채권자의 영업소에서, 추심채무는 채무자의 영업소에서 이루어지고, 특정물

5조),[4] ④ 상업등기소의 결정(34조),[5] ⑤ 소송서류송달의 장소(민소법 183조 1항)[6] 등이 있다.

지점의 법률상 효과로서는 지점의 영업은 본점의 영업으로부터 분리해서 독립적으로 양도가 가능하여야 한다는 것을 들 수 있으며, 또한 지점에 한정된 지배인을 둘 수도 있다(10조). 그리고 주식회사의 경우 재무제표와 감사보고서의 등본을 지점에 3년간 비치하여 주주와 회사채권자의 열람에 응하여야 하며(448조), 회사의 정관과 주주총회의 의사록을 본점과 더불어 지점에도 비치하여야 한다(396조 1항).

한편 2010년 상법개정 이전에는 '지점의 거래'로 인한 채무의 이행장소와 관련하여 상법에서는 특정물인도 이외의 채무의 이행은 그 지점을 이행장소로 본다고 규정되어 있었다(56조). 이 때문에 채무자의 지점에서의 거래에 관해서 추심채무로 해석하는 불합리한 점이 있었는데, 이러한 점에 대하여는 입법의 착오라는 지적이 있었다.[7] 즉 그렇게 된다면 본점의 거래에 대하여는 지참채무가 되고, 지점의 거래에 대하여는 추심채무가 된다는 것이므로 이는 부당하다는 것이다. 2010년 상법개정으로 '채권자의 지점에서의 거래'로 변경되었다.

제3절 상호(기업의 명칭)

1. 의 의

상호는 상인(기업)이 영업상 자기를 표시하기 위하여 사용하는 명칭이며, 기업의 동일성을 나타내고 더 나아가 현실적으로 경제적인 가치를 가지는 것이므로 영업재산의 중요한 내용 중의 하나가 된다. 상호는 상인의 명칭이므로(18조)

인도 이외의 영업에 관한 채무는 원칙적으로 지참채무이므로 채권자의 영업소에서 변제하여야 하며(민법 467조 2항 단서), 지시채권이나 무기명채권은 추심채무이므로 채무자의 영업소가 변제장소로 된다(민법 516조, 524조).

3) 지배인과 표현지배인의 여부는 본점 및 지점을 단위로 이루어진다.

4) 회사의 보통재판적은 주된 영업소에 의해 정한다(민소법 5조 1항).

5) 상법에 따라 등기할 사항은 당사자의 신청에 의하여 영업소의 소재지를 관할하는 법원의 상업등기부에 한다(34조).

6) 송달받을 자의 주소, 거소, 영업소 또는 사무소에서 한다(민소법 183조 1항 본문).

7) 이철송(2009), 134면에서는, 이 조문은 채권자의 지점에서 발생한 채권의 이행에 관해서만 적용되는 조문으로 풀이하여야 한다고 지적한 바 있다.

상인이 아닌 자의 명칭은 상법상 상호가 아니며, 소상인의 상호도 상법 규정의 적용을 받지 아니한다(9조).

상호는 영업상의 명칭이므로 영업과 관계없는 신분상의 행위에는 사용할 수 없으며, 별명, 예명(藝名)은 상호가 아니다. 상호(예컨대, 오비맥주주식회사)는 자기를 표시하는 명칭이므로 자기가 제조·판매하는 상품을 표창하기 위한 기호인 상표[8](예컨대 'CASS')나 영업에 관한 단순한 기호나 도안인 상표법상의 영업표와도 다르다. 또한 상호는 명칭이므로 문자로써 기재하고 발음할 수 있어야 한다.

2. 상호선정자유의 원칙

상호선정자유의 원칙으로 인하여 성명 기타의 명칭으로 상호를 선정하는 것도 가능하다(18조). 이를 상호사용권이라고도 한다. 타인의 성명을 자기의 상호로 하거나 자기의 영업의 실질적 내용과 일치하지 아니하는 명칭으로써 자기의 상호로 하는 것도 원칙적으로 유효하다.[9]

회사는 상호가 정관의 필요적 기재사항이므로 반드시 상호를 선정하여야 하지만, 회사상인이 아닌 개인상인은 상호를 사용하는 것 자체는 자유이다. 개인상인이 상호를 선정하였다고 하여서 영업상 반드시 상호만을 사용하여야 하는 것은 아니다.

상호를 외국어로 표시할 수 있고 외국문자의 등기도 법적으로 장애가 없지만(외국문자에 의한 등기를 제한하는 구 상업등기처리규칙 45조 1항의 삭제), 등기 실무상으로는 여전히 외국어등기는 허용되지 않고 있다. 그러나 개인상인의 경우에는 등기가 의무가 아니므로 외국어를 상호로 사용할 수 있으며, 따라서 등기를 전제로 한 것이 아니라면 상법상 보호의 대상이 된다고 보는 것이 일반적인 견해[10]이다.

---

8) 상표는 선출원주의가 적용된다는 점에서 상법상 상호선정의 자유와 다르다.

9) 예컨대 평양이 고향이 아닌 사람이 평양냉면이라는 상호를 내걸고 백반을 판매하여도 무방하고, '이명래' 아닌 사람도 '이명래고약'이라는 상호를 사용할 수 있다고 한다. 이철송, 145면 참조. 이와는 달리 상호가 영업주 또는 영업내용과 일치하여야 한다는 것이 상호진실주의이며, 프랑스 등의 불법계가 이 원칙을 수용하고 있다.

10) 송옥렬, 49면; 이철송, 144면; 정찬형, 107면.

3. 상호사용의 제한

상호에 관한 상법상의 규정은 상인의 상호사용을 보호하려는 것도 목적이지만, 상호에 관한 사회적 신뢰를 보호하기 위한 내용이 많다. 즉 상호의 단일성(21조), 회사의 상호에 대한 규제(19조, 20조), 명의대여자의 책임(24조), 상호만의 양도금지(25조 1항), 상호의 부정사용금지(23조) 등이 바로 그것이다. 즉 이러한 규정들은 상호자유주의로 인하여 거래상대방을 오도하거나 거래의 안전을 해칠 우려가 있다는 점을 감안하여 상호선정자유의 원칙에 제한을 가하는 것이다.

(1) 상호단일의 원칙

동일한 영업의 경우에는 단일상호를 사용해야 한다. 만일 동일한 영업에 관하여 2개 이상의 상호를 사용하는 경우에는 등기 여하를 불문하고 상호로서의 보호를 받지 못한다.[11] 이는 대외적으로 혼란을 줄 뿐만 아니라, 다른 상인의 상호사용의 폭을 제한하여 결과적으로 타인의 상호선정의 자유를 침해할 수 있기 때문이다.

Q 동일인이 동일한 영업소에서 동일·유사한 영업에 2개의 상호를 병행하여 사용하는 경우, 상호권의 인정 여부

【제주지법 1998. 4. 23. 선고 97가합3244 판결】

【사실개요】

원고는, 피고가 원고의 상호인 '신제주 이삿짐 센타' 및 '신제주 익스프레스'와 동일한 상호를 부정한 목적으로 원고의 영업과 같은 이삿짐 운송 등의 영업에 사용함으로 인해 손해를 입었으므로 피고에 대하여 위 상호들의 폐지를 구한다고 주장함에 대하여, 피고는 위 상호들은 현저한 지리적 명칭과 업종 자체를 뜻하는 보통명사만으로 구성되어 있어 특정인이 사용하는 것은 부당할 뿐 아니라 원고가 동종 영업에 2개 이상 상호를 독점하려는 것은 부당하다고 다툰다.

【판결요지】

상법 제21조에서는 동일한 영업에 대한 상호단일의 원칙을 명문화함으로써 소비자를 보호하고 타인의 상호선정 자유의 부당한 제약을 방지하고 있는바, 동일인이 자기명의와 처 명의로 각 상호를 등기한 후 실질적으로 동일한 영업소에서 동일·유사한 영

11) 제주지법 1998. 4. 23. 선고 97가합3244 판결.

업에 2개의 상호를 병행사용하고 있는 것은 상법상 상호단일의 원칙을 위배한 것으로 그 등기 여하에 불구하고 이중 상호로서 보호받을 수 없다.
【참조조문】
상법 제21조, 제22조, 비송사건절차법 제164조

1인의 상인이 수개의 영업을 하는 경우에는 영업별로 다른 상호를 사용할 수 있다. 그러나 회사상인의 경우에는 회사의 상호가 회사의 법인격을 나타내는 것이므로 설사 수개의 영업을 하더라도 상호는 1개를 사용하여야 하며, 세부적인 영업의 종류에 대하여는 정관에서 규정하면 될 것이다. 이렇게 제한하는 이유는 전술한 바와 같이 상호사용과 관련한 공중의 오해를 방지하고 타인의 상호선정의 자유를 방해하지 않도록 하기 위함이다.

지점의 상호를 사용함에는 본점과의 종속관계를 표시하여야 한다(21조 2항).[12] 그러나 반드시 '지점'이라는 용어를 사용하여야 하는 것은 아니다.

(2) 회사의 상호

회사는 그 종류에 따라 합명회사, 합자회사, 유한책임회사, 주식회사, 유한회사 등의 문자를 사용하여야 한다.[13] 회사가 아니면 상호에 회사임을 표시하는 문자를 사용하지 못한다.[14] 이는 회사의 영업을 양수한 경우에도 같다(20조). 회사가 아닌 자는 '회사'라는 문자 외에도 '상회' 혹은 일반적인 거래통념상 회사를 의미하는 '상사', '(주)'의 경우처럼 주식회사를 의미하는 약어도 사용하지 못한다.[15]

(3) 특정한 업종의 표시

상법의 규정은 아니지만, 특별법의 규정에 의하여 은행·증권·보험·신탁 등의 업종을 하는 자는 그 상호 중에 그러한 업종을 표시하는 문자가 들어가야 하고(은행법 14조, 보험업법 8조, 자본시장법 38조), 특히 보험은 다시 주로 영위하는

12) '삼성전자 명동직매장'이나 '대우물산 신용사업부' 등은 지점명칭의 좋은 예이다.
13) 2011년 상법개정으로 유한책임회사가 추가되었다.
14) 예컨대, 개인상인의 주점이 '酒食會社'라는 상호를 사용하는 것에 대하여 법에 저촉될 가능성이 있다고 보고 있다. 김성태, 242면.
15) 송옥렬, 50면; 이철송, 147면; 정찬형, 108면.

보험사업의 종류를 명기하여야 한다(보험업법 8조).

(4) 주체를 오인시킬 상호의 사용금지

누구든지 부정한 목적으로 타인의 영업으로 오인할 수 있는 상호를 사용하지 못한다(23조 1항). 부정한 목적이라 함은 일반인에게 자기의 영업을 타인의 영업과 혼동, 오인시키려는 의도를 말한다. 이는 상호자유주의를 이용하여 타인의 영업으로 오인될 만한 상호를 사용함으로써 타인의 신용에 손상을 가하는 것을 방지하기 위함이다.

Q 부정한 목적의 의미는?

【대법원 1995. 9. 29. 선고 94다31365·31372 (反訴)판결】
상법 제23조가 말하는 '부정한 목적'의 의미는 어느 명칭을 자기의 상호로 사용함으로써 일반인으로 하여금 자기의 영업을 그 명칭에 의하여 표시된 타인의 영업으로 오인시키려는 의도를 말한다.

상호를 등기한 자는 상인이므로 자기의 상호가 도용당한 경우에는 상법 23조 2항의 규정에 의거하여 타인에게 상호의 사용을 폐지할 것을 청구할 수 있다. 본 조문은 상인에게만 적용되는 것은 아니므로 이름을 도용당한 비상인이라고 하더라도 상법 23조 2항의 손해를 받을 염려가 있는 자에 해당되어 상호의 폐지를 청구할 수 있다.[16]

4. 상호의 등기

(1) 의 의

상호는 재산적 가치가 있는 중요한 영업재산이다. 뿐만 아니라 어떤 상인의 상호 선택은 다른 상인의 상호선택을 제한할 수도 있고, 동일한 상호의 사용으로 인한 혼란의 가능성도 있다. 상법은 이러한 문제점을 최소화하기 위해서 상호

16) 이철송, 149면.

의 등기제도를 마련하여 상호사용의 공시 및 상호에 대한 보호를 이루고 있다.

자연인상인의 경우 상호의 등기는 자유이지만, 회사상인의 경우에는 의무적으로 등기하여야 한다. 그러나 자연인상인의 경우에도 일단 상호를 등기하면 등기된 상호의 변경과 폐지는 반드시 등기하여야 한다(40조).

(2) 상호등기의 효력

상호를 등기하면 동일한 서울특별시·광역시·시·군에서 동종영업의 상호로 등기하려는 타인을 배척하는 효력이 있고(22조), 타인이 동일상호를 사용하는 경우에는 그 타인의 부정한 목적이 추정된다(23조 4항).

(3) 상호의 가등기

(가) 의 의

상법상 타인이 등기한 상호는 동일한 행정구역 내에서는 등기하지 못한다(22조). 이를 악용하여 타인이 등기하려는 상호를 사전에 등기하여 타인의 상호사용을 방해하려는 시도가 있을 수 있다. 이러한 시도는 타인의 상호선정을 부당하게 방해하는 것이므로 상법은 이러한 경우를 대비하여 상호의 가등기제도를 마련하고 있다.

상호의 가등기라 함은 본등기의 요건이 아직 갖추어지지 않은 경우에 장래의 상호등기의 보전을 위하여 미리 하는 등기를 말하며, 1995년 상법개정 시에 도입하였다. 구체적인 가등기절차는 상업등기법 제38조 이하에서 규정하고 있다. 민사법상 가등기는 원래 순위보전의 효력만이 인정되는 것이지만(부동산등기법 3조), 상법상 상호의 가등기의 경우에는 순위보전뿐만 아니라 본등기의 효력으로 인정되는 등기배척권도 인정된다는 점에서 차이가 있다(22조의2 4항).

상호의 가등기제도는 회사의 상호의 경우에만 적용되며, 자연인상인의 경우에는 적용되지 아니한다. 자연인상인의 경우에는 상호의 등기가 강제되지도 않고 등기를 하지 않더라도 입증책임상 불이익을 감당할 뿐 보호의 내용에 있어서는 차별이 없기 때문이다.[17] 그리고 자연인상인의 경우에는 언제라도 상호를 등기할 수 있으므로 사전에 순위보전의 필요성이 없다.

---

17) 이철송, 153면.

(나) 가등기가 인정되는 경우

가등기가 인정되는 경우는 회사설립시와 회사설립 후의 경우로 나누어질 수 있다. 전자는 주식회사와 유한회사의 경우에만 인정되고, 후자는 모든 종류의 회사에 대하여 인정된다.

주식회사와 유한회사를 설립하는 경우에는 설립등기 전에 본점의 소재지관할 등기소에 상호의 가등기를 할 수 있다(22조의2 1항). 주식회사나 유한회사와 같은 물적회사의 경우에는 설립절차에 어느 정도의 시간을 요하기 때문에 다른 자가 이를 방해하기 위한 의도에서 상법 22조의 규정을 악용할 수 있기 때문에 가등기제도를 인정할 필요성이 있다. 가등기가 가능한 시점에 대해서는 정관이 인증된 때부터 가등기가 허용된다고 본다. 그리고 회사설립시 상호가등기의 경우 2년을 넘지 않는 범위 안에서 예정기간(즉 본등기를 할 때까지의 기간)을 정하여야 한다(상업등기법 38조 3항).

회사가 성립한 후 상호나 목적 또는 상호와 목적을 변경하고자 하는 경우에는 모든 종류의 회사가 가등기를 할 수 있으며, 본점소재지 관할 등기소에 상호의 가등기를 할 수 있다(22조의2 2항). 이 경우 가등기의 예정기간은 1년을 넘지 못한다(22조의2 2항, 상업등기법 39조 2항). 본점을 이전하고자 하는 경우에도 이전할 곳을 관할하는 등기소에 상호의 가등기를 신청할 수 있다(22조의2 3항). 이 경우의 예정기간은 2년을 넘지 못한다(상업등기법 39조 2항).

(다) 상호가등기의 절차

상호의 가등기는 신청주의에 따라서 이루어지며, 신청인은 회사설립의 경우에는 발기인, 회사가 성립한 후에 이루어지는 경우에는 회사대표자가 된다. 가등기신청이 된 상호가 이미 타인이 등기한 상호와 구별할 수 없는 경우 등기공무원은 그 신청을 각하하여야 한다. 그리고 가등기신청의 남용을 방지하기 위해서 공탁금제도(상업등기법 41조)가 있다.

(라) 상호가등기의 효력

상호가등기는 그 보호에 있어서 상호등기와 동일하게, 사전등기배척과 사후등기배척의 효력을 가진다(22조의2 4항).

사전등기배척이라 함은 상호가등기는 본등기와 동일한 등기배척력이 있음을 말하며, 이 경우 상호의 가등기는 동일한 서울특별시·광역시·시·군에서 동종영업에 있어서 타인에 의한 상호의 등기를 배척하는 효력이 있다(22조).

사후등기배척이라 함은 이미 가등기된 상호를 타인이 등기한 경우에는 가등기권자가 우선하는 것으로 해석하여야 하며, 이는 상호가등기에 관한 22조의 규정의 실효성을 확보하기 위한 것이다.

(마) 상호가등기의 말소

회사 또는 발기인 등은 회사를 설립하고자 할 때의 상호의 가등기와 본점을 이전하고자 할 때의 상호의 가등기 및 목적을 변경하고자 할 때의 상호의 가등기의 경우 상호를 변경한 때에는 상호의 가등기를 말소신청하여야 한다(상업등기법 42조 1항). 그리고 상호나 목적 또는 상호와 목적을 변경하고자 할 때의 상호의 가등기의 경우 본점을 다른 특별시·광역시·시 또는 군에 이전한 때에도 역시 그러하다(상업등기법 42조). 이를 신청에 의한 상호가등기의 말소라고 한다.

한편 등기관은 상호가등기를 하고 난 후 예정기간 내에 본등기를 한 때와 본등기를 하지 아니하고 예정기간을 경과한 때에는 직권으로 상호가등기를 말소하여야 하는데(상업등기법 44조), 이를 직권에 의한 상호가등기의 말소라고 한다.

(4) 상호의 부정사용에 대한 제재

회사가 아니면서 상호에 회사임을 표시하는 문자를 사용하거나(20조), 부정한 목적으로 타인의 영업으로 오인할 수 있는 상호를 사용한 자(23조 1항)에 대하여는 과태료(200만원 이하)에 의한 제재가 있다(28조).

5. 상호권의 보호

(1) 총 설

상인은 자신이 적법하게 선정 또는 승계한 상호를 사용함으로써 경제적 이익을 가져올 수 있으므로 당연히 법적으로도 보호의 대상이 되어야 하는데, 이를 상호권이라고 한다. 상호권은 타인으로부터 방해를 받지 아니하고 상호를 사용할 수 있는 상호사용권과 타인이 자신의 상호를 부정하게 사용하는 경우 이를 배척할 수 있는 상호전용권으로 나누어진다. 이러한 상호권의 법적 성질에 대하여는 인격권적 성질을 가지는 재산권이라고 보는 것이 다수의 견해[18]이다.

상호사용권과 상호전용권은 상호를 등기했느냐의 여부에 관계없이 주어지는 것이며, 즉 미등기와 등기 간에 본질적 차이가 있는 것은 아니다. 다만 등기상호의 경우 타인이 사용하는 때에 부정목적이 추정되는 등 미등기상호에 비하여 그 보호가 강화될 뿐이다. 회사는 설립등기시 정관의 절대적 기재사항의 하나인 상호를 반드시 등기하게 되지만, 개인상인은 상호를 등기할 의무가 없다.

(2) 상호사용권

상호사용권에 의하면 부정목적이 없는 한 타인의 등기상호라도 사용이 가능하다. 상호사용권은 상법 18조와 23조 1항에 의하여 인정될 수 있다. 즉 상인은 자유로이 상호를 선정하여 사용할 수 있으며(18조), 부정한 목적이 없다는 것을 입증할 수 있다면 타인의 영업으로 오인할 수 있는 상호라고 하더라도 사용이 가능하다(23조 1항).

(3) 상호전용권

(가) 의 의

상호전용권은 타인이 부정한 목적으로 자기의 상호와 오인할 수 있는 상호를 사용하는 경우 이로 인하여 손해를 받을 염려가 있는 자 또는 상호를 등기한 자는 그 사용의 금지를 청구할 수 있는 권리를 말한다(23조 2항). 구체적으로는 상호사용폐지청구권, 상호등기말소청구권, 손해배상청구권의 형태로 행사될 수 있다.

(나) 부정한 목적

상호전용권은 상호를 등기한 자뿐만 아니라 상호를 등기하지 아니한 자라 하더라도 손해를 받을 염려가 있는 자의 경우에도 행사가 가능하므로(23조 2항), 상호전용권은 등기여부에 불구하고 모든 상호의 사용자에게 인정되는 권리이다. 그러나 타인이 등기한 상호를 사용하는 경우에는 부정한 목적이 추정되므로(23조 4항), 미등기상호를 사용하고 있는 자가 등기한 상호사용자를 대상으로 하여 상호전용권을 주장하기 위해서는 자신이 부정한 목적이 없음과 타인의 부정

---

18) 김성태, 250면; 손주찬, 137면; 이기수·최병규, 174면; 이철송, 158면; 정동윤, 77면; 정찬형, 112면; 최준선, 156면.

목적을 동시에 입증하여야 하는 부담을 가지게 된다. 즉 등기상호권자의 경우에는 타인의 부정목적이 추정되기 때문에 그 타인이 자신의 부정목적 없음을 입증하여야 하므로 등기상호권자에게는 입증책임의 부담이 없다.

주관적 사실에 관한 문제인 부정한 목적 여부에 대한 판단에 있어서는 결국 객관적 측면인 상인의 명성이나 영업의 규모, 그리고 영업의 지역성 등의 여러 가지 요소를 감안하여 판단할 수밖에 없다.[19] 그 결과 미등기상호권자의 경우에도 상호전용권은 인정되지만 입증책임의 문제로 인하여 등기에 의하여 상호는 그 보호의 강도가 달라지게 된다.

Q 유사상호를 사용하였는데 부정한 목적이 없다고 본 사례

【대법원 1993. 7. 13. 선고 92다49492 판결】

【판결요지】

갑 상인이 그의 간판에 'SINCE 1945 신용의 양과 서울 고려당 마산분점'이라고 표시한 것이 주식회사 고려당과의 관계를 나타내기 위하여 위 회사의 상호를 표시한 것이라면 갑 상인에게 위 상호의 사용과 관련하여 부정경쟁의 목적이 있는가를 판단함에 있어서 갑 상인이 아닌 위 회사와 을 상인의 명성과 신용을 비교한 것은 옳다.

【원심판결】 부산고등법원 1992. 10. 2. 선고 91나16273 판결

"원심판결의 이유에 의하면, 원심은 피신청인의 상호인 '서울 고려당'은 그 요부가 '고려당'에 있고, 간이신속을 존중하는 거래계에서는 간략히 특징적인 부분인 '고려당'으로 호칭될 것이므로 그 경우 신청인의 상호인 '고려당'과 동일하여 양자는 오인, 혼동의 우려가 있어 서로 유사한 상호로 봄이 상당하고, 신청인의 '고려당'이라는 상호가 1959. 7. 21. 등기되었으므로 피신청인이 그와 유사한 위 상호를 동일한 시에서 동종영업을 위하여 사용하는 이상 상법 제23조 제4항에 의하여 피신청인에게 부정한 목적이 있다고 일응 추정된다 할 것이나, 거시증거에 의하면, 신청외 망 김동환이 1944. 서울 종로 2가에서 '고려당'이라는 상호 및 상표로 양과자 제조, 판매업을 개시하여 1945. 9. 1. 위 상호로 영업감찰을 받은 이래 같은 업체를 경영하여 오던 중 1971. 10. 1. 그의 후손들에 의하여 '주식회사 고려당'이 설립된 사실, 위 회사는 40년이 지난 지금까지 동일한 상표와 상호로 같은 영업을 계속해 오면서 상표인 '고려당'이란 표장을 선전해 왔으며, 매출액도 1990년에 230억, 1991년에는 270억원이나 되고 전국적으로 250여개의 판매대리점 및 직영점을 가지고 있어 일반수요자들에게 '고려당'은 위 회사

19) 대법원 1993. 7. 13. 선고 92다49492 판결(일명 '서울고려당'과 '마산고려당' 사건) 참조.

의 상호 및 제품에 사용되는 상표인 것으로 널리 인식되기에 이른 사실, 피신청인은 1991. 8. 1. 위 회사와 위 회사 제품의 마산대리점 계약을 체결함에 있어(피신청인은 1990. 11. 1. 위 회사와 위 수탁판매계약을 체결하여 위 회사의 분점개설, 상호 및 상표의 사용권을 가지는 신청 외 고려당판매주식회사와 판매대리점계약을 체결하였다가 위 두 회사가 합병함에 따라 다시 계약을 체결하였다) 위 회사의 상표인 '고려당'을 상품에 관한 광고, 간판 등에 사용할 수 있는 권리도 취득한 사실, 이에 피신청인은 위 회사 마산대리점을 개점, 운영함에 있어 위 회사의 연혁과 그 관계를 표시하기 위하여 'SINCE 1945 신용의 양과 서울 고려당 마산분점'이라는 간판을 사용한 사실, 신청인과 피신청인은 모두 같은 마산시에서 제과점을 경영하고 있으나 신청인은 합포구 창동에, 피신청인은 회원구 양덕동에 제과점이 위치하여 비교적 원거리에 있는 사실이 인정되며 위 인정사실에 비추어 보면 피신청인은 위 회사의 명성과 신용을 믿고 위 회사 등과 마산판매대리점계약을 체결한 자로서 위 회사의 '고려당'이란 상호를 간판에 내세운 것으로 인정될 뿐 신청인의 상호인 마산의 '고려당'이 가지는 신용 또는 경제적 가치를 자신의 영업에 이용하고자 하는 의도는 없었다고 봄이 상당하므로 피신청인이 부정한 목적으로 신청인의 상호와 동일한 상호를 사용함을 전제로 한 이 사건 신청인은 이유 없다는 취지로 판단하고 있다."

【대법원 판결】

피신청인이 그의 간판에 "SINCE 1945 신용의 양과 서울 '고려당 마산분점'이라고 표시한 것이 주식회사 고려당과의 관계를 나타내기 위하여 위 회사의 상호를 표시한 것이라면 피신청인에게 위 상호의 사용과 관련하여 부정경쟁의 목적이 있는가를 판단함에 있어서 원심이 피신청인이 아닌 위 회사와 신청인의 명성과 신용을 비교한 것을 잘못이라고 할 수 없다. 또 원심은, 피신청인이 신청인보다 명성이나 신용이 더 큰 위 회사의 판매대리점경영자로서 구태여 신청인의 명성이나 신용에 편승할 필요가 없었고, 간판에도 위 회사와의 관계(마산분점이라는 표시를 하여 신청인의 상호와 구분되도록 하고 있다)를 표시한 점, 신청인과 피신청인의 영업소가 서로 원거리인 다른 구에 있는 점등을 종합하여 양자 사이에 오인의 염려가 없으므로 피신청인에게 부정한 목적이 없다는 것이지, 서로 다른 구에 영업소가 있다는 이유만으로 부정한 목적이 없다고 판단한 것은 아니다. 그리고 상법 제23조 제2항의 상호폐지청구권이나 같은 조 제3항의 손해배상청구권은 모두 상법 제23조 제1항의 위반을 전제로 하고 있는바, 원심이 피신청인에게는 부정한 목적이 없어서 상법 제23조 제1항에 위반되지 않는다고 판단한 이상 신청인이 이 사건 피보전권리로서 위 손해배상청구권을 주장하였는가에 관하여 석명하지 아니하였다 하여 판결결과에 영향이 있는 것은 아니다."

> **Q 오인·혼동의 가능성의 기준과 부정한 목적의 유무에 관한 법원의 판단**
>
> 【서울고법 2008. 7. 2. 선고 2007나118684 판결】
> 【판결요지】
> '서울종합 법무법인'이 '법무법인 서울'을 상대로 '서울' 명칭의 폐지 등을 청구한 사안에서, '법무법인 서울'이 일반수요자들로 하여금 '서울종합 법무법인'의 영업으로 오인·혼동케 할 염려가 있다거나 '서울종합 법무법인'과 '확연히 구별할 수 없는' 명칭이라고 보기 어렵다고 한 사례.

(다) 상호의 유사성

상법 23조에서 보호하는 상호전용권을 주장하기 위해서는 기존의 상호사용자의 상호와 타인이 사용하는 상호가 동일 내지 유사한 것이어야 한다. 동일한 경우는 비교적 판단이 용이하겠지만, 동일하지 않더라도 고도의 유사성으로 인하여 영업주체가 상이함을 인식하기 어렵다면 역시 상법 23조의 적용대상이 되는 것으로 본다. 그런데 유사성의 판단기준으로는 일반인의 기준으로 정하여야 하며, 영업의 종류·규모·지역성 등을 종합적으로 판단하여야 한다.[20]

한편 상호의 유사성을 판단함에 있어서 동종영업의 경우로도 제한하지 않는다. 왜냐하면 상법 23조의 취지는 상호의 부정사용으로 인하여 일반대중의 혼동을 야기시키고 거래상대방의 선택 등에 있어서 피해를 당하는 것을 방지하고자 함이므로 동종영업의 경우로 한정할 이유가 없기 때문이다.[21]

> **Q 상호의 유사성 판단 기준으로서의 영업의 종류, 방법, 기준에 관한 판례의 판단**
>
> 【대법원 1996. 10. 15. 선고 96다24637 판결】('합동특수레카'와 '충주합동레카' 사건)
> '합동공업사'라는 등록상호로 자동차정비업을 하던 갑이 '합동특수레카'라는 상호를 추가로 등록하여 자동차견인업을 함께 하고 있는 상황에서 을이 같은 시에서 자동차

20) 송옥렬, 52면; 이기수·최병규, 175면; 이철송, 160면; 최준선, 159면. 이철송 교수는, 예컨대 A라는 컴퓨터조립업자가 '삼성컴퓨터'라는 상호를 사용하는 경우에는 삼성전자주식회사와 상호의 유사성으로 인한 혼동가능성이 있다고 하겠지만, '삼성슈퍼'의 경우에는 당연히 그렇게 보기 힘들 것이라는 예를 제시하고 있다.
21) 이철송, 165면; 최준선, 159면.

견인업을 시작하면서 '충주합동레카'라는 상호로 등록하였음에도 실제는 등록상호를 사용하지 아니하고 '합동레카'라는 상호를 사용한 경우, 자동차정비업과 자동차견인업은 영업의 종류가 서로 다르고 그 영업의 성질과 내용이 서로 달라서 비교적 서비스의 품위에 있어서 관련성이 적은 점, 자동차를 견인할 경우 견인장소를 차량 소유자가 지정할 수 있는 점, 운수관련 업계에서 '합동'이라는 용어가 일반적으로 널리 사용되고 있어 그 식별력이 그다지 크지 아니한 점, 갑과 을측의 신뢰관계, 갑도 자동차정비업과 함께 자동차견인작업을 하면서 별도의 견인업 등록을 한 점, 을이 자동차정비업을 하고 있지 아니한 점과 을의 영업 방법이나 그 기간 등을 고려할 때, 양 상호 중의 요부인 '합동'이 동일하다 하더라도 을이 상법 제23조 제1항의 '부정한 목적'으로 상호를 사용하였다고 할 수 없다. 동지: 대법원 2002. 2. 26. 선고 2001다73879 판결.

(라) 유사상호의 사용

상호전용권에 의하여 타인의 상호사용을 배척할 수 있기 위해서는 자신이 현재 그 상호를 사용하고 있는 경우여야 한다.[22] 왜냐하면 상법 23조에서 보호하고자 하는 상호전용권은 타인의 영업으로 오인할 수 있는 경우를 상정하는 것이기 때문에 현재 사용하지 않는 상호를 보호한다는 것은 타인의 상호선정의 자유를 침해할 수 있기 때문이다.

그런데 상호사용의 선후가 반드시 절대적인 기준이 되지 못하는 경우도 있다. 즉 이른바 '역혼동'(reverse confusion)의 경우인데, 역혼동은 동일 혹은 유사한 상호를 먼저 사용하였다고 하더라도 후사용자의 영업이 절대적으로 대규모이고 사회적 인식도 지극히 높은 경우에, 선사용자를 후사용자로 오해할 수 있는 경우를 말한다. 이 경우 후사용자로 오인되어 손해를 입은 선사용자는 후사용자에게 손해배상을 청구할 수 있지만, 선사용자의 영업이 후사용자의 영업과 그 종류가 같거나 영업의 성질이 내용, 영업방식, 수요자층 등에서 밀접한 관련이 있어야만 손해배상책임이 인정될 수 있다.

22) 이철송, 160면; 최준선, 157면.

Q 상호선사용자의 역혼동에 의한 손해발생가능성을 판단한 판례

【대법원 2002. 2. 26. 선고 2001다73879 판결】(파워컴(주)와 한전 자회사인 (주)파워콤 사건)
상호를 먼저 사용한 자(선사용자)의 상호와 동일·유사한 상호를 나중에 사용하는 자(후사용자)의 영업규모가 선사용자보다 크고 그 상호가 주지성을 획득한 경우, 후사용자의 상호사용으로 인하여 마치 선사용자가 후사용자의 명성이나 소비자 신용에 편승하여 선사용자의 상품의 출처가 후사용자인 것처럼 소비자를 기망한다는 오해를 받아 선사용자의 신용이 훼손된 때 등에 있어서는 이를 이른바 역혼동에 의한 피해로 보아 후사용자의 선사용자에 대한 손해배상책임을 인정할 여지가 전혀 없지는 않다고 할 것이나, 상호를 보호하는 상법과 부정경쟁방지및영업비밀보호에관한법률의 입법 취지에 비추어, 선사용자의 영업이 후사용자의 영업과 그 종류가 다른 것이거나 영업의 성질이나 내용, 영업방법, 수요자층 등에서 밀접한 관련이 없는 경우 등에 있어서는 위와 같은 역혼동으로 인한 피해를 인정할 수 없다.

(마) 유사상호 사용의 지역적 제한

상법 22조에서 타인의 등기상호를 동일한 지역에서 등기하지 못하게 하는 것은 등기를 통한 지역적 제한의 의미가 있으나, 23조 1항에서 규정하는 유사상호의 사용금지는 지역적인 제한의 의미가 없다. 따라서 원칙적으로는 전국 어디서나 부정한 목적으로 타인의 영업으로 오인할 수 있는 상호를 사용하는 것이 금지될 것이지만, 전국적인 규모에서 영업의 동일성에 관하여 오인을 불러일으킬 수 있는지의 여부는 영업의 규모와 범위, 성격, 고객의 지역성 등을 고려하여서 판단할 문제이다.[23)]

Q 유사상호 사용의 지역적 제한에 관한 판례

【대법원 1976. 2. 24. 선고 73다1238 판결】
서울에 있는 보령제약주식회사(원고)에서 운영하는 서울의 '보령약국'과 '수원보령약국'(피고)의 상호의 유사성에 의한 혼동과 관련된 사건에서 원고의 '보령약국'과 근처

23) 김성태, 255면; 이철송, 160면; 최준선, 159면.

도 아닌 수원에 개설된 피고 '수원보령약국'과의 사이에 고객이 단지 '보령'이라는 상호로 인해 피고의 약국을 원고회사의 영업으로 오인케 할 염려가 있다고 단정할 수 없다고 보았다.

한편 유사상호의 2중등기와 관련하여 상법 22조와 상법 23조의 보호법익과 부정한 목적의 의미에 관하여 판례[24]는 22조가 "타인이 등기한 상호는 동일한 특별시·광역시·시·군에서 동종영업의 상호로 등기하지 못한다"고 규정한 것의 취지에 대하여, 일정한 지역 범위 내에서 먼저 등기된 상호에 관한 일반 공중의 오인·혼동을 방지하여 이에 대한 신뢰를 보호함과 아울러, 상호를 먼저 등기한 자가 그 상호를 타인의 상호와 구별하고자 하는 이익을 보호하는 데 있다고 하였다. 이에 반해 23조 1항이 "누구든지 부정한 목적으로 타인의 영업으로 오인할 수 있는 상호를 사용하지 못한다"는 것과 23조 4항이 "동일한 특별시·광역시·시·군에서 동종 영업으로 타인이 등기한 상호를 사용하는 자는 부정한 목적으로 사용하는 것으로 추정한다"라고 규정하는 것에서의 '부정한 목적'은 어느 명칭을 자기의 상호로 사용함으로써 일반인으로 하여금 자기의 영업을 그 명칭에 의하여 표시된 타인의 영업으로 오인시키려고 하는 의도를 의미한다고 하였다.

Q 등기 상호 사용자의 부정목적 추정에 관한 판례

【대법원 2004. 3. 26. 선고 2001다72081 판결】
대법원은 "피고는 서울특별시에서 동종 영업으로 원고가 먼저 등기한 상호인 '주식회사 유니텍'과 확연히 구별할 수 없는 상호인 '주식회사 유니텍전자'를 사용하고 있으므로 위 상호를 부정한 목적으로 사용하는 것으로 추정된다고 전제한 다음, 위 상호를 사용함에 있어서 부정한 목적이 없다는 피고의 주장에 대하여는, 원고는 소프트웨어의 개발·판매업에, 피고는 컴퓨터 하드웨어의 제조·판매업에 각 영업의 중점을 두고 있기 때문에 원·피고가 실제 영위하는 영업의 구체적 내용에 다소 차이가 있지만, 원고 역시 전체 매출액의 30% 가량이 피고가 영위하는 영업과 같은 컴퓨터 하드웨어의 조립·판매에서 발생하고 있어 원·피고의 주 고객층도 명백히 차별화되어 있다고

24) 대법원 2004. 3. 26. 선고 2001다72081 판결.

단정할 수 없으므로 피고가 위 상호를 사용하는 것이 원고의 영업에 영향을 미치지 않는다고 볼 수 없고, 한편 '유니텍'이라는 단어가 컴퓨터 관련 업계에서 흔히 사용하는 상호라거나 피고의 영업이 신장됨에 따라 현재 자본금 또는 매출액에 있어서 피고가 원고보다 월등히 많고 피고의 주식이 코스닥(KOSDAQ)시장에 등록되었다는 사정만으로는 상법 23조 4항의 규정에서 말하는 부정한 목적에 의한 사용에 관한 추정이 번복되었다고 볼 수 없다는 이유로 피고의 위 주장을 배척하여, 결국 원고는 피고에게 피고의 상호의 사용금지를 청구할 수 있다"고 판단한 원심의 입장을 지지하였다.

6. 상호권의 양도와 폐지의제

(1) 상호권의 양도

상호는 등기의 유무를 불문하고 그 자체로서 독립적인 경제적 가치를 가지므로 양도가 가능한 것으로 본다.[25] 그런데 상호는 외부적으로 표시되기 때문에 일반대중의 이해와 연결되어 있다. 따라서 상호는 영업을 폐지하거나 영업과 함께 하는 경우에 한하여 양도가 가능하도록 하고 있다(25조 1항). 영업과 함께 하는 경우라고 함은 영업양도의 경우를 말하며, 영업을 폐지하는 경우는 행정절차를 밟아 폐업하는 경우에 한하지 않고 사실상 영업을 중단하는 경우도 의미한다.[26]

양도인의 영업 전부를 양도하는 경우에 한해서 상호를 양도할 수 있다고 보는 견해[27]도 있으나, 영업의 일부를 양도하더라도 그것이 독립된 영업이라면 금지할 이유가 없다고 보는 견해[28]도 있다.

상호양도의 효과는 당사자 사이의 의사만으로써 발생하나 등기하지 아니하면 선의·악의를 불문하고 제3자에게 대항하지 못한다(25조 2항). 그러나 미등기 상호를 이전하는 경우에도 등기를 요하는가 하는 문제가 있다. 등기를 요하지 않는다고 보는 것이 다수설[29]의 입장이지만, 등기를 요하지 않는다고 하게 되

25) 물론 상호권의 법적 성질을 인격권으로만 본다면 양도가 불가능한 것으로 보게 될 것이다.
26) 대법원 1988. 1. 19. 선고 87다카1295 판결.
27) 정찬형, 121면; 최준선, 164면.
28) 일례로 섬유제조업과 의류도매업을 하는 상인이 한 부문만을 양도하는 경우이다(이철송, 174면).
29) 송옥렬, 59면; 정동윤, 81면; 정찬형, 121면; 최준선, 165면. 다수설은 그 이유로 상호는 일반적으로 등기가 강제되지 않는데 상호양도의 경우에 한해 등기를 강제할 이유는 없다는

면 미등기상호를 양수한 자가 등기상호를 양수한 자보다 더욱 두터운 보호를 받게 되는 결과가 되기 때문에[30] 문제이다.

위법한 양도의 경우에는 양도계약은 당연히 무효가 될 것이며 양수인은 아무런 권리도 취득하지 못하는 것이 원칙이다. 그런데 위법한 양도계약에도 불구하고 양수인이 그 상호를 오랜 기간 사용하여 일반의 신뢰가 성립되었다면 이에 대하여는 명의대여자의 책임을 물어야 한다고 보는 견해[31]가 있다.

(2) 상호권의 상속

등기된 상호를 상속하는 경우에도 상속인은 그 상호를 계속 사용하고자 할 때에는 상속을 증명하는 서면을 첨부하여 등기를 신청하여야 한다(상업등기법 35조). 그러나 이 등기는 대항요건으로서의 성격을 갖는 것은 아니다.

(3) 상호의 폐지의제

상법은 정당한 사유 없이 2년간 등기상호를 사용하지 아니하면 폐지한 것으로 의제하고 있다(26조). '정당한 사유'라고 함은 천재지변 등의 불가항력과 같은 객관적 사유뿐만 아니라 자금부족 등의 주관적 사유도 포함된다.[32]

미등기상호의 경우에도 이를 적용할 것인가에 대하여는 기간계산을 산정함에 있어서의 어려움이 있기는 하지만 이를 유추적용하는 것이 상법상 상호제도의 입법취지에 부합할 것이다.

폐지의제상호에 대하여 말소청구를 하는 것도 가능하다(27조). 이는 타인의 상호선택권의 행사 및 등기를 방해하는 것을 방지하기 위해서 필요한 것이며(22조), 상호의 부정사용 시비를 미연에 방지하고자 하는 취지도 있다(23조).[33]

것이다. 결국 이 경우에는 양수의 사실만으로 대항할 수 있다고 보게 된다.

30) 이철송, 176면.

31) 이철송, 177면.

32) 이철송, 179면; 최준선, 166면.

33) 김성태, 272면; 이철송, 180면.

7. 명의대여자의 책임

(1) 의 의

타인에게 자기의 성명 또는 상호를 사용하여 영업할 것을 허락한 사람은 자기를 영업주로 오인하여 거래한 제3자에게 대하여 그 타인과 연대하여 변제할 책임을 진다(24조). 사법상 이러한 법률관계에서는 민법의 표현대리로도 처리가 가능하지만 상거래의 특성상 획일적인 처리가 필요하기 때문에 상법에서 특별히 정한 것이며, 이러한 명의대여자의 책임은 금반언의 법리상 표현이다.

'성명 또는 상호'라고 규정되어 있는데, 반드시 이에 국한되는 것은 아니고 거래통념상 대여자의 영업으로 오인할 수 있는 명칭이면 모두 상법 24조의 적용대상이 된다. 그리고 타인의 상호를 차용하는 경우 상호를 그대로 사용하지 않고 '지점', '영업소', '출장소' 등 약간의 부가어를 붙여 사용하거나 중요한 부분이 동일한 경우에도 명의대여자의 책임이 발생한다.[34] 그러나 어떤 타인의 상호 아래 '대리점'이라는 용어를 붙인 경우에는 타인의 영업을 종속적으로 표시하는 뜻이 아니라는 이유로 명의대여자의 책임을 적용하기는 어렵다고 본 판례[35]도 있다.

명의대여자의 책임과 민법상 표현대리제도의 비교

명의대여자의 책임(상법 24조)	표현대리(민법 125조, 126조, 129조)
외관주의	
대행방식	대리방식
명의차용자와 명의대여자의 연대책임	본인 책임 원칙 (단, 표현대리인의 책임 인정에 관한 논란 있음)
명의대여자는 책임만 부담 (명의대여자의 책임 추가제도)	본인은 책임과 (상대방에) 대한 권리도 취득 (본인에게 행위의 효과 귀속)

---

34) 대법원 1957. 6. 27. 선고 4290민상178 판결; 대법원 1973. 11. 27. 선고 73다642 판결; 대법원 1976. 9. 28. 선고 76다955 판결.

35) 대법원 1989. 10. 10. 선고 88다카8354 판결.

(2) 명의사용의 허락

명의대여자의 책임을 묻기 위해서는 명의사용의 허락이 있어야 한다. 사용의 허락이 없는 경우에는 타인이 임의로 자기의 명칭을 사용하여도 제3자가 비록 선의이고 무과실이라 하더라도 명의대여자의 책임이 발생하지는 않는다.

허락은 명시적인 허락뿐만 아니라 묵시적인 허락도 포함된다. 즉 타인의 임의사용을 알고 있으면서도 이를 방치한 경우에는 묵시적인 허락이 있는 것으로 본다.[36] 명의사용의 허락은 일반인에게 적극적으로 알릴 필요는 없지만 명의사용의 허락을 철회하는 경우에는 제3자에게 통지하거나 광고하는 등 일반이 인식할 수 있는 방법으로 하여야 할 것이다. 왜냐하면 외관이 이미 형성되어 일반이 인식하고 있는 상태에서 근거만 없어진다고 해서 제3자의 보호필요성이 없어지는 것은 외관주의의 성질상 인정할 수 없기 때문이다.

면허를 대여하여 명의차용인이 영업을 하는 경우, 영업을 임대하거나 자기 영업시설의 일부를 임대하여 임대인의 상호에 부가하는 형식으로[37] 영업을 하게 하는 경우에도 명의대여자의 책임이 적용된다. 그리고 하도급의 형식이 존재하는 경우 명의차용자의 보조적 상행위에 대하여도 명의대여자의 책임이 발생한다.[38] 또한 가맹상이 가맹업자의 상호를 가지고 영업을 하는 경우 명의대여자의 책임이 발생할 수 있다. 그러나 영업을 양도하는 경우에는 상호를 속용하는 경우에 관한 상법 제42조가 적용되어야 한다.

Q 하도급의 경우 명의대여자의 책임을 적용하는 경우

【대법원 2008. 10. 23. 선고 2008다46555 판결】
상법 제24조에 따른 명의대여자의 연대책임 및 건설업 면허를 대여받은 자를 대리 또는 대행한 자가 면허대여자 명의로 하도급거래를 한 경우에도 위 책임을 부담하는

36) 그러나 단지 상점·전화·창고 등을 몇 회에 걸쳐서 사용한 사실만으로는 명의사용의 허락이 있은 것으로 인정되지 않는다. 대법원 1982. 12. 28. 선고 82다카887 판결.

37) 예컨대 ○○백화점 식품부라고 하여 영업하는 경우가 이에 해당한다. 그러나 단순히 점포의 시설물을 이용하게 하는 경우에는 명의에 관한 사용허락이 없었다면 명의대여자의 책임을 부과하기 어렵다. 대법원 1982. 12. 28. 선고 82다카887 판결.

38) 김성태, 276면; 이철송, 192면; 최준선, 148면.

지 여부에 대하여, "상법 제24조는 명의를 대여한 자를 영업의 주체로 오인하고 거래한 상대방의 이익을 보호하기 위한 규정으로서 이에 따르면 명의대여자는 명의차용자가 영업거래를 수행하는 과정에서 부담하는 채무를 연대하여 변제할 책임이 있다. 그리고 건설업 면허를 대여한 자는 자기의 성명 또는 상호를 사용하여 건설업을 할 것을 허락하였다고 할 것인데, 건설업에서는 공정에 따라 하도급거래를 수반하는 것이 일반적이어서 특별한 사정이 없는 한 건설업 면허를 대여받은 자가 그 면허를 사용하여 면허를 대여한 자의 명의로 하도급거래를 하는 것도 허락하였다고 봄이 상당하므로, 면허를 대여한 자를 영업의 주체로 오인한 하수급인에 대하여도 명의대여자로서의 책임을 지고, 면허를 대여받은 자를 대리 또는 대행한 자가 면허를 대여한 자의 명의로 하도급거래를 한 경우에도 마찬가지"라고 보았다.

한편 명의차용자의 사용인이 차용한 명의로 거래한 경우에 대하여는 당해 거래가 명의차용자의 영업범위 내의 행위로서 명의차용자의 승낙을 받아서 이루어졌다면 이에 대하여 명의대여자도 책임을 인정하여야 한다.[39] 명의대여를 통하여 영업을 할 것을 승낙하였다면 영업의 특성상 사용인을 이용한 영업활동은 당연히 기대되는 것이기 때문이다. 그런데 판례는 이에 대하여 통일되지 아니한 모습을 보여주고 있다.[40]

Q **명의차용자의 사용인의 행위에 대한 명의대여자의 책임범위는?**

【대법원 1970. 9. 29. 선고 70다1703 판결】

【판결요지】

타인에 대하여 자기사업을 자기이름으로 대행할 것을 허용한 사람은 그 사업을 대행한 사람 또는 그 피용자가 그 사업에 관하여서 한 법률행위에 관하여 제3자에게 책임이 있다.

【판결이유】

기록에 의하여 원, 피고의 변론취지와 원심 인정사실에 의하면 소외 1이 피고와의 피

39) 이철송, 189면.

40) 대법원 1970. 9. 29. 선고 70다1703 판결에서는 명의차용자 또는 그 피용자의 행위에 대하여 명의대여자가 제3자에 대하여 책임을 진다고 하였으나(同旨: 대법원 1996. 5. 10. 선고 95다50462 판결), 대법원 1989. 9. 12. 선고 88다카26390 판결과 대법원 1987. 11. 24. 선고 87다카1379 판결에서는 명의차용인의 피용자의 행위에 대하여 명의대여자의 책임을 부인하고 있다. 특별히 판례의 입장을 변경한 것도 아니므로 결국 대법원이 동일한 쟁점에 대한 입장을 다르게 취하고 있다고 평가할 수밖에 없다.

고회사 학교출장소 운영에 관한 계약에 의하여 같은 출장소장으로서 경영하다가 사고로 징계위원회에 회부되어 1964. 6. 5.부터 1965. 8. 29.까지의 간에는 소외 2가 같은 출장소장으로 임명되었으나 소외 1은 새로된 출장소장 소외 2의 위임에 의하여 계속 출장소의 업무를 집행하여 왔는데 영업범위인 비료 등 수송업무상의 필요에 의하여 타인의 화물자동차를 이용하고 그럼으로써 소외 3 등에게 도합 144,300원의 운임채무를 부담하게 되고 한편 원고는 피고 출장소에 대한 위 운임채권자들에게 대하여 타이야 대금채권에 있어서 채권전액을 양수받고 소외 1은 이를 승인하고 1969. 9. 30.까지 지급하겠다는 취지로 같은 금액을 액면으로 한 대한통운학교 출장소장 명의의 약속어음을 원고에게 발행하였다는 것이다. 그렇다면 피고는 소외 2에게 대하여 자기사업을 자기이름으로 대행할 것을 허용한 것으로서 그 사업에 관하여 자기가 책임을 부담할 지위에 있음을 표시한 것이라 할 것이고, 그 사업을 대행한 사람 또는 그 피용자가 그 사업에 관하여서 한 법률행위에 관하여 제3자에게 책임이 있다고 할 것이므로 피고회사 학교출장소의 피용인 소외 1의 채권양도 승인에 따른 채무를 진다고 할 것이고, 원심판시이유에 적절하지 못한 바가 없지 아니하나 피고에게 책임이 있다고 판시한 결론은 정당하다고 할 것이다. 그리고 원심판결이유를 보면 원심은 논지 3에서 말하는 이 사건 약속어음에 표시된 채무를 인수한다는 취지가 아니고 증거에 의하여 피고회사 학교출장소가 소외 3 등에게 대하여 운임채무 도합 144,300원이 있었으며 이 채권을 원고에게 양도함에 있어서 이를 승인한다는 취지로 판시하였음이 분명하므로 논지는 이유없음에 돌아간다.

【대법원 1989. 9. 12. 선고 88다카26390 판결】

【판결요지】

상법 제24조의 명의대여자의 책임규정은 거래상의 외관보호와 금반언의 원칙을 표현한 것으로서 명의대여자가 영업주(여기의 영업주는 상법 제4조 소정의 상인보다는 넓은 개념이다)로서 자기의 성명이나 상호를 사용하는 것을 허락했을 때에는 명의차용자가 그것을 사용하여 법률행위를 함으로써 지게 된 거래상의 채무에 대하여 변제의 책임이 있다는 것을 밝히고 있는 것에 그치는 것이므로 여기에 근거한 명의대여자의 책임은 명의의 사용을 허락받은 자의 행위에 한하고 명의차용자의 피용자의 행위에 대해서까지 미칠 수는 없다.

【판결이유】

상고이유에 대하여, 원판결 이유에 의하면, 원심은 토목, 건축업 등을 하는 피고는 1985. 9.경 소외 사단법인 문산시장 번영회가 경기도 파주군 문산읍 문산리 37의1 지상에 시행하는 문산중앙시장 신축공사를 도급받기 위하여 소외 유태두를 마치 피고회사의 이사인 것처럼 내세워 위 사단법인과 교섭을 진행한 끝에 1986. 1. 10. 위 사단법인과의 사이에 피고가 공사대금 1,300,800,000원에 위 문산중앙시장 신축공사를 하기로 하는 도급계약을 체결하였고, 한편으로는 위 소외 유태두와의 사이에 위 유태두가 위 시장신축공사를 자신의 계산으로 하되 명의는 피고회사의 명의를 사용하여 공사하기로 하고 그 대신 그 명의대여의 대가로 위 유태두가 피고에게 위 공사대금의 1할을 지급하기로 약정한 사실, 위 유태두는 위 시장신축공사를 함에 있어 위 공사현장에 현장사무실을 마련하여 피고의 승낙아래 위 사무실에 '피고회사 문산중앙시장 신축공사 현장사무실'이라는 간판을 걸고 자신은 위 현장사무실의 본부장으로 행세하면서 소외 정경남을 위 사무실의 현장소장으로 임명하여 위 시장신축공사의 기초작업 등을 하게 한 사실, 위 유태두는 위와 같은 작업을 하던 중 이에 필요한 자금이 부족하게 되자 위 정경남에게 공사자금을 차용하여 오도록 지시하여 위 정경남이 원고에게 그 공사자금을 대여해 줄 것을 요청하였고 원고는 위 시장신축공사를 피고가 하는 것으로 오인하고 1986. 2. 8. 위 정경남에게 금 20,000,000원을 변제기는 같은 해 8. 8.로 하여 대여하고, 피고회사 문산중앙시장 신축공사 소장 정경남 명의의 차용증을 교부받은 사실 등을 확정한 다음 위 인정사실에 의하면 피고는 위 유태두에게 자신의 상호를 사용하여 영업할 것을 허락한 자로서 위 유태두의 피용자인 위 정경남이가 원고로부터 차용한 위 금원을 변제할 책임이 있다 할 것이라고 판단하고 있다. 그러나 타인에게 자기의 성명 또는 상호를 사용하여 영업을 할 것을 허락한 자는 자기를 영업주로 오인하여 거래한 제3자에 대하여 그 타인과 연대하여 변제할 책임이 있다고 규정한 상법 제24조의 명의대여자의 책임규정은 거래상의 외관보호와 금반언의 원칙을 표현한 것으로서 명의대여자가 영업주(여기의 영업주는 상법 제4조 소정의 상인보다는 넓은 개념이다)로서 자기의 성명이나 상호를 사용하는 것을 허락했을 때에는 명의차용자가 그것을 사용하여 법률행위를 함으로써 지게 된 거래상의 채무에 대하여 변제의 책임이 있다는 것을 밝히고 있는 것에 그치고 있는 것이므로 여기에 근거한 피고의 책임은 피고가 자기의 명의를 사용할 것을 허락한 소외 유태두가 원고로부터 원심설시의 부채를 진 것이라면 몰라도 명의차용인의 피용자의 행위에 대해서까지 미칠 수는 없는 것이고 비록 원심이 쓰고 있는 피용자라는 말을 대리인을 표시하는 의미로 쓴 것으로 본다 하더라도 위에서 본 원심확정의 사실과 아래에서는 정경남이를 유태두의 대리인으로 보기에는 가볍게 수긍이 되지 않는 점(특히 소외 유태두는 그 자신이 독자적인 상인이 될 수는 없으므로 그로부터 대리권을 수여받은 사람은 상법 제48조의 적용대상이 못된다)이 있어 같은 정경남의 행위를 명의차용자인 유태두의 행위로 볼 수 없으므로 결국 위에서 본 명의대여자 책임의 법리에 따라 원고에게 책임을 져야 할 이유가 있다고는 볼 수 없다고 할 것임에도 불구하고 위와 같이 판단한 원판결에는 명의대여자의 책임에 관한 법리오해가 아니면 소외 정경남이가 소외 유태두의 적법한 대리인인가의 점에 관한 심리를 미진한 위법이 있다 할 것으로서 이 점에 관한 상고논지는 이유있고 이는 현저히 정의와 형평에 반하는 중대한 법령위반에 해당된다.

【대법원 1987. 11. 24. 선고 87다카1379 판결】

【판결요지】

乙이 甲 회사의 허락을 받고 그의 명의를 사용하여 공사를 하던 중 위 공사현장소장인 丙이 甲 회사의 공사사업부 소장으로 행세하면서 乙의 승인하에 丁등으로부터 그 공사에 필요한 자금을 차용하였다면 丁등은 甲을 위 공사의 시행자로 오인하고 금원을 대여하였다 할지라도 丁등의 금전대차는 甲 회사의 사용인으로 행세하는 丙과 사이에 이루어진 것으로서 丁등은 위 공사가 甲 회사가 시행하고 丙은 甲 회사의 사용인으로서 甲 회사를 위해 공사자금의 차용권한이 있는 것으로 오인하고 금원을 대여한 것에 불과하다 할 것이므로, 甲이 丙등에게 위와 같은 사용인의 명칭의 사용을 허락하였고 또 일반적으로 회사의 공사현장에서 위 명칭을 가진 사용인이 공사의 자금조달을 위해 금원을 차용할 권한이 있다는 점 등이 인정되지 아니하는 한 甲 회사가 乙에게 위 공사를 시행함에 있어서 甲 회사명의를 사용하도록 허락하였다는 사실만으로 甲 회사가 명의대여자로서 丁등에게 위 차용금을 변제할 책임이 있다고는 할 수 없다.

Q **타인과 동업계약을 체결하고 공동 명의로 사업자등록을 하였다가 동업관계에서 탈퇴하고 사업자등록을 타인 단독 명의로 변경한 사람이, 탈퇴 이후의 거래 상대방에 대하여 상법 제24조에 의한 명의대여자의 책임을 부담하는가?**

【대법원 2008. 1. 24. 선고 2006다21330 판결】

【판결이유】

명의자가 타인과 동업계약을 체결하고 공동 명의로 사업자등록을 한 후 타인으로 하여금 사업을 운영하도록 허락하였고, 거래 상대방도 명의자를 위 사업의 공동사업주로 오인하여 거래를 하여온 경우에는, 그 후 명의자가 동업관계에서 탈퇴하고 사업자등록을 타인 단독 명의로 변경하였다 하더라도 이를 거래 상대방에게 알리는 등의 조치를 취하지 아니하여 여전히 공동사업주인 것으로 오인하게 하였다면 명의자는 탈퇴 이후에 타인과 거래 상대방 사이에 이루어진 거래에 대하여도 상법 제24조에 의한 명의대여자로서의 책임을 부담한다. 그리고 상법 제24조에서 규정한 명의대여자의 책임은 명의자를 사업주로 오인하여 거래한 제3자를 보호하기 위한 것이므로 거래 상대방이 명의대여사실을 알았거나 모른 데 대하여 중대한 과실이 있는 때에는 책임을 지지 않는바, 이때 거래의 상대방이 명의대여사실을 알았거나 모른 데 대한 중대한 과실이 있었는지 여부에 대하여는 면책을 주장하는 명의대여자가 입증책임을 부담한다(대법원 1991. 11. 12. 선고 91다18309 판결, 대법원 2001. 4. 13. 선고 2000다10512 판결 등 참조).

Q

영업주가 타인의 영업을 위해서 자기의 상점, 전화, 창고 등을 사용하게 한 것만으로 묵시적 명의대여자의 책임을 인정할 수 있는가?

【대법원 1982. 12. 28. 선고 82다카887 판결】
【판결요지】
묵시적 명의대여자의 책임을 인정하기 위하여는 영업주가 자기의 성명 또는 상호를 타인이 사용하는 것을 알고 이를 저지하지 아니하거나 자기의 성명 또는 상호를 타인이 사용함을 묵인한 사실 및 제3자가 타인의 성명 또는 상호를 사용하는 자를 영업주로 오인하여 거래를 한 사실이 인정되어야 할 것이므로, 영업주가 자기의 상점, 전화, 창고 등을 타인에게 사용하게 한 사실은 있으나 그 타인과 원고와의 거래를 위하여 영업주의 상호를 사용한 사실이 없는 경우에는 영업주가 자기의 상호를 타인에게 묵시적으로 대여하여 원고가 그 타인을 영업주로 오인하여 거래하였다고 단정하기에 미흡하다고 할 것이다.

Q

상법상 명의대여자의 책임과 관련하여 아래 두 그룹의 판결이 달라진 이유는 무엇인지 생각해 보라.

A. 대법원 1993. 3. 26. 선고 92다10081 판결에서는 숙박업허가 명의대여자에 대하여 명의사용자에 대한 지휘, 감독의무를 인정하기 어렵다고 하여 숙박업허가 명의대여자에게 사용자책임을 물은 원심을 파기하였고, 대법원 1977. 7. 26. 선고 76다2289 판결에서는 수산물매매의 중개영업행위를 하도록 명의대여를 하였는데 명의차용자가 냉동명태를 거래한 행위에 대하여는 명의대여자의 책임을 부인하였고, 대법원 1998. 3. 24. 선고 97다55621 판결에서는 불법행위에 대하여는 상법 제24조의 명의대여자의 책임이 인정되지 않는다고 하였다.

B. 대법원 1994. 10. 25. 선고 94다24176 판결에서는 건설관계 사업의 경우, 사업명의를 타인에게 대여한 사람은 명의차용자의 불법행위로 인하여 타인에게 손해를 입게 하지 않도록 지휘, 감독하여야 할 의무와 책임을 부담하고 있다고 하였고, 대법원 2008. 10. 23. 선고 2008다46555 판결에서는 건설업 면허를 대여받은 자는 특별한 사정이 없는 한 그 면허를 사용하여 면허를 대여한 자의 명의로 하도급거래를 하는 것도 허락하였다고 봄이 상당하므로, 면허를 대여한 자를 영업의 주체로 오인한 하수급인에 대하여도 명의대여자로서의 책임을 지고, 명의를 대여받은 자를 대리 또는 대행한 자가 면허를 대여한 자의 명의로 하도급거래를 한 경우에도 마찬가지라고 보았으며, 대법원 1996. 5. 10. 선고 95다50462 판결에서는 채석사업자등록과 채석허가 및 화약

류 사용허가를 사용할 것을 허용하여 작업을 하게 한 경우, 명의차용자의 과실로 인하여 발생한 사건사고에 대하여 명의대여자는 손해배상하여야 한다고 보았다.

☞ Comment
화약류 사용허가 명의가 필요한 채석사업, 건설관계사업, 자동차운송사업과 같이 사업의 성질상 타인에게 위험을 미칠 우려가 큰 경우에는 국가 또는 공공단체의 허가 또는 면허를 필요로 하는 것에 비추어 본다면, 이러한 경우에는 명의를 빌린 자가 사업을 운용함에 있어서 타인에게 발생한 손해에 대하여 명의대여자의 책임을 폭넓게 인정하려는 것이고, 숙박업허가와 같은 경우에는 그 성질상 타인에게 미치는 위험이 적으므로 상대적으로 좁게 해석하는 경향이다. 그런데 명의대여자와 명의차용자 사이에 사실상 사용관계 즉 지휘감독관계가 존재한다면 명의대여자는 민법상 사용자배상책임도 부담한다. 즉 영업상 명의를 대여한 경우 명의대여자가 상법상 명의대여자의 책임을 부담하는 것은 당연하며, 지휘감독관계의 존재는 실제로 지휘감독하였느냐가 기준이 아니라 객관적으로 보아 지휘감독한 관계에 있는가를 기준으로 판단하여야 한다는 것에 주의하여야 한다.

(3) 명의대여자의 상인성

상법상 명의대여자의 책임은 외관을 작출한 것에 대한 책임을 묻는 것이므로 명의대여자는 상인일 필요가 없으며,[41] 판례[42]도 마찬가지로 보고 있다.

명의사용을 허락받은 자의 범위에 대하여는, 상인이 아닌 자에게 명의를 빌려준 자에게도 명의대여자의 책임을 인정하자고 보는 견해[43]도 있으나, 명의대여자의 책임은 명의차용자가 영업을 한다는 것을 전제로 하는 것이므로 상인으로 한정하는 것이 타당하다.[44] 비록 사용을 허락한 명의가 대여자의 성명 또는 상호와 동일한 것이 아니라고 하더라도 대여자의 명칭으로 인식될 수 있는 것이면 명의대여자의 책임이 적용되어야 한다.

41) 김성태, 283면; 이철송, 186면; 정찬형, 125면; 최준선, 147면.
42) 대법원 1987. 3. 24. 선고 85다카2219 판결.
43) 최준선, 147면.
44) 김성태, 284면; 이철송, 186면; 정찬형, 125면.

> **Q 상인이 아닌 인천직할시의 명의대여자 책임을 인정한 판례의 판단**
>
> 【대법원 1987. 3. 24. 선고 85다카2219 판결】
> 상법 제24조는 금반언의 법리 및 외관주의의 법리에 따라 타인에게 명의를 대여하여 영업을 하게 한 경우 그 명의대여자가 영업주인 줄로 알고 거래한 선의의 제3자를 보호하기 위하여 그 거래로 인하여 발생한 명의차용자의 채무에 대하여는 그 외관을 만드는 데에 원인을 제공한 명의대여자에게도 명의차용자와 같이 변제책임을 지우자는 것으로서 그 명의대여자가 상인이 아니거나, 명의차용자의 영업이 상행위가 아니라 하더라도 위 법리를 적용하는 데에 아무런 영향이 없다.

(4) 제3자의 선의

여기서의 제3자는 명의차용자와 영업상 거래를 한 직접상대방을 가리키며 전득자 등의 제3자는 보호대상이 아니라고 본다.[45] 제3자가 명의대여자를 영업주로 오인함에 과실이 있는 경우에 대하여는, 중과실은 법상 악의와 동일하게 다룬다는 점에서 중과실의 경우에는 보호대상이 아니라고 보는 것이 통설이며 판례[46]의 입장이다.

증명책임은 명의대여자가 부담한다. 즉 명의대여자가 상대방의 악의 또는 중과실을 입증하여야 한다.

(5) 책임의 범위

명의대여자는 자기를 영업주로 오인하여 거래한 제3자에 대하여 그 명의차용자와 연대하여 변제할 책임이 있다. 상법 24조에 의한 명의대여자와 명의차용자의 책임은 동일한 경제적 목적을 가진 채무로서 서로 중첩되는 부분에 관하여 일방의 채무가 변제 등으로 소멸하면 타방의 채무도 소멸하는 이른바 부진정연대의 관계에 있다.[47]

거래에서 직접 발생한 채무뿐만 아니라 채무불이행으로 인한 손해배상채무도 포함된다고 보아야 한다. 그러나 거래행위가 아닌 일반불법행위로 인한 경우

45) 이철송, 191면; 정찬형, 127면.
46) 대법원 1991. 11. 12. 선고 91다18309 판결.
47) 대법원 2011. 4. 14. 선고 2010다91886 판결.

에는 명의대여와는 인과관계가 없으므로 명의대여에 대한 신뢰관계를 이유로 하여 명의대여자에게 책임을 물을 수는 없다.[48]

명의대여자가 명의사용의 범위를 정한 경우에는 그 범위를 넘어선 거래의 경우에는 원칙적으로 책임을 지지 아니한다. 그런데 대여한 명의에서 객관적으로 추론되는 영업거래의 내용에 대하여만 책임을 진다고 보는 것이 판례[49]의 입장이다.

한편 명의차용자가 명의대여자의 이름으로 행한 어음행위의 경우에는 명의차용자가 영업과 관련하여 어음행위를 하였다면 상법상 명의대여자의 책임을 적용하여야 한다고 하는 견해[50]도 있으며 판례[51]도 동일한 입장에 있다. 그러나 이에 대하여 어음의 추상성으로 인하여 어음채무를 영업상의 채무로 보기 어렵고 원인채무는 영업상 채무로서 상법 24조의 적용대상이지만 어음채무는 영업거래로 직접 부담한 채무가 아니라고 반대하는 견해[52]도 있다. 한편 어음행위만을 위해 명의를 대여한 경우에 대하여 상법 24조를 적용 또는 유추적용하여야 한다고 보는 견해도 있으나,[53] 상법 24조는 영업을 전제로 하는 책임에 대한 것이므로 적절하지 않고 그와 같은 경우에는 어음행위의 대행·대리이론으로 해결하는 것이 합리적이다.[54]

(6) 상호의 양도와 명의대여자의 책임

상호는 영업을 폐지하거나 영업과 함께 양도할 수 있다(25조). 따라서 상호양도의 경우에는 상호양도의 등기가 있으면 제3자의 중과실이 인정될 것이므로 양도인의 책임이 발생하지 않으나, 공시가 없으면 제3자의 보호를 위하여 양도인의 책임을 인정하여야 한다.

---

48) 대법원 1998. 3. 24. 선고 97다55621 판결.

49) 대법원 1983. 3. 22. 선고 82다카1852 판결에서는 정미소의 상호사용을 허락하면서 부속건물을 포함한 모든 시설을 임대한 경우, 정미소영업이 아닌 부속건물의 임대로 인한 책임에 대하여는 명의대여자의 책임을 부정하였다. 학설도 이에 찬성한다. 이철송, 195면; 임홍근, 상법총칙(1986), 307면.

50) 정동윤, 85면; 정찬형, 129면; 최준선, 150면.

51) 대법원 1969. 3. 31. 선고 68다2270 판결.

52) 이기수·최병규, 168면; 이철송, 196면.

53) 정찬형, 129면.

54) 이기수·최병규, 168면; 이철송, 196면; 정동윤, 87면; 최준선, 150면.

사례형 연구

> [제1문]
> 1990년 서울특별시에 설립된 「B컴 주식회사」(X 회사)는 자본금이 6억원이고 2011년 매출이 30억원인 중소규모의 회사로서 전자제품의 도소매를 영업으로 하여 운영하고 있던 중 「주식회사 B콤」(Y 회사)이라는 상호의 회사가 자본금 8천억원 규모로 2008년 서울특별시에 설립되어 건강식품 및 영양제 제조판매업을 하면서 2011년 1조 3천억원의 매출을 거두었다는 사실을 알게 되었다. 이에 X 회사는 Y 회사에게 상호폐지 및 손해배상의 청구를 하고자 한다. 이러한 X 회사의 청구는 인용될 것인가?

Ⅰ. 문제의 소재

주식회사의 경우에는 상호는 반드시 등기할 사항이다(상법 제317조 제2항 제1호). 상호를 등기하여야만 회사의 존재를 인식할 수 있기 때문이다. 따라서 X 회사의 상호와 Y 회사의 상호는 모두 등기상호이다.

본 사례에서 X 회사가 Y 회사에 대하여 「주식회사 B콤」이라는 상호를 폐지할 것을 요구하고 그 상호의 사용을 이유로 발생한 손해에 대한 배상청구가 인용되기 위해서는 X 회사의 상호전용권이 인정되어야 한다. 이를 위해서는 먼저 상법 제23조 제1항의 위반이 있어야 한다.

또한 X 회사가 Y 회사의 상호와 유사한 상호를 사용하는 것으로 인식되어 X 회사가 마치 Y 회사의 명성에 무임승차하여 소비자를 기망한다는 오해를 받아 오히려 선사용자(先使用者)인 X 회사의 신용이 훼손되는 이른바 역혼동에 해당하는가의 여부를 살펴보아야 한다. 만약에 역혼동으로 인해 X 회사가 피해를 입었다면 이를 이유로 한 손해배상청구는 인용될 수 있다.

Ⅱ. X 회사의 상호전용권에 기한 상호폐지청구 및 손해배상청구의 인용 여부

1. 상호권의 개념

(1) 상호권의 의의와 종류

상호권이란 상인이 그의 상호에 관하여 가진 권리를 말한다. 그러한 권리는 법적 이익으로서 보호의 대상이 된다. 상호권은 상호사용권과 상호전용권으로 이루어져 있는데, 전자는 상인이 그의 상호를 타인으로부터 그 사용을 방해받지 않을 권리이며 후자는 타인이 동일 또는 유사한 상호를 부정하게 사용하는 것을 배척할 수 있는 권리를 의미한다.

(2) 상호권의 성질

상호권의 성질에 관하여 ① 인격권이라는 학설, ② 재산권으로 보는 학설, ③ 상호등기 전에는 인격권이지만, 등기 후에는 재산권 또는 재산권적 성질을 가진 인격권으로 보는 학설, ④ 등기의 전후를 불문하고 인격권적 성격을 가진 재산권으로 보는 학설 등이 있다. 생각건대, 상인은 상호의 사용에 관하여 경제적 이익을 가지고 상호양도가 가능한 재산권이지만, 상호는 상인의 영업상의 명칭으로서 이에 대한 침해는 인격권의 침해로 된다는 점에서 인격권적 성질도 가지고 있어 마지막 학설이 타당하다. 현재 인격권적 재산권설은 우리나라의 통설이다.

2. 상호권의 내용

(1) 특 징

상호를 보호하는 요건으로서 영미법은 사용주의의 입장에서 상호의 사용에 따라 보호하지만, 대륙법계에 속하는 국가에서는 대개 등록주의의 입장을 취하고 있어 상호는 등기 내지 등록된 경우에만 보호된다. 우리 상법은 영미법과 대륙법을 절충한 것으로 보인다. 그 이유는 우리나라에서는 상호의 등기여부와 상관없이 상호사용권과 상호전용권을 인정하면서도 등기를 한 경우에는 상호전용권에 의한 보호가 강화되기 때문이다.

(2) 상호사용권

상호사용권은 상호권자가 타인으로부터 방해받지 않고 상호를 사용할 수 있는 권리로서 이를 적극적 상호권이라고도 한다. 이는 등기여부를 불문하고 인정되는 권리이다.

(3) 상호전용권

(가) 의 의

누구든지 부정한 목적을 가지고 타인의 영업이라는 것으로 오인하게 하기 위해 상호를 사용할 수 없다(상법 제23조 제1항). 그러나 만약 타인이 부정한 목적을 가지고 자기의 상호와 동일 또는 유사한 상호를 사용하는 경우 상호권자가 그 사용을 배척할 수 있는데, 이렇게 배척할 수 있는 권리를 상호전용권이라 한다(상법 제23조 제2항). 상호전용권의 행사요건은 등기 전과 후에 있어서 차이가 있다.

(나) 등기 전의 상호전용권

미등기상호에 대한 상호전용권을 근거로 타인의 상호사용을 배척하기 위해서는 다음과 같은 요건을 갖추어야 한다. 첫째, 타인이 '부정한 목적'으로 기존의 상호를 사용하여야 한다. 부정한 목적은 기존의 상호가 가지고 있는 신용·경제적 가치를 자기의 영업에 이용하고자 하는 의도가 있어야 한다. 상호권자가 타인의 부정한 목적을 입증하여야 한다.

둘째, 영업주체의 동일성에 관하여 오인할 수 있는 상호를 사용하여야 한다. 즉, 타인의 상호는 상호권자의 영업으로 오인할 수 있는 것이어야 하며, 그러한 상호에는 상호권자의 상호와 완전히 동일한 상호뿐만 아니라 유사한 상호도 포함한다. 상호의 유사성에 대한 판단은 상거래계의 일반적 관념에 따른 객관적인 고려하에 이루어져야 한다. 그러나 상호권자(被冒用者)와 상호의 모용자(冒用者)의 영업이 반드시 동종(同種)일 필요는 없다.

셋째, 상호를 '사용'하여야 한다. 여기서 사용이라 함은 상호가 법률행위에 사용되는 경우만이 아니라, 사실행위에 사용되는 경우 — 예컨대, 간판, 광고, 서장, 상품 등에 표시하는 경우 — 를 포함한다.

넷째, 상호권자는 상호가 모용당함으로써 손해를 받을 염려가 있어야 한다. 따라서 현재 상호권자의 재산이나 인격적 불이익이 발생한 경우는 물론 장래에 발생할 염려가 있는 경우가 포함된다. 이에 관한 입증은 손해를 받을 염려가 있는 상호권자가 하여야 한다.

이상의 요건을 갖춘 경우에는 상호권자는 모용자에 대하여 그 상호의 폐지를 청구할 수 있다(상법 제23조 제2항). 상호폐지청구의 구체적 내용으로서는 현재와 장래의 상호사용의 금지청구가 있다. 법률행위에 있어서의 상호의 사용뿐만 아니라, 사실상의 사용까지 금지청구가 가능하다. 그리하여 간판의 철거와 상호등기의 말소 등의 청구가 가능하다. 이에 덧붙여서, 상호의 부정사용으로 인하여 손해를 입은 경우에 상호권자는 손해배상을 청구할 수도 있다(상법 제23조 제3항). 그리고 상법 제23조 제1항에 위반하여 타인의 상호를 부정하게 사용한 자는 200만원 이하의 과태료의 처벌을 받는다(상법 제28조).

(다) 등기 후의 상호전용권

상호를 등기한 경우 이른바 등기독점력(登記獨占力)이 발생하며, 상호전용권의 행사의 요건이 완화된다. 첫째, 등기상호의 등기독점력에 의해 타인은 동일한 특별시·광역시·시·군에서 동종의 영업을 위하여 이미 등기한 것과 동일한 상호를 등기할 수 없다(상법 제22조). 동일한 상호뿐만 아니라 등기한 상호와 확연히 구별할 수 없는 것도 등기가 금지된다(비송사건절차법 제164조). 여기서 말하는 동종의 영업에 해당하는가에 관해서는 그것이 등기배척의 여부에 관한 문제인 이상 실질적인 판단으로는 할 수 없고, 형식적 판단에 의존할 수밖에 없다. 말하자면, 실제적인 상인이 행하는 영업으로부터 판단되는 것은 아니고 등기부의 기재로부터 판단한다. 동종의 영업의 판단은 자연인인 경우 등기사항인 영업의 종류, 회사의 경우에는 등기사항인 회사의 목적을 기준으로 한다. 비교의 대상이 되는 회사의 목적이 완전히 일치하지 않아도 일방의 영업목적이 다른 상대방의 그것을 포함하거나 그 주요부분에 있어서 동일한 한, 영업은 동종의 것으로 이해하는 것이 바람직하다.

다만, 여기에는 2가지 예외가 있다. 먼저 행정구역이 변경된 결과 동종영업에 대하여 동일한 상호가 동일지역 내에 양립하는 경우에도 등기는 인정된다. 그리고 본점소재지에서의 상호등기가 적법하다면 지점소재지에서의 상호등기는 인정된다. 후자의 경우에는 이미 등기된 상호와 구별하기 위하여 지점의 표시를 부기하는 것이 요구된다.

둘째, 등기상호권자는 부정한 목적으로 자신의 상호를 사용하는 자에 대하여 손해를 받을 염려를 불문하고 상호사용의 폐지를 청구할 수 있다(상법 제23조 제2항).

셋째, 동일한 특별시·광역시·시·군에서 동종의 영업을 위하여 상호권자가 등기한 상호를 사용하는 타인은 부정한 목적으로 사용하는 것으로 추정한다(제23조 제4항). 이에 따라 입증책임이 전환되어, 타인이 스스로 부정한 목적이 없음을 증명하여야 한다.

3. 사안에 대한 적용

본 사안에서는 X 회사와 Y 회사의 상호는 모두 등기상호이다. X 회사에게는 상호사용권과 상호전용권이 인정된다. X 회사가 Y 회사를 상대로 상호폐지를 청구하는 근거는 X 회사의 상호전용권이다. X 회사의 상호가 등기되었다는 점에서 미등기상호보다 상호전용권의 행사요건이 완화된다. 따라서 X 회사는 손해발생의 유무를 불문하고 Y 회사를 상대로 상호폐지를 청구할 수 있으며, 후에 등기한 Y 회사는 X 회사가 이미 등기한 상호를 부정한 목적으로 사용하는 것으로 추정한다. 그러므로 Y 회사는 스스로 부정한 목적이 없음을 증명하지 못하면 책임을 면할 수 없다.

사안의 경우에는 Y 회사가 X 회사와 동일·유사한 상호를 사용하고 있는 사실은 인정되지만 Y 회사가 X 회사보다 규모, 명성 및 신용이 더 큰 회사라는 점에서 구태여 X 회사의 신용 또는 경제적 가치를 자신의 영업에 이용하고자 할 필요가 없고 X 회사와 Y 회사가 영위하고 있는 영업의 종류가 상이하다는 점을 고려할 때 Y 회사가 스스로 부정한 목적이 없다고 증명하는 것은 그다지 어렵지 않을 것이다. 그 결과 X 회사는 Y 회사의 부정한 목적에 의한 동일·유사 상호의 사용이 존재하지 않기 때문에 X 회사의 상호폐지청구 및 손해배상청구는 인용될 수 없을 것으로 판단된다.

Ⅲ. X 회사의 이른바 역혼동에 의한 손해배상청구의 인용여부

1. 이른바 역혼동의 개념

이른바 역혼동이라 함은 상호의 선사용자(先使用者)에 비하여 후사용자(後使用者)가 저명한 까닭에 선사용자의 상호가 오히려 후사용자의 그것으로 인식하는 혼동을 초래하는 경우를 말한다. 즉, 이 경우 '후사용자의 상호사용으로 인하여 마치 선사용자가 후사용자의 명성이나 소비자 신용에 편승하여 선사용자의 상품의 출처가 후사용자인 것처럼 소비자를 기망한다는 오해를 받아 선사용자의 신용이 훼손된 때'가 이른바 역혼동이라 하며, 그로 인한 피해에 대해서는 후사용자는 선사용자에 대하여 손해배상책임을 부담할 여지가 있다.[55] 이른바 역혼동의 근거조문으로서는 상법 제23조와 「부정경쟁방지 및 영업비밀보호에 관한 법률」 제2조 제1호 다목을 들 수 있다. 역혼동으로 인한 손해배상청구와 관련하여 인과관계 등에 대한 입증책임은 불법행위의 경우와 동일하므로 원고가 부담한다.

55) 대법원 2002. 2. 26. 선고 2001다73879 판결.

2. 사안에 대한 적용

사안에서는 X 회사와 Y 회사의 영업의 종류가 서로 다르고 사업규모와 영업방법 및 그 수요자층이 상이하다는 점에서 일반 수요자들이 X 회사와 Y 회사의 영업주체가 동일인으로 오인하기 어렵기 때문에 Y 회사의 상호사용으로 인하여 X 회사의 신용이 훼손되고 경제적 가치가 침해되었다고 볼 수 없다. 따라서 사안의 경우에는 이른바 역혼동에 해당되지 않으므로 X 회사의 Y 회사에 대한 손해배상청구는 인용될 수 없다.

Ⅳ. 사례의 해결

1. Y 회사는 X 회사와 동일·유사한 상호를 사용하고는 있지만 Y 회사가 X 회사보다 규모, 명성 및 신용이 더 클 뿐만 아니라 영업의 종류가 상이하므로 Y 회사에게 부정한 목적이 있다고 볼 수 없다. 따라서 X 회사의 상호전용권에 기한 상호폐지청구 및 손해배상청구는 인용될 수 없다.

2. X 회사의 영업이 Y 회사의 그것과 종류가 다르고 영업의 성질이나 규모 및 수요자층 등에서 밀접한 관련이 없기 때문에 이른바 역혼동에 해당하지 않는다. 따라서 X 회사의 역혼동을 이유로 한 손해배상청구는 인용될 수 없다.

[제2문]

Y는 1997년 甲地에서 '천국섬유'라는 상호로 사업자등록을 한 다음 각종 의류 등의 매매영업을 해 오다가, 1999년 위 상호를 '천국직물'로 변경하여 영업을 계속해오고 있다. Y의 친동생 B는 1999년 10월경부터 2004년 10월경까지 Y 소유인 乙地 지상 건물(甲地로부터 약 2.5km 떨어진 거리에 소재)에서 '천국직물' 상호를 이용하여 직물공장을 운영하였다. X는 B에게 원사를 공급하는 등의 거래를 하여 왔다.
B는 X와 거래할 당시 '천국직물'이라는 상호가 적힌 명함을 소지하고 다녔는데, 동 명함에는 천국직물의 전화번호가 기재되어 있으며, 당시 Y와 B가 각각 '큰 사장', '작은 사장'으로 불리기도 했다. X는 B와의 거래 과정에서 발생한 미지급 물품대금을 B 또는 Y로부터 수차례 변제받아 왔으며, 최종 잔금을 6천만원으로 정산하였다. X가 B와 거래하는 과정에서 실제 거래 주체가 Y가 아닌 B임을 알지 못하였으며, 더 나아가 그러한 정을 모른 데 대하여 중대한 과실이 없었다. 이에 X는 Y에 대하

여 상법상 명의대여자로서 B와 연대하여 자신에게 외상거래로 인한 물품대금의 최종잔금을 지급할 의무가 있다고 주장하는 경우, 이 주장은 적법한가?

Ⅰ. 문제의 소재

Y는 자기의 상호를 사용하여 B가 영업할 것을 허락한 것으로 보인다. B가 '천국직물'이라는 상호로 Y와 동종의 영업을 하였고 '천국직물'의 상호가 적힌 명함을 소지하였을 뿐만 아니라 '작은 사장'이라고 불릴 정도였기 때문에 적어도 거래통념상 Y의 영업으로 오인할 수 있는 명칭을 사용하는 경우에 해당한다. 이 경우에 Y가 상법 제24조에 규정한 명의대여자의 책임의 요건을 충족하는지에 관하여 살펴보아야 한다.

Ⅱ. 명의대여자의 책임발생요건

1. '명의'사용의 허락

명의대여자가 자기의 성명 또는 상호를 사용하여 명의차용자가 영업할 것을 허락하여야 한다. '명의'는 명의대여자가 개인인 경우에 성명 또는 상호이고, 회사인 경우에는 상호가 일반적이다. 더 나아가 거래통념상 명의대여자의 영업으로 오인할 수 있는 명칭을 사용하는 경우에도 명의대여자의 책임이 발생할 수 있다.

2. '영업'상의 사용

이 경우 명의대여자는 현실적으로 영업을 스스로 하지 않더라도 좋으며, 상인일 필요는 없다.[56] 자기의 영업을 폐지한 자도 명의대여자의 책임을 부담할 수 있다. 상법 제24조상에 따른 명의대여자의 책임이 외관에 대한 신뢰의 보호를 바탕으로 한다는 점에서 명의차용자가 상인인 경우에 한정할 필요가 없다는 견해가 있으나 수긍하기 어렵다. 상법 제24조는 명의차용자는 명의대여자의 명의를 사용하여 '영업'을 할 것이라고 규정하고 있으므로 명의차용자는 상인이어야 한다. 다만, 자기의 명칭을 사용한 영업의 허락이므로, 명의차용자가 실제로 그 명칭을 사용하여 영업을 하였는가는 불문한다.

---

56) 대법원 1987. 3. 24. 선고 85다카2219 판결.

3. 명의사용의 '허락'

명의의 '사용'은 명의대여자의 성명 또는 상호라는 외관을 부여하는 것으로 족하다. 사용의 '허락'은 명의대여자가 명시적 또는 묵시적으로 하여도 좋다. 예컨대, 명의대여자가 적극적으로 사용을 허락한 경우뿐만 아니라 명의차용자가 자기의 이름과 상호를 사용하여 영업을 하는 것을 알고 있으면서도 저지하지 아니하거나 묵인 또는 장기간 방치한 경우에는 묵시적 허락이 있는 것으로 본다.[57]

4. 제3자의 오인

명의차용자의 거래상대방인 제3자는 명의대여자를 영업주로 오인하여 거래하여야 한다. 즉, 제3자가 명의대여의 사실을 알지 못하여야 한다. 제3자가 명의대여자를 영업주로 오인함에 있어서 과실이 있는 경우에도 명의대여자에 대하여 명의대여자의 책임을 부담시키는지의 여부가 문제된다.

이에 관한 학설에는 제3자에게 과실이 있는 이상 보호되지 않는다는 견해(무과실요구설), 중과실이 아닌 한 보호한다는 견해(중과실면책설), 악의가 아닌 경우에는 보호한다는 견해(악의면책설) 등으로 나누어진다. 생각건대, 명의대여자의 책임은 외관신뢰를 보호하기 위한 제도이며, 중대한 과실과 악의가 동일하게 취급된다는 점을 고려할 때 명의대여자와 제3자의 이익균형을 위해서는 제3자의 오인으로 거래를 함에 있어서 중대한 과실이 있는 경우에는 명의대여자는 명의대여자의 책임을 면하게 되는 것으로 풀이하는 것이 타당하다. 판례의 입장도 이와 동일하다.[58] 책임을 면하려는 명의대여자가 제3자의 악의 또는 중과실을 입증하여야 한다.

Ⅲ. 명의대여자 책임의 성질과 범위

1. 책임의 성질

명의대여자는 명의차용자와 연대하여 제3자에 대하여 변제책임을 부담한다. 제3자는 명의대여자 또는 명의차용자 중에서 어느 자에 대하여도 그 거래로부터 발생한 채무에 대한 변제청구가 가능하다. 이들은 부진정연대채무의 관계

57) 대법원 1967. 10. 25. 선고 66다2362 판결; 대법원 1977. 7. 26. 선고 77다797 판결; 대법원 1982. 12. 28. 선고 82다카887 판결.
58) 대법원 1991. 11. 12. 선고 91다18309 판결; 대법원 2001. 4. 13. 선고 2000다10512 판결.

에 있다.

2. 책임의 범위

명의대여자가 명의차용자에게 명의의 사용을 허락한 경우 제3자에 대하여 어느 범위 내에서 책임을 부담하는가? 명의대여자는 명의차용자의 영업상의 거래와 관련하여 생긴 채무에 대하여 책임을 부담한다. 이는 원칙적으로 계약책임을 의미한다. 구체적으로는 거래로부터 직접 발생한 채무 이외에, 목적물에 관한 담보책임(민법 제570조 이하), 불이행에 의하여 발생한 손해배상책임, 계약해제에 따른 원상회복의무(민법 제548조) 등 영업거래에 따른 모든 책임을 포함한다. 다만, 불법행위로 인한 손해배상채무의 경우 그 성질상 외관의 신뢰와 손해 사이에 인과관계를 인정할 수 없으므로 명의대여자의 책임은 명의차용자의 불법행위에까지 미치지는 않는다.

Ⅳ. 사례의 해결

Y는 B가 명의를 사용하는 것을 알면서도 아무런 조치도 취하지 않았을 뿐 아니라 오히려 X와 B 사이에 이루어진 거래에 대하여 Y가 물품대급을 지급한 경우까지 있었다. 이처럼 Y는 B가 자기의 이름과 상호를 사용하여 영업을 하는 것을 알고 있으면서도 저지하지 아니하거나 묵인 또는 장기간 방치하였으므로 천국직물이라는 상호의 사용에 대하여 Y의 묵시적 허락이 있는 것으로 본다.[59] 제3자 X는 Y의 명의대여사실을 알았거나 모른 데 중대한 과실없이 Y를 영업주로 오인하여 거래하였다. 이에 Y는 상법 제24조에 의한 명의대여자의 책임발생 요건을 다 충족하였기 때문에 그 책임을 부담한다. 상법 제24조에 의한 명의대여자와 명의차용자 책임은 부진정연대의 관계에 있기 때문에 X는 Y와 B 중 어느 1인에 대한 청구뿐만 아니라 모든 채무자에 대하여 동시에 청구할 수 있으며, 만약 Y가 X에게 변제하는 경우 Y가 B의 채무를 대신하여 지불한 것으로 되므로 B에 대하여 그 전액을 구상할 수 있다. 따라서 Y는 B의 영업상의 거래와 관련하여 생긴 채무에 대하여 책임을 부담한다는 X의 주장은 적법하다.

59) 대법원 1967. 10. 25. 선고 66다2362 판결; 대법원 1977. 7. 26. 선고 77다797 판결; 대법원 1982. 12. 28. 선고 82다카887 판결.

제 4 절 상업장부(기업의 회계)

1. 기업회계의 중요성

(1) 기업경영자의 책임

기업의 회계는 출자자에게는 이윤획득여부에 대한 기준이 되고, 채권자에게는 채권의 회수가능성의 지표가 되는 것이며 조세부과의 근거가 된다는 점에서 매우 중요한 의미가 있다. 따라서 상법과 회계관련법률에서는 정확한 기업회계를 요구하기 위하여 각종 회계서류를 작성하여 공시하도록 하고 있으며,[60] 부당한 회계정보제공자에게는 분식회계(粉飾會計)로 인한 책임을 추궁하고 있다. 대법원은 "주식회사의 대표이사가 회사수익금의 일부를 빼돌려 비자금을 조성하면서 주주 전체의 동의를 얻었다 하더라도 회사에 대해서는 배임죄가 성립한다"[61]고 하고 있다.

(2) 회계감사인의 법적 책임

기업회계의 투명성을 위하여 기업회계를 담당하는 회계감사인의 역할증대가 요구되고 있고, 투자자들도 회계감사의 부실에 대한 손해배상책임 소송을 제기하는 사례가 증가하고 있다. 대법원은 "주식거래에 있어서 대상기업의 재무상태는 주가를 형성하는 가장 중요한 요인의 하나이고, 대상기업의 재무제표에 대한 외부감사인의 회계감사를 거쳐 작성된 감사보고서는 대상기업의 정확한 재무상태를 드러내는 가장 객관적인 자료로서 일반투자자에게 제공·공표되어 그 주가형성에 결정적인 영향을 미치는 것이므로, 주식투자를 하는 일반투자가로서는 그 대상기업의 재무상태를 가장 잘 나타내는 감사보고서가 정당하게 작성되어 공표된 것으로 믿고 주가가 당연히 그에 바탕을 두고 형성되었으리라는 생각 아래 대상기업의 주식을 거래한 것으로 보아야 한다"고 판결하

---

60) 주식회사의 외부감사에 관한 법률(외감법)과 상법에서는 회사의 감사보고서 및 재무제표 등 서류의 공시와 관련된 많은 규정들을 가지고 있다. 감사보고서의 작성(외감법 7조의2)·제출(동법 8조 1항)·비치 및 공시(동법 14조)가 이루어지고, 재무제표의 제출에 관하여는 외감법 7조와 상법 447조의3에서, 상법 448조에서는 재무제표 등의 비치 공시 및 재무제표 등의 승인 공고에 대하여, 자본시장법에서도 재무제표의 제출(자본시장법 160조)에 대하여 규정하고 있다.

61) 대법원 1998. 1. 24. 선고 97도2528 판결.

여[62] 부실감사를 한 회계법인의 일반투자자에 대한 손해배상책임을 인정하고, 그 배상해야 할 손해액은 주식을 매수한 원고에게 분식결산 및 부실감사로 인하여 상실하게 된 주가상당액으로 정한 바 있다.

2. 상법 29조 2항의 입법취지

상법이 제정된 후 오랜 논의 끝에 1984년 개정상법에 29조 2항이 신설되게 되는데, 상법상의 모든 회계의 준칙을 가리키는 포괄적인 규정으로 상업장부의 작성준칙을 마련하고자 하는 취지도 있었지만 주식회사 및 유한회사의 재무제표의 작성에 적용하기 위한 의도도 컸다.[63] 29조 2항 신설의 세부적인 이유로는 다음의 것들이 알려져 있다. 첫째, 회계관련 사항을 상법에 모두 규정하는 것은 입법적으로 적절하지 못하므로 중요한 사항만을 상법에 규정하고, 그 이외는 회계관행에 따르도록 하는 것이 바람직하다. 둘째, 상법상의 회계와의 기업회계간에 괴리가 발생하는 것은 바람직하지 못하므로 그 괴리를 해소하여 양자를 가급적 일치시킬 필요가 있다. 셋째, 29조 2항 입법 이전에도 상업장부를 작성함에 있어서는 거래계(업계)의 관행 내지 회계관습 또는 회계의 이론과 부기의 관행에 따라야 한다는 규범이 있었는데,[64] 29조 2항의 신설을 통해 기존에 난립하고 있던 기업회계원칙 및 재무부 고시에 의하여 제정된 제무제표규칙 등에 산재하는 회계규칙 및 회계처리기준은 기업회계기준으로 흡수통합되어 기업회계법제를 일원화하자는 의도가 반영되어 있다.[65]

3. 상업장부의 의의

(1) 의 의

기업은 영리적인 존재이므로 정기적으로 또는 수시로 기업활동의 이익 여

62) 대법원 1997. 9. 12. 선고 96다41991 판결.
63) 손주찬, "상업장부에 관한 특색(하)," 「사법행정」 제25권 제6호(한국사법행정학회, 1984), 59-60면.
64) 손주찬, 앞의 논문, 59면.
65) 왕순모, "「공정·타당한 회계관행」의 법적 의의 — 일본법제와의 비교검토 —," 「상사판례연구」 제13집(한국상사판례학회, 2002), 85-86면.

부와 재산상태를 파악하여야 할 필요가 있는데, 이는 합리적인 기업경영을 위한 기초가 되기 때문이다. 이러한 목적을 이루기 위하여 상법에서는 상업장부제도가 마련되어 있다. 상업장부는 고대 그리스에서부터 그 기원을 찾으나, 본격적인 상업장부의 발달은 은행업의 발달과 그 시기를 같이 한다.

상업장부는 상인이 그 영업상의 재산 및 손익의 상황을 명백히 하기 위하여 상법상의 의무로서 작성하는 장부를 말하는데, 현행법상 회계장부와 대차대조표의 2가지 종류가 있다. 상업장부 외에 상법상의 의무로서 작성하는 장부로는 주주명부(352조), 사채원부(488조), 주주총회의사록(373조), 중개인일기장(97조 1항) 등이 있으나, 이것들은 재산 및 손익의 상황을 나타내는 것은 아니므로 상업장부는 아니다.

한편 물적회사인 주식회사와 유한회사의 경우 재무제표를 작성하여야 하는데, 대차대조표, 손익계산서, 자본변동표 또는 이익잉여금 처분계산서(또는 결손금 처리계산서)가 그것이다(447조).[66] 또한 별도의 영업보고서도 작성하여 주주총회에 보고하여야 하는데(447조의2, 449조 2항),[67] 이는 영업에 관한 사항을 기재하는 것이고 회계적인 내용이 포함된 것도 아니어서 재무제표도 아니고 상업장부도 아니다.

(2) 상인이 상법상 의무로 작성

상업장부는 상인이 상법상 의무로 작성하는 장부이므로, 소상인이 작성하는 장부는 상법상 상업장부가 아니다(9조). 상인이 상업장부를 작성하지 않는 경우에 대하여 불이익을 주거나 벌칙을 정한 규정은 없다. 그러나 회사의 경우에는 부실기재와 관련하여 이사의 손해배상책임이 발생할 수 있고(399조, 401조), 벌칙이 적용될 수 있다(635조 1항 9호).

상업장부의 규제와 관련하여서는 인적회사에 비하여 물적회사인 주식회사와 유한회사에 대하여는 엄중한 회계감독을 하고 있으며(447조, 579조 내지 583조 등), 상장회사의 경우에는 상법의 적용 외에 자본시장법에 의하여 더 철저한 회계정보의 공개가 요구되고 있다(자본시장법 160조 이하). 그리고 일정한 규모 이상

66) 유한회사의 경우는 579조에 근거한다.
67) 유한회사의 경우는 579조의2 및 583조에 근거한다.

의 대규모 공개회사[68]에 있어서는 「주식회사의 외부감사에 관한 법률(외감법)」에 의하여 공인회계사에 의한 외부감사를 의무적으로 받아야 하고(외감법 2조), 회계처리기준은 금융위원회가 증권선물위원회의 심의를 거쳐 정하고(외감법 13조), 위반행위에 대해서는 무거운 벌칙을 정하고 있다. 그리고 상장법인과 대규모기업집단에 속한 기업에 대하여는 외부감사인선임위원회의 설치를 의무화하고(외감법 4조) 있다.

4. 상업장부의 종류

(1) 종 류

상업장부는 회계장부와 대차대조표 2가지가 있다. 1984년 상법 개정 전에는 일기장(日記帳), 재산목록, 대차대조표의 3가지가 상업장부이었으나, 일기장을 회계장부로 이름을 고치고 회계장부를 기초로 대차대조표를 작성하는 유도법(誘導法)에 의하는 기업현실에 맞추면서(30조 2항) 상업장부는 회계장부와 대차대조표[69]의 2종으로 축소되었다. 그리고 상업장부는 소상인을 제외한 모든 상인에게 적용되지만, 재무제표는 주식회사와 유한회사에만 적용된다(447조 이하, 579조 이하).

(2) 재무제표

재무제표라 함은 주식회사와 유한회사에 있어서 매 결산기에 이사가 작성하여 이사회의 승인을 얻어 감사에게 제출하고, 주주(사원)총회의 승인을 거쳐 본점 및 지점에 비치·공시하여야 하는 서류로서, 대차대조표, 손익계산서, 자본변동표 또는 이익잉여금 처분계산서(또는 결손금처리계산서)를 가리킨다(447조, 447조의3, 448조, 449조, 579조, 상법시행령 16조).[70] 따라서 재무제표는 대체적으로 상업

68) 2009년 개정으로 직전 사업연도말 자산총액이 100억 이상인 회사가 기본적인 적용대상이다(외감법 시행령 2조 참조).

69) 기업회계기준에서는 대차대조표를 '재무상태표'라고 부르고 있고(일반기업회계기준 2.4), 상법에서 일반적으로 공정·타당한 회계관행을 따르도록 하고 있으며 이는 기업회계기준으로 이해하므로 이제는 대차대조표를 '재무상태표'로 부르는 것이 정확하다고 보는 견해도 있다. 이철송, 200면.

70) 2011년 상법이 개정되어 재무제표는 대차대조표와 손익계산서 그리고 자본변동표와 이익잉여금 처분계산서(또는 결손금 처리계산서) 중 하나(선택)이다(447조, 상법 시행령 16조).

장부보다 넓은 개념이라고 할 수 있는데, 양자를 비교하여 보면 다음과 같다.

작성시기와 관련하여 본다면, 상업장부 중 회계장부는 거래 또는 재산변동이 있을 때마다 수시로 작성하고, 대차대조표는 영업을 개시할 때, 매년 일정시기 즉 결산기에, 그리고 회사성립시에 이를 작성하지만(30조 2항), 재무제표는 회사결산기에 작성한다.

재무제표는 영업보고와 이익배당 내지 손실처리를 위하여 즉 이해관계인의 보호를 위하여 상법이 규정하는 것이고, 상업장부는 회계처리의 획일성을 통하여 감독이 용이하고 또 회계처리의 통상적인 방법을 제시함으로써 상인 개인의 이익을 위하여 둔 제도이다.

상업장부의 일종인 회계장부는 재무제표는 아니지만, 대차대조표는 유도법에 따라서 회계장부에 의해 작성되고(30조 2항), 손익계산서도 회계장부에 기초를 두고 작성되는 것이므로 회계장부는 재무제표 작성의 기초가 된다.

(3) 회계장부

(가) 의의 및 종류

회계장부는 상인이 영업상의 재산 및 손익의 상황을 명백히 하기 위하여 거래와 기타 영업상의 재산에 영향이 있는 사항을 기재하는 장부(30조 1항)로서 대차대조표를 작성하는 기초가 된다. 그러나 '대차대조표'처럼 특정한 명칭을 가진 장부가 아니라, 거래와 기타 재산에 영향을 미치는 사항을 기재한 장부가 있으면 그것이 바로 회계장부가 된다. 일반적으로 회계장부에는 고유한 의미의 회계장부[71]와 재산목록적 회계장부가 있다.

(나) 기재사항·기재방법 및 시기

회계장부에 기재되는 것은 거래와 기타 영업상의 재산에 영향이 있는 모든 사항이므로(30조 1항) 법률행위뿐만 아니라 화재·도난 등으로 인한 손해 등도 그 내용과 금액을 기재하여야 하며, 그러한 사항이 발생할 때마다 기재하여야 한다.

다만 외감법 2조에 따른 외부감사대상회사의 경우에는 자본변동표와 이익잉여금처분계산서(혹은 결손금처리계산서) 모두를 작성해야 하고 현금흐름표 및 주석(註釋)도 작성해야 한다(상법 시행령 16조).

71) 이는 1984년 개정 상법 이전의 일기장에 해당된다고 할 수 있다.

회계장부의 기재방법은 일반적으로 공정·타당한 회계관행에 의하여 한다(29조 2항). 일반적으로 공정·타당한 회계관행이라 함은 기업회계기준을 의미한다.[72] 한편 제정주체가 한국회계기준원(외감법 시행령 7조의2 1항)인 회계처리기준은 '주식회사의 외부감사에 관한 법률'에 의거하여 금융위원회가 증권선물위원회의 심의를 거쳐 정하는데(외감법 13조), 기업회계기준의 중요한 부분을 차지한다.

개정이 용이하지 못한 상법에 회계에 관한 자세한 실무적인 내용을 담는 것이 현실적으로 불가능하고 비효율적이므로 상법은 상업장부의 작성의무(29조 1항), 작성시기(29조 2항), 상법장부의 작성(30조)·제출(32조)·보존(33조) 등의 기본적인 회계처리원칙에 관하여만 규정하고 있고, 자세한 작성방법 및 기준은 거래계의 회계관행에 맡겨두었다. 이러한 상법의 태도는 상법의 미비라고 하기보다는 회계라는 분야에 대한 특성을 법이 존중한 결과라고 보아야 한다. 또한 장부의 기재방법 등은 상인들의 보편적이고 통상적인 방법을 존중할 필요가 있기 때문이다. 따라서 회계분야에 있어서는 '일반적으로 공정·타당한 회계관행'은 법의 규범력을 지닌다.

(4) 대차대조표

(가) 의의 및 종류

대차대조표는 기업의 재정상태를 명백히 하기 위하여 일정한 시점의 자산·부채 및 자본을 일람표시한 것이다. 즉 일정한 시점에 있어서의 상인의 총재산을 각각 자산·부채 및 자본의 부(部)로 분류하여 기재하고 현재 소유하는 재산액과 소유하고 있어야 할 재산액을 대조하여 상인의 재산상황 또는 손익계산을 일목요연하게 하는 장부이다.

대차대조표의 종류는 작성시점에 따라서 크게 통상대차대조표와 비상대차대조표로 나누고 전자는 다시 개업대차대조표와 결산대차대조표로 후자는 청산대차대조표와 해산대차대조표로 나뉜다.

(나) 작성시기 및 작성방법

상인은 영업을 개시한 때(개업대차대조표)와 매년 1회 이상 일정한 시기에,

---

72) 송옥렬, 67면; 이철송, 208면; 정찬형, 131면; 최준선, 176면.

회사는 성립한 때와 매결산기(결산대차대조표)에 회계장부에 의하여 대차대조표를 작성하여야 하고 작성자가 기명날인 또는 서명하여야 한다(30조 2항).

자산은 차변(借邊)에, 자본과 부채는 대변(貸邊)에 구분하여 기재하여, 자산이 자본과 부채합계액보다 크면 그 차액은 이익으로 대변에, 작으면 손실로 차변에 기재하여 양변을 일치시켜 현재의 재산상태를 파악하는 것이다. 그러나 대차대조표는 일정시점에서의 재산상황밖에는 보여주지 못하므로, 기간손익을 파악하려면 별도로 손익계산서를 작성하여야 한다. 따라서 주식회사와 유한회사는 손익계산서를 작성하도록 함으로써 기간손익을 명확히 하도록 하고 있다(447조, 579조).

상법상 대차대조표는 회계장부를 기초로 작성하도록 되어 있다(30조 2항). 그러나 그 기재방식이나 방식에 관해서는 규정하는 바가 없기 때문에,[73] 일반적으로 공정·타당한 회계관행(29조 2항)에 의하여 작성하면 된다. 상법 29조 2항은 상업장부의 작성방법으로 되어 있으나, 그 입법취지는 주식회사 및 유한회사의 재무제표의 작성에는 물론이고 상법상의 모든 회계의 준칙을 가리키는 포괄적인 규정이다.

회계실무에서는 대차대조표를 복식부기로 작성한다. 즉 항상 차변과 대변의 양쪽에 동일한 금액을 기장(記帳)하는 이중기입의 방법으로 작성한다.[74] 복식부기에서는 상인의 영업활동 전체를 회계단위로서의 기업으로 파악하고, 그 거래를 계속적·조직적으로 기장함으로써 일상의 재산 및 경영의 관리에 기여할 뿐만 아니라, 일정한 간격을 단위로 장부를 결산하여 각종의 일람표(재무제표)를 작성하고, 이를 통하여 기업의 경제적 상태를 파악할 수 있도록 해 준다. 특히 대차대조표(balance sheet: B/S)는 일정 '시점'에서의 자산, 부채 및 자본의 상태 즉 기업의 재정상태를 보여주고, 손익계산서(profit & loss statement: P/L)는 일정 '기간' 동안의 수익과 비용의 내용 즉 기업의 경영성과를 보여준다는 점에서 차이가 있다.

---

73) 대차대조표의 작성방식에는 계정식(計定式)과 보고식(報告式)이 있으며 계정식이 흔히 이용된다.

74) 참고로 기본적인 방식은 다음과 같다. 자산(assets) = 부채(타인자본, liabilities) + 자본(자기자본, capital or owner's equity)이고, 이익(profit) = 수익(revenue) - 비용(expense)으로 표시된다. 그러면 자산(차변) = (대변) 부채 + 자본 + (수익 - 비용) → 자산 + 비용 = 부채 + 자본 + 수익이 되므로 차변과 대변은 동일한 값을 가진다.

5. 상업장부의 작성 · 공시 · 보존 · 제출

(1) 상업장부의 확정절차

개인상인의 상업장부는 작성과 동시에 확정되며, 별도의 공시절차가 없다.

물적회사의 경우에는 이사회의 승인, 감사(監事)의 감사(監査), 주주 · 사원총회의 승인을 얻어야 한다(447조, 447조의3, 449조 1항, 579조 2항, 583조). 외감법의 적용을 받는 대규모 주식회사는 외부감사인에 의한 감사가 의무화되어 있다(외감법 2조). 인적회사에 대하여는 상법상 직접적인 규정이 없지만, 통상적인 업무집행절차(즉 총사원 또는 업무집행사원의 과반수의 결의)에 따라 하여야 한다(200조, 201조, 269조).

(2) 상업장부의 공시

이해관계인의 보호를 위하여 상법상 공시제도가 마련되어 있다. 물적회사에서는 주주총회 또는 사원총회가 개최될 때 주주, 사원 및 회사채권자의 열람을 위하여 재무제표를 비치 · 공시하도록 하고 있다(448조, 449조 2항, 579조의3). 그리고 소수주주(사원)는 회계장부를 열람할 수 있다(466조, 581조 1항).

(3) 보존기간

상법장부와 영업에 관한 중요한 서류는 10년간 보존하여야 하고(33조 1항 본문), 다만 전표 또는 이와 유사한 서류는 5년간 보존하면 된다(33조 1항 단서). 그리고 보존방법도 마이크로필름 기타의 전산정보처리조직에 의하여 할 수 있다(33조 3항). 회사의 경우 회계장부와 그 영업 및 청산에 관한 중요한 서류는 본점소재지에서 청산종결의 등기[75]를 한 후 10년간 이를 보존하여야 하고, 전표 또는 이와 유사한 서류는 5년간 보존하면 된다(266조, 269조, 541조, 613조 1항).

상업장부 및 기타 서류를 보관하는 이유는 상업장부의 내용과 관련된 법률관계의 분쟁에 대비하여 증거를 보전하기 위함이다. 그런데 상사소멸시효는 5년임에 반해서 상업장부를 10년간 보존할 필요가 있는가 하는 의문이 생긴다. 이러한 점을 반영하여 전표와 같은 서류는 5년으로 보존기간을 단축한 것으로

75) 임의청산의 경우에는 해산등기 후, 기타의 경우에는 청산등기 후로 보면 될 것이다.

보인다. 따라서 상업장부의 경우에도 보존절차의 간소화 및 보존비용의 감소 등을 위해서 5년으로 단축하는 것을 검토할 필요가 있다.

(4) 상업장부제출의 특칙

법원은 당사자의 신청이나 법원의 직권으로 소송당사자에게 상업장부 또는 그 일부분의 제출을 명할 수 있다(32조).

6. 상업장부작성 등과 관련된 상법상 의무위반에 대한 제재

개인상인의 경우에는 상법장부 작성의무 위반에 대하여 상법상 별 제재가 없다. 그러나 회사의 경우 주식회사나 유한회사의 이사가 작성의무를 게을리한 경우에는 회사에 대하여 손해배상책임을 지며(399조, 401조, 567조), 그것이 악의·중과실로 인한 것이면 제3자에 대해서도 손해배상책임을 진다(401조). 그 밖에도 이사·업무집행사원·감사뿐만 아니라, 검사인·청산인·지배인 등도 상업장부의 불기재·부실기재에 대한 과태료의 제재가 있다(635조 1항 9호).

제 5 절 상업등기(기업의 공시)

1. 의의 및 적용범위

상업등기는 상법의 규정에 의하여 상업등기부에 하는 등기 및 전산정보처리조직에 의한 등기(34조, 34조의2)를 말하며, 상법이 요청하는 공시주의의 대표적인 제도이다. 상업등기는 중세 이태리의 상인단체원명부에서 유래되었다고 알려지고, 1861년 일반 독일상법전(ADHGB)에서 근대적인 상업등기제도가 마련되었다.

기업의 정보 중에는 영업비밀과 같이 기밀의 유지가 필수적인 부분도 있지만, 이해관계인의 보호와 거래의 안정을 위하여 상업등기제도를 통하여 기업의 기본적인 내용에 관하여 공시할 필요성도 있다. 공시하는 방법에는 일정한 정보를 이해관계인에게 직접 전달하는 직접적 공시와 정보수요자의 지배영역까지 공시내용을 전달하지 않고 정보접근이 가능한 상태에 두는 간접적 공시가 있다.

직접적 공시방법의 예로는 영업양수시 채무불인수의 통지(42조 2항), 주주에 대한 주주총회소집통지(363조 1항), 주식인수를 하고자 하는 자에게 주식청약서를 교부하는 것(302조 1항) 등이다. 상업등기는 간접적 공시방법 중의 하나이며, 이 외에도 채무인수의 광고(44조), 공시최고(144조), 무기명주주에 대한 주주총회소집공고(363조 3항), 회사의 주주명부·사채원부·주주총회의사록·감사보고서·재무제표를 본·지점에 비치하고 이해관계인이 열람하게 하는 것(396조, 448조) 등이 있다. 다만 상업등기제도는 소상인에게는 적용되지 아니한다(9조).

2. 종　　류

상업등기부에는 상호·무능력자·법정대리인·지배인·합명회사·합자회사·주식회사·유한회사 및 외국회사 등 9종[76]의 등기부가 있다. 상법의 규정에 따라 하는 등기라도 선박등기와 같이 특별법[77]에 의하여 하는 것은 상업등기가 아니며, 민법상 인정되는 부동산등기도 상업등기가 아니다.

3. 등기사항

상업등기제도를 운영함에 있어서는 어떠한 내용을 공시할 것인가를 결정하는 것이 가장 중요한데, 그 기준으로는 이해관계인의 보호를 위한 상세함과 상인의 기밀 유지라고 하는 2가지에 있어 이익의 조화가 필요하다.

(1) 절대적 등기사항과 상대적 등기사항

절대적 등기사항은 반드시 등기하여야 할 사항이며, 상대적(임의적) 등기사항은 등기 여부가 당사자의 임의에 달려 있는 것을 말한다. 대부분이 절대적 등기사항이고, 상대적 등기사항은 드문데 개인상인의 상호등기가 이에 속한다.

개인상인의 경우는 상호를 등기하지 않는 경우에 선의의 제3자에게 대항할 수 없다는 불이익을 받는 데 지나지 않으며 상호 여부는 자유이다. 예컨대 지배

---

76) 상법상 유한책임회사가 새로 도입되고 등기사항(287조의5)도 있으므로 상업등기법에서 유한책임회사등기부가 도입될 것이다.

77) 즉 선박등기법 8조 4항, 상호보험회사의 등기(보험업법 47조)도 상업등기가 아니다.

인선임등기를 게을리하였다고 해서 제재를 받는 일은 없으나 선의의 제3자에게 대항하지 못한다(37조 1항). 그러나 회사의 경우에는 반드시 상호를 등기하여야 하므로 절대적 등기사항이 된다.

주의하여야 할 점은 상대적 등기사항이라고 하더라도 일단 등기한 이후에는 그 변경·소멸에 관하여는 지체 없이 변경·소멸등기를 하여야 하므로 절대적 등기사항과 같은 입장에 있게 된다(40조).

(2) 설정적 등기사항과 면책적(해소적) 등기사항

설정적 등기사항은 등기의 내용이 일정한 법률관계를 창설(설정)하는 내용인 것을 말하며, 면책적 등기사항은 법률관계의 해소 내지 면책을 담고 있는 사항이다. 그러나 모든 설정적 등기사항이 법률관계의 창설을 의미하지는 않는다.[78] 즉 회사의 설립등기(172조)에 의해서는 법률관계가 창설되는 효력이 발생하지만, 지배인의 선임등기(13조)는 창설적 효력은 없다. 이런 점에서 설정적 등기사항과 창설적 등기사항을 구별할 수 있다.

면책적 등기사항은 지배인의 해임·상호의 폐지·회사의 해산·사원의 퇴사(225조) 등의 등기가 그 예이다. 현실적으로는 설정적 등기사항보다는 면책적 등기사항의 실익이 더 크다.

(3) 선언적 등기사항

지배인의 선임이나 개인상인의 상호의 선정과 같이 이미 유효하게 성립한 법률관계의 선언을 위한 등기사항을 말한다.[79]

(4) 지점의 등기

본점의 소재지에서 등기할 사항은 상법에 다른 규정이 없으면 지점의 소재지에서도 등기하여야 한다. 즉 본점 소재지에서 등기할 사항(즉 절대적 등기사항)은, 다른 규정이 없으면,[80] 지점 소재지에서도 등기함을 원칙으로 한다(35조).

---

78) 이기수·최병규, 206면.
79) 김성태, 319면; 정동윤, 95면.
80) 예컨대 지배인은 본점 또는 지점 즉 영업소별로 둘 수 있으므로, 수개의 영업소에서 지배인의 선·해임은 해당 본·지점에서만 등기하면 된다(13조).

이를 등기하지 않으면 그 지점거래에 한해서는 선의의 제3자에게 대항하지 못한다(38조).

4. 등기절차

(1) 당사자의 신청

상업등기는 당사자의 신청에 의하여(신청주의) 등기공무원이 등기소에 비치된 상업등기부에 등기사항을 기입함으로써 이루어진다(34조, 40조). 관할등기소는 등기신청자의 영업소의 소재지를 관할하는 지방법원·그 지원 또는 등기소가 된다(상업등기법 3조 1항).

회사의 경우 등기의무를 위반한 때에는 500만원 이하의 과태료(635조 1항 1호) 또는 등록세의 배액에 상당한 과태료(636조 1항: 등기 전의 회사명의의 영업시)에 처해지는 등의 규제가 가해진다. 그러나 개인상인의 경우에는 별다른 제재가 없다.

(2) 등기공무원의 심사권

등기공무원(등기관)은 상업등기의 신청에 대하여 심사하여 신청이 상법 또는 상업등기법의 규정에 적합하지 않을 때에는 이유를 기재한 결정으로써 각하하여야 한다(상업등기법 27조). 그런데 등기관이 당사자의 등기신청에 대한 심사범위에 대하여 법에 규정이 없으므로 이에 관해서는 이하와 같이 견해가 나누어진다.

(가) 형식적 심사주의

등기공무원은 관할의 문제, 등기사항인지의 여부, 신청권한 유무, 구비서류 등의 형식적 요건만을 심사하면 되고, 등기신청사항의 진실성까지 조사할 권한과 의무는 없다고 하는 입장이다. 그 근거로서는 등기내용에 대하여 공신력이 인정되지 않는다는 점과 공신력이 진실성을 조사하기에는 시간과 비용의 지출 및 절차의 지연으로 인하여 어렵다는 것이다.[81] 대법원이 이 같은 입장을 취하고 있다.[82]

---

81) 김성태, 323면.
82) 대법원 2008. 12. 15.자 2007마1154 결정.

(나) 실질적 심사주의

등기공무원은 신청의 형식적 요건뿐만 아니라 그 사항의 진실성까지 조사할 권한과 의무를 진다는 것이다. 왜냐하면 등기제도의 목적이 일반거래대중을 보호하려는 것이므로 등기내용이 형식요건뿐 아니라 실체적으로도 진실에 부합하여야 하기 때문이라고 한다.

(다) 절충주의

형식적 심사주의과 실질적 심사주의는 어느 쪽도 적절하지 않다고 보고 절충적 입장에 서있는 2가지 견해가 있다. 등기관은 기본적으로 실질심사를 하여야 하지만, 등기사항의 진실성에 현저한 의문이 없는 경우에도 실체적 진실을 이유로 등기절차를 지연시키는 것은 직권남용이라고 보는 수정실질적 심사주의[83]와 원칙적으로 형식주의에 의하여야 하지만 등기신청사항의 진실성을 의심할 만한 사유가 있는 경우에는 실질심사를 하여야 한다는 수정형식적 심사주의[84]가 있다.

(라) 검 토

실질적 심사주의를 채택한다면 등기절차가 지연될 우려가 있다. 즉, 실질적 심사주의는 상업등기가 많이 이용되는 현실을 고려할 때 기존보다 등기관을 대폭적으로 증원해야 하는 부담이 발생할 뿐만 아니라, 실질적 심사주의를 취한다고 하더라도 부실등기를 완전히 봉쇄하여 일반대중을 철저하게 보호할 수 있게 된다는 보장이 없다. 따라서 형식주의적인 입장을 기본으로 하되 가급적이면 진실한 객관적 사실을 공시하기 위해서는 등기신청사항의 실질적 진실성에 대하여 현저한 의문이 있는 경우에 한하여 이를 조사할 권한과 의무가 있다는 절충적인 견해가 바람직하다.

5. 상업등기의 공시

상업등기는 누구든지 정보가 필요한 자가 수수료를 납부하고 상업등기부를 열람하고 등본의 교부를 청구할 수 있다(개별적 공시).[85]

---

83) 정찬형, 149면; 최준선, 185면.

84) 이기수·최병규, 208면; 이철송, 219면; 정동윤, 97면.

85) 구상법에서는 상업등기가 부동산등기부 등과 달리 일반 다수인의 이해관계에 영향을 미친

6. 상업등기의 효력

(1) 일반적 효력

등기할 사항은 등기하지 아니하면 선의의 제3자에게 대항하지 못하고, 등기 후에는 선의의 제3자에게도 대항할 수 있는데(37조 1항), 이를 상업등기의 일반적 효력이라고 한다. 여기에서 등기할 사항이라 함은 절대적 등기사항은 물론이고 상대적 등기사항도 포함하는 것으로 본다(통설).

(가) 등기 전의 효력

등기의무자는 등기 전에는 등기할 사항을 가지고 선의의 제3자에게 대항하지 못한다(소극적 공시주의). 예를 들어 지배인의 해임과 대리권이 소멸된 사실을 등기(13조)하지 않은 경우에 해임된 지배인과 거래한 선의의 제3자에 대하여 무권대리임을 주장하여 책임을 면하지 못한다는 것이다.[86] 여기에서 제3자는 직접상대방에 한하지 않는다. 그리고 경과실은 선의에 준해서, 중과실은 악의에 준해서 처리하는 것이 일반적인 견해이다.

여기에서 선의라고 하는 것은 등기사항의 존재를 알지 못한 것을 말하며, 등기여부를 알지 못함을 이르는 것은 아니다. 그리고 선의와 악의의 기준은 거래 당시를 기준으로 판단하여야 하며, 그 입증책임은 제3자의 악의를 주장하는 자가 부담한다.

대항하지 못한다는 의미는 등기의무자가 선의의 제3자에게 등기사항을 주장할 수 없다는 의미이므로, 거래상대방인 제3자가 등기사항을 주장할 수 있음은 물론이다.

(나) 등기 후의 효력

등기할 사항은 등기 후에는 악의의 제3자는 물론 선의의 제3자에게도 대항할 수 있다(37조 1항의 반대해석, 적극적 공시주의). 즉 등기 후에는 제3자의 악의가 의제된다. 다만 등기 후에도 제3자가 정당한 사유로 인하여 등기를 알지 못한 경우에는 당사자는 그 등기사항으로써 이에 대항하지 못한다(37조 2항). 여기에

다는 것을 고려하여 상업등기의 공시방법 중의 하나로 공고제도를 규정하고 있었다(구상법 36조). 법원에 의하여 등기사항이 지체 없이 공고되도록 하는 이 제도는 1995년 상법개정시에 폐지되었다.

86) 단, 상호의 양도는 등기하지 않으면 제3자가 악의인 경우에도 대항하지 못한다(25조 2항).

서의 정당한 사유는 천재지변 기타 객관적 사정으로 인하여 등기부를 열람할 수 없게 된 사유를 말하고, 신병(身病)·장기 해외체류 등의 주관적인 사정은 여기에 포함되지 않는다고 본다(통설).

(다) 일반적 효력의 적용범위

상업등기의 일반적 효력은 등기 전후를 기준으로 하여 구별되는데, 등기 전에는 제3자의 보호에, 등기 후에는 등기상인의 보호에 중점을 두고 있다.[87] 상업등기의 일반적 효력이 인정되기 위해서는 등기사실이 존재해야 하며, 이러한 사실이 존재하지 않는 경우에는 등기가 있어도 제3자의 선의·악의를 불문하고 등기의 효력은 발생하지 아니한다(등기에 공신력이 없기 때문). 또한 등기를 함으로써 비로소 그러한 효력이 발생하게 되는 창설적(설정적) 등기사항의 경우에는 등기가 없으면 법률관계 자체가 존재하지 않으므로 등기의 일반적 효력의 법리가 적용되지 않는다.

상업등기는 외관주의에 따라 거래의 안전을 위한 것이므로 거래관계에 대해서만 적용되는 것이고 불법행위와 같은 비거래관계에는 적용되지 아니한다고 보는 견해[88](소극설)가 있는가 하면, 회사의 불법행위능력이 인정되므로 거래관계에 국한되지 아니한다고 보는 견해[89](적극설)가 있다. 또한 원칙적으로 소극설의 입장이지만 예외적으로 거래관계와 불가피한 관계에는[90] 비거래관계에도 적용되어야 한다고 보는 견해[91](제한적 적극설)도 있다. 제한적 적극설에서는 예외적으로 적용대상에 포함시켜야 하는 비거래관계의 전형적 형태가 거래행위적 불법행위라고 하면서, 이 같은 사기적 거래에 있어서는 등기여부가 거래 상대방인 제3자의 신뢰형성에 영향을 줄 수 있다는 이유에서 적용을 긍정하고 있다.[92] 원칙적으로는 불법행위와 같은 비거래관계에서는 상업등기 규정으로 보호해야 할 제3자의 신뢰를 인정하기 어렵지만, 사기계약과 같은 거래적 불법행위의 경우에는 등기여부가 제3자에 미친 영향을 고려하여 상업등기 규정의 적용여부를 신중히 판단할 필요가 있다.

---

87) 이철송, 222면; 최준선, 186면.
88) 이철송, 226면; 정찬형, 153면.
89) 정희철, 상법학(상), 1989, 122면.
90) 그 예로 드는 것이 해임된 지배인이 지배인임을 사칭하여 제3자에게 상품을 편취한 경우 제3자는 영업주에 대하여 불법행위로 인한 손해배상책임을 물을 수 있다고 본다.
91) 손주찬, 201면; 최준선, 189면.
92) 송옥렬, 70면.

한편 소송행위에 대하여도 37조가 적용되는지에 관하여 논란이 있는데, 아직 대리권소멸등기가 되어 있지 아니한 상태에서 이루어진 소송행위도 유효한 것으로 보아야 할 것이다.[93)]

(2) 특수적 효력

일반적 효력은 등기 전후를 기준으로 하여 인정되는 효력인 반면, 등기의 종류별로 인정되는 등기 자체의 효력을 특수적 효력이라고 하는데, 다음의 3가지가 있다.

(가) 창설적 효력

등기에 의하여 새로운 법률관계가 형성되는 경우를 말한다. 예를 들어 회사의 설립등기에 의해 회사설립이 이루어진다거나(172조), 합병등기에 의한 회사합병(233조, 234조)이 되는 경우 등이다. 그러나 지배인의 선임등기는 등기를 하여야만 지배인이 되는 것은 아니기 때문에 여기에서 말하는 창설적 등기가 아니다.

(나) 보완적 효력

등기의 전제가 되는 법률사실에 존재하는 하자가 등기에 의하여 치유(보완)되어 그 하자를 주장할 수 없게 되는 경우를 말한다. 예를 들어 설립등기에 의하여 회사가 성립한 후에는 주식을 인수한 자는 주식청약서의 요건의 흠결을 이유로 하여 그 인수의 무효를 주장하거나 사기, 강박 또는 착오를 이유로 하여 그 인수를 취소하지 못하는(320조 1항) 경우를 들 수 있다.

(다) 부수적 효력

등기가 어떤 행위의 허용 또는 면책의 기준의 되는 경우가 있다. 예를 들어 합명회사(225조 1항), 합자회사(269조)의 사원은 퇴사등기시로부터 2년, 해산등기(267조 1항)시로부터 5년이 경과하면 그 책임이 소멸하고, 회사는 성립 즉 설립등기 후 비로소 주권을 발행할 수 있는(355조 2항) 경우를 말한다.

(3) 상업등기의 사실상의 추정력

상업등기의 대상인 사실에 대하여 분쟁이 있는 경우 등기된 사항이 진실하다는 사실상의 추정을 받게 되지만, 법률상의 추정력은 없으므로 입증책임을

---

93) 이철송, 227면; 정찬형, 154면; 최준선, 189면.

전환시키는 효력은 발생하지 않는다고 보는 것이 통설과 판례의 입장이다. 등기사항에 대하여 등기공무원에게 형식적 심사권만 있다고 보는 경우에는 법률상의 추정력을 부인할 수밖에 없다.

(4) 부실등기의 효력

(가) 공신력과 부실등기의 효력

상업등기에는 이미 존재하는 사실관계를 공시하는 것에 일정한 대항력(사실상의 추정력)을 인정하지만, 사실관계에 관계없이 등기를 신뢰한 자에게 등기한 대로의 효력을 부여하는 이른바 공신력은 없다. 상업등기에 대하여 공신력을 인정하지 않는 이유는 등기가 사실과 부합하지 않거나 등기의 기초가 되는 사실이 존재하지 않으면 아무런 효력이 발생하지 않는다고 보기 때문이다.

그러나 이 원칙을 관철한다면 일반대중의 이익이 침해받을 우려가 있다. 즉 등기가 사실과 일치하지 않는 경우에 그러한 외관을 믿고서 거래한 제3자의 이익 보호가 문제된다. 이 같은 문제점을 해결하기 위하여 상법은 고의 또는 과실로 부실등기한 자가 선의의 제3자에게 등기의 상위로 대항할 수 없도록 한 것이다(39조). 그런데 이러한 부실등기에 관한 39조에 대하여, 공신력문제와는 상관없이 부실한 외관을 창출한 데 대한 책임추궁을 하는 외관주의의 표현이라고 보는 견해[94]가 있고, 등기의무자에게 일정한 귀책사유가 있는 경우 한정적으로 공신력을 인정한 규정으로 보는 견해[95]가 있다. 이러한 견해들이 39조의 적용이나 결론 도출에 있어 차이가 없으므로 논의의 실익은 크지 않다고 본다. 다만 부실등기에 관한 39조는 외관주의 구조(외관의 존재, 부여, 신뢰)를 갖추었다고 보는 데 어려움이 없으므로 굳이 공신력의 문제와 연결하여 설명할 필요는 없다고 생각한다.

(나) 39조의 적용요건

1) 사실과 상위한 등기

등기사항의 전부 또는 일부에 대하여 사실과 상위한 등기가 있는 경우 선의의 제3자는 등기된 사실을 주장할 수 있다.

---

94) 이철송, 232면; 최준선, 194면. 송옥렬, 74면.
95) 김성태, 337면; 정찬형, 156면. 이러한 의미로 해석하면 전혀 공신력을 인정하고 있지 않는 부동산등기제도보다는 상업등기제도가 진일보한 내용을 담고 있다고 평가할 수 있다.

사실과의 상위여부는 등기할 당시를 기준으로 한다. 따라서 등기시점에는 사실과 부합하였으나 그 후의 사정변경으로 인하여 상위하게 된 경우에는 상법 39조의 특칙이 적용되지 않는다. 예를 들어 지배인의 변경을 등기하지 않고 있다가 등기부상의 지배인을 진정한 지배인으로 믿고 거래한 제3자에게 대하여는 37조 1항이 적용된다.96)

한편 이사 선임의 주주총회결의에 대한 취소판결이 확정된 경우 그 결의에 의해 이사로 선임된 이사들에 의하여 구성된 이사회에서 선정된 대표이사는 소급하여 그 자격을 상실하고, 그 대표이사가 이사 선임의 주주총회결의에 대한 취소판결이 확정되기 전에 한 행위는 대표권이 없는 자가 한 행위로서 무효가 된다. 그러나 소급하여 무효가 된다고 하더라도 그 선임결의가 취소되는 대표이사와 거래한 상대방은 상법 39조의 유추적용에 의해 보호된다고 보는 것이 판례의 입장이다.97) 즉 처음부터 고의로 잘못 등기한 것이 아니라고 하더라도 위와 같은 경우 당초 부실한 등기로 보아 39조를 적용하는 것이 판례의 입장이며, 따라서 선임결의의 하자를 알지 못한 상태에서 무효·취소판결이 있기 전까지 거래한 선의의 제3자는 39조에 의하여 거래의 유효를 주장할 수 있다. 그런데 위의 경우에 선임결의가 취소된 후에 새로운 대표이사의 등기를 게을리한 경우에는 등기할 사항을 등기하지 아니한 것이므로 37조가 적용된다고 보는 견해98)가 있다.

Q 취소되는 주주총회결의에 의하여 이사로 선임된 대표이사가 마친 이사 선임 등기가 상법 제39조 소정의 부실등기에 해당하는지 여부에 대한 법원의 판단

【대법원 2004. 2. 27.자 2002다19797 결정】

【판시사항】

[1] 이사 선임의 주주총회결의에 대한 취소판결이 확정된 경우, 위 결의로 선임된 이

96) 대법원 1968. 7. 31. 선고 68다1500 판결에서는 대표이사 선임결의가 취소된 경우에 그 선임등기의 말소를 해태한 경우에 선의의 제3자에 대한 회사의 책임을 인정하였다.

97) 대법원 2004. 2. 27. 선고 2002다19797 판결.

98) 이철송, 233면에서는 37조 1항과 39조의 차이점에 대하여 전자는 등기를 게을리한 소극적 오류에 대하여, 후자는 등기를 잘못한 적극적 오류에 대한 비난이라고 보고 있다. 예컨대 상인이 지배인 A를 해임한 후에 등기를 게을리하여 A를 지배인으로 믿고 거래한 자는 37조 1항에 의해 거래의 유효를 주장할 수 있고, A가 지배인인데 상인이 잘못하여 B를 지배인으로 등기한 경우 B를 지배인으로 알고 거래한 자는 39조에 의해 거래의 유효를 주장할 수 있다는 것이다.

사들에 의해 선정된 대표이사의 자격(=소급 상실) 및 그 취소판결이 확정되기 전에 대표이사가 한 행위의 효력(=무효)
[2] 취소되는 주주총회결의에 의하여 이사로 선임된 대표이사가 마친 이사 선임 등기가 상법 제39조 소정의 부실등기에 해당하는지 여부(적극)
[3] 이사 선임의 주주총회결의에 대한 취소판결이 확정된 경우, 상법 제39조에 의하여 회사의 부실등기책임을 인정한 사례
【판결요지】
[1] 이사 선임의 주주총회결의에 대한 취소판결이 확정된 경우 그 결의에 의하여 이사로 선임된 이사들에 의하여 구성된 이사회에서 선정된 대표이사는 소급하여 그 자격을 상실하고, 그 대표이사가 이사 선임의 주주총회결의에 대한 취소판결이 확정되기 전에 한 행위는 대표권이 없는 자가 한 행위로서 무효가 된다.
[2] 이사 선임의 주주총회결의에 대한 취소판결이 확정되어 그 결의가 소급하여 무효가 된다고 하더라도 그 선임 결의가 취소되는 대표이사와 거래한 상대방은 상법 제39조의 적용 내지 유추적용에 의하여 보호될 수 있으며, 주식회사의 법인등기의 경우 회사는 대표자를 통하여 등기를 신청하지만 등기신청권자는 회사 자체이므로 취소되는 주주총회결의에 의하여 이사로 선임된 대표이사가 마친 이사 선임 등기는 상법 제39조의 부실등기에 해당된다.
[3] 이사 선임의 주주총회결의에 대한 취소판결이 확정된 경우, 상법 제39조에 의하여 회사의 부실등기책임을 인정한 사례.
【참조조문】
[1] 상법 제190조, 제376조 / [2] 상법 제39조, 제376조 / [3] 상법 제39조, 제376조
【참조판례】
[2] 대법원 1974. 2. 12. 선고 73다1070 판결[99]

2) 등기신청인의 고의·과실

상법 39조에 의해서 상업등기의 제한적인 공신력이 발생하기 위해서는 부진정한 등기를 함에 있어서 등기신청인에게 고의·과실의 귀책사유가 있어야 한다.

고의라 함은 사실이 아님을 알면서 부실등기를 하는 것이고, 과실은 부주의로 사실이 아님을 알지 못하고 등기를 하는 경우를 말한다. 고의와 과실은 등기

99) 대법원 1974. 2. 12. 선고 73다1070 판결에서도 “주식회사의 대표이사로 선임되어 등기된 자를 제3자가 회사의 적법한 대표이사로 믿고 거래를 한 후에 이사들을 선임한 주주총회의 결의부존재확인판결이 확정된 경우에 회사는 선의의 제3자에게 거래의 효력을 부인할 수 없다”고 하고 있다.

신청인 본인뿐만 아니라 대리인의 고의·과실도 포함하며, 등기신청인이 회사인 경우에는 대표기관을 기준으로 판단하여야 한다.[100)]

고의·과실로 적극적으로 사실과 상위한 사항을 등기한 경우뿐만 아니라, 제3자의 허위등기가 이루어진 사실을 후에 알게 된 경우와 같이, 등기신청인이 사실과 등기가 상위함을 알고서도 시정조치를 게을리한 경우에도 39조를 유추적용하여야 한다고 보는 것이 다수의 견해[101)]이다. 그러면 과실로 알지 못하고 방치한 경우에도 39조를 적용할 수 있는가? 39조가 과실에 의한 부실등기책임을 묻는 것이므로 소극적으로 방치하는 것에 관한 과실에 대한 비난을 완화할 이유가 없고 따라서 과실로 알지 못하고 방치한 경우에도 39조를 적용하여야 한다고 보는 견해[102)]가 있는가 하면, 타인의 허위신청으로 발생한 부실등기에 대한 시정의무를 등기신청인에게 부과할 수 없기 때문에 제3자의 허위등기에 등기신청권자의 고의·중과실이 개입되었거나 이와 유사하게 허위등기임을 알고서도 등기신청권자가 고의 또는 중과실로 방치한 경우에만 책임을 부담하여야 한다고 보는 견해[103)]도 있다.

이에 대하여 판례는 제3자가 허위의 등기신청을 하는 것을 방지하지 못한 데 대해 본인의 과실이 인정된다 하더라도, 제3자의 행위로 인하여 잘못 등기된 사항을 알고서도 방치한 것이 아니라면 39조를 적용하기 어렵다고 함으로써 귀책사유의 범위를 좁게 해석하였다.[104)] 다시 말하면 제3자에 의해 이루어진 허위등기를 알고 방치한 경우에는 39조를 적용하여 책임을 인정하지만, 과실로 방치한 경우에는 39조를 적용하지 않는다는 것이다.[105)] 최근의 판례도 이에 대하여 분명하게 밝히고 있지 않지만 판지에 큰 변화가 감지되지는 않는다. 또한 중과실에 의한 방치의 경우에도 39조를 적용할 수 없다고 보아야 한다.[106)] 이 같은 해석이 판례가 등기신청권자의 고의 또는 과실로 부실등기를 한 것과 동일시할

---

100) 대법원 1971. 2. 23. 선고 70다1361 판결; 대법원 1981. 1. 27. 선고 79다1618 판결.

101) 김성태, 340면; 손주찬, 189면; 정찬형, 159면.

102) 이철송, 234면.

103) 최준선, 195면.

104) 이렇게 본다면 39조의 경우에는 경과실을 제외하고 있는 듯이 보이는데, 37조 1항의 경우에는 과실과 선의를 동일시하고 있는 점에서 상이하다. 물론 37조에서의 선의·과실의 판단대상은 제3자이고, 39조에서 이야기하는 (경)과실의 제외는 등기신청인의 귀책사유와 관련된 것이다.

105) 대법원 1975. 5. 27. 선고 74다1366 판결.

106) 송옥렬, 76면.

수 있는 특별한 사정이 있는 경우에 39조에 의한 부실등기 책임을 물을 수 있다고 한 취지와도 부합한다.[107] 이는 등기신청자의 고의나 과실에 의한 부실등기와 동일시할 수 있는 특별한 사정으로 평가하기 위해서는 최소한 등기의무자가 부실등기 사실은 알고 있어야 하기 때문이다.

Q 등기신청자의 고의 또는 과실에 의한 부실등기와 동일시 할 정도의 특별한 사정에 대하여 생각하여 보자.

【대법원 2008. 7. 24. 선고 2006다24100 판결】

【판시사항】

[1] 등기신청권자가 스스로 등기를 하지 아니하였음에도 상법 제39조에 의한 부실등기 책임을 부담하는 경우

[2] 회사의 상당한 지분을 가진 주주가 허위의 주주총회결의 등의 외관을 만들어 불실등기를 마친 경우, 회사에 상법 제39조에 의한 불실등기 책임을 물을 수 있는지 여부(원칙적 소극)

【판결요지】

[1] 등기신청권자에 대하여 상법 제39조에 의한 불실등기(부실등기) 책임을 묻기 위하여는 원칙적으로 그 등기가 등기신청권자에 의하여 마쳐진 것임을 요하지만, 등기신청권자가 스스로 등기를 하지 아니하였다 하더라도 그 등기가 이루어지는 데 관여하거나 그 불실등기의 존재를 알고 있음에도 이를 시정하지 않고 방치하는 등 등기신청권자의 고의 또는 과실로 불실등기를 한 것과 동일시할 수 있는 특별한 사정이 있는 경우에는 그 등기신청권자에 대하여 상법 제39조에 의한 불실등기 책임을 물을 수 있다.

[2] 등기신청권자 아닌 사람이 주주총회의사록 및 이사회의사록 등을 허위로 작성하여 주주총회결의 및 이사회결의 등의 외관을 만들고 이에 터잡아 대표이사 선임등기를 마친 경우에는, 주주총회의 개최와 결의가 존재는 하지만 무효 또는 취소사유가 있는 경우와는 달리, 그 대표이사 선임에 관한 주식회사 내부의 의사결정은 존재하지 아니하여 등기신청권자인 회사가 그 등기가 이루어지는 데 관여할 수 없었을 것이므로, 달리 회사의 적법한 대표이사가 그 불실등기가 이루어지는 것에 협조·묵인하는 등의 방법으로 관여하였다거나 회사가 그 불실등기의 존재를 알고 있음에도 시정하지 않고 방치하는 등 이를 회사의 고의 또는 과실로 불실등기를 한 것과 동일시할 수 있는 특별한 사정이 없는 한, 회사에 대하여 상법 제39조에 의한 불실등기 책임을 물을 수 없고, 이 경우 위와 같이 허위의 주주총회결의 등의 외관을 만들어 불실등기를

107) 대법원 2008. 7. 24. 선고 2006다24100 판결.

마친 사람이 회사의 상당한 지분을 가진 주주라고 하더라도 그러한 사정만으로는 회사의 고의 또는 과실로 불실등기를 한 것과 동일시할 수는 없다.

【사실관계】

원심이 제1심판결을 인용하여 적법하게 확정한 사실에 의하면, 원고 회사는 당초 소외 1과 소외 2가 50 : 50으로 원고 회사에 대한 지분을 보유하기로 하고 설립한 주식회사로서, 당초 원고 회사의 주주명부에는 소외 2의 아들인 소외 3이 30%, 소외 2의 딸인 소외 4가 20%를 각 보유하고, 소외 1이 20%, 소외 1의 자부인 소외 5가 30%의 지분을 각 보유하고 있는 것으로 기재되어 있었고, 설립 당시 소외 1의 자부인 소외 5가 원고 회사의 대표이사로 선임되어 그 선임등기가 마쳐진 사실, 소외 2는 2002. 9. 13. 원고 회사의 주주명부를 변조하고 개최하지도 않은 임시주주총회의 의사록을 허위로 작성하여 소외 6을 대표이사로 선임하는 주주총회결의의 외관을 현출시키고 이에 기하여 소외 6의 대표이사 선임등기를 마친 사실, 위 주주총회결의에 대하여는 2004. 6. 29. 서울중앙지방법원 2003가합70220호로 부존재확인판결이 선고되고 그 무렵 위 판결은 확정된 사실, 피고는 위 주주총회결의 부존재확인판결이 내려지기 전인 2002. 10. 7.경 원고 회사의 대표이사로 자처하는 소외 6과 사이에 원고 회사 소유의 부동산에 관하여 채무자를 원고 회사, 채권자를 피고로 하는 근저당권설정계약을 체결하고 그에 기하여 근저당권설정등기를 경료한 후 원고 회사에 대한 대출금 명목으로 소외 6에게 2,000만 원을 교부한 사실 등을 알 수 있다. 앞에서 본 법리와 위 사실관계에 비추어 살펴보면, 소외 6을 원고 회사의 대표이사로 선임하는 데 대한 원고 회사의 주주총회결의 또는 이사회결의와 같은 내부 의사결정은 전혀 존재하지 아니하였고, 원고 회사의 적법한 대표이사가 소외 2의 위와 같은 행위에 관여하거나 소외 6의 대표이사 선임등기의 존재를 알고도 이를 묵인·방치하였다고 인정할 만한 자료를 찾아볼 수 없는 이 사건에서, 소외 2가 그 아들, 딸을 통하여 원고 회사 발행 주식의 50%에 상당하는 권리를 행사할 수 있었다는 사정만으로는 사실과 다른 소외 6의 대표이사 선임등기를 원고 회사가 한 등기와 동일시할 수 있는 특별한 사정이 있다고 보아 원고 회사가 소외 6과 피고와 사이에 체결된 근저당권설정계약에 대하여 상법 제39조에 의한 불실등기 책임을 져야 한다고 할 수는 없다.

3) 제3자의 선의

상법 39조에 의한 등기의무자의 대항을 저지하기 위해서는 제3자가 선의이어야 한다. 즉 등기내용이 사실과 다름을 알지 못하였어야 하며 그에 관한 과실은 묻지 않지만, 중과실이 있는 제3자는 제3자의 범위에서 제외하는 것이 다수의 견해이다.

4) 입증책임

등기에 의하여 외관이 형성되었으므로 입증책임은 등기신청인 및 부실등기임을 주장하는 자에게 돌아간다. 즉 등기신청인이 자신에게 고의·과실이 없었다는 점 또는 제3자의 악의를 입증하여야 한다.

● 사례형 연구

> 총자산 100억원 규모의 초대형 주점(酒店)을 경영하는 개인상인 A는 甲과 乙에게 언제나 공동으로만 지배권을 행사하도록 하였다. A의 동생인 B는 육안으로는 구분할 수 없을 정도로 정교하게 마치 자신이 A인 것처럼 신분증을 위조한 후 다른 서류를 갖추어서 甲과 제3자인 丙을 공동지배인으로 하는 등기를 Y지방법원 등기소에 신청하였으며, 동 등기소의 등기공무원 C는 B의 신청에 따라 등기하였다.
> (1) C가 B의 신청에 따라 수행한 등기는 각각 적법한가?
> (2) A는 B가 甲과 丙을 공동지배인으로 등기한 사실을 알면서도 이를 경정(更正)하지 않고 방치하였다. 이 경우 甲과 丙이 공동으로 제3자인 丁과 계약을 체결하였고 丁은 甲과 乙이 공동지배인이라고 선의로 믿었다면 A는 그 계약에 대하여 이행책임을 부담하는가?

Ⅰ. 문제의 소재

A가 개인상인이기는 하지만 자산의 규모가 1천만원을 초과한다는 점에서 완전상인이며, 따라서 그의 공동지배인의 선임사항은 상업등기사항이다(상법 12조, 13조). 본 사례는 상업등기와 관련하여 등기공무원(등기관)의 심사권의 범위와 부실등기의 효력에 관한 사안으로 구성되어 있다. 먼저 설문 (1)에서는 등기공무원의 심사권의 범위가 어디까지 미치는지를 살펴보아야 한다. 이를 위하여 상업등기의 의의와 등기사항과 등기공무원의 심사권이 형식적 심사에 머무르는지 아니면 실질적 심사까지 하여야 하는지를 검토하여야 한다.

그리고 설문 (2)에서는 상법 제39조의 적용요건에 관련된 문제이다. 특히 등기신청인(등기의무자)의 과실로 인하여 부실등기를 방치하게 된 경우에도 등기신청인이 부실등기에 대하여 책임을 부담하는지가 관건이다.

Ⅱ. 설문 (1)에 대하여

1. 상업등기의 의의 및 등기사항

(1) 상업등기의 의의

상법의 규정에 의하여 상업등기부에 하는 등기를 말하며(상법 제34조), 상인의 기업에 관한 사항을 공시하는 것을 주된 목적으로 한다. 상업등기부에는 상호등기부·미성년자등기부·법정대리인등기부·지배인등기부·합명회사등기부·합자회사등기부·주식회사등기부·유한회사등기부·외국회사등기부의 9가지가 있다.

(2) 상업등기사항

등기사항은 다양한 기준에 따라서 여러 가지로 분류할 수 있다. 우선 등기주체에 따라 분류하면 상인일반에 관한 사항, 개인상인에 관한 사항 및 회사에 관한 사항으로 나눌 수 있다. 이 중에서 상인일반에 관한 사항의 대표적인 예로서는 상호의 선정과 지배인의 선임을 들 수 있다.

등기의무유무에 따라서는 절대적 등기사항과 상대적(임의적) 등기사항으로 나눌 수 있다. 전자는 반드시 등기하여야 할 사항으로서 그 대표적인 예로서는 지배인의 선임과 회사설립 등이 있다. 후자는 상인이 스스로의 의사에 따라서 등기의 여부를 결정할 수 있는 사항을 의미하는데, 이에는 자연인 상인의 상호가 이에 속한다.

등기의 효력을 기준으로 설정적(창설적) 등기사항과 면책적(해소적) 등기사항으로 분류된다. 전자는 등기를 함으로써 법률관계를 설정(창설)시키는 사항으로서 지배인의 선임(상법 제10조)과 상호의 선정(상법 제22조) 등이 이에 속한다. 후자에는 등기를 함으로써 기존의 법률관계가 소멸되는 경우로서 지배인의 해임등기(상법 제13조)가 이에 속한다.

2. 등기공무원(등기관)의 심사권

(1) 서 언

상업등기는 당사자가 등기신청에 요구되는 방식과 절차에 따라 신청하고 이에 등기공무원은 등기의 신청이 적법하지 않다고 인정되는 때에는 그 이유를 기재한 결정으로써 각하하여야 한다. 이 경우에 등기공무원이 그 신청의 적법여부와 관련하여 어느 범위까지 심사할 수 있는지에 관하여서는 명시적인 법규정이 없으며, 학자들의 견해는 나누어져 있다.

(2) 학 설

(가) 형식적 심사주의

등기공무원은 등기관할권이 있는지의 유무, 법정등기사항인지의 여부, 신청인이 적법한 신청자격을 가졌는지 또는 신청서류가 적법하게 구비되었는지 등 형식적 적법성만을 심사할 수 있다는 견해이다. 그 근거로서는 ① 등기공무원은 판사와는 구별되는 단순한 기록관에 지나지 않기 때문에 신청사항의 진실 여부에 관해 심사하는 것이 그 임무가 아니며, 또한 그것이 사실상 불가능하다는 점, ② 등기는 진실된 사실을 기재하기보다는 신청된 내용을 기재하는 것이라는 점, ③ 실질적 심사주의를 따를 경우 등기가 지연될 우려가 있다는 점, ④ 등기내용에 대하여 공신력이 부여되지 않으므로 그 실체적 실질적인 진실성까지 심사하게 할 필요가 없다는 점을 들고 있다.

(나) 실질적 심사주의

등기공무원은 형식적 요건은 물론이고 신청사항의 실질적 진실성까지 조사할 권리와 의무를 가진다는 입장이다. 이 견해의 근거로서 ① 등기제도는 거래상대방과 일반공중에 대하여 객관적 사항을 알려서 불측의 손해를 방지하자는 것을 그 목적으로 하므로 가급적이면 진실을 공시하여야 하며, ② 법원은 "직권으로 사실의 탐지와 필요하다고 인정하는 증거의 조사를 하여야 한다"는 비송사건절차법 제11조의 규정은 상업등기의 심사에도 적용된다는 점 등이 제시되어 있다.

(다) 절충주의

형식적 심사주의와 실질적 심사주의를 수정한 절충적인 견해로서 이는 다시 등기관은 형식적 심사를 할 의무를 부담하지만 등기사항의 진실성에 대하여 의심할 사정이 있을 때에는 그 진실성을 심사할 의무와 권한이 있다는 입장과 실질적 심사주의를 기본으로 하되 진실성에 의문이 없다면 그러한 심사를 할 권한도 의무도 없다는 견해로 나누어진다. 이상의 입장을 준별할 수 있는 차이점은 발견되지 않는다.

(3) 판　　례

대법원 판례는 등기공무원의 심사권의 범위와 관련하여 형식적 심사주의를 취하고 있기 때문에 상업등기에도 동일한 입장에 있는 것으로 이해된다.[108)]

(4) 검　　토

등기업무는 법률전문가가 아닌 법원직원인 등기공무원이 담당하고 있으므로 그에게 등기사항전반에 관하여 실질적으로 심사할 것을 요구하기에는 현실적으로 무리일 뿐만 아니라 오히려 시간과 비용적인 측면에서 등기신청인에게

---

108) 대법원 2008. 12. 15.자 2007마1154 결정.

부담을 줄 우려가 있다. 그러므로 형식심사주의를 기본으로 하면서 등기신청사항의 실질적인 진실성과 관련하여 현저한 의문이 있는 경우에 한하여 이를 조사할 권한과 의무가 있는 것으로 풀이하는 것이 바람직하다.

3. 사안에 대한 적용

본 사안에서는 B가 A의 신분증을 위조하여 등기신청을 하였는데, 만약 등기공무원의 심사권의 범위에 관한 절충주의에 의하면, B의 신분증의 위조가 정교하였기에 기타의 사항에서 등기사항의 진실성을 의심할만한 사정이 없었다면 등기공무원 C의 업무처리는 적법하다. 형식적 심사주의와 판례를 취할 경우에도 C는 B가 진정한 등기신청인이 아니라는 점을 형식적인 심사만으로는 발견해낼 수 없을 것으로 보이므로 그의 등기업무처리는 적법하다. 그러나 이와는 반대로 실질적 심사주의를 따를 경우에는 C는 B가 등기신청인으로서의 적격이 있는지의 진실성 유무를 실질적으로 조사할 의무를 해태하였으므로 그의 등기업무처리는 적법하지 않다.

Ⅲ. 설문 (2)에 대하여

1. 공동지배인의 요건

2인 이상의 지배인이 있어야 한다. 이들을 공동지배인으로 선임할 수 있는 자도 역시 영업주인 상인이다(상법 제12조 제1항). 공동지배인을 두기 위해서는 각 지배인에 대하여 공동으로만 지배권을 행사할 수 있다는 영업주의 의사표시가 있어야 한다. 공동지배인을 두거나 공동지배에 대한 변경사항이 있는 경우에는 그 지배인을 둔 본점이나 지점소재지에서 등기하여야 한다(상법 제13조). 공동지배는 거래의 상대방에 대하여 중요한 사항이기 때문에 그러하다. 이러한 등기를 하지 아니한 경우에는 선의의 제3자에게 대항할 수 없다.

2. 부실등기자의 책임

(1) 상법 제39조의 취지

상법 제37조에서 규정하고 있는 상업등기제도의 본래적 취지는 객관적 진실을 공시하여 그 객관적 진실의 효력을 확보하는 데 있다. 그러나 상업등기에는 선의의 제3자에 대하여 등기된 대로의 효력이 인정되지 않는다. 말하자면, 상업등기의 경우 공신력이 없다. 단지 등기된 사항은 일단 진실하다는 사실상의 추정을 받을 뿐이다. 이 때문에 상인과 거래하는 자는 거래할 때마다 등기사항이 진실한지를 확인할 필요가 있을 뿐만 아니라 그 등기를 신뢰하고 거래한 선의의 제3자는 생각지도 못한 손해를 입을 염려가 있다. 이에 상법 제39조는 상인의 이익과 등기를 신뢰한 자의 이익을 조화시킨다는 차원에서 부실등기에 대하여 등기신청인에게 귀책사유가 있다면 그 등기를 신뢰한 자를 보호하는 장치이다.

(2) 상법 제39조의 이론적 근거

상법 제39조의 이론적 근거가 무엇인가에 대하여는 학설상 논란이 있다. 우선 외관주의 내지 금반언 법칙에 터잡아 등기(외관)를 신뢰한 자를 보호하기 위하여 부실등기에 제한적으로 공신력을 인정한 것이라는 입장(공신력설)과 제39조는 등기신청인의 귀책사유가 있을 경우에 한해서만 부실등기를 신뢰한 자를 보호하자는 견해에서는 공신력과는 무관하게 외관주의를 바탕으로 한다는 입장(외관주의설)을 취하고 있다.

생각건대, 상법 제39조는 부실등기자의 책임은 부실등기를 한 자에게 귀책사유가 있는 경우에 한하여 그 등기를 신뢰한 자에 대하여 등기된 대로의 효력을 부여하고 있다는 점으로 미루어 보아 그 범위 내에서 제한적이나마 공신력을 인정하고 있는 것으로 판단된다.

(3) 상법 제39조의 적용요건

(가) 개 관

부실등기에 의한 등기자의 책임이 발생하기 위해서는 첫째, 사실과 다른 사항이 등기되어야 한다. 둘째, 등기신청인이 고의·과실로서 사실과 다른 등기를 하여야 한다. 셋째, 제3자가 등기와 사실이 다름을 선의로 알지 못해야 한다. 넷째, 입증책임은 등기신청인과 등기와 다른 사실을 주장하는 자가 부담한다.

여기서 과연 부실등기를 등기신청인이 시정하거나 저지하지 못한 경우에도 그에 대하여 상법상 부실등기자의 책임을 부담시킬 수 있는지가 문제된다.

(나) 시정조치를 해태한 자에 대한 상법 제39조의 유추적용가부

등기신청권자가 제3자에 의하여 부실등기가 경료된 것을 알면서도 이를 방치한 경우 상법 제39조를 유추적용할 수 있는지의 여부에 관하여서는 상법 제39조를 유추적용할 수 있는 것으로 풀이한다. 대법원 판례도 등기신청인이 알고 방치한 때에 한하여 상법 제39조를 유추적용한다고 판시하고 있다.[109]

109) 대법원 1975. 5. 27. 선고 74다1366 판결; 대법원 2008. 7. 24. 선고 2006다24100 판결.

생각건대, 본래 상법 제39조는 등기신청인의 고의·과실에 의한 작위에 의한 부실등기의 책임을 규정한 것이므로 타인이 허위신청으로 인하여 부실등기가 이루어진 경우 그 시정의무를 등기신청인에게 부담시킬 수는 없다. 따라서 상법 제39조를 등기신청인 이외의 제3자의 허위등기에 대하여 유추적용하려면 등기신청인이 직접 작위를 하는 경우에 비견할 만한 귀책사유가 있어야 하므로, 적어도 부실등기가 된 것을 고의·과실로 방치하는 정도는 되어야만 부실등기자의 책임을 지울 수 있다.

(4) 부실등기자의 책임

부실등기자는 그 등기가 사실과 다름을 선의의 제3자에게 대항하지 못한다. 선의의 제3자가 등기와 달리 진실한 사실관계를 주장하는 것은 무방하다.

3. 사안에 대한 적용

A는 완전상인이라는 점에서 甲과 乙을 공동지배인으로 선임하였으며, 그러한 선임사실은 등기하여야 한다. 이러한 등기를 하지 아니한 경우에는 선의의 제3자에게 대항할 수 없다.

사안에서는 甲과 乙이 언제나 공동으로만 대리권을 행사하여야 하는 공동지배인으로 선임되었음에도 불구하고 甲과 丙을 등기하였으므로 사실과 상위한 등기를 하였고, 제3자인 丁은 그러한 상위한 등기에 대하여 선의라는 점에서 상법 제39조의 적용요건 중에서 등기신청인의 귀책사유요건 이외의 것을 모두 충족하였다. 그러나 사안에서 A는 B가 허위의 등기가 이루어진 사실을 고의로 시정하지 않은 것에 대하여 상법 제39조를 유추적용하여야 하므로 A는 그 계약을 이행할 책임을 부담한다.

Ⅳ. 사례의 해결

1. 설문 (1)에서 C는 등기공무원의 심사권의 범위에 관한 절충주의에 의하는 경우 등기신청인의 적격유무 이외의 사항에서 진실성을 의심할만한 사정이 없었다면 그가 한 등기는 적법하다. 형식적 심사주의와 판례를 취할 경우에도 결론은 이와 동일하다. 그러나 실질적 심사주의에 의하면 C의 등기는 적법하지 않다.

2. 설문 (2)에서 부실등기에 대해 시정조치를 해태한 경우 상법 제39조를 유추적용할 수 있으므로 A는 그 계약의 이행책임을 부담한다.

제4장 영업양도

제1절 총 설

1. 의 의

영업양도라 함은 일정한 영업목적을 위하여 조직화된 유기적 일체로서의 기능적 재산을 그 동일성을 유지하면서 이전하려는 채권계약이라고 보는 것이 일반적이다.[1] 그런데 영업양도는 그 성질상 계속기업(going concern)이 가지고 있는 무형의 가치에 대한 인정이라는 점에서 단순한 재산의 이전으로 볼 것은 아니다.

상법은 영업양도의 개념에 대하여 직접 규정하지 않고, 그와 관련한 법적 효과에 대해서만 규정하고 있을 뿐이다.[2] 즉 영업양도의 개념을 비롯하여 양도행위의 법적 성질 및 영업양도의 범위 설정에 관한 문제에 대해서는 규정하지 않고 있는데, 이는 결국 학설과 법원의 판결에 위임하고 있다. 판례도 영업양도인지의 판단기준과 관련하여서 '동일성의 유지'라고 하는 추상적이고 불명확한 용어를 사용함으로써[3] 실효성있는 판단기준을 제시하지 못하고 있다.[4]

원칙적으로 영업양도는 자유이지만, 허가를 요하는 업종이나 일정규모 이상

1) 김성태, 347면; 손주찬, 193면; 이기수·최병규, 229면; 이철송, 241면; 정동윤, 115면; 정찬형, 166면; 최준선, 196면.

2) 상법은 영업양도와 관련하여 영업양수인의 이익을 보호하기 위하여 양도인의 경업금지의무를 규정하고(상법 41조), 또한 영업상의 채권자와 채무자가 영업양도로 인해 피해를 보지 않도록 규정하고 있을 뿐이다(42조-45조 참조). 한편 영업상의 채권자와 채무자가 영업양도로 인해 피해를 보지 않도록 규정하고 있다. 회사의 영업양도의 경우에는 출자자들의 이익을 보호하기 위하여 주주총회의 특별결의를 요하는 별도의 절차를 두고 있다(374조 1항 1호 참조).

3) 대법원 2005. 7. 22. 선고 2005다602 판결 참조.

4) 임재호, "영업양도의 개념과 판단기준," 부산대학교 법학연구 제48권 제1호(2007. 8), 1168면.

의 회사의 경우에는 영업의 양도 또는 양수가 제한된다. 즉 영업양도는 합병과 아울러 기업결합을 위한 방법이라는 점에서, 독점규제 및 공정거래에 관한 법률(공정거래법)상의 기업결합규제적 제한(공정거래법 7조 1항 4호)을 받기도 한다.

2. 회사합병과의 차이

기업활동에 있어서 사업의 확장이나 영업의 인수·처분에는 여러 가지 방식이 있지만, 회사의 경우에는 영업양도와 더불어 합병이 가장 중요한 방법이다. 그런데 영업양도와 회사합병은 경영자의 지위의 이전을 비롯하여 기능적 재산관계로서의 영업이 이전된다는 점에서 유사하지만, 여러 가지 차이점도 존재하는데 구체적으로 본다면 다음과 같다.

첫째, 회사합병은 2개의 회사가 조직법적으로 합치는 것인 데 반하여, 영업양도는 유기적 일체로서의 재산의 이전을 목적으로 하는 거래법상 제도이다. 둘째, 회사합병의 경우 일부합병은 허용되지 않지만, 영업양도의 경우에는 일부양도도 허용된다. 셋째, 회사합병은 회사만이 당사자가 되지만, 영업양도의 경우에는 자연인도 양도인·양수인이 될 수 있다. 넷째, 회사합병절차에서는 합병계약서의 작성이 요구되는 데 반하여 영업양도는 불요식계약이다. 다섯째, 회사합병의 효력발생요건으로는 합병등기가 필요한 데 반하여, 영업양도는 개별적 재산의 이전등기 이외에 효력발생요건으로서 영업양도 자체의 등기가 필요없다. 여섯째, 회사합병으로 인하여 해산회사의 법인격이 소멸하는데, 영업양도는 양도회사의 법인격이 소멸하지 않는다. 일곱째, 회사합병은 소멸회사의 전재산과 전사원이 포괄적으로 존속·신설회사에 이전되는 포괄승계의 경우임에 반해, 영업양도는 재산의 개별적인 이전절차를 밟아야 한다. 여덟째, 영업양도의 경우에는 경업피지의무가 있지만, 회사합병에는 경업피지의무가 존재하지 않는다. 아홉째, 회사합병의 무효는 반드시 소로써만 다툴 수 있는데, 영업양도의 무효는 거래법상의 일반원칙에 따른다는 차이가 있다.

3. 영업양도의 대상

(1) 영업양도의 대상인 '영업'의 개념

영업양도에서 '영업'의 의미는 주관적인 부분과 객관적인 부분으로 나누어서 고찰하는 것이 일반적이다.[5] 주관적인 의미로서는 영업의 주체인 상인이 수행하는 영리활동을 의미하고,[6] 객관적 의미로서는 상인이 영리목적을 위하여 조직한 재산의 총체[7]를 가리킨다.[8] 그런데 영업양도의 대상이 되는 영업은 영업주체와 제3자 간에 객관적 평가가 가능한 가치를 지녀야 하므로 후자를 기초로 생각하여야 하며,[9] 결국 적극·소극재산으로 구성된 영업용 재산과 재산적 가치가 있는 사실관계가 일정한 영업목적에 의해 유기적으로 합쳐진 상태라고 보는 것이 통설과 판례[10]의 입장이다.

영업용 재산에는 단순한 물건과 건물·비품·재고·원자재 등의 적극재산과 소극재산인 부채가 포함되며, 전자에서 후자를 빼면 순재산이 된다. 계산적으로 명확하게 드러나는 이러한 영업용 재산 외에도 이른바 '재산적 가치 있는 사실관계'를 의미하는 거래선관계, 영업비결, 경영조직 등의 영업권도 넓은 의미의 영업용 재산에 포함된다.

Q 영업양도에서의 영업의 개념은?

【대법원 2008. 4. 11. 선고 2007다89722 판결】
상법 제42조 제1항의 영업이란 일정한 영업목적에 의하여 조직화된 유기적 일체로서의 기능적 재산을 말하고, 여기서 말하는 유기적 일체로서의 기능적 재산이란 영업을 구성하는 유형·무형의 재산과 경제적 가치를 갖는 사실관계가 서로 유기적으로 결합

5) 김성태, 345면; 손주찬, 191면; 이기수·최병규, 227면; 이철송, 238면; 정찬형, 162면.
6) 김성태, 345면에서는 상법 5조, 6조, 8조, 11조 1항, 21조 1항, 22조, 23조 1항, 46조, 53조, 61조, 78조 등으로부터 도출될 수 있다고 한다.
7) 김성태, 345면에서는 상법 20조 단서 및 41조가 근거가 될 수 있다고 본다.
8) 주관적인 의미로서는 영업주체인 상인이 수행하는 영리활동을 의미하고(5조, 6조, 8조, 11조 1항, 21조 1항, 22조, 23조 1항, 46조, 53조, 61조, 78조 등), 객관적 의미로서는 상인이 영리목적을 위하여 조직한 재산의 총체를 가리킨다(20조 단서, 41조).
9) 김성태, 345면; 손주찬, 191면; 이철송, 238면; 정찬형, 162면.
10) 대법원 2008. 4. 11. 선고 2007다89722 판결.

하여 수익의 원천으로 기능한다는 것과 이와 같이 유기적으로 결합한 수익의 원천으로서의 기능적 재산이 마치 하나의 재화와 같이 거래의 객체가 된다는 것을 뜻하는 것이므로, 영업양도가 있다고 볼 수 있는지의 여부는 양수인이 유기적으로 조직화된 수익의 원천으로서의 기능적 재산을 이어받아 양도인이 하던 것과 같은 영업적 활동을 계속하고 있다고 볼 수 있는지의 여부에 따라 판단되어야 한다.

(2) 영업양도의 법적 성질

(가) 영업재산양도설

영업양도를 물건·권리 및 사실관계를 포함하는 조직적·기능적 재산으로서의 영업재산 일체(즉 객관적 의미의 영업)를 양도하는 것으로 이해하고, '양도인이 영업을 전체로서 그 동일성을 해치지 않고 계약에 의하여 양수인에게 이전하는 것' 또는 '재산적 가치있는 조직화된 영업재산을 포괄적으로 인정하는 채권계약'으로 정의하는 견해가 통설이다.

(나) 지위·재산이전설

영업양도를 경영자로서의 지위인계와 영업재산의 이전을 내용으로 하는 채권계약으로 이해하는 견해이다. 이러한 견해는 영업양도에 내재한 2가지 측면을 설명하고 있지만, 경영자로서의 지위는 영업을 이전하면 당연히 주어지는 결과에 불과한 것이므로 이를 개념요소로 설명하는 것은 타당하지 않다고 본다.[11)]

(다) 판례의 입장

대법원은 영업재산양도설의 입장을 취한 것으로 보이지만, 현실적으로는 재산의 이전보다는 인적 조직의 승계를 더 중요하게 보는 것으로 보인다. 즉 "영업양도라 함은 일정한 영업목적에 의하여 조직화된 업체의 일체로서 이전을 목적으로 하는 것으로서 영업이 그 동일성을 유지하면서 이전됨을 요하는 것"[12)]이라고 하고 있다.

---

11) 현재 이 견해를 취하는 학자는 거의 없다.
12) 대법원 1995. 7. 25. 선고 95다7987 판결.

Q 법원은 영업양도의 의미와 대상을 어떻게 파악하고 있는가?

【대법원 1995. 7. 25. 선고 95다7987 판결】
영업의 양도라 함은 일정한 영업목적에 의하여 조직화된 업체, 즉 인적·물적 조직을 그 동일성은 유지하면서 일체로서 이전하는 것으로서 이러한 영업양도가 이루어진 경우에는 원칙적으로 해당 근로자들의 근로관계가 양수하는 기업에 포괄적으로 승계되는 것이지만, 영업양도가 이루어졌는가 여부는 단지 어떠한 영업재산이 어느 정도로 이전되어 있는가에 의하여 결정되어야 하는 것이 아니고 거기에 종래의 영업조직이 유지되어 그 조직이 전부 또는 중요한 일부로서 기능할 수 있는가에 의하여 결정되어야 한다. 따라서 부실은행의 고정자산 일부를 양수하고 그 은행 소속 직원의 일부를 새로 채용하여 그 은행 지점 일부에서 은행업무를 재개하였다고 할지라도 이는 그 은행의 은행업 인가가 취소되어 그 조직이 해체되는 과정에서 이루어진 것으로서 영업양도라고 할 수 없는 것이다.
☞ 결국 이 사건에서 법원은 영업재산의 전부를 양도했어도 종래의 영업조직을 해체하여 양도했다면 영업의 양도로 볼 수 없다는 이유로 근로관계의 포괄적 승계를 부정하였다.

【대법원 1989. 12. 26. 선고 88다카10128 판결】
상법 제41조가 말하는 영업이란 일정한 영업목적을 위하여 조직화된 유기적 일체로서의 기능재산(적극적 재산과 소극적 재산)을 뜻하는 것으로서 여기에는 단골관계 등의 경제적 가치가 있는 사실관계도 포함되는 것이고 또한 같은 법규상의 양도란 위와 같은 기능재산의 전부 또는 중요한 일부를 넘겨주어 그에 의하여 양도인이 그 재산으로 경영하고 있던 영업활동의 전부나 중요한 일부를 양수인으로 하여금 인계받게 하여 양도인이 그 양도한 한도에 따라 법률상 당연히 같은 규정상의 경업금지의무를 지는 결과를 수반하는 것이라고 풀이해야 하는 것이 마땅하므로 결국 영업의 양도란 위에서 본 바와 같은 기능재산의 동일성이 유지된 일괄이전을 의미하는 것이라고 보아야 한다고 하였다.

그러나 "점포에 있는 재고품 전부와 가공용 재봉틀을 매수하고 점포를 명도받아 같은 상호로 잠시 동안 같은 종류의 영업을 한 사실만으로는 영업을 양수하였다고 할 수 없다"고[13] 함으로써 단순한 영업재산 및 상호의 이전 외에

13) 대법원 1968. 4. 2. 선고 68다185 판결.

추가적인 요소가 있다는 입장을 취하였다. 결국 단순한 영업재산의 양도를 넘어서서 영업양도가 이루어졌는가의 여부는 단지 어떠한 영업재산이 어느 정도로 이전되어 있는가에 의하여 결정되는 것이 아니고 거기에 종래의 영업조직이 유지되어 그 조직이 전부 또는 중요한 일부로서 기능할 수 있는지에 의하여 결정된다.[14)]

제2절 영업양도의 개별적 유형 분석

1. 체육시설의 경매에 의한 영업의 이전

(1) 체육시설 재산이전의 특징과 규제

비교적 고가의 체육시설은 회원제로 운영되는 경우가 많고 이른바 '회원권'은 거래의 대상이 되고 있고, 체육시설의 운영도중 영업의 주체가 변경되는 경우 회원의 지위가 어떻게 되느냐가 문제된다. 또한 장기간이 소요되는 체육시설의 건설중[15)] 영업주체에 변동이 있을 경우에 새로운 영업주에 대하여 권리를 주장할 근거는 없기 때문에[16)] 특별히 체육시설의 회원들의 지위를 보호하기 위하여 「체육시설의 설치·이용에 관한 법률」(체육시설법)에서 특별한 규정을 두고 있다. 즉 체육시설업자가 그 영업을 양도하는 경우 양수인은 그 체육시설업의 등록 또는 신고에 따른 권리와 의무를 승계하며(체육시설법 30조 1항), 이는 사업계획승인의 승계에 관하여도 준용하고 있다(체육시설법 30조 3항).

(2) 체육시설 경매에 의한 재산이전의 경우 일체성과 동일성의 유지

과거의 판례는 골프장이 건설중에 경매로 이전되는 경우 이를 영업재산이 해체되어 이전된 것으로 보고 경락인이 사업계획승인을 승계하더라도 이를 영업양도로 보지 않았다.[17)] 그러나 이후 대법원은 유사한 사안에서 상법상 영업

14) 대법원 2011. 9. 8. 선고 2009다24866 판결.
15) 예컨대 골프장의 경우이며, 여기에서도 골프장과 관련된 사건을 다룬다.
16) 이철송, "체육시설의 양도와 회원권 승계의 법리 — 관련 판례의 소개를 중심으로 —," 대한변호사협회, 인권과 정의 제372호(2007. 8), 92면.
17) 대법원 2004. 10. 28. 선고 2004다10213 판결; 대법원 2004. 11. 11. 선고 2004다31807 판

양도의 개념에서 이야기되는 '동일성'의 관점에서 판단하기는 하였지만, "사회통념상 전체적으로 보아 종전의 영업이 동일성을 유지한 채 일체로서 이전한 것과 마찬가지로 볼 수 있는 사정이 인정되면 영업양도로 본다"[18]라고 함으로써 '사회통념상'이라고 하는 다소 다른 표현을 사용하고 있다. 이러한 대법원의 입장에 대하여 체육시설법의 취지에서 벗어남은 물론 영업양도에 관한 사법적 판단에 무한한 재량을 부여함으로써 법적 안정을 해친다는 비판[19]이 있다.

이 사건에서의 쟁점은 체육시설의 설치공사를 완성하여 체육시설업을 등록할 것을 목적으로 행하여지고 있는 영업을 종전 영업자로부터 승계받아 계속하려는 단일한 의도 아래, 영업용 자산의 일부는 임의경매절차에서 낙찰받는 방법으로 취득하고, 나머지 영업용 자산, 영업권 등은 종전 영업자와 체결한 양도·양수계약에 의하여 취득한 경우, 구 체육시설의 설치·이용에 관한 법률 30조 3항에 정한 사업계획승인의 승계요건인 '영업양도'에 해당하는지 여부이다.

【대법원 2004. 11. 11. 선고 2004다31807 판결】(선행 판례)
대법원은 원심과 달리 체육시설법 제30조 제3항을 적용하기 위해서는 완성 전의 체육시설에 대한 영업의 양도에 수반하여 사업계획승인이 승계되어야 한다고 해석하였다. 그리고 상영개발의 골프장 부지가 경매됨으로 인해 상영개발의 영업은 이미 물적 기반을 대부분 상실하여 해체되었다고 보고, 유명산레저가 상영개발로부터 사업계획승인을 승계한 것은 영업양도가 아니라고 판시하였다.
먼저 대법원은 원고의 지위에 대하여 상영개발이 모집한 유명산레저의 회원으로 가입하여 회원자격을 취득하였으므로 상영개발에 대하여 가지고 있는 회원시설 이용권리를 가진 유명산레저의 회원 지위를 가진다고 보았다.
다음으로 사업계획승인의 승계로 유명산레저의 기존 회원에 대한 상영개발의 지위가 피고에게 승계되는지 여부가 문제되었는데, 이는 결국 체육시설법 제30조에서 인정하는 영업양도의 범위가 어떻게 되느냐의 문제이다. 대법원은 이에 대하여, "법 제30조의 합리적인 해석상 법 제30조 제1항은 '체육시설업의 승계'에 관한 규정이고, 제3항은 '사업계획승인의 승계'에 관한 규정이라고 보아야 할 것이고, 그렇게 볼 경우 법 제30조 제1항은 '사업계획승인을 얻어 법 제11조의 규정에 의한 시설을 갖춘 다음 체

결; 대법원 2004. 11. 26. 선고 2004다19289 판결이 기존의 판례이며, 이 사건들은 동일한 골프장사업자를 상대로 각기 다른 회원이 제기한 사건이며 모두 동일한 결론으로 판결이 이루어졌다.

18) 대법원 2006. 11. 23. 선고 2005다5379 판결.

19) 이철송, 전게논문, 91면.

육시설업 등록을 한 자, 즉 체육시설업자가 그 영업을 양도하거나 사망한 때 또는 법인의 합병이 있는 때'에는 그 양수인 등이 종전의 체육시설업자의 등록에 따른 지위 및 회원모집계약에 따른 지위를 승계한다는 의미로, 법 제30조 제3항은 '사업계획승인을 얻은 자가 그 사업계획승인을 양도하거나 사망한 때 또는 법인의 합병이 있는 때'에는 그 양수인 등이 기존의 사업계획승인에 따른 지위 및 회원모집계약에 따른 지위를 승계한다는 의미로 해석함이 상당하며, 앞서 본 규정 내용 등에 비추어 볼 때 사업계획승인의 승계의 경우에도 법 제30조 제1항에서 의도한 '영업의 양도'가 반드시 수반되어야 한다고 볼 수는 없다(즉, 법 제30조 제1항에서 의도한 '영업의 양도'는 그 문리적 해석상 법 제11조의 규정에 의한 시설을 모두 갖추는 것을 전제로 하는데, 사업계획승인의 승계의 경우에는 그러하지 아니한 경우가 있기 때문이다). 따라서 사업계획승인을 얻은 자가 그 사업계획승인을 양도한 경우에 그것만으로 그 양수인은 법 제30조 제3항에 따라 양도인의 지위를 그대로 승계한다고 할 것"이라고 보았다.

한편 "영업의 양도라 함은 일정한 영업목적에 의하여 조직화된 업체, 즉 인적·물적 조직을 그 동일성을 유지하면서 일체로서 이전하는 것으로서, 영업양도가 있다고 보기 위해서는 양수인이 유기적으로 조직화된 수익의 원천으로서의 기능적 재산을 이전받아 양도인이 하던 것과 같은 영업활동을 계속하고 있다고 볼 수 있어야 함은 물론, 종래의 영업조직이 유지되어 그 조직이 전부 또는 중요한 일부로서 기능할 수 있어야 하므로, 예컨대 영업재산의 전부를 양도하였다 하더라도 그 조직을 해체하여 양도하였다면 영업양도로 볼 수 없다"[20]고 하였다.

【대법원 2006. 11. 23. 선고 2005다5379 판결】(새로운 판례)

대법원은 체육시설법 제30조 제1항 소정의 체육시설업자의 "영업의 양도라 함은 '영리를 목적으로 체육시설을 설치·경영하는 업을 수행하기 위하여 조직화된 인적·물적 조직을 그 동일성을 유지하면서 일체로서 이전하는 것'을 의미하고, 법 제30조 제3항에 의하여 제1항이 준용됨으로써 체육시설업에 관한 사업계획승인을 얻었으나 아직 체육시설의 설치공사를 완성하기 전의 단계에서 사업계획승인에 따른 권리·의무가 승계되는 요건으로서의 영업양도라 함은 '장차 체육시설의 설치공사를 완성하여 체육시설업을 등록할 것을 목적으로 하여 조직화된 인적·물적 조직을 그 동일성을 유지하면서 일체로서 이전하는 것'을 의미한다"고[21] 보았다. 그리고 "체육시설의 설치 및 이용을 장려하려는 법의 전체적인 목적, 그러한 입법 목적을 달성하기 위하여 체육시

---

20) 대법원 2004. 11. 11. 선고 2004다31807 판결. 대법원은 동일한 입장의 판례로 대법원 1998. 4. 14. 선고 96다8826 판결, 대법원 2001. 7. 27. 선고 99두2680 판결, 대법원 2003. 5. 30. 선고 2002다23826 판결을 인용하고 있다.

21) 대법원 2006. 11. 23. 선고 2005다5379 판결. 이 부분에서 대법원은 대법원 2004. 10. 28. 선고 2004다10213 판결을 인용하였다.

설업자와 이용약정을 체결한 회원을 일반 채권자보다 좀 더 두텁게 보호하기 위하여 법 제30조 제1항과 같은 특별규정을 두고 있고 같은 이유로 체육시설 완성 전 사업계획승인의 승계의 경우에도 위 제1항을 준용하도록 하고 있는 점 등을 종합적으로 고려하여 보면, 체육시설의 설치공사를 완성하여 체육시설업을 등록할 것을 목적으로 하여 행하여지고 있는 영업을 종전 영업자로부터 승계받아 계속하려는 단일한 의도 아래, 영업용 자산의 일부는 임의경매절차에서 낙찰받는 방법으로 취득하는 한편, 나머지 영업용 자산, 영업권 등은 종전 영업자와 사이의 별도의 양도·양수계약에 의하여 잇달아 취득함으로써, 사회통념상 전체적으로 보아 종전의 영업이 그 동일성을 유지한 채 일체로서 이전한 것과 마찬가지로 볼 수 있는 특별한 사정이 인정되는 경우에는, 앞서 본 '영업양도'에 해당되는 것으로 보아야 한다"[22]고 하였다.

【판례의 입장에 대한 검토】

상법상 영업양도는 이미 완성된 영업조직을 갖추고 수익을 창출하고 있는 상태의 영업을 이전하는 것을 그 대상으로 한다. 이에 반해 체육시설법에서 규정하고 있는 영업양도는 완성된 상태는 당연하고 아직 완성되지 아니한 경우는 물론이고 사업계획승인의 승계의 경우에도 체육시설법 제30조 3항을 문리적으로 해석한다면 영업양도로 보게 된다. 그러나 판례는 이 조문을 문리적으로 해석하는 것과는 거리를 유지하여, 제1항이 준용되어 영업양도로 인정되는 경우라 함은 완성 전의 체육시설에 관한 영업의 양도(상속·합병 포함함)에 수반하여 사업계획승인을 승계한 때를 가리킨다고 보고 있다. 2006년 대법원 판례[23]의 입장은 기존의 판례에서 영업양도의 기준으로 이야기하지 않았던 '그 동일성을 유지하면서 일체로서 이전받은 것과 마찬가지로 볼 수 있는 특별한 사정'이 인정되는 경우에는 영업양도로 인정될 수 있다는 판단기준을 제시하고 있다. 그런데 기존의 판례[24]와의 사이에 특별히 다른 사실관계가 없다는 점이 고민이다. 즉 '특별한 사정'이라고 들고 있는 것들이 기존의 판례에서도 거의 동일하게 발견되고 있다는 점이다.[25] 2가지의 다른 입장은 결국 체육시설의 대부분을 경매에 의해 취득한 자가 前사업자로부터 사업계획승인 등 잔여재산을 양수하면 이를 영업양도로

22) 대법원 2006. 11. 23. 선고 2005다5379 판결.

23) 대법원 2006. 11. 23. 선고 2005다5379 판결.

24) 대법원 2004. 11. 11. 선고 2004다31807 판결을 비롯하여 동일한 사안에 대한 내용을 다룬 대법원 2004. 10. 28. 선고 2004다10213 판결; 대법원 2004. 11. 26. 선고 2004다19289 판결을 말한다.

25) 이철송, 전게논문, 96-97면에서는 2가지 판례의 사실관계를 비교하고 있다. 즉 현재의 사업자가 골프장 부지를 직접 경락받았는지 여부가 영업양도 여부를 판단함에 중요하지 않고, 기타 재산을 양수하는 시점에 골프장 부지 소유권이 전(前)사업자에게 있다는 점에 동일하고, 기존판례가 오히려 양수인의 종업원 전부를 승계하였다는 점에서 고용관계는 오히려 차이도 없고, 골프장 인수의 의도를 가지고 신회사를 설립하였다는 점도 동일하다는 점을 지적하고 있다.

볼 수 있는가의 문제와 체육시설법 제30조 3항에서 말하는 영업양도의 개념이 무엇인가의 문제에 관한 이해의 차이라고 할 수 있다.26)
먼저 경매에 의해 영업재산의 이전이 이루어지는 경우에는 영업재산이 해체되어 일체성을 상실하게 되고 따라서 영업양도로 볼 수 없다는 것이 기존판례의 입장인데 반해, 2006년 판례는 동일하게 경매로 이전되었고 거의 동일한 사실관계임에도 불구하고 '사회통념상 전체적으로 보아' 종전 영업의 동일성이 유지된 채로 이전된 것이라고 하면서 영업양도로 본 것이다. 이러한 판단기준은 상법상 영업양도의 개념 및 판단기준의 측면에서 보더라도 상당히 추상적이고 그 범위를 지나치게 확장하는 것이고, 영업양도에 관한 사법적 판단에 무한한 재량을 부여함으로써 법적 안정을 해칠 수 있다.27) 그리고 전원합의체 판결이 아니면서도 거의 동일한 사실관계를 두고서도 기존의 판례의 입장과 반대의 결론을 내렸다는 점에서 쉽게 동의하기 어려운 것이다. 그런데, 대법원이 영업양도인지 여부를 판단함에 있어서 '사회관념상'이라고 하는 추상적인 기준을 사용한 것이 이번이 처음은 아니다. 즉 대법원은 "상법상의 영업양도는 일정한 영업목적에 의하여 조직화된 업체, 즉 인적·물적 조직을 그 동일성은 유지하면서 일체로서 이전하는 것을 의미하고, 영업양도가 이루어졌는가의 여부는 단지 어떠한 영업재산이 어느 정도로 이전되어 있는가에 의하여 결정되어야 하는 것이 아니고 거기에 종래의 영업조직이 유지되어 그 조직이 전부 또는 중요한 일부로서 기능할 수 있는가에 의하여 결정되어야 하므로, 영업재산의 일부를 유보한 채 영업시설을 양도했어도 그 양도한 부분만으로도 종래의 조직이 유지되어 있다고 사회관념상 인정되면 그것을 영업의 양도라 볼 수 있다 할 것이고, 이러한 영업양도는 반드시 영업양도 당사자 사이의 명시적 계약에 의하여야 하는 것은 아니며 묵시적 계약에 의하여도 가능하다"28)고 하면서, 위의 사건에서의 '사회통념상 전체적으로 보아'의 표현과 유사한 '사회관념상'이라는 표현을 사용하여 영업양도 여부를 판단한 바 있다.29)

26) 이철송, 전게논문, 97면.
27) 이철송, 전게논문, 91면.
28) 대법원 2009. 1. 15. 선고 2007다17123·17130 판결; 대법원 1997. 6. 24. 선고 96다2644 판결; 대법원 2007. 6. 1. 선고 2005다5812·5829·5836 판결 등 참조.
29) 대법원 2001. 7. 27. 선고 99두2680 판결. 물론 이것이 동일한 상황을 염두에 둔 것인지는 분명하지 않기 때문에 명확하게 판단하기는 어렵다.

2. 영업양도에 있어서 영업재산과 영업조직 이전합의의 단일성 (單一性)

【대법원 2005. 7. 22. 선고 2005다602 판결】

(1) 사실관계

소외 주식회사 대영파워펌프(이하 "소외 회사"라고 한다)는 펌프, 환풍기 제조 및 판매업을 주목적으로 1983. 9. 29. 설립되었고, 1995. 8. 16.경 부도가 났다. '소외 회사'가 부도가 난 후인 1995. 9 소외 회사와 동일한 목적의 사업을 영위할 목적으로 같은 장소에서 '소외 회사'의 대표이사 등 임원진을 제외한 주요직원들이 '주식회사 태영파워'(원고)를 설립하였고, 소외 회사의 인적·물적 자원을 모두 승계하여 소외 회사와 동일한 거래처와 거래하였으며 1997. 4. 16. 부동산 경매절차에서 소외 회사의 공장건물을 낙찰받은 뒤 1998. 12. 1. 원고는 소외 회사의 상호와 동일한 명칭인 주식회사 대영파워펌프로 상호변경하였고, 소외 회사는 주식회사 금전사로 상호를 변경한 다음, 그 후 소외 회사는 폐업하였다.

소외 회사는 1989.경부터 동아금고(이하 "소외 금고")와 금융거래를 해오던 중 부도 후 금융거래를 중단하였고, 원고는 설립 당시부터 소외 회사의 신고인감과 예금통장을 인수하여 소외회사가 관리하던 예금계좌를 승계하였고 소외 금고도 이 계좌로 원고와 거래하였다. 그런데 소외 금고가 부실경영으로 공적관리를 받게 되어 예금자보호법에 따라 예금보험공사(피고)가 소외 금고의 예금자에게 보험금을 지급한다는 공고를 하였다. 원고가 피고에게 보험금지급을 청구하자, 피고는 원고가 소외 회사의 영업을 실질적으로 양수하였고 동일상호로 영업한다는 점을 들어 영업양수인인 원고가 양도인인 소외 회사의 대출원리금 채권을 변제할 책임이 있음을 들어 소외 금고가 가지고 있던 원고에 대한 대출금채권(8억5천 상당)과 원고 내지 소외 회사 명의의 예금채권(8억8천 상당)의 상계를 주장하여 결국 피고는 원고에 대하여 보험금지급의무가 없다고 주장하였다.

(2) 쟁점: 명시적 합의 내지 양도계약의 존재 여부와 영업양도

위의 사례에서는 영업재산의 이전 경위에 있어서 사실상, 경제적으로 볼 때 결과적으로 영업양도가 있는 것과 같이 볼 수 있는 상황에서 묵시적 영업양도계약의 존재를 인정할 것인가의 문제이다. 만일 원고를 영업양수인으로 볼 수 있다면 양도인인 소외 회사의 영업상 거래로 발생한 대출금 채무에 대하여

양수인인 원고에게도 변제책임이 발생하기 때문이고,[30] 결국 피고는 보험금지급책임을 면할 수 있기 때문이다.

(3) **대법원의 판단**

대법원은 원심의 판단에 대하여 부정적인 태도를 취하면서, 영업양도의 개념과 판단기준에 대하여 제시하고 있다. 즉 '상법상의 영업양도는 일정한 영업목적에 의하여 조직화된 유기적 일체로서의 기능적 재산인 영업재산을 그 동일성을 유지시키면서 일체로서 이전하는 채권계약'이며, "영업양도가 있다고 볼 수 있는지의 여부는 양수인이 유기적으로 조직화된 수익의 원천으로서의 기능적 재산을 이전받아 양도인이 하던 것과 같은 영업적 활동을 계속하고 있다고 볼 수 있는지의 여부에 따라 판단되어야 한다"고 하였다.

대법원은 영업재산의 이전 경위에 있어서 사실상, 경제적으로 볼 때 결과적으로 영업양도가 있는 것과 같은 상태가 된 것으로 볼 수는 있다고 하더라도, 묵시적 영업양도계약이 있고 그 계약에 따라 유기적으로 조직화된 수익의 원천으로서의 기능적 재산을 그 동일성을 유지시키면서 일체로서 양도받았다고 볼 수 없어 상법상 영업양도를 인정할 수 없다고 하였다. 대법원은 "상법 제42조 제1항의 영업이란 일정한 영업목적에 의하여 조직화된 유기적 일체로서의 기능적 재산을 말하고, 여기서 말하는 유기적 일체로서의 기능적 재산이란 영업을 구성하는 유형·무형의 재산과 경제적 가치를 갖는 사실관계가 서로 유기적으로 결합하여 수익의 원천으로 기능한다는 것과 이와 같이 유기적으로 결합한 수익의 원천으로서의 기능적 재산이 마치 하나의 재화와 같이 거래의 객체가 된다는 것을 뜻하는 것이므로, 영업양도가 있다고 볼 수 있는지의 여부는 양수인이 유기적으로 조직화된 수익의 원천으로서의 기능적 재산을 이전받아 양도인이 하던 것과 같은 영업적 활동을 계속하고 있다고 볼 수 있는지의 여부에 따라 판단되어야 한다"[31]고 하였다.

(4) **검 토**

원심법원은 원고와 소외 회사 사이에 비록 형식상 영업양도약정은 없었지만 실질적으로 영업의 양도가 있었으므로 원고는 영업양수인이라고 보았고, 대법원은 영업양도계약도 없었고 묵시적 영업양도계약의 존재도 인정할 수 없으

30) 임재호, 전게논문, 1185면.

31) 대법원 2005. 7. 22. 선고 2005다602 판결.

므로 원고는 영업양수인의 지위를 가지지 않는다고 보았다. 이 사건에서 대법원은 영업양도의 개념과 판단기준에 있어서 종래의 대법원 입장을 따르고 있다. 다만 묵시적인 영업양도계약의 존재를 인정할 수 있는 상황이라고 인정될 만한 기준이 과연 구체적으로 무엇인가에 대하여는 말하고 있지 않으며, 채권계약인 영업양도계약의 명시적 혹은 묵시적 존재를 요구하는 것으로 보인다.[32] 그런데 본 사건의 사실관계에 대하여 3년여의 기간에 걸쳐 영업양도가 있는 것과 같은 상태가 된 것으로 볼 수는 있을지언정 현실적으로 영업양도계약이 없었다고 함으로써 본 사건의 사실관계는 대법원에게는 묵시적인 계약의 존재도 인정될 만한 것으로 비춰지지 않은 것 같다. 다만 원고가 소외 회사로부터 영업용 재산을 영업양도계약이 아니라 경매절차에서 경락받았다는 점이[33] 영업양도로 판단하기 어려운 결정적인 사안이 될 수도 있다.[34]

【대법원 2009. 1. 15. 선고 2007다17123·17130 판결】
상법상의 영업양도는 일정한 영업목적에 의하여 조직화된 업체, 즉 인적·물적 조직을 그 동일성은 유지하면서 일체로서 이전하는 것을 의미하고, 영업양도가 이루어졌는가의 여부는 단지 어떠한 영업재산이 어느 정도로 이전되어 있는가에 의하여 결정되어야 하는 것이 아니고 거기에 종래의 영업조직이 유지되어 그 조직이 전부 또는 중요한 일부로서 기능할 수 있는가에 의하여 결정되어야 하므로, 영업재산의 일부를 유보한 채 영업시설을 양도했어도 그 양도한 부분만으로도 종래의 조직이 유지되어 있다고 사회관념상 인정되면 그것을 영업의 양도라 볼 수 있다 할 것이고, 이러한 영업양도는 반드시 영업양도 당사자 사이의 명시적 계약에 의하여야 하는 것은 아니며 묵시적 계약에 의하여도 가능하다고 할 것이다(대법원 1997. 6. 24. 선고 96다2644 판결, 대법원 2007. 6. 1. 선고 2005다5812·5829·5836 판결 등 참조).

---

32) 임재호, 전게논문, 1187면.

33) 이 점에 있어서는 역시 경매절차가 포함된 골프장부지에 관한 대법원 판례의 경우와 유사하다. 사실 비슷한 시기에 경매와 연결된 채무면탈 관련사건들의 경우가 여러 건 대법원에 계류 중이었고, 대법원에서는 이를 법인격부인의 경우와 비교하여 연구한 바 있다. 대법원 2008. 8. 21. 선고 2006다24438 판결의 경우가 그러한데, 이에 대하여는 김병연, "법인격남용의 새로운 유형과 법인격부인이론의 적용," 상사판례연구 제21집 제1권(2008) 참조.

34) 이동신, "상법상 영업양도의 의미와 그 판단기준 및 이에 관한 사례," 대법원판례해설 2005년 하반기(통권 제57호), 2006, 384면; 임재호, 전게논문, 1186면 참조. 그런데 대법원 2006. 11. 23. 선고 2005다5379 판결에서는 경매와 관련된 사안임에도 불구하고 영업양도로 보았다.

3. 현물출자와 영업양도 여부

【대법원 1995. 8. 22. 선고 95다12231 판결】

(1) 사실관계

피고(거양개발)는 소외 회사로부터 공사도급을 받은 다음 협성산업과 하도급계약을 체결하였고, 협성산업의 피용자인 원고들은 작업중 상해를 입게 되었다. 이 사고 직후 협성산업의 대표는 협성산업의 영업을 출자하여 피고 주식회사 협성(이하 "피고 협성"이라 함)을 설립하고 대표이사가 되었다. 피고 협성의 영업목적은 협성산업의 영업목적과 동일하고 협성산업의 상무는 피고 협성의 등기이사이다.

원고는 주장하기를, 피고 거양개발은 공사자재의 상당부분을 제공하고 공사지시를 하면서 안전장치의 구비 및 안전교육을 실시하지 않았고, 따라서 피고가 원고의 손해에 대하여 손해배상책임이 있다는 주장을 하였다.

(2) 원심의 판단

원심은 협성산업의 대표이던 소외 정윤수가 이 사건 산재사고 발생 후에 협성산업의 영업을 현물출자하여 피고 협성을 설립하고 그 대표이사가 되었다는 사실을 인정한 다음, 피고 협성은 원고들에 대한 손해배상채무를 변제할 책임이 있다고 판단하였다. 즉 피고 협성은 협성산업의 영업을 출자하여 설립한 후 대표이사가 동일하고, 상호에 있어서도 종전 협성산업의 기업주체를 상징하는 부분에 해당하는 '협성'이라는 부분을 계속 사용하였으므로[35] 상법 제42조 제1항의 상호를 속용하는 영업양수인의 책임규정을 유추적용하여 피고는 원고들에 대한 손해배상책임이 있다고 보았다.[36] 즉 원심은 영업의 출자가 영업양도가 될 수 있는가에 관하여, "영업을 출자하여 주식회사를 설립하고 그 상호를 계속 사용하는 경우에는, 영업의 양도는 아니지만 출자의 목적이 된 영업의 개념이 동일하고 법률행위에 의한 영업의 이전이란 점에서 영업의

35) 대법원 1989. 3. 28. 선고 88다카12100 판결. 동 판결에서는 상호의 속용에 대하여도 형식상 양도인과 양수인의 상호가 전혀 동일한 것임을 요하지 않고, 양도인의 상호 중 그 기업주체를 상징하는 부분을 양수한 영업의 기업주체를 상징하는 것으로 상호 중에 사용하는 경우를 포함한다고 할 것이고, 그 동일 여부는 명칭, 영업목적, 영업장소, 이사의 구성 등을 참작하여 결정하여야 한다.

36) 대구고법 1995. 1. 26. 선고 93나6981 판결.

양도와 유사하며 채권자의 입장에서 볼 때는 외형상 양도와 출자를 구분하기 어려우므로 새로 설립된 법인은 출자자의 채무를 변제할 책임이 있다"[37]고 하였다.

(3) 대법원의 판단

대법원은 원심과 동일한 판단을 하였다. 즉 "상법 제42조 제1항은 영업양수인이 양도인의 상호를 계속 사용하는 경우에는 양도인의 영업으로 인한 제3자의 채권에 대하여 양수인도 변제할 책임이 있다고 규정하고 있는바, 영업을 출자하여 주식회사를 설립하고 그 상호를 계속 사용하는 경우에는 영업의 양도는 아니지만 출자의 목적이 된 영업의 개념이 동일하고 법률행위에 의한 영업의 이전이란 점에서 영업의 양도와 유사하며 채권자의 입장에서 볼 때는 외형상의 양도와 출자를 구분하기 어려우므로, 새로 설립된 법인은 상법 제42조 제1항의 규정의 유추적용에 의하여 출자자의 채무를 변제할 책임이 있다고 할 것"이라고 보았다.[38]

(4) 쟁점 및 검토

기존의 영업을 회사의 설립시 또는 신주의 발행시 현물출자하는 경우가 있다. 이러한 영업의 현물출자는 영업양도와 유사한 효과가 있으므로 영업양도에 관한 규정을 유추적용하면 될 것이다.[39] 이에 반해 현물출자는 영업양도에 유사한 것이 아니라 영업양도 그 자체로 보는 입장[40]도 있다. 이 사건에서 결국 쟁점은 현물출자를 영업양도로 보아야 하는가 하는 문제와 이를 판단함에 있어서 결국 영업양도의 개념에서 상호의 동일성을 비롯한 '동일성의 유지'의 판단기준의 문제라고 생각된다.

영업양도에 해당되기 위한 영업의 동일성이 인정되는가 여부는 일반 사회관념에 의하여 결정되어져야 할 사실인정의 문제이기는 하지만, 단지 어떠한 영업재산이 어느 정도로 이전되어 있는가에 의하여 결정되어져야 하는 것이 아니고, 거기에 종래의 영업조직이 유지되어 그 조직이 전부 또는 중요한 일부로

37) 대법원 1989. 3. 28. 선고 88다카12100 판결도 동일한 취지의 판결이다. 동 판결에서는 또한 영업으로 인하여 발생한 채무란 영업상의 활동에 관하여 발생한 모든 채무를 말하는 것이므로 불법행위로 인한 손해배상채무도 이에 포함된다고 보고 있다.
38) 대법원 1995. 8. 22. 선고 95다12231 판결.
39) 최준선, 213면; 대법원 1995. 8. 22. 선고 95다12231 판결.
40) 이철송, 245면.

서 기능할 수 있는가에 의하여 결정되어져야 하는 것이 중요하다.[41)]

상호의 동일성과 관련하여서 대법원은, 상호의 계속사용은 상법(42조 1항)의 입법취지와 관련하여 판단하여야 한다는 취지의 입장을 보이고 있다. 즉 상법 42조 1항은 "일반적으로 영업상의 채권자의 채무자에 대한 신용은 채무자의 영업재산에 의하여 실질적으로 담보되어 있는 것이 대부분인데도 실제로 영업의 양도가 행하여진 경우에 있어서 특히 채무의 승계가 제외된 경우에는 영업상의 채권자의 채권이 영업재산과 분리되게 되어 채권자를 해치게 되는 일이 일어나므로 영업상의 채권자에게 채권추구의 기회를 상실시키는 것과 같은 영업양도의 방법(채무를 승계하지 않았음에도 불구하고 상호를 속용함으로써 영업양도의 사실이, 또는 영업양도에도 불구하고 채무의 승계가 이루어지지 않은 사실이 각각 대외적으로 판명되기 어려운 방법)이 채용된 경우에 양수인에게도 변제의 책임을 지우기 위하여 마련된 규정"[42)]이라고 하고, 그러한 입법취지를 관철시키는 입장에서 상호의 동일성이 결정되어야 하고 그렇게 볼 때에는 일반적으로 영업양도인이 사용하던 상호와 그 양수인이 사용하는 경우가 전혀 동일할 것까지는 필요없는 일이고 다만 전후의 상호가 주요부분에 있어서 공통되기만 하면 된다고 보았다. 이러한 법원의 입장에 대하여, 상법 제42조의 입법취지를 고려하여 본다면, 양수인에게 책임을 묻는 이유가 영업주체의 변동을 기존 거래상대방이 인식할 수 없을 정도로 상호가 동일하여야 한다는 외관에 근거한다고 볼 때 판례의 기준보다 더 엄격하게 상호의 동일성 요건을 강화하여야 한다고 보는 견해[43)]도 있다.

결국 영업출자가 영업양도인가 여부의 판단에 있어서 영업의 동일성의 판

41) 대법원 1989. 12. 26. 선고 88다10128 판결. 동 판결에서는 그 예로서, 영업재산의 전부를 양도했어도 그 조직을 해체하여 양도했다면 영업의 양도는 되지 않는 반면에 그 일부를 유보한 채 영업시설을 양도했어도 그 양도한 부분만으로도 종래의 조직이 유지되어 있다고 사회관념상 인정되기만 하면 그것을 영업의 양도라 하지 않을 수 없는 것이라고 하였다.

42) 대법원 1989. 12. 26. 선고 88다카10128 판결; 대법원 2009. 1. 15. 선고 2007다17123·17130 판결.

43) 권기훈, "영업양수인의 책임요건으로서의 상호의 계속 사용," 한양법학 제20권 제1집(2009. 2), 218면. 이철송, 267면에서도 판례가 동일하다고 본 '삼정장여관'과 '삼정호텔', '남성사'와 '남성정밀공업주식회사', 그리고 '주식회사파주레미콘'과 '파주콘크리트주식회사'의 경우(물론 지역적인 면도 고려를 한 판례들이라는 점도 있지만)에 그 타당성을 의문시하는 입장에 서 있다.

단의 문제이며, 그 구체적인 판단기준은 영업의 규모, 고객관계의 유지, 지역관계, 영업조직의 유지 등 모든 요소를 감안하여서 결정하여야 할 문제이며, 단순히 현물출자를 영업양도로 볼 것은 아니라고 생각한다. 동 사건에서 비법인 사업체인 '협성산업'과 '주식회사 협성'의 동일성 여부는 고객관계의 유지나, 지역적인 영업의 정도, 영업조직의 유지 등 제반 요소를 모두 감안하여 판단하여야 하겠으나, 비법인이 주식회사로 변경되는 것은 적지 않은 변화라고 볼 여지도 없지 않다.44)

4. 자산매매에 있어서 고용관계의 승계여부와 영업양도 인정

【대법원 2001. 7. 27. 선고 99두2680 판결】

(1) 사실관계

삼미특수강은 1996년 1,199억의 적자를 비롯하여 회사운영상 계속되는 적자의 부담을 이기지 못하고 사업의 일부(봉강 및 강관사업부문)를 정리하는 한편 봉강 및 강관사업부문의 자산 전부를 포항제철에 매각하는 자산매매계약을 체결하였다. 그런데 자산매매계약 제11조는 종업원에 대한 사항을 규정하고 있는데, 필요한 인원을 충원함에 있어서 삼미특수강의 근로자들을 공개채용절차에 의거하여 신규채용하는 방식으로 하기로 하였다. 또한 계약의 내용에는 매수인이 매도인인 삼미의 근로자를 인수할 의무를 부담하지 않는다고 하였고, 설사 신규채용에 실패하는 근로자들이 제기하는 소송 기타 법적 쟁송에 대하여 삼미가 비용을 부담하는 내용으로 규정되어 있었다. 여기에서 발생한 인적승계의 내용에 대하여 영업양도로 볼 것인지 아니면 단순한 자산매매계약으로 볼 것인지에 대한 다툼이 발생하였다.

(2) 원심의 판단

원심은 ① 두 회사가 사업목적이 다르다고 할 수 없고 인적 자산과 결합하여 삼미가 생산하던 동일한 제품을 생산할 수 있다는 점, ② 포항제철에 의하여 채용된 인원은 삼미가 요청한 인원의 75.6%이었고, 삼미를 퇴직하고 나서 신규채용된 것이 아니라, 신규채용이 되고 나서 퇴직하였다는 점, ③ 제품생산에 직

44) 대상판결에서는 이 부분에 대하여는 자세한 검토가 없어 아쉽다.

접적인 기능직 직원 1,871명 중 1,516명이 채용된 점, ④ 기술직 관리사원은 투병중인 2인을 제외한 62명 전원을 채용한 점, ⑤ 영업과 거래선을 유지하고 있다는 점 등을 들어서, 비록 포항제철이 삼미로부터 이 사건 자산매매계약을 체결함에 있어서 자산만을 인수할 뿐 인적 조직을 인수하지 아니할 것을 명시적으로 밝혔으며, 직원을 채용함에 있어서 신규채용 및 퇴직의 절차를 밟았고, 채권의 일부 및 채무의 전부를 인수하지 않았다든지 조직이나 제도가 일부 달라졌으며 일부 기술을 개선하였다고 하더라도, 포항제철은 실질적으로 삼미로부터 봉강 및 강관 부문에 관한 영업상의 물적·인적 조직을 그 동일성을 유지하면서 일체로서 포괄적으로 이전받음으로써 영업을 양도하였다고 판단하였다.[45]

(3) 대법원의 판단

대법원은 위와 같은 원심의 판단에 대하여 동의하지 않았다. 즉 "영업의 양도라 함은 일정한 영업목적에 의하여 조직화된 업체, 즉 인적·물적 조직을 그 동일성은 유지하면서 일체로서 이전하는 것으로서 영업의 일부만의 양도도 가능하고, 이러한 영업양도가 이루어진 경우에는 원칙적으로 해당 근로자들의 근로관계가 양수기업에 포괄적으로 승계되는바,"[46] 현실적으로는 사실인정의 문제이고 영업재산의 이전이 어느 정도로 이루어졌는가 하는 것이 중요한 것이 아니라 거기에 종래의 영업조직이 유지되어 그 조직이 전부 또는 중요한 일부로서 기능할 수 있는가에 의하여 결정되어져야 한다고 보았다.[47]

대법원은 삼미가 자산매매계약체결 전 ① 노동조합과의 단체교섭과정에서 노동조합측에게 이 사건 공장의 자산을 매각하지 않을 수 없는 불가피한 사정을 설명하면서 이 사건 자산매매계약이 이행되더라도 고용승계는 이루어지지 않는 점을 알리고 다만 양수인과 협의하여 최대한 고용이 보장되도록 노력하겠다는 취지로 설명한 사실, ② 삼미의 인적 조직을 해체하여 포항제철의 기준 및 인사관리방법에 따라 재배치한 사실, ③ 포항제철에는 이미 숙련된 인력이 있었다는 사실,[48] ④ 양수자산 중 봉강 부문은 시장상황으로 1996년 전체의

45) 서울고법 1999. 1. 22. 선고 97구53801 판결.

46) 대법원 2001. 7. 27. 선고 99두2680 판결. 동일한 견해로 대법원 1989. 12. 26. 선고 88다카10128 판결; 대법원 1997. 11. 25. 선고 97다35085 판결; 대법원 1998. 4. 14. 선고 96다8826 판결 등을 들고 있다.

47) 대법원 2001. 7. 27. 선고 99두2680 판결.

48) 실직하는 삼미의 종업원을 구제하는 차원에서 기준인원 범위 내에서 신규채용한 것이라고 주장하였다.

59.8%이던 생산량이 1998년 11.3%로 대폭 축소되어 생산전략이 대폭 수정된 사실, ⑤ 삼미의 거래선 중 원자재 구업처의 약 29%, 판매처의 약 10%를 유지하였을 뿐 대부분의 거래처를 다시 개척한 사실 등을 들면서 영업양도로 보기 어렵다는 입장을 취하였다. 그리고 대법원은 포항제철이 삼미 종업원의 고용보장 차원에서 삼미의 종업원 60.6%를 신규채용 형식으로 고용하였다 하여 달리 볼 수는 없다고 하였다.

(4) 쟁점 및 검토

동 판결에서는 자산매매계약의 영업양도에 해당되는지 여부를 판단함에 있어서, 기존 판례에서 많이 인용된 여러 가지 기준을 적용하면서도 특히 인적 승계에 관하여 검토하였는데, 판례는 영업양도 여부를 판단함에 있어서 인적 조직의 승계를 매우 중요시하는 입장에 서 있는 것은 사실이다.[49] 즉 대법원은 영업의 물적 설비 일체를 양도하였으나 종업원을 전원 해고하였다면[50] 영업양도가 아니라고 보았다.[51]

이 사건에서는 기본적으로 종업원의 불승계에 대한 명시적인 계약이 있었고 그것이 공지가 된 점과 채용인원으로 인하여 생산과 판매에 있어서 기존 회사의 경우와의 동일성이 떨어진다는 점을 고려하여, 대법원은 영업양도 여부의 판단기준에서 요구하는 '동일성의 유지'에는 미치지 못하는 것으로 판단한 것으로 보인다.

제 3 절 영업양도의 당사자와 영업양도의 절차

1. 당 사 자

영업양도의 양도인과 양수인 쌍방은 개인상인일 수도 있고 회사일 수도 있다. 즉 자연인 상호간, 회사 상호간, 그리고 자연인과 회사 상호간에도 영업양도

49) 이철송, 전게논문, 108면.
50) 대법원 1991. 8. 9. 선고 91다15225 판결. 근로자의 승계여부는 근로기준법의 문제로 연결되는 것이므로 종업원을 전원 해고하는 경우에는 영업양도가 아니며, 영업양도에 해당된다고 인정되는 경우에는 고용관계가 승계되는 것이며 불승계는 부당해고(근로기준법 27조 1항)에 해당된다고 하였다. 이철송, 전게논문, 108면 참조.
51) 대법원 1995. 7. 25. 선고 95다7978 판결.

가 가능하다. 그리고 회사의 경우에는 청산 중에도 영업양도가 가능하다.[52)]

양도인이 자연인상인인 경우 영업의 전부를 양도하면 상인자격을 상실하게 되고 영업의 일부만 양도하면 상인자격을 계속 유지하게 된다. 회사의 경우는 영업양도가 해산사유는 아니므로 영업을 양도하더라도 해산되지 않는다.

2. 영업양도의 절차

(1) 개인상인의 경우

개인상인이 영업양도를 하는 경우에는 회사와는 달리 특별한 절차를 요하지 아니하고 직접 계약을 체결하여 이루어진다.

양도인은 상인인 것이 당연하고, 양수인은 상인일 수도 있고 아닐 수도 있다. 만약 양수인이 상인이 아니면 양수로 인하여 상인자격을 취득하게 되며, 이러한 경우 영업양수 자체는 개업준비행위로서 이른바 보조적 상행위(47조)가 된다.

(2) 회사의 경우

(가) 대내적 의사결정

회사가 양도인인 경우, 합명회사 또는 합자회사,[53)] 유한책임회사에 있어서는 총 사원의 동의(204조, 269조, 287조의16), 해산 후에는 사원의 과반수결의(257조, 269조)를 요한다. 주식회사 또는 유한회사는 해산의 전후를 불문하고 영업의 전부 또는 중요한 일부의 양도에 있어서는 주주총회 또는 사원총회의 특별결의(374조, 576조)를 요한다.

회사가 양수인인 경우, 인적회사는 정관변경의 경우에만 총 사원의 동의가 필요하고(204조, 269조) 그 밖의 경우에는 일반적인 업무집행으로 가능하지만, 인적회사의 특성으로 보아 영업양도와 같은 구조적인 변화는 정관변경에 준하여 취급하는 것이 타당하다. 물적회사의 경우는 회사의 영업에 중대한 영향을 미치는 다른 회사의 영업의 전부 또는 일부를 양수하게 되면 총회의 특별결의가 필요하다(374조, 576조).

---

52) 상법 174조 3항 및 257조 참조.

53) 합자회사의 경우 직접적인 명문규정은 없지만 정관변경에 준해서 해석하는 것이 통설의 입장이다.

(나) 양도계약의 체결

영업양도는 당사자 간의 합의로 성립하며 서면계약인 것이 보통이며, 영업양도의 법적 성질은 채권계약으로 본다.[54] 양도의 대가가 주어진다는 점에서 매매나 교환과 유사하지만, 영업양도는 개개의 자산이전을 목적으로 하는 것이 아니므로 상법상의 특유한 계약으로 본다.[55] 이에 대하여 영업양도에는 영업의 매매 외에 경업금지의무와 사용인의 승계 등이 포함되므로 혼합계약으로 보는 견해도 있다.[56]

한편 영업양도는 채권계약인데, 반드시 계약의 명칭에 '영업양도'라는 말이 들어가야 하는 것은 아니며 그 실질에 따라서 판단하여야 하며, 판례는 더 나아가 영업을 양도한다는 명시적 의사가 없었다고 하더라도 당사자 간의 의사에 기해 실질적으로 동일한 영업이 영위되고 있다면 묵시적인 영업양도 계약이 있었다고 보고 있다.[57]

영업양도는 원칙적으로 자유이지만, 각종 특별법에서 영업양도를 제한하는 경우가 있다. 은행법 55조, 자본시장법 408조 및 417조, 보험업법 150조에서는 은행, 증권회사, 보험회사 등의 금융기관이 영업의 전부 또는 일부를 양도하거나 양수하는 경우에는 금융위원회의 인가를 요하고 있다. 그 밖에도 공정거래법에 의하여 일정규모 이상의 회사는 경쟁을 실질적으로 제한하는 기업결합으로서의 타 회사의 영업의 전부 또는 주요부분의 양수를 원칙적으로 금지하고 있으며(공정거래법 7조 1항 4호), 위반행위에 대하여는 형법에 의한 제재를 가할 것을 규정하고 있다(공정거래법 66조 1항 2호).

3. 영업의 일부양도

상법에서는 주식회사가 주주총회의 특별결의를 얻어 영업의 전부 또는 중요한 일부를 양도할 수 있으므로(374조 1항) 회사의 경우에 영업의 일부양도가 인정됨은 당연하고, 개인상인의 경우에도 부정할 특별한 이유가 없다.

---

54) 대법원 2005. 2. 22. 선고 2005다602 판결.
55) 이철송, 251면.
56) 최준선, 204면.
57) 대법원 2009. 1. 15. 선고 2007다17123·17130 판결.

영업의 일부양도도 영업양도이므로 상법상 영업양도의 개념과 절차를 충족시켜야 한다. 즉 양도되는 일부의 영업이 그 자체로서 조직화된 영업재산이어야 함은 물론이고 당해 영업부문의 인적·물적 조직의 동일성이 유지된 채 포괄적으로 이전되어야 하고, 또한 이전되는 영업재산만으로도 독립적으로 영업활동이 수행될 수 있어야 한다.[58] 따라서 독립적인 경영이 이루어지지 않는 출장소·판매장소 등을 양도하는 것은 영업의 일부양도라고 할 수 없고, 공장이나 작업장 같은 곳을 양도하더라도 이에 해당되기 어려울 것이다.

제 4 절 영업양도의 효과

1. 대내적 효과(당사자 간의 관계)

(1) 적극적 효과(영업재산의 이전의무)

영업양도계약에 의하여 양도인은 영업을 구성하는 각종 재산을 양수인에게 이전하여야 할 적극적인 의무를 부담한다. 따라서 개별적인 재산의 이전절차를 이행하여야 한다. 영업양도는 합병과 같은 포괄승계가 아니므로, 각종 재산에 대하여 개별적으로 이전절차를 밟아야 하고 제3자에 대한 대항요건도 구비하여야 한다. 즉 부동산과 상호의 이전등기, 동산의 인도, 특허권 등의 등록, 지시채권의 배서교부, 지명채권의 채권자에 대한 통지 또는 채무자의 승낙, 기명주식의 명의개서, 채무면제행위 등이 수반되어야 한다.

영업상의 채무는 영업양도에서 말하는 영업의 동일성과 관련이 없다고 보아야 하므로 양도당사자 간의 합의가 없다면 채무는 이전되지 않으며, 채무이전의 경우에는 인수절차가 필요하다(민법 453조, 454조). 채무가 승계되지 않으므로 양도인의 피보증인으로서의 지위도 승계되지 않는다. 따라서 보증인이 양도인의 채무를 변제하더라도 양수인에게 구상권을 행사할 수 없다.[59]

영업양도에서 인적 조직의 승계를 중요시하므로[60] 별도의 합의가 없더라

58) 이러한 의미에서 지점의 양도가 영업의 일부양도에 해당된다고 보고 있다. 이철송, 249면.
59) 대법원 1989. 12. 22. 선고 89다카11005 판결.
60) 대법원 1995. 7. 25. 선고 95다7987 판결.

도 당연히 고용관계도 승계된다고 보아야 하며, 근로조건도 유지되고 임금채무 등도 양수인에게 그대로 이전된다.[61]

(2) 소극적 효과(경업피지의무)

(가) 의무의 내용

영업양도인은 다른 약정이 없으면 10년간 동일한 서울특별시·광역시·시·읍·면과 인접 특별시·광역시·읍·면에서 동종영업을 하지 못한다(41조 1항). 그리고 양도인이 동종영업을 하지 아니할 것을 약정한 경우에는 동일한 특별시·광역시·시·군과 인접 특별시·광역시·시·군에 한하여 20년을 초과하지 않는 범위 내에서 효력이 있다(47조 2항).

양도인이 위의 의무를 위반한 경우에는 양수인이 그 경업행위의 중지 즉 강제이행을 법원에 청구할 수 있으며(민법 389조 2항), 의무위반으로 인하여 손해를 입은 경우에는 채무불이행으로 인한 손해배상을 청구할 수 있다(민법 390조, 393조).

(나) 의무의 범위

경업금지의무는 영업양도를 한 상인에게 부과되는 것이므로, 상인이 아닌 자가 영업을 양도하더라도 경업금지의무는 부담하지 않는다고 보는 견해가 있다.[62] 이에 대하여 상인이 아닌 자가 사업을 양도하더라도 그 사업이 영업이 아니면 경업금지의무를 과할 수 없다고 보는 견해[63]도 있다. 그러나 비영리법인이 이익을 발생하는 사업을 하는 경우 제한적인 범위에서 상인으로 볼 수 있고 또한 그러한 영업조직을 양도한 경우에 이들의 상인성이 인정될 수 있으므로 결국 양도인은 경업금지의무를 지는 것으로 풀이하여야 한다.

---

61) 대법원 1991. 8. 9. 선고 91다15225 판결; 대법원 2005. 2. 25. 선고 2004다34790 판결.
62) 정찬형, 175면; 최준선, 208면.
63) 이철송, 261면.

Q 도정공장을 양도한 농업협동조합의 상법상 경업금지의무 부담 여부?

【대법원 1969. 3. 25. 선고 68다1560 판결】64)

【판결요지】

농업협동조합이 도정공장을 양도했다 하더라도 동 조합은 양수인에 대하여 상법 제41조에 의한 경업금지 의무는 없다.

【참조조문】

상법 제41조, 농업협동조합법 제5조

【원심판결】

서울고등법원 1968. 6. 26. 선고 68나602 판결

【이 유】

원고 소송대리인의 상고이유를 보건대, 원판결이 확정한 사실에 의하면, 원고는 주소지에서 신흥 정미소라는 상호로 도정업을 하던 중 1966. 6. 4 위 정미소의 건물과 시설 일체를 대금 70만원에 피고에게 매도하였다가 그해 11. 5 이를 동액으로 다시 매수하여 운영중인데, 피고는 1967. 7.경 동소에 새로 정미소를 설치하고 도정을 하고 있다는 것인바, 상법상의 영업양도에 관한 규정은 양도인이 상인이 아닌 경우에는 적용할 수 없고, 또 농업협동조합법 5조 2항에 의하면, 동 조합은 영리나 투기사업을 하지 못하게 되어 있으므로 동 조합을 상인이라 할 수 없고 따라서 동 조합이 도정공장을 양도하였다 하더라도 동 조합은 양수인에 대하여 상법 41조에 의한 경업금지 의무는 없다 할 것이므로 설사 소론과 같이 피고가 사실상 영업행위를 하고 있다 하더라도 원고는 피고에 대하여 경업금지 청구권이 없으니 이를 전제로 한 원고의 청구를 배척한 원판결은 정당하다.

일부양도의 경우에도 경업금지가 적용되느냐에 관해서는 논란의 소지가 있다. 영업양도를 하는 때에 동일한 행정구역 내에 양도인이 동일업종의 영업소를 가지고 있는 경우에는 상법 41조의 적용을 배제한다는 묵시적 합의가 있는 것으로 보는 것이 합리적이다. 만약 동일한 업종의 영업소가 동일한 행정구역 내에 없다면 경업금지의무가 적용된다.

경업금지를 집행함에 있어서 지역적인 제한을 무리하게 적용해서는 안 된

64) 이철송 교수는 동 판례의 결론에 대하여, 도정업은 객관적으로 보아 영업이라고 보아야 하고 그 범위에서는 농협을 상인으로 보아 41조를 적용하여야 한다고 보고 있다. 결국 법령상 근거 등에 의하여 양도주체를 상인으로 보거나 양도대상을 영업으로 보느냐 하는 판단의 문제이지, 비상인의 비영리사업 양도는 당연히 41조와는 무관하다.

다. 즉 업종의 특성이나 규모에 따라서는 상법 41조의 규정을 문언대로만 적용하면 매우 불합리한 결과가 발생할 수도 있는데, 같은 행정구역이라 하더라도 업종의 특수성 및 고객관계의 지역성 등을 고려하여서 판단하여야 한다.[65)]

영업양도인의 경업금지의무는 양수인의 영업을 보호하고자 하는 것이 목적이므로 양수인이 영업을 폐지하였다면 양도인의 경업금지의무는 소멸된다.[66)]

Q 상법 41조의 입법 취지 및 영업양도인의 경업금지의무의 효력이 미치는 지역적 범위?

【제주지법 1998. 6. 3. 선고 98가합129 판결】

【판결요지】

[1] 이용업은 보통 소규모의 자본과 시설을 가지고 운영자의 기술과 친분으로 일반인에게 용역을 제공하는 사업으로서 작은 도시에도 수십 군데의 이용업소가 있고, 영업양도 또한 수시로 이루어지고 있는 것이 현실이라고 하더라도, 이용업은 상법 제46조 제9호에서 정한 상행위에 속하지 단순히 임금을 받을 목적으로 노무에 종사하는 것이라 할 수는 없으므로, 상법상 경업금지의무 규정이 이용업의 영업양도에 대하여 그 적용이 배제될 수는 없다.

[2] 상법 제41조에서 영업양도인의 경업금지구역에 인접 행정구역을 포함시킨 것은 행정구역 경계 주변에 소재하는 영업이 양도된 경우 동일 행정 구역이 아니라는 이유로 인접 행정구역에서의 경업이 허용되면 사실상 경업금지의 실효를 거두기 어렵다는 점을 고려하여 그렇게 된 것이고, 나아가 상법이 영업양도인에게 경업금지의무를 부과한 것은 영업양수인을 보호하는 데 그 목적이 있지 영업양도인을 제재하는 데 그 목적이 있는 것은 아니며, 경업금지 조항에 의하여 영업양수인이 보호되는 것은 사실이지만 다른 한편 그 규정에 의하여 양도인의 직업 선택의 자유가 침해되는 점 또한 부인하기 어려우므로, 행정구역 경계에 소재하지 않는 영업이 양도된 경우에도 위 조항을 제한 없이 적용하여 경업금지의무의 지역적 범위를 인접 행정구역에까지 넓혀 인정하는 것은 부적절하다.

(다) 경업금지의무의 승계

경업금지의무가 상속이나 회사합병과 같은 포괄승계에 의하여 이전되느냐

---

65) 이철송, 259면. 제주지법 1998. 6. 3. 선고 98가합129 판결에서는 상법 41조의 문언대로 적용을 하지 않고, 인접행정구역과 경계구역에 있는 경우로 한정되어야 한다는 판단을 한 바 있다.

66) 이철송, 260면.

에 관하여 의문이 있다. 상속의 경우에는 영업양도의 상속인의 의사에 의한 것이 아니었고 상속인의 직업선택의 자유를 보호한다는 차원에서 부정적으로 보아야 하겠지만, 회사합병의 경우에는 달리 볼 여지가 있다.[67] 즉 영업을 양도한 회사가 타법인에게 흡수합병되어 경업금지의무를 회피할 수 있다면 이는 부당하기 때문이다. 따라서 존속법인 또는 신설법인은 소멸법인의 경업피지의무를 승계한다. 영업양수인이 영업을 양도받은 후 재차 영업을 양도하는 경우에도 경업금지의무가 승계된다.[68]

한편 개인상인이 영업을 양도한 후 회사를 설립한 경우에는 어떠한가도 문제가 된다. 새로운 법인격이 발생하는 측면이 있고, 공동설립하는 경우라고 한다면 일률적으로 판단할 문제는 아니지만, 양도인이 양도 후 동종영업을 하는 경우에는 양수인의 이익을 해치는 결과가 발생하는 것은 분명하기 때문에 법인격부인의 법리를 적용할 여지는 존재한다.[69] 판례는 경업금지약정 체결 후 타인이 대표이사로 있는 회사를 실질적으로 지배하는 형식으로 동종영업을 운영하였다면, 설사 법인격부인의 요건에 해당하지 않는다고 하더라도, 위 경업금지약정을 위반한 것으로 본다.[70]

2. 대외적 효과(제3자에 대한 관계)

(1) 영업상의 채권자에 대한 관계

(가) 상호를 속용하는 경우

양수인이 양도인의 상호를 속용하는 경우 양도인의 영업으로 인한 제3자의 채권에 대하여 양수인도 변제책임이 있다(42조 1항). 왜냐하면 상호의 계속사용으로 인하여 양도인이 영업을 계속하는 것과 같은 외관을 창출하였기 때문이다. 그러나 양수인이 영업양도를 받은 후 지체 없이 채무없음을 등기하거나,[71] 양도인과 양수인이 지체 없이 제3자(채권자)에 대하여 그 뜻을 통지한 경우에는 양수인은 변제책임이 없다(42조 2항). 이상과 같은 상법 42조의 책임은

67) 이철송, 261면; 최준선, 208면.
68) 이철송, 262면.
69) 이철송, 262면; 최준선, 208면.
70) 대법원 2005. 4. 7.자 2003마473 결정.
71) 이 경우 등기는 양도인의 승낙서를 첨부하여 양수인이 신청하게 된다(상업등기법 34조).

영업양수에 따른 책임이 아니라 양도인의 영업이 계속되는 듯한 외관을 창출한 데 대한 책임으로 보아 영업양도가 유효함을 전제로 하지 않는다고 보는 견해[72]도 있다.

상호의 속용은 동일한 상호를 계속하여 사용한다는 것인데, 어느 정도를 계속 사용으로 볼 것인가는 문제이다. 상법 23조에서 타인의 영업으로 오인할 수 있는 상호의 사용과 동일하게 볼 수는 없으며, 이에 비하여 엄격하게 판단하여야 한다.[73] 즉 동일성의 정도가 매우 높은 정도여야 한다. 한편 판례는 상호의 명칭 자체의 동일성은 물론 영업목적, 영업장소, 이사 구성의 동일성 등의 여러 가지 요건을 종합적으로 보아서 판단하여야 한다고 하면서,[74] 그런데 판례는 영업양도 전후의 상호가 주요 부분에 있어서만 공통되기만 하면 충분하다고 하여 동일성의 판단에 있어서 넓게 해석하는 경향[75]이 있으나 이는 찬성하기 어렵다.

한편 상호의 속용이 아니라 영업표지를 속용하는 경우에도 영업양도에 관한 42조 1항을 적용하는 판례도 있다. 즉 상호를 속용하는 영업양수인에게 책임을 묻기 위해서는 상호속용의 원인관계가 무엇인지에 관하여 제한을 둘 필요는 없고 상호속용이라는 사실관계가 있으면 충분하다고 보고, 따라서 상호의 양도 또는 사용허락이 있는 경우는 물론 그에 관한 합의가 무효 또는 취소된 경우라거나 상호를 무단 사용하는 경우도 42조 1항의 상호속용에 포함하고 있으며, 나아가 영업양도인이 자기의 상호를 동시에 영업 자체의 명칭 내지 영업표지로서도 사용하여 왔는데, 영업양수인이 자신의 상호를 그대로 보유·사용하면서 영업양도인의 상호를 자신의 영업명칭 내지 영업표지로서 속용하고 있는 경우에는 영업상의 채권자가 영업주체의 교체나 채무승계 여부 등을 용이하게 알 수 없다는 점에서 일반적인 상호속용의 경우와 다를 바 없으므로, 이러한 경우도 42조 1항의 상호속용에 포함된다고 보고 있다.[76] 옥호(屋號)를 속용하는 경우

72) 이철송, 266면; 최준선, 210면.

73) 이철송, 267면.

74) 대법원 1989. 3. 28. 선고 88다카12100 판결.

75) 대법원 1998. 4. 14. 선고 96다8826 판결에서는 "피고 회사의 주된 목적이 파주레미콘과 유사하고 등기부상 주소 또한 파주레미콘과 동일하며, 상호 또한 동일성 인식의 주된 부분인 '파주'라는 명칭을 유지하면서 콘크리트의 일종인 '레미콘' 대신 "콘크리트'로 변경한 사실 등을 …"이라고 하고 있다. 최준선, 210면에서는 종래의 상호에 어떠한 字句를 부가하더라도 사회통념상 동일한 상호를 사용하는 것으로 인정되는 경우에도 42조의 적용대상이 된다고 하여 판례의 입장에 가까워 보인다.

76) 대법원 2009. 1. 15. 선고 2007다17123·17130 판결.

에도 이상과 같은 취지로 42조 1항을 유추적용한 판례[77]도 있다.

이러한 영업양도인의 책임은 영업양도 또는 채무인수 광고 후에는 제척기간 2년의 경과로 소멸하고, 양수인만이 책임을 부담한다(45조).[78]

Q **삼성장여관과 삼성호텔은 주요부분에 있어 동일한 상호인가?**

【대법원 1989. 12. 26. 선고 88다카10128 판결】

상법 제42조 제1항은 영업양수인이 양도인의 상호를 계속 사용하는 경우에는 양도인의 영업으로 인한 제3자의 채권에 대하여 양수인도 변제할 책임이 있다고 규정하고 있는바 이 규정은 일반적으로 영업상의 채권자의 채무자에 대한 신용은 채무자의 영업재산에 의하여 실질적으로 담보되어 있는 것이 대부분인데도 실제로 영업의 양도가 행하여진 경우에 있어서 특히 채무의 승계가 제외된 경우에는 영업상의 채권자의 채권이 영업재산과 분리되게 되어 채권자를 해치게 되는 일이 일어나므로 영업상의 채권자에게 채권추구의 기회를 상실시키는 것과 같은 영업양도의 방법(채무를 승계하지 않았음에도 불구하고 상호를 속용함으로써 영업양도의 사실이, 또는 영업양도에도 불구하고 채무의 승계가 이루어지지 않은 사실이 각각 대외적으로 판명되기 어려운 방법)이 채용된 경우에 양수인에게도 변제의 책임을 지우기 위하여 마련된 규정이라 할 것이므로 위 규정에서 말하는 상호의 계속사용은 그러한 입법취지를 관철시키는 입장에서 결정되어야 하고 그렇게 볼 때에는 일반적으로 영업양도인이 사용하던 상호와 그 양수인이 사용하는 경우가 전혀 동일할 것까지는 필요없는 일이고 다만 전후의 상호가 주요부분에 있어서 공통되기만 하면 된다고 볼 것이며 한편 제3자의 채권은 양도인의 영업으로 인하여 발생되는 것이어야 하되 위에서 본 바와 같이 상호를 속용하는 영업양수인의 책임은 어디까지나 채무승계가 없는 영업양도에 의하여 자기의 채권추구의 기회를 빼앗긴 채권자를 보호하기 위한 것이므로 영업양도에도 불구하고 채무인수의 사실 등이 없다는 것을 알고 있는 악의의 채권자가 아닌 한 당해 채권자가 비록 영업의 양도가 이루어진 것을 알고 있었다 해도 보호의 적격자가 아니라고 할 수는 없다. 이 사건에서 문제가 된 상호의 계속사용에 관한 원심의 확정사실과 판단을 보면 이 사건 영업의 양도인인 소외 ○○○가 사용한 상호는 삼정장여관이었다는 것이고 피고가 영업의 양수를 한 무렵부터 같은 건물에 사용한 상호는 삼정호텔이었다는 것이며 삼정장여관이나 삼정호텔이라는 상호는 사회통념상 동일성이 있다고 인정되므로…

77) 대법원 2010. 9. 30. 선고 2010다35138 판결.
78) 대법원 2009. 9. 10. 선고 2009다38827 판결.

Q 영업출자와 양도의 구분 및 남성정밀공업주식회사와 남성사의 동일성?

【대법원 1989. 3. 28. 선고 88다카12100 판결】
상법 제42조 제1항에는 영업양수인이 양도인의 상호를 계속 사용하는 경우에는 양도인의 영업으로 인한 제3자의 채권에 대하여 양수인도 변제할 책임이 있다고 규정되어 있는바, 첫째 영업을 출자하여 주식회사를 설립하고 그 상호를 계속 사용하는 경우에는 영업의 양도는 아니지만 출자의 목적이 된 영업의 개념이 동일하고 법률행위에 의한 영업의 이전이란 점에서 영업의 양도와 유사하며 채권자의 입장에서 볼 때는 외형상 양도와 출자를 구분하기가 어려우므로 새로 설립된 법인은 출자자의 채무를 변제할 책임이 있다 할 것이고, 둘째 양수인이 계속 사용하는 상호는 형식상 양도인의 상호와 전혀 동일한 것임을 요하지 않고, 양도인의 상호 중 그 기업주체를 상징하는 부분을 양수한 영업의 기업주체를 상징하는 것으로 상호 중에 사용하는 경우는 이에 포함된다고 할 것이고, 그 동일여부는 명칭, 영업목적, 영업장소이사의 구성이 동일한지 등을 참작하여 결정하여야 할 것인바, 원심이 인정한 사실에 비추어 피고 남성정밀공업주식회사는 남성사란 상호를 계속 사용한다고 보아야 할 것이며…

(나) 상호를 속용하지 않는 경우

양수인이 양도인의 상호를 속용하지 않더라도 채무인수를 광고한 경우라면 양도인의 영업으로 인한 채무에 대하여 변제할 책임이 있다(44조). 이 역시 외관을 창출한 데 대한 책임을 묻는 외관주의의 입장이다. 그러므로 '채무인수'라고 문자를 쓰지 않더라도 채권자가 사회(또는 거래)통념상 영업으로 인하여 생긴 채무를 인수한 것으로 일반적으로 믿을 수 있는 외관을 야기한 경우이면 이러한 책임을 부담한다.

대법원 판례에 따르면 영업양수인이 양도인의 채무를 받아들이는 취지를 광고에 의하여 표시한 경우에 한하지 않고, 양도인의 채권자에 대하여 개별적으로 통지를 하는 방식으로 그 취지를 표시하고 양도인의 채무를 일부 변제한 경우에도 적용이 되어, 그 채권자와의 관계에서는 위 채무변제의 책임이 발생한다.[79] 이 경우 양도인의 영업으로 인한 채무와 양수인의 상법 44조에 따른 채무는 같은 경제적 목적을 가진 채무이어서 서로 중첩되는 부분에 관하여는 일방

79) 대법원 2010. 1. 14. 선고 2009다77327 판결; 대법원 2008. 4. 11. 선고 2007다89722 판결.

의 채무가 변제 등으로 소멸하면 다른 일방의 채무도 소멸하는 이른바 부진정 연대의 관계에 있다.[80]

Q 영업양수인의 영업양도인의 채권자에 대한 채무수용의 통지를 한 경우에도 영업양수인에게 변제의 책임이 발생하는가?

【대법원 2008. 4. 11. 선고 2007다89722 판결】
양도인의 상호를 계속 사용하지 아니하는 영업양수인에 대해서도 양도인의 영업으로 인한 채무를 인수할 것을 광고한 때에는 그 변제책임을 인정하는 상법 제44조의 법리는 영업양수인이 양도인의 채무를 받아들이는 취지를 광고에 의하여 표시한 경우에 한하지 않고, 양도인의 채권자에 대하여 개별적으로 통지를 하는 방식으로 그 취지를 표시한 경우에도 적용이 되어, 그 채권자와의 관계에서는 위 채무변제의 책임이 발생한다고 보아야 할 것이다.
위 법리와 기록에 비추어 살펴보면, 원심이 그 채용증거를 종합하여 인정되는 다음과 같은 사정, 즉 피고가 위 미래테크로부터 그 판시 영업을 양수한 직후 원고에게 위 미래테크의 상호가 '미래테크(주)'에서 피고의 상호인 '(주)안테나 텍'으로 변경되었고, 연락처 및 주소도 변경되었다는 취지의 문서를 팩스로 보낸 데 이어 재차 발신자를 '(주)안테나텍(구 미래테크)'이라고 표시한 문서에 피고의 사업자등록증을 첨부하여 팩스로 보낸 사실, 그 이후 피고가 원고와 거래를 하면서 자신이 납품받은 물품에 대한 물품대금은 물론 원고에 대한 132,699,189원의 물품대금채무 중 68,840,000원을 변제하기까지 한 사실 등에 기초하여 피고는 영업양도인인 위 미래테크의 원고에 대한 판시 물품대금채무를 변제할 책임이 있다고 인정한 것은 정당한 사실인정과 판단으로 수긍할 수 있다.

(2) 영업상의 채무자에 대한 관계

양수인이 양도인의 상호를 속용하는 경우 양도인의 채무자가 선의이며 중대한 과실 없이 행한 양수인에 대한 채무변제는 유효하다(43조). 이 경우 양수인은 자신이 수령한 급부를 양도인에게 반환하여야 한다.[81] 여기서의 채무자의 선의는 채권양도가 없었다는 사실을 인식하지 못했음을 의미한다고 보는 견해[82]도 있으나, 영업양도 사실을 알지 못했다는 것을 의미한다고 보는 것이 다

80) 대법원 2009. 7. 9. 선고 2009다23696 판결.
81) 이철송, 275면.
82) 송옥렬, 88면.

수설[83]이다.

양수인이 양도인의 상호를 속용하지 않는 경우는 상법에 아무런 규정이 없으므로 민법의 일반원칙에 따라서, 양도인의 영업상의 채권이 이전되는 영업재산에 포함되고 대항요건이 구비된 경우에는 당연히 양수인에게 변제하여야 한다.

3. 양도인의 담보책임의 문제

양수한 재산이나 사실관계가 영업양도계약의 내용과 달라서 양수인이 영업양도의 목적을 달성할 수 없는 경우에는 어떻게 되는가? 즉 양수한 채권이 무효이거나 추심불능인 경우, 영업에 관한 소송으로 인하여 영업이 불가능한 경우, 그리고 양도계약에서 예정되지 아니한 채무가 있는 경우 등이 바로 그것이다.

이러한 것에 대하여 영업양도계약에서 미리 정한 경우에는 그에 따르겠지만, 그렇지 않으면 민법상 하자담보책임(민법 580조, 569조-579조)을 적용할 수 있을 것이다. 예상 밖의 채무가 발견된 때에는 채권자와 양수인 간의 관계는 상법 42조, 44조에 의하여 처리하고 양수인은 양도인에게 구상할 수 있다고 보면 될 것이다.[84] 만약 이러한 사정으로 인하여 영업 자체를 계속할 수 없을 때에는 영업양도계약을 취소하고 원상회복이나 손해배상을 청구할 수 있다고 본다. 그러나 실제적으로 양도인에게 사기가 없는 한 취소사유가 성립하기 어렵다.

4. 영업양도와 고용관계

(1) 근로계약의 자동적 이전문제

영업의 인적 조직의 이전문제와 관련하여, 통설은 영업양도는 기업 그 자체의 이전이므로 인적 조직도 당연히 이전되어야 하며, 따라서 "노무자의 동의 없이 고용계약상의 권리를 제3자에게 양도하지 못한다"고 하는 민법 657조 1항의 규정은 영업양도에는 적용되지 않는다고 한다. 대법원도 "영업양도라 함은 일정한 목적에 의하여 조직화된 일체 즉 인적·물적 조직을 그 동일성을 유지하

83) 정동윤, 124면; 정찬형, 180면.
84) 김성태, 334면.

면서 일체로서 이전하는 것으로서, 영업의 일부만의 양도도 가능하고 이러한 영업양도가 이루어진 경우에는 원칙적으로 해당 근로자들의 근로관계가 양수하는 기업에 승계된다"고 판시하였다[85].

그러나 이에 대하여 상호 신뢰를 요소로 하는 고용관계를 무시하는 것이라는 비판을 하면서 민법 657조 1항의 규정의 적용을 주장하는 견해도 있다. 그러나 고용계약에 의한 상업사용인을 인적 시설로 보아서 영업양도의 대상으로 본다면 별 논란의 무리가 없지 않을까 한다.

양도대상인 영업의 기능에는 인적 조직 내지 근로관계로 포함된다고 보는 것이 타당하다. 대법원은 "운수업자가 운수업을 폐지하는 자로부터 그 소속종업원들에 대한 임금 및 퇴직금 등 채무를 청산하기로 하고 그 운수사업의 면허 및 운수업에 제공된 물적 시설을 양수한 후, 폐지 전 종업원 중 일부만을 신규채용의 형식으로 새로이 고용한 경우, 그러한 사정만으로는 영업양도라고 할 수 없다"고 하였다.[86]

(2) 영업양도와 해고

영업양도 당시 해고의 부당성을 다투는 근로자의 지위도 양수인에게 승계된다고 보아야 할 것이지만, 대법원은 양도 이전에 해고된 근로자의 지위는 승계대상에서 제외하고 있다. 즉 "영업양도계약체결일 현재 실제로 그 영업부문에서 근무하고 있는 근로자와의 근로관계만을 의미하고 계약체결일 이전에 해당 영업부문에서 근무하다가 해고 또는 면직된 근로자로서 해고 및 면직처분의 효력을 다투는 근로자와의 근로관계까지 승계하는 것은 아니다"라고 판시[87]하여 근로자의 지위가 보장받지 못하는 결과를 낳고 있다. 이러한 결과는 기업으로서 부담스러운 근로자를 배제하는 논리와 근거로 악용될 소지가 있으므로 재고되어야 할 것이다.[88]

영업양도에 있어서 근로관계의 일부를 승계대상에서 제외하기로 하는 양도인·양수인 간의 특약은 실질적인 해고에 해당하므로 근로기준법 27조 소정의

85) 대법원 1994. 11. 18. 선고 93다18938 판결.
86) 대법원 1995. 7. 25. 선고 95다7987 판결; 대법원 1995. 7. 14. 선고 94다20198 판결.
87) 대법원 1993. 5. 25. 선고 91다41750 판결; 대법원 1995. 9. 29. 선고 94다54245 판결; 대법원 1996. 5. 31. 선고 95다33238 판결.
88) 김성태, 385면.

'정당한 사유'가 있어야 유효하다.[89] 따라서 영업양도를 이유로 한 해고는 정당한 사유에 해당되지 않는다.[90]

Q **영업양도에 있어서 근로계약의 승계범위는?**

【대법원 1995. 9. 29. 선고 94다54245 판결】
【판결요지】
가. 영업양도 계약에 따라 승계되는 근로관계는 계약 체결일 현재 실제로 근무하고 있는 근로자와의 근로관계만을 의미하고 계약 체결일 이전에 근무하다가 해고된 근로자로서 해고의 효력을 다투는 근로자와의 근로관계까지 승계되는 것은 아니며, 사업양도 계약의 당사자는 양도 과정에 소요되는 기간 등을 고려하여 근로관계 승계 기준일을 계약 체결일과 다른 일자로 정할 수 있다.
나. 영업양도 당사자 사이에 근로관계 일부를 승계의 대상에서 제외하기로 한 특약이 있는 경우에는 그에 따라 근로관계의 승계가 이루어지지 않을 수 있으나, 그러한 특약은 실질적으로 해고와 다름이 없으므로 근로기준법 제27조 제1항의 정당한 이유가 있어야 유효하다.
【원심판결】
서울고등법원 1994. 10. 5. 선고 93나35195 판결

89) 대법원 1995. 9. 29. 선고 94다54245 판결; 대법원 1994. 6. 28. 선고 93다33173 판결에서도 "…영업이 포괄적으로 양도되면 반대의 특약이 없는 한 양도인과 근로자간의 근로관계도 원칙적으로 양수인에게 포괄적으로 승계된다 할 것이고, 영업양도 당사자 사이에 근로관계의 일부를 승계의 대상에서 제외하기로 하는 특약이 있는 경우에는 그에 따라 근로관계의 승계가 이루어지지 않을 수 있으나, 그러한 특약은 실질적으로 해고나 다름이 없다 할 것이므로, 근로기준법 제27조 1항 소정의 정당한 이유가 있어야 할 것이며, 영업양도 그 자체만을 사유로 삼아 근로자를 해고하는 것은 정당한 이유가 있는 경우에 해당한다고 볼 수 없다"고 하였다.
90) 대법원 1994. 6. 28. 선고 93다33173 판결.

제 5 장 영업의 임대차와 경영위임

1. 의 의

상법상 영업양도는 아니지만 영업의 경영구조에 변동을 초래하는 것으로 영업의 임대차와 경영의 위임이 있다. 영업의 임대차라 함은 상인이 그 영업의 전부 또는 일부를 일괄하여 타인에게 임대하는 계약을 말한다. 영업의 임대차의 결과 상호·영업권 등을 포함한 모든 영업재산과 인적설비는 모두 임차인의 지휘하에 들어가게 되고 영업거래에서 발생하는 모든 권리와 의무는 임차인에게 귀속된다.

경영의 위임은 상인이 타인에게 그 영업의 경영을 위탁하는 계약이다. 이에 의하여 영업재산의 관리와 영업활동은 수임인의 관장하에 놓이게 되지만, 회사법상의 효력이 발생하는 것에 관하여는 위임의 범위에서 제외된다. 경영을 위임하더라도 명의와 손익의 계산은 모두 영업주에게 귀속되고 수임인은 보수를 받는 것에 그친다.

주식회사 또는 유한회사가 이러한 계약을 하는 경우에는 주주총회 또는 사원총회의 특별결의를 거치도록 하고 있다(374조 2호, 576조 1항).

Q **영업양도와 영업의 임대차의 관계는?**

【대법원 1996. 10. 25. 선고 96도2165 판결】
【판결요지】
구 식품위생법(1995. 12. 29. 법률 제5099호로 개정되기 전의 것) 제25조 제1항, 제3항에 의하여 영업양도에 따른 지위승계신고를 수리하는 허가관청의 행위는, 단순히 양도·양수인 사이에 이미 발생한 사법상의 사업양도의 법률효과에 의하여 양수인이 그 영업을 승계하였다는 사실의 신고를 접수하는 행위에 그치는 것이 아니라, 실질에 있어서 양도자의 사업허가를 취소함과 아울러 양수자에게 적법히 사업을 할 수 있는 권리를 설정하여 주는 행위로서 사업허가자의 변경이라는 법률효과를 발생시키는 행위이다. 그러므로 구 식품위생법 제25조 제1항, 제3항에서 정한 영업의 양도에는 문언의 의미상으로나 성질상으로나 영업의 임대차가 포함될 수 없다.

2. 특별법에 의한 제한

영업의 임대차가 기업결합의 방법으로 이용되는 경우에는 공정거래법에 의한 규제를 받게 된다. 즉 자본금 또는 자산총액이 일정한 규모 이상인 회사가 직접 또는 계열회사나 특수관계인(시행령 12조)을 통하여 다른 회사의 영업의 전부 또는 주요부분의 임차를 하는 것은 그것이 일정한 거래분야에서 경쟁을 실질적으로 제한하게 될 때는 원칙적으로 금지된다(공정거래법 7조 1항 4호). 위반시에는 형사제재가 가해진다(공정거래법 66조 1항 2호).

공정거래법에 의하면, 일정규모 이상의 회사가 경쟁제한이 되는 기업결합으로서 타 회사의 경영의 수임을 하는 것은 원칙적으로 영업양수와 같이 금지되고 있다(공정거래법 7조 1항 4호).

● 사례형 연구

[제1문]
甲 주식회사는 1999년 5월 설립된 회사로서 동 회사의 정관에 따르면 상호도 역시 '甲 주식회사'로 명시되어 있으며, '문화, 예술 이벤트, 기획 및 설치, 경영관리업'과 '평생교육 및 지식, 인력 개발사업' 등을 사업목적으로 하고 있다. 甲 회사는 乙 회사가 소유한 건물의 일부를 빌려서 '한국종합학술원'이라는 영업표지로 평생교육법상 평생교육시설을 운영하였는데, 201△년 11월 현재까지 3개월간 1억원 상당의 임대료와 관리비 및 연체이자를 乙 회사에게 지급하지 않고 있다. 현행 평생교육법에 따르면 동법에 의하여 설치된 교육시설과 관련한 사업을 관할세무서는 면세사업으로 취급하며, 동 교육시설과 그 운영에 대해서는 평생교육진흥원장과 교육과학기술부장관으로부터 감시·감독을 받는다. 甲 회사는 201△년 11월 교육시설을 丙 회사에게 양도하였으며, 丙 회사는 '한국종합학술센타'라는 영업표지를 내걸고 양수한 동 교육시설을 운영하고 있다. 乙 회사는 동 교육시설이 양도되었다는 사실을 알게 된 201△년 12월에 丙 회사에 대하여 1억원 상당의 채무를 변제하라는 소를 제기하였는데, 법원은 과연 이를 인용할 것인가?

Ⅰ. 문제의 소재

본 사례에서 乙 회사가 丙 회사에 대한 채무이행청구의 소가 인용되기 위해서는 다음과 같은 사항들을 검토하여야 한다. 첫째, 甲 회사의 교육시설을 포함한 영업을 丙 회사에 양도한 것에 대하여 상법이 적용될 수 있는지의 여부를 살펴보아야 한다. 둘째, 乙 회사가 丙 회사에 대하여 채무변제를 청구할 수 있으려면 丙 회사가 그 책임을 부담하는 지위에 있어야 한다. 본 사례에서 丙 회사가 甲 회사의 상호를 속용하지 않았을지라도 甲 회사영업표지를 속용한 경우에도 상법 제42조의 상호를 속용하는 양수인의 책임을 규정한 상법 제42조를 유추적용할 수 있는지가 문제된다.

Ⅱ. 甲 회사의 교육시설 운영에 대한 상법적용가능성 검토

1. 보조적 상행위에 대한 상법의 적용

회사는 상행위를 하지 아니하더라도 상인으로 본다(상법 제5조 제2항). 그리고 상인이 영업을 위하여 하는 행위는 상행위로 보며(상법 제47조 제1항), 같은

조 제2항은 상인의 행위는 영업을 위하여 하는 것으로 추정한다고 규정하고 있다. 이와 같이 상인이 영업을 위하여 하는 행위를 보조적(부속적) 상행위라고 하는데, 이에 대해서는 상법이 적용된다.

2. 사안에 대한 적용

본 사례에서의 교육시설은 주식회사인 甲이 운영하고 있을 뿐만 아니라 그러한 운영은 동 회사의 정관에 규정한 목적의 하나에 해당하고 있으므로 동 교육시설은 영업용 재산에 해당하고, 따라서 이를 양도하는 것은 상법상의 영업양도에 해당한다. 동 교육시설과 관련한 사업이 면세사업으로 취급되고 평생교육진흥원장과 교육과학기술부장관으로부터 감시·감독을 받는다는 사정만으로는 동 교육시설 운영행위가 상행위 또는 보조적 상행위가 아니라고는 할 수 없다.

Ⅲ. 丙 회사의 책임 유무

1. 영업표지의 속용시 영업양수인의 책임

(1) 영업양도와 채권자보호

영업양도라 함은 일정한 영업목적으로 조직화된 유기적 일체로서의 영업재산을 그 동일성을 유지하면서 이전함을 목적으로 하는 채권계약을 뜻한다.[1] 영업양도의 효과로써 제3자와의 대외적 관계에서 영업상의 채권자는 영업양도로 인하여 피해를 입지 않아야 할 것이므로 영업양수인은 일정한 요건하에 기존의 영업상 채권자에게 채무를 변제할 책임을 부담하게 된다.

(2) 양수인의 책임성립요건

(가) 영업의 양수

영업양수의 기초가 되는 계약의 법적 성질은 불문한다. 따라서 매매, 교환, 증여, 신탁 등의 방법을 통해 영업을 양수받을 수 있다.

(나) 영업으로 인한 채권일 것

상법은 영업으로 인한 채권에 한하여 상호를 속용하는 양수인의 책임(상법 제42조) 및 채무인수를 광고한 양수인의 책임(상법 제44조)을 인정하고 있다. 이 경우의 채권에는 영업양도 당시에 존재하는 영업상의 채권인 이상 거래상의 채권은 물론 불법행위, 부당이득 등으로 인한 채권도 보호범위에 포함한다. 판례

---

1) 대법원 1989. 12. 26. 선고 88다카10128 판결; 대법원 2005. 7. 22. 선고 2005다602 판결.

도 같은 입장이다(대법원 1989. 3. 28. 선고 88다카12100 판결).

(다) 책임을 물을 수 있는 외관의 형성

1) 상호속용 또는 채무인수의 광고

영업양도계약을 이행하기 위해서는 양도인은 영업에 속하는 개별재산은 각각 따로 이전하여야 할 의무를 부담한다. 양도인의 제3자에 대한 영업상 채무의 경우에도 채무인수계약(민법 제453조, 제454조)을 따로 체결하지 않는 한, 영업양도의 사실만으로 양수인이 책임을 부담할 이유는 없다.

그러나 양수인이 양도인의 상호를 속용하는 등 일정한 사정으로 종전 영업의 채권자가 영업양도의 사실을 알지 못하는 경우와 실제로 채무이전을 하지 않았으면서도 채무를 이전한 것과 같은 외관을 야기한 경우에는 외관법리에 의해 채권자를 보호할 필요가 있다. 이에 상법은 특칙을 두어 양수인이 종전의 상호를 계속 사용한 경우(상법 제42조 제1항)와 사용하지 않는 경우라도 양수인이 양도인의 채무를 인수한 것처럼 광고한 경우(상법 제44조)에는 채무인수의 외관을 야기한 것으로 보아 양수인에게도 변제할 책임이 있다고 규정하고 있다. 이러한 영업양수인의 책임은 상호속용 또는 채무인수광고로 인한 외관에 따른 책임이라는 점에서 반드시 유효한 영업양도계약을 전제로 하는 것도 아니다. 상법 제42조 제1항의 상호속용은 반드시 동일한 상호를 계속 사용하는 경우만을 의미하는 것이 아니라 사회통념상 객관적으로 판단하여 채권자가 상호의 속용이 있다고 믿을 정도의 외관이 있으면 이에 해당한다.[2]

이러한 영업양수인의 책임은 그가 영업양도를 받은 후 지체 없이 양도인의 채무에 대한 책임이 없음을 등기한 때에는 부담하지 않는다. 양도인과 양수인이 지체 없이 제3자에 대하여 그 뜻을 통지한 경우에도 양수인은 그 통지를 받은 제3자에 대하여도 이상의 책임을 부담하지 않는다(상법 제42조 제2항).

2) 옥호 또는 영업표지의 속용

상법 제42조 제1항의 영업양수인의 책임은 상호를 속용하는 경우에 적용된다. 상법의 규정을 문리적으로 해석할 경우 상호와는 별도로 영업의 동일성을 표시하기 위하여 영업표지를 속용하는 경우에는 영업양수인의 책임은 발생할 여지가 없다. 그러나 상법 제42조 제1항의 취지가 영업양수인이 상호를 속용하

---

2) 대법원 1989. 12. 26. 선고 88다카10128 판결.

는 경우 영업상의 채권자가 영업주체의 교체나 채무승계 여부 등을 용이하게 알 수 없다는 현실을 반영하여 외관이론에 따라 영업양수인에게 책임을 부담시키는 데 있다는 점을 고려할 때 양수인에 의하여 속용되는 명칭이 상호 자체가 아니라 옥호(屋號) 또는 영업표지인 때에도 상호속용의 경우와 동일하게 영업주체의 변동을 인식하기 어렵기 때문에 일반적인 상호속용의 경우와 다르게 취급할 필요가 없다. 대법원 판례도 이와 같은 취지로 판시하고 있다. 다만, 상법 제46조 제1항을 바로 적용하여 상호속용과 영업표지의 속용을 동일시한 판례[3]도 있지만, 최근에는 이를 달리 취급하되 상법 제46조 제2항을 유추적용하는 쪽으로 입장을 변경하고 있다.[4] 이상의 2가지 판례 중에서 상법 제42조 제1항이 영업표지를 속용하는 경우에도 적용된다는 명시적인 규정이 없다는 점에 비추어 볼 때 후자의 판례가 법리적으로 좀 더 합리적이라고 판단된다.

(라) 채권자의 선의여부

상법 제42조 제1항의 양수인의 책임이 발생하기 위해서는 해당 채권자가 선의일 것을 요건으로 하는지에 관해서는 학설이 나누어지고 있다. 먼저 동 책임을 인정하는 이유가 선의의 채권자를 보호하기 위한 것이라는 점에서 채권자가 선의일 것을 요구한다는 입장이 있다. 이와는 반대로 채권자는 자신이 알지 못한 영업양도에 의하여 담보재산을 잃게 되는 것은 부당하며, 또한 양수인으로서는 상법에 따라 등기 또는 채권자에게 통지를 함으로써 양도인의 책임을 면할 수 있다는 점 등을 고려할 때 채권자의 선의·악의는 불문한다는 입장도 있다. 대법원 판례는 “영업양도에도 불구하고 채무승계의 사실 등이 없다는 것을 알고 있는 악의의 채권자가 아닌 한, 당해 채권자가 비록 영업의 양도가 이루어진 것을 알고 있었다고 하더라도 그러한 사정만으로 보호의 적격이 없다고는 할 수 없고, 이 경우 당해 채권자가 악의라는 점에 대한 주장·증명책임은 상법 제42조 제1항에 의한 책임을 면하려는 영업양수인에게 있다”는 입장이다.[5]

2. 사안에 대한 적용

甲 회사는 乙 회사의 건물 일부를 빌려서 교육시설을 운영하였으므로 乙 회사의 甲 회사에 대한 임대료 등의 채권은 영업으로 인한 채권에 해당한다.

---

3) 대법원 2009. 1. 15. 선고 2007다17123·17130 판결.
4) 대법원 2010. 9. 30. 선고 2010다35138 판결.
5) 대법원 2009. 1. 15. 선고 2007다17123·17130 판결.

丙 회사는 甲 회사가 기존에 사용하던 영업표지와 매우 유사하여 사회적인 통념상 구분하기 어려운 '한국종합학술센타'라는 영업표지로 甲 회사로부터 양수받은 교육시설을 운영하였으며, 특히 사례에서 채무없음을 등기하였거나 지체없이 乙 회사에게 그 뜻을 통지하였다는 사실이 드러나지 않았으므로 영업양수인의 책임을 물을 수 있는 외관형성의 요건을 충족하였다. 마지막으로 사례에서는 乙은 동 교육시설이 丙 회사에게 양도된 사실을 1개월이 지난 후에서야 알게 되었다는 점에서 선의로 판단된다. 따라서 대법원 판례에 따라 상법 제42조 제1항의 영업양수인의 책임을 물을 수 있다.

Ⅳ. 사례의 해결

법원은 상호속용시 영업양수인의 책임을 규정한 상법 제42조 제1항을 유추적용하여 乙 회사가 丙 회사에 대하여 제기한 소를 인용할 것이다.

[제2문]
X는 A 주식회사가 운영하던 ○○번 시내버스를 타고 가던 중에 운전사의 과실로 다른 버스와 충돌하는 바람에 사망하였다. 그 후 A 회사는 위 노선의 시내버스 영업을 새로 설립된 Y 주식회사에게 양도하였다. Y 회사는 일간신문에 "금번에 설립된 저희 Y 회사는 A 주식회사로부터 ○○번 시내버스 영업을 양수하여 새롭게 발전된 모습으로 출발하겠습니다. 잘 부탁드립니다"라고 광고하였다. 이에 X의 상속인 甲은 Y회사에 대하여 X의 사망으로 인한 손해배상을 청구하고자 한다. 과연 甲의 청구는 인정될 것인가?

Ⅰ. 문제의 소재

본 사례에서 X의 Y 회사에 대한 손해배상청구권의 행사가 정당한지의 여부를 살펴보기 위해서는 다음과 같은 사항들을 검토하여야 한다. 첫째, X가 시내버스를 타고 가던 중 운전사의 과실로 인하여 사망하였으므로 여객운송인인 A 회사가 손해배상책임을 부담하는지의 여부가 문제된다. 이를 위해 본 사례에서 피해자 X가 사망하였기 때문에 그의 손해배상청구권이 그 상속인 甲에게 승계될 수 있는가의 여부를 살펴보아야 한다.

둘째, X(실질적으로는 그의 상속인 甲)가 Y 회사에 대하여 손해배상을 청구할 수 있으려면 시내버스 영업의 양수인 Y 회사가 그 책임을 부담하는 지위에 있어야 한다. 본 사례에서 Y회사가 A 회사의 상호를 속용하지 않았을지라도 Y 회사의 광고가 A 회사의 채무를 인수하는 취지로 볼 수 있다면 A측에 대해 채무를 변제할 책임을 부담하게 된다. 그러므로 Y 회사의 광고의 법적 성격이 문제된다.

Ⅱ. A 회사의 손해배상책임 부담여부

1. 채무불이행에 따른 손해배상책임

(1) 여객운송인 책임의 성립요건

(가) 여객운송계약의 존재

여객운송인이 상법상의 책임을 부담하기 위해서는 먼저 여객과 운송인 사이에 적법하게 체결된 운송계약이 존재하여야 한다.[6)]

(나) 여객운송인의 주의의무위반

상법에 따르면 여객운송인은 자기 또는 사용인이 운송에 관한 주의를 해태하지 아니하였음을 증명하지 아니하면 여객이 운송으로 인하여 받은 손해를 배상할 책임을 면하지 못한다(상법 제148조 제1항). 즉, 여객운송인은 여객이 안전하게 목적지에 도착하도록 선량한 관리자의 주의의무를 부담하고 있으며, 이 의무를 해태함으로써 여객에게 손해를 입혔을 때에는 채무불이행으로 인한 손해배상책임을 부담하게 된다. 운송인측이 고의·과실이 없었음을 증명하여야 한다.

(2) 손해의 범위

상법 제148조 제1항의 '여객이 운송으로 인하여 받은 손해'라 함은 보통 여객의 사상(死傷)으로 인한 손해를 말한다. 이에는 재산적 손해는 물론이고 정신적 손해가 포함된다. 재산적 손해의 범위에는 여객의 사상으로 인한 장례비 및 치료비와 같은 적극손해는 물론 장래의 일실이익 등의 소극손해도 포함된다. 여객의 정신적 손해는 위자료를 말한다.

(3) 손해배상청구권의 상속성

피해자가 사망한 경우 그의 손해배상청구권은 상속인에게 승계된다(통설).

---

6) 대법원 1991. 11. 8. 선고 91다20623 판결.

운송채무의 불이행에 의한 위자료청구권도 피해자가 그 청구권을 특별히 포기·면제하는 의사를 밝히지 않는 한 피해자에게 당연히 성립하고 피해자의 사망에 의해 상속인에게 승계된다.[7)]

(4) 사안에 대한 적용

본 사안에서 X는 ○○번 시내버스에 타고 가던 중에 사고를 당하였는데, 통상 시내버스 이용자는 요금을 지불한 후 승차한다는 점에서 운송계약의 체결과 관련하여 특별히 문제될 것은 없다. 따라서 A 회사는 그 사용인에 해당하는 버스운전사가 운송에 관한 주의를 해태하지 아니하였음을 증명하지 못하면 손해배상의 책임을 부담하여야 하는데, 본 사안에서는 버스운전사의 과실을 분명히 밝히고 있으므로 여객운송에 있어서 여객운송인의 주의의무위반이 인정된다.

X는 여객운송인 측의 주의의무위반으로 사망하였으므로 X의 사망에 대하여 A 회사는 상법 제148조에 기하여 손해를 배상할 책임을 부담한다. 그 내용에는 재산적 손해와 정신적 손해가 모두 포함될 것이다. 그러나 본 사안에서 X가 사망하였으므로 A 회사에 대한 손해배상청구권은 상속인 甲에게 승계된다.

2. 불법행위로 인한 손해배상청구

(1) 운송인의 불법행위책임

상법 제148조 이하는 여객운송인의 채무불이행으로 인한 손해배상책임을 규정하고 있다. 그러나 운전사의 부주의로 인하여 여객이 손해를 입는 경우에는 피해자에 대한 침해로서 불법행위도 동시에 성립한다. 즉, 여객은 자신의 손해에 대하여 운송인의 채무불이행으로 인한 손해배상청구권은 물론이고 운전사의 불법행위로 인한 손해배상청구권(민법 제750조)과 운송인의 사용자책임에 따른 손해배상청구권(민법 제756조)이 동시에 발생한다. 게다가 생명에 대한 침해가 발생한 경우에는 피해자의 직계존속, 직계비속, 배우자에게 위자료청구권이 인정된다(민법 제752조).

(2) 운송인의 계약책임과 불법행위책임의 관계

운송인의 채무불이행으로 인한 손해배상청구권과 불법행위로 인한 손해배상청구권 사이의 관계에 관해서는 학설은 크게 청구권경합설과 법조경합설로 나누어진다.

---

7) 대법원 1967. 5. 23. 선고 66다1025 판결.

청구권경합설은 채무불이행책임과 불법행위책임은 그 요건과 효과를 달리하는 별개의 법률관계에서 발생하는 것이므로 경합이 인정되어야 하며 또한 이렇게 경합을 인정함으로써 피해자인 권리자를 두텁게 보호할 수 있다는 입장이다.[8] 법조경합설은 계약법과 불법행위법은 특별법과 일반법의 관계이므로 특별법인 계약법이 일반법인 불법행위법보다 우선하여 적용되어야 하며, 따라서 피해자는 채무불이행으로 인한 손해상청구권만을 행사하여야 한다는 견해이다. 이들 견해 중 전자가 통설의 입장이다. 대법원 판례도 청구권경합설을 고수하고 있다.[9]

생각건대, 청구권경합설은 피해자의 보호에는 유리하지만 청구의 선택적 경합을 인정한다는 점에서 이론상의 어려움이 있고, 법조경합설은 이론상으로는 무난하지만 피해자의 보호에 소홀하다는 단점이 있다. 그러나 상법상 운송인의 채무불이행으로 인한 책임은 상당히 경감되어 있는 까닭에 오히려 피해자 보호가 강조되어야 하므로 청구권경합설이 타당하다.

(3) 사안에 대한 적용

본 사안의 경우 A 회사 운전사의 과실로 인하여 X가 사망에 이르렀기에 운송인의 채무불이행책임 이외에도 불법행위책임이 발생한다. 채무불이행책임과 불법행위책임의 관계에 관하여 청구권경합설에 의하면 청구권자는 양자 중 어느 하나를 선택하여 청구할 수 있으며, 이 청구권은 X의 사망으로 상속인 甲에게 승계된다. 그러나 법조경합설에 의하면 채무불이행으로 인한 손해배상청구권만이 성립되므로 X는 불법행위로 인한 손해배상청구권을 행사할 수 없으며, 이 청구권은 甲에게 상속된다. 본 사안에서 상속인 甲이 X의 직계존비속 또는 배우자인 경우에는 정신적 고통에 대한 입증이 없이도 위자료를 청구할 수 있는 권리가 있다.

Ⅲ. 영업양도로 인한 Y 회사의 채무인수여부

1. 영업양도와 채권자보호

영업양도라 함은 일정한 영업목적으로 조직화된 유기적 일체로서의 영업재산을 그 동일성을 유지하면서 이전함을 목적으로 하는 채권계약을 뜻한다.[10]

---

8) 대법원 1983. 3. 22. 선고 82다카1533 판결.
9) 대법원 1962. 6. 21. 선고 62다102 판결; 대법원 1983. 3. 22. 선고 82다카1533 판결.
10) 대법원 1989. 12. 26. 선고 88다카10128 판결; 대법원 2005. 7. 22. 선고 2005다602 판결.

영업양도의 효과로써 제3자와의 대외적 관계에서 영업상의 채권자는 영업양도로 인하여 피해를 입지 않아야 할 것이므로 영업양수인은 일정한 요건하에 기존의 영업상 채권자에게 채무를 변제할 책임을 부담하게 된다.

2. 양수인의 책임성립요건

(1) 영업의 양수

영업양수의 기초가 되는 계약의 법적 성질은 불문한다. 따라서 매매, 교환, 증여, 신탁 등의 방법을 통해 영업을 양수받을 수 있다.

(2) 영업으로 인한 채권일 것

상법은 영업으로 인한 채권에 한하여 상호를 속용하는 양수인의 책임(상법 제42조) 및 채무인수를 광고한 양수인의 책임(상법 제44조)을 인정하고 있다. 이 경우의 채권에는 영업양도 당시에 존재하는 영업상의 채권인 이상 거래상의 채권은 물론 불법행위, 부당이득 등으로 인한 채권도 보호범위에 포함한다. 판례도 같은 입장이다.[11]

(3) 책임을 물을 수 있는 외관의 형성

(가) 상호속용 또는 채무인수의 광고

영업양도계약을 이행하기 위해서는 양도인은 영업에 속하는 개별재산은 각각 따로 이전하여야 할 의무를 부담한다. 양도인의 제3자에 대한 영업상 채무의 경우에도 채무인수계약(민법 제453조, 제454조)을 따로 체결하지 않는 한, 영업양도의 사실만으로 양수인이 책임을 부담할 이유는 없다.

그러나 양수인이 양도인의 상호를 속용하는 등 일정한 사정으로 종전 영업의 채권자가 영업양도의 사실을 알지 못하는 경우와 실제로 채무이전을 하지 않았으면서도 채무를 이전한 것과 같은 외관을 야기한 경우에는 외관법리에 의해 채권자를 보호할 필요가 있다. 이에 상법은 특칙을 두어 양수인이 종전의 상호를 계속 사용한 경우(상법 제42조 제1항)와 사용하지 않는 경우라도 양수인이 양도인의 채무를 인수한 것처럼 광고한 경우(상법 제44조)에는 채무인수의 외관을 야기한 것으로 보아 양수인에게도 변제할 책임이 있다고 규정하고 있다. 이러한 영업양수인의 책임은 상호속용 또는 채무인수광고로 인한 외관에 따른 책임이라는 점에서 반드시 유효한 영업양도계약을 전제로 하는 것도 아니다.

11) 대법원 1989. 3. 28. 선고 88다카12100 판결.

(나) 양수인의 광고

1) 취 지

영업양수인이 양도인의 상호를 속용하지 않는 경우에는 양도인의 영업채무를 변제할 책임이 없다. 이 경우에는 영업이전의 외관이 뚜렷하므로 양수인은 원칙적으로 양도인의 영업으로 인한 채무를 변제할 책임이 없다.

상호를 속용하지 않더라도 금반언의 법리에 의하여 양도인의 영업으로 인한 채무를 광고한 사실이 인정되면 책임을 진다. 양수인이 채무인수를 광고하였으나 실제로는 채무를 인수하지 않았거나 채무인수가 무효·취소된 경우에도 책임을 진다. 그러나 채무인수의 광고를 통해 양수인이 영업상 채무에 대하여 책임을 부담한다고 해도 양도인이 그 채무로부터 벗어날 수는 없으므로 상호속용의 경우와 마찬가지로 양도인과 양수인은 부진정연대채무관계에 놓인다.[12)]

2) 채무인수광고의 성립요건

상법 제44조의 채무인수의 광고라 함은 불특정 다수인에 대하여 양수인이 양도인의 채무를 인수하였다는 의사표시를 전제로 하고 있다. 광고의 주체는 영업양수인이어야 하며, 양도인에 의한 일방적인 광고는 법적 요건을 전혀 충족시키지 못한다. 채무인수광고는 일반적으로 신문광고나 안내장배포 등의 방법으로 이루어지지만, 거래상대방 또는 채권자 일반에 대한 개별적인 서신 등을 통해서도 가능하다. 어떤 경우에 광고의 내용이 채무인수의 취지를 포함하는가에 관해서는 채권자가 사회(또는 거래)통념상 판단할 수밖에 없다.

대법원 판례는 직접적으로 명확하게 양수인이 양도인의 채무를 받아들이는 취지를 광고에 의하여 표시한 경우는 물론이고 양도인의 채권자에 대하여 개별적으로 통지를 하는 방식으로 그 취지를 표시하면서 실질적으로 채무 일부를 변제를 해 온 경우도 상법 제44조의 책임이 발생하는 것으로 판단하고 있다.[13)]

그러므로 단순히 영업양수 또는 사업승계의 사실을 광고한 것만으로는 채무인수가 있는 것으로 판단하기에는 충분하지 않다. 적어도 영업양수인이 채권자에 대하여 직접 변제할 책임을 부담한다는 뜻으로 풀이할 수 있을 정도의 표시가 있거나 개별 채권자에게 상호변경의 통지는 있어야만 채무인수로 볼 수 있다.

---

12) 대법원 2009. 7. 9. 선고 2009다23696 판결.

13) 대법원 2008. 4. 11. 선고 2007다89722 판결; 대법원 2010. 1. 14. 선고 2009다77327 판결.

3. 사안에 대한 적용

본 사안에서는 A 회사가 Y 회사에게 영업을 양도하였으므로 양수인이 양도인의 상호를 속용하지 않았다. 영업양도에 있어서 상호를 속용하지 않더라도 Y 회사가 A 회사의 영업으로 인한 채무를 인수할 것을 광고한 때에는 양수인의 책임이 성립한다. 사안에서 상법 제148조에 터잡은 채무불이행으로 인한 손해배상청구권은 물론이고, 민법 제756조에 근거한 사용자에 대한 손해배상청구권 및 민법 제752조에 의한 위자료청구권도 영업으로 인한 채권이라는 요건을 충족한다. 따라서 Y 회사가 일간신문에 A 회사의 ○○번 시내버스 영업을 양수한 후 Y 회사로서 출발한다고 광고하였는데, 이 광고를 양수인의 채무인수광고로 볼 수 있는지의 여부에 따라 X의 손해배상청구권행사가 정당한지의 인정여부가 좌우된다. 그러나 Y 회사가 단순히 영업양수를 하였다는 광고만으로 상법 제44조의 채무인수의 광고의 요건을 충족시켰다고는 볼 수 없다. 왜냐하면 그 광고문면상으로는 Y 회사가 A 회사의 채무를 인수하겠다는 의사가 명시적으로 드러나 있지 않으므로 사회통념상 채무인수를 인정할 수 있는 신뢰할 만한 일정한 외관이 형성되었다고도 볼 수 없기 때문이다.

Ⅳ. 사례의 해결

1. A 회사의 버스충돌로 인하여 X가 사망함에 따라 운송인의 채무불이행책임 및 불법행위책임이 발생한다. 이들 책임의 관계에 관한 청구권경합설에 따를 경우 X는 양자 중 어느 하나를 선택하여 손해배상을 청구할 수 있지만 법조경합설에 의하면 채무불이행으로 인한 손해배상청구권만을 행사할 수 있다. 어느 견해를 따르던 간에 X의 손해배상청구권은 甲에게 상속된다. 만약 상속인 甲이 X의 직계존비속 또는 배우자인 경우에는 X 회사에 대하여 위자료를 청구할 수 있는 권리가 있다.

2. Y 회사의 버스노선 영업양수의 광고는 영업양수의 사실을 통지하는 것에 불과하고 채무인수의 의사가 명백하게 포함되어 있지 않다. 이러한 이유로 해서 Y에 대한 X의 손해배상청구는 인정될 수 없다.

제 3 편

상 행 위

제 1 장 서 설

제 1 절 상행위법의 의의

상행위법은 상법 제2편에 규정되어 있는 형식적 의의의 상행위법과 상인과 제3자 간의 법률관계, 즉 기업의 거래활동을 규율하는 실질적 의의의 상행위법으로 나눌 수 있다. 강학상 상법총칙과 상행위법을 상법총론이라고 부르는 것이 일반적인 경향인데, 상법총칙은 주로 기업의 기본조직에 관한 법이며, 상행위법은 거래관계를 중심으로 규율하는 법이다.

제 2 절 상행위법의 특성

1. 임의법규성

거래활동과 관련된 내용보다는 상법상 회사편의 규정과 같이 조직법적인 측면에서 규율하는 내용이 주된 부분을 차지하고 있는 경우는 그 규정의 대부분이 강행법규적 성격을 띠고 있다. 왜냐하면 다수의 이해관계자로 이루어진 회사의 영업활동 및 조직관계는 개별적인 이해관계나 이해당사자를 중심으로 파악하기보다는, 전체적인 법률관계를 획일적으로 처리하는 것이 회사의 업무수행을 용이하게 함은 물론 규제의 일관성을 더할 수 있기 때문이다.

이에 반해 상행위법은 당사자자치를 원칙으로 하고 있으며, 민법상 계약자치의 원칙보다 더욱더 탄력적인 상인 간의 당사자자치가 허용된다. 즉 상행위법은 원칙상 당사자들이 자유롭게 법의 명문규정과 다른 약정을 할 수 있는 임의법규적인 성질을 가지고 있다.[1] 왜냐하면 일반 사인 간 거래의 경우 거래

1) 예컨대 민법상 금지되는 유질계약(민법 339조)이 상법에서는 인정된다(59조).

와 관련된 경험이 적은 까닭에 국가가 강행법적으로 관여할 필요성이 높지만, 상인에 의한 상거래는 거래의 안전을 제고함을 통한 상인의 책임을 강조하는 측면과 아울러 영리를 추구하는 상인의 합리적인 결정을 존중하는 의미에서 상거래의 자율성을 폭넓게 인정해 줄 필요성이 있기 때문이다.

2. 개방성 · 정형성

상인들은 사회변화에 적응하며 항상 새로운 거래형태를 창조해내는 경향이 있다. 민법의 물권편에서 추구하는 물권법정주의와는 대조적으로 채권법적인 성격을 가지는 상행위법은 그간 새로운 형태의 상거래를 발전시켜 왔다는 점에서 개방성을 지향하고 있다. 상법은 사후적으로 새로운 상행위를 규정하는 형태가 되는 것이 일반적이다. 과거 리스, 프랜차이즈, 팩터링과 같은 거래가 법률에 규정이 없음에도 불구하고 거래계에서 발전시켜 결국은 실정법영역으로 포함된 것이 그 예이다.

현실에서는 동일한 거래가 반복적으로 이루어지는 경우가 많다. 시간 · 비용에 있어서 효율성을 추구하기 위해서 거래가 정형화(定型化)되는 경향이 있다. 이를 사법의 영역에서는 부합계약이라고도 부르는데, 상거래계에서는 약관의 형태로 나타난다. 보통거래약관도 정형성을 가지는 것이지만, 당사자자치의 허용이라는 점에서는 개방성의 측면에서 이해될 수도 있다.

3. 유상성(有償性)

기업의 본질은 영리추구에 있으므로 상행위법은 그러한 영리획득을 보장하고 있다. 민법상 위임이 무상(민법 686조)임에 반해, 상인이 그 '영업범위 내에서' 타인을 위하여 행위를 한 때에는 상당한 보수청구권을 가진다(61조).

민법상 금전소비대차는 무이자가 원칙이지만(민법 600조), 상인 간의 소비대차는 이자의 약정이 없더라도 법정이자가 발생한다. 상인이 영업에 관하여 금전을 대여한 경우에는 이자의 약정이 없다 하더라도 법정이자를 청구할 수 있기 때문이다(55조 1항). 영리를 추구하는 상인 간에 금전소비대차가 있다면 당연히 이자의 발생을 예상했을 것으로 보는 것이 합리적인 판단이다. 그리고 상인이 그 영업범위 내에서 타인을 위하여 금전을 체당(替當)한 때에는 그 날 이후의 법정이자를 청구할 수 있다(55조 2항).

4. 신 속 성

상거래는 계속적·반복적으로 이루어지므로 신속한 처리가 요망된다. 민법에서는 청약을 받은 자가 원칙적으로 승낙여부를 통지할 의무를 지지 아니하지만, 상인이 상시 거래관계에 있는 자로부터 자신의 영업부류에 속한 계약의 청약을 받은 때에는 지체 없이 낙부의 통지를 하여야 하며, 이를 게을리한 때에는 승낙한 것으로 본다(53조). 이 밖에도 청약의 낙부통지의무(53조), 확정기매매의 해제의제(68조), 단기소멸시효(64조),[2] 매도인(67조)·위탁매매인(109조)·운송인(142조)·창고업자(165조)의 목적물 공탁·경매권을 인정하는 것은 모두 거래의 신속성을 도모하기 위함이다.

5. 안 전 성

상거래는 집단적·반복적으로 이루어지는 것이 일반적이므로 신속성을 기하면서도 거래의 안전성을 확보하기 위하여 여러 가지 제도를 추가적으로 마련하고 있는데, 견품보관의무(60조), 매매목적물 보관·공탁의무(70조), 중개인의 이행책임(99조), 위탁매매인의 이행담보책임(105조) 등이 바로 그런 제도이다.

6. 책임의 가중·경감

상법은 거래의 안전성을 도모하기 위하여 상인의 책임을 가중하는 한편, 기업유지의 목적을 또한 달성하고자 책임을 경감하는 제도도 아울러 두고 있다. 예컨대, 다수채무자 간 분할채무에 있어서 연대채무부담(57조 1항), 상사보증의 연대보증(57조 2항), 무상임치에 있어서 선량한 관리자의 주의의무(62조),[3] 순차

---

2) 5년의 상사소멸시효 외에 더욱 단기의 소멸시효를 두는 경우(121조, 147조, 166조)도 있고 특별한 소멸사유를 두는 경우도 있다(146조).

3) 민법상 무상임치는 자기재산과 동일한 주의의무를 진다(민법 695조).

운송인의 연대배상책임(138조), 여객운송인과 공중접객업자의 주의의무(150조, 152조 2항) 등이 책임을 가중하는 제도이다.

책임을 경감시켜 주는 제도로서는 운송주선인(121조)·운송인(147조)·공중접객업자(154조)·창고업자(166조)의 책임에 있어서 단기소멸시효를 인정한다거나, 운송인(146조)과 창고업자(168조)에 있어서 손해배상책임의 특별소멸사유를 둔 것, 고가물에 대한 면책(124조, 136조, 153조)을 인정하고, 운송인의 손해배상책임액의 한도를 설정한 것(137조) 등이 그 예라고 할 수 있다.

제 3 절 상행위의 의의와 종류

1. 상행위의 의의

(1) 실질적 의의의 상행위

실질적 의의의 상행위란 상인이 영업상 또는 영업을 위하여 하는 채권적 법률행위를 말한다(46조, 47조). 즉 영리를 목적으로 하는 영업적 상행위를 말하며, 오로지 임금을 받을 목적으로 물건을 제조하거나 노무에 종사하는 자의 행위는 제외된다(46조 단서).

(2) 형식적 의의의 상행위

형식적 의의의 상행위란 상법 46조에 열거된 것과 특별법에서 상행위로 규정되어 있는 것을 말한다. 상법 46조에는 22개의 기본적 상행위가 열거되어 있으며, 특별법의 경우는 담보부사채(담보부사채신탁법 23조 2항)의 인수행위가 이에 해당한다. 담보부사채는 사채권의 담보를 위해 물상담보가 붙여진 사채인데, 이러한 담보부사채의 총액을 인수하는 것이 특별법상 상행위가 되고 인수하는 자가 당연상인이 된다.

(3) 입법주의

실질주의(객관주의)는 일정한 형태의 행위를 상행위로 정하고 그러한 상행위를 하는 자는 상인으로 보는 것이다. 이러한 입법주의에서는 대체적으로 상행위의 형태를 제한적으로 열거하게 된다. 형식주의(주관주의)는 상인의 개념을 형식적으로 정하고 그 상인의 영업상 행위를 상행위로 보는 입장이다. 절충주의는 행위의 주체를 불문하고 행위의 객관적 성질에 착안하여 상행위의 개념을 정하고(절대적 상행위), 다른 행위에 대하여는 주관적인 요소를 도입하여 영업으로 하는 경우만을 상행위(영업적 상행위)로 인정하고, 이들 행위를 영업으로 하는 자는 상인으로 파악하는 방법이다.

우리 상법에서는 당연상인(4조)의 기본적 상행위는 객관주의에 의하고,[4] 설비상인의 상행위는 형식상으로는 주관주의(형식주의)에 의하며, 회사는 순수한 주관주의에 의하는 것으로 해석된다.

2. 상행위의 종류

(1) 기본적 상행위(영업적 상행위)

당연상인의 개념의 기초가 되는 상행위를 말하며 제46조 각호에서 규정한 22개 종목의 상행위와 특별법상의 상행위 등이 있다. 2010년 상법개정 전에는 21개의 상행위가 상법에 규정되어 있었으나, 경제적 중요성의 증대를 이유로 하여 46조 22호로 '신용카드, 전자화폐 등을 이용한 지급결제 업무의 인수'라고 하는 상행위가 추가되었다.[5] 상법은 46조에서 열거한 기본적 상행위 중에서 비교적 중요하고 법률적으로 중요한 것을 대상으로 하여 상법 제2편 제5장 이하에서 상세한 규정을 두고 있다.

(가) 기본적 상행위의 구체적 유형

1) 동산, 부동산, 유가증권 기타의 동산의 매매(1호)

매매라 함은 장래 유리하게 전매할 의사로 물건 등을 싸게 구입하여 비싸게 팔아서 차액을 취하는 행위이다. 이는 상인의 전형적인 영업행위로서, 상거래의 전형적인 형태라 할 것이다. 매매의 목적물은 동산, 부동산, 유가증권 및 기타의 재산이다. 따라서 소유권 이외의 물권, 채권 또는 무체재산권과 광업권 등이 매매의 목적물이 될 수 있다.

---

4) 상법 46조의 기본적 상행위를 말한다.

5) 이 밖에도 9호의 '객의 집래를 위한'이라고 하는 표현이 '공중이 이용하는'이라는 표현으로 변경되었고, 19호의 '물융(物融)'이 '금융리스'로 변경되었다.

본 호에서의 매매의 의미를 '매수와 매도'로 이해하는 학설[6]과 '매수 또는 매도'로 풀이하는 견해[7]로 나누어지는데, 어느 한 쪽이 다수설이라고 말하기 어려울 정도로 백중세이다. 전자의 입장은 매도와 매수 사이에는 내면적 관련성(inneres Zusammenhang)이 있어 동일주체가 목적물을 사서(유상취득) 파는(유상재양도) 일련의 행위가 상행위성을 갖는다고 보는 반면에, 후자의 견해에 따르면 사고 파는 행위 중 어느 한 쪽만 영업으로 하더라도 상행위로 된다. 양 견해의 차이점은 농·수산물 등을 채취하여 파는 행위인 원시산업에 대하여 상행위성을 인정할 수 있는지의 여부를 판단함에 있어서 분명하게 된다. 즉, 전자의 입장에 따르면 원시산업은 상행위로 될 수 없으나, 후자의 견해에 따르면 상행위로 된다. 이에 대하여는 후자의 견해가 더 현실적이라는 점에서 후자의 입장에 가담하기로 한다.

2) 동산, 부동산, 유가증권 기타의 재산의 임대차(2호)

본 호는 재산의 이용을 영업의 내용으로 하는 행위이다. 이 점에서 재산의 소유권 이전에 있는 전 호(前 號)와는 차이가 있다. 도서나 자동차, 비디오, 카메라 등이 이러한 행위의 목적물이 될 수 있다. 임차만을 영업으로 하는 상인은 없으므로 본 호는 자기가 소유하거나 타인이 소유하는 재산을 임차하여 또다시 전대하는 것을 예정하고 있다.[8]

3) 제조, 가공 또는 수선에 관한 행위(3호)

제조라 함은 재료에 노력을 가하여 용도가 다른 별개의 물건을 만드는 것을 의미하는데, 그 대표적인 예로서는 방적업, 양조업, 기계 기타 물품의 주문생산업 등이 있다. 가공은 물건의 종류에 변경이 생기지 않을 정도로 노력을 가하는 것을 말한다. 제조, 가공, 또는 수선은 사실행위에 지나지 않는다. 가공의 예로서는 세탁상의 행위 등이 있다. 수선은 물건의 기능을 회복시켜 주는 것을 말하는 데, 각종의 수선업자 등의 행위가 그 예이다.

제조, 가공 또는 수선이 본 호에 해당하기 위해서는 타인이 재료를 공급할 필요가 있다. 그러므로 자기의 재료에 제조, 가공 또는 수선하는 경우에는 본 호에 해당하지 않는다.[9] 이처럼 본 호는 원료를 구입하여 상품을 제조, 가공

---

6) 정동윤, 141면.
7) 김성태, 411-412면; 정찬형, 56-57면.
8) 이철송, 288면.
9) 김성태, 413면.

또는 수선하여 판매하는 행위와, 타인의 계산으로 제조, 가공 또는 수선할 것을 인수하고 이에 대하여 보수를 받을 것을 약속하는 행위를 의미하고 있다.

4) 전기, 전파, 가스 또는 물의 공급에 관한 행위(4호)

이는 전파, 전기, 가스 또는 물의 계속적인 공급을 인수하는 행위로서, 그 성질상 보통은 매매이나, 일정한 설비를 임대하는 경우에는 매매와 임대차와의 혼합계약으로 된다.

5) 작업 또는 노무의 도급의 인수(5호)

작업의 도급을 인수하는 행위라 함은 부동산 또는 선박에 관한 공사를 인수하는 행위를 의미하는 것으로서 철도부설, 주택건설, 선박건조 등이 그 대표적인 예이다. 만약 주택건설이나 택지조성을 한 후 이득을 얻고자 이를 양도할 의사가 있다면 이는 1호의 행위에 속한다.

노무의 도급의 인수는 인부, 기타 노동자의 공급을 인수하는 계약을 말한다. 근로자공급사업은 현재 일반적인 영리사업으로는 금지되어 있어, 고용노동부장관의 허가를 받는 경우에만 할 수 있다(직업안정법 33조 1항). 따라서 본 호의 규정을 노무의 도급에 한정하여 볼 경우에는 현실적인 의미는 거의 없다

6) 출판, 인쇄, 촬영에 관한 행위(6호)

출판에 관한 행위는 문서 또는 도화를 복제하여 판매 또는 반포하는 행위를 말한다. 출판업자와 신문업자의 행위가 이에 해당한다. 일반적으로 출판사는 저작자와는 출판계약, 인쇄업자와 인쇄계약, 서점과 매매위탁계약을 체결하게 되나, 자신의 저작을 직접 출판하는 경우에는 출판계약을 요하지 않는다. 신문사가 스스로 인쇄한다면 인쇄계약은 필요로 하지 않는다. 출판에 있어서 판매반포를 목적으로 하는 계약이 반드시 필요한 것도 아니다.

인쇄에 관한 행위는 문서나 도화를 기계 내지 화학적 방법에 의하여 복제하는 작업을 인수하는 행위를 말하는데, 인쇄업이 이에 해당한다. 음반 등을 복제해서 반포하는 행위도 이에 속한다.[10)]

촬영에 관한 행위는 촬영을 인수하는 행위를 의미하는데, 이의 전형적인 예는 사진사의 행위이다.

7) 광고, 통신 또는 정보에 관한 행위(7호)

광고라 함은 수요를 창출하려는 목적으로 특정한 기업이나 상품, 서비스를

---

10) 최준선, 92면.

일반공중에게 선전 내지 홍보하는 행위를 의미한다. 이를 유상으로 인수하는 행위가 바로 본 호에서 말하는 행위에 해당한다. 대표적인 예로서는 광고대행사의 업무를 들 수 있다.

통신은 유선이나 무선의 장비 또는 시설을 이용하여 정보를 교환하는 행위이다. 정보를 유상으로 계속적으로 수집하거나 공급하는 계약은 본 호에서 의미하는 상행위로 된다. 예컨대, 뉴스를 제공하는 통신사의 영업이 이에 해당한다.

정보란 일반적으로 생활에 관련한 지식으로서, 그 정보가 공개 또는 비공개된 것인가의 여부는 불문한다. 특히 타인이 필요로 하는 정보를 유상으로 수집·공급하는 계약은 본 호가 의미하는 상행위로 된다. 신용평가업이 이에 속한다.

8) 수신·여신·환 기타의 금융거래(8호)

수신이라 함은 금융중개를 목적으로 예금 기타 방법에 의하여 금전 또는 유가증권을 타인으로부터 획득하는 행위이며, 여신이란 자기의 자금을 타인에게 대여하는 행위를 뜻한다. 환(換)은 이종(異種)의 화폐의 교환을 말한다. 기타의 금융거래에는 수신과 여신에 관련한 행위와 어음할인, 대월, 자금이체와 같은 금융기관의 행위가 포함된다.

9) 공중이 이용하는 시설에 의한 거래(9호)

본 호는 공중인이 왕래하기에 적합한 인적 또는 물적시설을 갖추고, 찾아오는 객의 수요에 응하여 시설을 이용하게 하는 거래를 의미한다. 극장, 여관, 음식점, 목욕탕, 오락실, 유원지, 야구장, 이발관 또는 미용원[11] 등을 경영하며 보수를 받는 행위를 예로 들 수 있다.

10) 상행위의 대리의 인수(10호)

이것은 위탁자를 위하여 상행위가 되는 행위의 대리를 인수하는 행위를 말한다. 보험대리점의 체약대리상의 행위(87조)가 이에 속한다. 대리의 목적이 되는 행위는 상행위이면 족하고, 그것이 기본적 상행위 또는 보조적 상행위인지의 여부는 상관없다.

---

11) 우리나라나 일본의 학설은 이발업을 공중이 이용하는 시설에 의한 거래로 보아 왔다. 山城將美 外 2人, 「商法總則·商行爲法 講義案」, 成文堂, 1995, 14頁. 그러나 이발업은 작업 또는 노무의 도급에 관한 계약으로 보아 설비의 이용을 목적으로 하는 본 호의 거래에 해당하지 않는다고 판시한 일본의 판례가 있다. 日本 大判 1937. 11. 16. 民集 16卷 1681頁. 미용원도 객에 대하여 설비를 이용하게 할 관계가 없으므로 본 호에 해당하지 않는다는 동경지방법원의 판례도 있다. 東京地判 1990. 6. 14. 判時 1378号 85頁.

11) **중개에 관한 행위**(11호)

중개라 함은 타인 간의 법률행위를 매개하는 것을 의미하며, 따라서 중개에 관한 행위는 중개를 인수하는 행위를 말한다. 중개되는 법률행위가 반드시 법률행위임을 요하지는 않는다. 그리하여 상법상의 중개인(93조)과 중개대리상(87조)의 행위 이외에도 복덕방이나 직업소개소와 같은 민사중개인의 행위도 이에 속한다.[12)]

12) **위탁매매 기타의 주선에 관한 행위**(12호)

주선에 관한 행위라 함은 자기의 명의로 타인의 계산으로 법률행위를 할 것을 인수하는 행위를 말한다. 따라서 자기가 권리의무의 법률상 주체가 되나, 그 경제적 효과는 타인에게 귀속된다. 위탁매매인(101조), 준위탁매매인(113조), 그리고 운송주선인(114조)의 행위가 이에 해당한다.

13) **운송의 인수**(13호)

운송의 인수는 물건 또는 사람의 장소적 이동을 인수하는 계약, 즉 운송계약을 가리킨다. 운송의무를 인수하는 한, 운송의 목적물, 장소, 그리고 방법 등을 불문한다. 운송업(125조-150조)이 이에 해당함은 물론이다.

14) **임치의 인수**(14호)

임치의 인수라 함은 타인을 위하여 물건을 보관하는 것을 인수하는 계약으로서, 창고영업자의 행위(155조-168조)가 이에 해당한다.

15) **신탁의 인수**(15호)

신탁이라 함은 위탁자와 수탁자와의 특별한 신임관계에 기하여 위탁자가 특정의 재산권을 수탁자에게 이전하거나 기타의 처분을 하고 수탁자로 하여금 일정한 자(수익자)의 이익을 위하여 또는 특정한 목적을 위하여 그 재산권을 관리·처분하게 하는 법률관계를 말한다(신탁법 1조 2항). 그리하여 신탁의 인수는 이상과 같은 재산권의 관리·처분을 인수하는 행위라 할 수 있다. 신탁의 인수를 영업으로 하는 때에 상행위로 되나, 신탁업은 인가를 받은 주식회사 혹은 금융기관만이 할 수 있다는 점에서(자본시장법 12조 1항·2항) 이러한 행위는 실질적으로는 행위주체의 형태에 의한 기업성이 선행적으로 고려되는 특징이 있다.

---

12) 대법원 1968. 7. 24. 선고 68다955 판결.

16) **상호부금 기타 이와 유사한 행위**(16호)

상호부금이란 일정한 기간을 정하여 고객으로 하여금 부금을 납입시키고 그 기간의 중도나 만기에 일정한 금액을 고객에게 급부할 것을 약정하고, 이를 위하여 행하는 부금의 수입과 납부금의 지급업무라고 할 수 있다(상호저축은행법 2조 3호). 현재 상호저축은행과 국민은행 등 금융기관이 이러한 업무를 취급하고 있다.

'기타 이와 유사한 행위'의 예로서는 신용계업무가 있다. 이는 '일정한 계좌 수와 기간 및 금액을 정하고 정기적으로 계금을 납입하게 하여 계좌마다 추첨·입찰 등의 방법으로 계원에게 금전을 지급할 것을 약정하여 행하는 계금의 수입과 급부금의 지급 업무'를 의미한다(상호저축은행법 2조 2호). 다만, 이상의 '상호부금 기타 이와 유사한 행위'는 46조 8호의 '수신·여신·환 기타의 금융거래' 중 기타의 금융거래에 포함되므로 본 16호를 삭제하는 것이 바람직하다는 견해[13]도 있다.

17) **보험**(17호)

이는 보험자가 보험계약자로부터 대가를 받고 보험을 인수하는 계약을 말한다. 일반적으로 보험이라 함은 우연한 사고에 의하여 발생하는 재산상의 수요를 충족할 것을 목적으로 하여 보험계약자가 사고발생률에 따라 계산된 보험료를 보험자에게 갹출하여 기금을 형성하고, 사고가 발생한 자에게 금전을 급부하여 재산상의 수요를 만족시키는 것이다. 보험은 보험자와 보험계약자 사이의 유상쌍무계약인 영리보험과 영리를 목적으로 하지 아니하는 상호보험 및 사회보험이 있는데 본 호는 영리보험만을 가리킨다.

18) **광물 또는 토석의 채취에 관한 행위**(18호)

본 호의 행위는 성질상 원시생산업이라 할 수 있으나, 보통 대규모의 기업적 설비에 의하여 경영된다는 점을 고려하여 이를 상행위로 인정하는 것이다. 채취는 사실행위에 지나지 않으므로 채취한 것을 판매하는 행위를 상행위로 보아야 한다.

19) **기계·시설 그 밖의 재산의 금융리스에 관한 행위**(19호)

이 행위는 일반적으로 금융리스(finance lease)거래를 의미한다. 기본적으로 기계·시설의 대여방식을 이용하는 리스에는 금융리스와 운용리스가 있으나 운

13) 이철송, 291면.

용리스는 단순한 임대차로 취급해도 무리가 없으므로,[14] 상법은 46조 19호와 상법 제2편 제12장에서 금융리스만을 규정하고 있다.

20) 상호·상표 등의 사용허락에 의한 영업에 관한 행위(20호)

이는 이른바 프랜차이즈(franchise)거래를 의미하며, 제2편 제13장 가맹업에서 가맹업의 의의, 가맹업자와 가맹상의 의무, 가맹상의 영업양도 제한, 계약의 해지 등 기본적 사항에 관하여 규정하고 있다.

21) 영업상 채권의 매입·회수 등에 관한 행위(21호)

이는 일반적으로 실무에서 말하는 팩터링(factoring)거래를 가리키며, 제2편 제14장 채권매입업에서 부진정팩터링을 원칙으로 하여 팩터링업자의 의의와 채권매입업자의 상환청구에 관한 규정을 두고 있다

22) 신용카드, 전자화폐 등을 이용한 지급결제 업무의 인수(22호)

지급결제(payment & settlement)라 함은 경제주체가 지급수단을 이용하여 각종 경제활동의 결과로서 발생하는 거래당사자 간의 채권·채무관계를 해소하는 행위를 의미하며, 그 과정은 지급, 청산 및 결제의 단계를 거치게 된다.[15] 신용카드에 관한 영업은 46조 21호의 채권매입업으로, 전자화폐에 관한 영업도 46조 8호의 금융거래의 일종으로 취급할 수 있음에도 불구하고 이를 지급결제업무라는 명목으로 별개의 상행위로 분류하고 있다는 점에 주목할 필요가 있다.[16]

(2) 준상행위

준상행위는 고유의 상행위는 아니나 상행위에 관한 규정이 준용되는 행위로서, 의제상인인 설비상인과 민사회사의 행위를 말한다(66조). 즉 46조상의 기본적 상행위를 하는 당연상인이 아닌 의제상인이 영업으로 하는 행위가 준상행위가 되는 것이다. 의제상인의 개념은 정형적인 상행위에 기초한 상인의 개념 이외의 상인의 존재를 인정하는 데 그 의의가 있으며, 이는 새로운 경제환경에 따라서 지속적으로 상행위의 범위가 확대된다는 것을 의미한다.

---

14) 송옥렬, 192면.
15) 지급결제연구회 편, 「지급결제제도의 이해」(금융연구원, 2006), 10면.
16) 이철송, 292면.

(3) 보조적(부속적) 상행위

보조적 상행위는 상인이 영업을 위하여 하는 행위를 말하며, 이는 영리를 목적으로 하는 기본적 상행위나 준상행위는 아니지만, 기본적 상행위와 준상행위의 수행을 위해서 직접적·간접적 필요에서 하는 행위를 말한다. 예컨대 사업자금을 위하여 은행에서 자금을 차입하는 행위가 이에 해당되며, 이러한 보조적 상행위로 인하여 발생한 채권·채무에는 상법이 적용된다.[17]

보조적 상행위는 법률행위에 한하지 않고, 준법률행위(사무관리, 최고, 통지), 사실행위(지급, 수령)를 포함하는 것으로 보는 것에 큰 이견이 없다. 그리하여 거래의 안전을 위하여 개인상인의 행위는 그 영업을 위하여 하는 것으로 추정되므로(47조 2항), 따라서 상행위임을 부정하는 자가 상행위가 아님을 입증하여야 한다.[18] 예를 들어 석탄채굴을 위하여 근로계약을 맺는 경우, 개업준비행위 등이 그 예이다. 그러나 상인의 신분적 행위나 세무서에 대한 신고와 같은 공법상의 행위는 이에 해당되지 않는다.

불법행위가 보조적 상행위에 포함되는지에 관하여는 논란이 있다. 불법행위는 적법행위의 형태를 이용하여 이루어지는 경우가 많기 때문에 이를 긍정적으로 보기도 하고,[19] 불법행위에 대하여 어떠한 상법규정을 적용할 수 있는지와 관련하여 근거규정이나 적용의 적합성을 찾을 수 없다는 이유로 이를 부정적으로 보기도 하지만,[20] 영업과 관련된 불법행위에 대하여는 상행위법을 적용하고, 전혀 무관한 불법행위에 대하여는 이를 부정하는 것이 타당하다.[21]

---

17) 대법원 1976. 6. 22. 선고 76다28 판결.

18) 대법원 2008. 2. 11. 선고 2006다54378 판결.

19) 손주찬, 218면; 정동윤, 138면; 정찬형, 198면; 최준선, 99면. 정동윤 교수는 예컨대 무가치한 회사의 주식을 우량주식이라고 속여서 추천하는 경우를 들고 있다.

20) 이철송, 294면에서는 보조적 상행위의 개념을 인정하는 실익은 그에 해당하는 행위에 대해 상법을 적용하기 위함인데, 기본적으로 거래법인 상법에서는 불법행위에 적용할 규정을 찾을 수 없다고 말한다.

21) 정동윤, 138면.

Q 개업준비행위에도 상법이 적용되는가?

【대법원 2012. 4. 13. 선고 2011다104246 판결】
【판결요지】
상법은 점포 기타 유사한 설비에 의하여 상인적 방법으로 영업을 하는 자는 상행위를 하지 아니하더라도 상인으로 보면서(제5조 제1항), 제5조 제1항에 의한 의제상인의 행위에 대하여 상사소멸시효 등 상행위에 관한 통칙 규정을 준용하도록 하고 있다(제66조). 한편 영업의 목적인 상행위를 개시하기 전에 영업을 위한 준비행위를 하는 자는 영업으로 상행위를 할 의사를 실현하는 것이므로 준비행위를 한 때 상인자격을 취득함과 아울러 개업준비행위는 영업을 위한 행위로서 최초의 보조적 상행위가 되는 것이고, 이와 같은 개업준비행위는 반드시 상호등기·개업광고·간판부착 등에 의하여 영업의사를 일반적·대외적으로 표시할 필요는 없으나 점포구입·영업양수·상업사용인의 고용 등 준비행위의 성질로 보아 영업의사를 상대방이 객관적으로 인식할 수 있으면 당해 준비행위는 보조적 상행위로서 여기에 상행위에 관한 상법의 규정이 적용된다. 그리고 영업자금 차입 행위는 행위 자체의 성질로 보아서는 영업의 목적인 상행위를 준비하는 행위라고 할 수 없지만, 행위자의 주관적 의사가 영업을 위한 준비행위이었고 상대방도 행위자의 설명 등에 의하여 그 행위가 영업을 위한 준비행위라는 점을 인식하였던 경우에는 상행위에 관한 상법의 규정이 적용된다고 봄이 타당하다.

대법원은 금전의 대여를 영업으로 하지 아니하는 상인이라 하더라도 그 영업상의 이익 또는 편익(便益)을 위하여 금전을 대여하거나 영업자금의 여유가 있어 이자 취득을 목적으로 이를 대여하는 경우가 있을 수 있으므로, 이러한 상인의 금전대여행위는 반증이 없는 한 영업을 위하여 하는 것으로 추정된다고 보았다.[22)]

Q 상인이 금전을 차용하는 행위는 보조적 상행위로 추정되는가?

【대법원 2009. 4. 9. 선고 2008다82766 판결】
【판시사항】
한약방을 운영하는 상인이 금원을 차용하는 행위는 상행위에 해당하고 그와 같은 추

22) 대법원 2008. 12. 11. 선고 2006다54378 판결.

정을 번복하기 위해서는 그와 다른 반대사실을 주장하는 자가 이를 증명할 책임이 있다고 한 사례.

【판결요지】

대법원은 한약방을 운영하는 상인인 피고가 소외인으로부터 금원을 차용하는 행위는 상법 제47조 제2항에 의하여 영업을 위하여 하는 것으로 추정되므로, 원고가 그 추정을 번복할 만한 증명책임을 다하지 못하는 한, 피고의 금원차용행위는 상행위에 해당한다고 보아야 할 것이고, 이는 나중에 채권자가 소외인으로부터 원고로 변경되었다고 하여 달리 볼 것이 아니라고 보았다. 이 사례는 금원차용행위가 상행위에 해당한다는 점에 대한 입증책임이 상인인 피고에게 있음을 전제로 하여 원고의 피고에 대한 채권이 상행위로 인한 것이라는 점을 인정할 만한 증거가 없다는 이유로, 상사소멸시효가 완성되었다는 피고의 항변을 배척한 원심판결을 파기한 사례라고 할 수 있다.

아래의 사례는 음식점업을 영위하는 상인인 원고와 부동산중개업을 영위하는 상인인 피고 사이의 금전대여행위가 서로 고율의 이자소득을 얻기 위한 목적으로 행하여졌다는 이유로 상행위로 볼 수 없다고 판단한 원심판결을 파기한 경우이다.

Q **음식점을 운영하는 상인이 고율의 이자를 얻기 위해 금전대여한 행위는 보조적 상행위인가?**

【대법원 2008. 12. 11. 선고 2006다54378 판결】

【판시사항】

가. 금전 대여를 영업으로 하지 않는 상인의 금전 대여행위를 상행위로 볼 수 있는지 여부

나. 음식점업을 영위하는 상인이 부동산중개업을 영위하는 상인에게 금원을 대여한 행위가 영업을 위하여 하는 것인지 여부

【판결요지】

가. 영업을 위하여 하는 것인지 여부가 분명치 아니한 상인의 행위는 상법 제47조의 규정에 의하여 영업을 위하여 하는 것으로 추정되고 그와 같은 추정을 번복하기 위해서는 그와 다른 반대사실을 주장하는 자가 이를 증명할 책임이 있다. 그런데 금전의 대여를 영업으로 하지 아니하는 상인이라 하더라도 그 영업상의 이익 또는 편익(便益)을 위하여 금전을 대여하거나 영업자금의 여유가 있어 이자 취득을 목적으로 이를 대여하는 경우가 있을 수 있으므로, 이러한 상인의 금전대여행위는 반증이 없는 한 영업을 위하여 하는 것으로 추정된다.

나. 음식점업을 영위하는 상인이 부동산중개업을 영위하는 상인에게 금원을 대여한 행위는 상법 제47조 제2항에 의하여 영업을 위하여 하는 것으로 추정되고, 그 금전대여행위가 상호 고율의 이자소득을 얻기 위한 목적으로 행하여졌다는 사정만으로는 위 추정이 번복된다고 볼 수 없다고 한 사례.

(4) 일방적·쌍방적 상행위

일방적 상행위는 소매상과 일반소비자 사이의 거래와 같이 당사자의 일방에만 상행위로 되는 경우이다. 민법과 상법이 둘 다 적용 가능하나 혼동을 피하기 위하여 일방의 행위가 상행위인 경우에는 상법이 적용된다(3조). 이에 대하여 쌍방적 상행위는 도매상과 소매상의 거래와 같이 당사자의 쌍방에게 상행위로 되는 경우를 말한다.

제 2 장 총　　론

제 1 절　상행위에 특유한 특칙

1. 총　　설

상행위는 사법상의 행위이므로 원래 민법의 적용을 받아야 하지만, 영리행위라는 특성상 상법은 48조에서 64조까지 민법총칙, 물권, 채권분야에 대한 특칙을 규정하고 있다.

2. 민법 총칙편에 대한 특칙

(1) 상행위의 대리와 위임

(가) 대리의 방식(비현명주의)

민법에 의하면 현명주의에 의하여 대리인이 대리행위를 함에 있어서 본인을 위한 것임을 표시하여야 한다. 본인을 위한 표시가 없으면 대리인의 행위는 그 자신을 위한 것으로 보고 본인의 책임은 생기지 않고 대리인의 책임이 발생하는 것이 원칙이다(민법 115조). 그러나 거래상대방이 악의인 경우에는 그러하지 아니하다(민법 115조 단서).

이에 반해 상법에 의하면 이러한 현명주의가 배제되어 본인임을 표시하지 아니하여도 본인에 대하여 책임이 있다(48조).[1] 그런데 상법 48조는 상대방이 당해 법률행위가 대리행위라고 하는 사실을 알지 못한 경우에 의미가 있는 것

1) 상법 48조의 규정은 대리권의 존재 자체를 추정하거나 의제하는 규정이 아니라 대리행위의 방식에 관한 특칙이므로 48조를 적용하려면 대리권 자체는 존재하여야 한다.

이며, 비록 현명을 하지는 않았지만 상대방이 대리행위임을 알았거나 알 수 있었을 경우에는 민법상으로도 본인에게 효력이 발생하므로(민법 115조 단서) 본 조문을 원용할 필요가 없다. 상법이 비현명주의를 채택한 이유는 간편·신속을 존중하는 상행위에 있어서 일일이 본인을 표시하는 것은 번잡한 일이고 거래의 내용이 성실히 이행된다면 당사자가 누구인가는 사실상 중요하지 않기 때문이다.

한편 상대방이 본인을 위한 것임을 알지 못한 경우 즉 선의인 경우에는 상대방이 신뢰한 외관을 보호하기 위해서 상법은 대리인에 대하여도 이행의 청구를 할 수 있도록 하고 있다(48조 단서). 상행위 대리의 상대방이 대리관계를 알지 못하는 경우 상대방은 본인에 대하여 이행청구를 할 수 있는데, 이 경우 법논리적인 측면에서 차이가 있는 학설들이 제시되어 있다. 제1설은 대리인은 본인의 채무에 대해 부진정연대채무의 관계에 있으므로 상대방은 본인 또는 대리인 중 어느 일방에 청구할 수 있다는 입장이다.[2] 그 법적 근거는 대리인에 대한 이행청구는 상법 48조 단서에 의한 법정의 이행책임이지만, 본인에 대한 이행청구는 상법 48조 본문에 의한 계약상의 이행책임이라는 것이다. 따라서 어느 일방에 대하여 이행청구가 다른 일방에 대한 이행청구에 원칙적으로 영향이 없다. 제2설은 상대방은 유리한 법률관계를 선택할 수 있다는 입장이다. 따라서 상대방이 본인이나 대리인 중 어느 일방에 이행을 청구하는 경우 다른 법률관계는 소멸한다는 것이다.[3]

생각건대, 상법상 상행위의 대리방식은 비현명주의에 의한다는 점을 고려할 때 그 상대방을 보호할 필요성이 현명주의의 경우보다 클 것은 분명하다. 따라서 상대방이 설령 대리관계를 알지 못하였다고 하더라도 본인 또는 대리인에게 선택 또는 동시에 이행책임을 청구할 수 있고 일방에 대한 청구가 다른 법률관계에 영향을 미치지 않는다고 해석하는 것이 본인 또는 대리인 간의 적정한 이해관계 및 민법의 연대책임 원리와 조화롭다고 판단되므로 제1설이 타당하다.

상대방의 선의에 있어서 과실의 유무는 불문한다고 보는 견해가 다수의 견

---

2) 이철송, 300면에서는 이에 대하여 본인과 대리인이 부진정연대채무관계에 선다고 보고 있다.
3) 정동윤, 150면.

해이다.[4] 그런데 48조에서 말하는 선의의 입증책임(즉 본인을 위한 것임을 알지 못했다는 것)이 누구에게 있느냐에 대하여, 상대방이 자신의 선의를 입증하여야 한다고 보기도 하고,[5] 대리인이 이행책임을 피하기 위해서는 상대방이 알고 있었음을, 즉 악의임을 입증하여야 한다는 주장[6]도 있다. 그리고 이러한 대리인의 책임은 상법 규정에 의하여 대리인에 대하여 이행을 청구할 수 있다는 의미일 뿐, 거래자체는 본인과 상대방 사이에 성립한다.[7]

본인에 대해 상행위가 되는 행위를 대리한 경우에 적용되며, 상대방에 대해서만 상행위가 되고 본인에게는 상행위가 아닌 경우에는 적용되지 않는다. 또한 기본적 상행위나 준상행위뿐 아니라 보조적 상행위에도 48조가 적용된다.[8]

한편, 어음행위의 대리에는 다시 민법의 현명주의가 적용되어 본인을 위한 것임을 어음면에 기재하고 그 대리인이 기명날인 또는 서명하여야 한다(어음법 8조, 수표법 11조). 다만 어음행위대리에는 민법 115조 단서와 같은 예외가 인정되지 않는다.

【대법원 1996. 10. 25. 선고 94다41935·41942 판결】
【판시사항】
[1] 대리권을 부여받은 자가 본인과의 사이에서 대리인 이외의 지위를 동시에 가질 수 있는지 여부(적극)
[2] 상가건물 소유자가 분양업체와 건물 매매계약을 체결하면서 특약사항으로 분양 대리권 위임 약정을 한 사안에서, 분양업체가 매수인의 지위와 동시에 분양 대리인의 지위도 갖는다고 본 사례
[3] 점포 분양행위가 상행위에 해당하는 경우, 분양 대리인이 본인을 위한 것임을 표시하지 않고 체결한 분양계약의 효력이 본인에게 미치는지 여부(적극)
【판결요지】
[1] 부동산의 분양에 관한 대리권을 부여받은 자라고 하여 반드시 본인의 대리인 이외의 지위를 가질 수 없는 것은 아니고 거래의 실질적 목적과 내용 등에 따라 적합한 다른 지위를 아울러 가질 수도 있다.
[2] 상가건물 소유자가 전문 분양업체와 건물 매매계약을 체결하면서 특약사항으로

4) 송옥렬, 95면; 이철송, 300면; 정찬형, 200면. 반대의 견해는 정동윤, 150면; 최준선, 227면.
5) 정동윤, 150면.
6) 이철송, 300면.
7) 대법원 1996. 10. 25. 선고 94다41935·41942 판결.
8) 대법원 2009. 1. 30. 선고 2008다79340 판결.

분양 대리권 위임 약정을 한 사안에서, 형식적으로는 상가건물 소유자가 분양업체에게 상가건물을 매도하는 것으로 되어 있으나, 그 매매계약의 체결 동기와 경위, 목적과 의도, 내용 등에 비추어 볼 때 실질적으로는 상가건물 소유자가 전문 분양업체에게 건물 내 점포의 분양을 위임하면서 다만 내부관계에 있어 그 점포를 원매자들에게 분양하여 수령할 분양대금 중에서 분양업체가 책임을 지고 건물 소유자에게 지급하여야 할 분양대금액과 그 지급시기, 분양대금 관리방법 등을 정하고 기타의 법률관계를 명백히 하는 등의 필요에서 편의상 분양업체와 그 건물에 관하여 매매계약을 체결하는 형식을 취한 것으로 해석함이 상당하다는 이유로, 그 분양업체는 그 건물에 관하여 매수인의 지위와 동시에 건물 소유자로부터 분양권을 위임받은 대리인으로서의 지위도 아울러 가지고 있다고 본 사례.
[3] 상가건물 분양업체에게 그 소유자를 대리할 권한이 있고, 그 점포의 분양행위가 그 규모, 횟수, 분양기간 등에 비추어 볼 때 상법 제46조 제1호 소정의 부동산의 매매로서 본인인 상가건물 소유자의 상행위가 되는 경우, 분양업체가 수분양자와 분양계약을 체결하면서 건물 소유자의 대리인임을 표시하지 않았다 하더라도 상법 제48조에 의하여 유효한 대리행위로서 그 효과는 본인인 건물 소유자에게 귀속된다.

조합의 업무집행조합원이 조합에게 상행위가 되는 대리행위를 하는 경우에는 본인(조합원전원)을 위한 행위임을 표시하지 않아도 조합원전원에 대하여 효력이 있다(48조 적용).

Q 조합의 업무집행조합원이 조합(조합원전원)을 위한 상행위임을 표시하지 않은 경우, 그 법률행위의 효력은 조합에 미치는가?

【대법원 2009. 1. 30. 선고 2008다79340 판결】
【판시사항】
가. 조합의 대리인이 조합에게 상행위가 되는 법률행위를 하면서 조합을 위한 것임을 표시하지 않은 경우, 그 효력이 조합원 전원에게 미치는지 여부
나. 조합의 업무집행조합원이 조합의 보조적 상행위로서 유류를 공급받으면서 상대방에게 조합을 위한 것임을 표시하지 않았더라도 그 유류공급계약의 효력은 본인인 조합원 전원에게 미치는지 여부
【판결요지】
가. 민법 제114조 제1항은 "대리인이 그 권한 내에서 본인을 위한 것임을 표시한 의사표시는 직접 본인에게 대하여 효력이 생긴다"라고 규정하고 있으므로, 원칙적으로 대리행위는 본인을 위한 것임을 표시하여야 직접 본인에 대하여 효력이 생기는 것이고,

한편 민법상 조합의 경우 법인격이 없어 조합 자체가 본인이 될 수 없으므로, 이른바 조합대리에 있어서는 본인에 해당하는 모든 조합원을 위한 것임을 표시하여야 하나, 반드시 조합원 전원의 성명을 제시할 필요는 없고, 상대방이 알 수 있을 정도로 조합을 표시하는 것으로 충분하다. 그리고 상법 제48조는 "상행위의 대리인이 본인을 위한 것임을 표시하지 아니하여도 그 행위는 본인에 대하여 효력이 있다. 그러나 상대방이 본인을 위한 것임을 알지 못한 때에는 대리인에 대하여도 이행의 청구를 할 수 있다"고 규정하고 있으므로, 조합대리에 있어서도 그 법률행위가 조합에게 상행위가 되는 경우에는 조합을 위한 것임을 표시하지 않았다고 하더라도 그 법률행위의 효력은 본인인 조합원 전원에게 미친다.
나. 甲이 금전을 출자하면 乙이 골재 현장에서 골재를 생산하여 그 이익금을 50 : 50으로 나누어 분배하기로 하는 내용의 동업계약에서, 乙은 민법상 조합의 업무집행조합원에 해당한다고 볼 수 있고, 乙이 위 골재 현장의 터파기 및 부지 평탄작업에 투입될 중장비 등에 사용할 목적으로 유류를 공급받는 행위는 골재생산업을 영위하는 상인인 甲과 乙을 조합원으로 한 조합이 그 영업을 위하여 하는 행위로서 상법 제47조 제1항에 정한 보조적 상행위에 해당한다고 볼 여지가 충분하므로, 乙이 위 골재현장에 필요한 유류를 공급받으면서 그 상대방에게 조합을 위한 것임을 표시하지 아니하였다 하더라도 상법 제48조에 따라 그 유류공급계약의 효력은 본인인 조합원 전원에게 미친다고 한 사례.

(나) 본인의 사망과 대리권의 존속

민법상 대리인의 대리권은 본인의 사망으로 인하여 소멸한다(민법 127조). 그러나 상법에 의한 대리인의 대리권은 그러하지 아니하다. 즉 상인이 그 영업에 관하여 수여한 대리권은 본인의 사망으로 인하여 소멸하지 아니한다(50조). 따라서 상법상 대리인은 상속인의 대리인이 된다. 이처럼 대리권이 존속하도록 제도화한 것은 거래안전을 확보하는 차원에서 상행위의 영속성을 보장하려는 취지가 반영되어 있다.

(다) 상행위의 수임인의 권한

상법은 상행위의 위임을 받은 자는 위임의 본지에 반하지 아니하는 범위 내에서 위임을 받지 아니한 행위를 할 수 있는 것으로(49조) 규정하고 있다. 민법에 의하면 수임인은 위임의 본지에 따라 선량한 관리자의 주의의무로써 위임사무를 처리하여야 한다(민법 681조)고 하고 있다. 양자의 입장은 실질적으로 동일한 의미로 보아도 큰 무리가 없다. 즉 민법에 의해서도 사정변경의 원칙에 따라서 수임인은 필요한 조치를 할 수 있다고 해석하므로[9] 상법의 규정은 주의적인 규정이라고 보는 것이 통설의 입장이다.

(2) 상사채권의 소멸시효의 단축

상행위로 인하여 생긴 채권은 상법에 다른 규정이 없는 때, 또는 다른 법령에 더 단기의 시효의 규정이 있는 경우를 제외하고, 5년간 행사하지 않음으로써 소멸시효가 완성된다(64조). 여기서 '상행위로 인하여 생긴 채권'이라 함은 일방적 상행위로 인하여 생긴 채권도 포함된다고 할 것이며, 채권자가 상인이든 채무자가 상인이든 무방하다.

이상과 같이 단기소멸시효를 둔 목적은 상거래의 신속한 해결을 위한 것이다. 따라서 신속한 해결을 주목적으로 하지 않는 경우에는 상법 64조가 적용되지 아니하고, 그 소멸시효기간은 민법에 따라 10년으로 된다.[10]

채권의 발생원인이 상행위인 것은 당연하지만, 그 채권이 직접 상행위에 의하여 발생한 것이어야 할 필요는 없다. 즉 상행위로 인해 생긴 채권의 변형으로서 원채권과 동일성을 가진다면 동일하게 취급된다. 예컨대 상행위로 인해 생긴 채무의 불이행으로 인한 손해배상청구권[11]과 상행위인 계약의 해제로 인한 원상회복청구권에 대하여도 상사시효가 적용된다.[12] 채권이 양도된다고 하더라도 시효에는 변함이 없다. 즉 상사채권이 일반인에게 양도된다고 하더라도 여전히 상사이율이 적용되며, 민사채권이 상인에게 양도된다고 하더라도 상사이율로 변경되지 않는다.

상법 64조는 거래행위로 발생한 채권에 대해서만 적용된다고 할 것이므로 부당이득반환청구권[13]이나 불법행위로 인한 손해배상청구권[14]과 같은 법정채권에는 적용되지 아니한다.

그러나 다른 법령에 상사시효보다 단기시효가 있으면 그 규정에 의한다(64조 단서). 예를 들어 도급받은 자의 공사채권은 5년의 상사시효가 적용되는 것이

9) 예컨대 상인으로부터 물품의 매수를 위임받은 자가 매수 후 가격폭락의 상황을 보고 손해를 줄이기 위하여 급히 매각을 하는 경우가 그 예가 될 것이다.
10) 대법원 2010. 10. 14. 선고 2010다32276 판결.
11) 대법원 1979. 11. 13. 선고 79다1453 판결.
12) 대법원 1993. 9. 14. 선고 93다21569 판결.
13) 대법원 2003. 4. 8. 선고 2002다64957·64964 판결.
14) 대법원 1985. 5. 28. 선고 84다카966 판결.

아니고 민법상 단기소멸시효인 3년으로 시효가 완성한다(민법 163조).

Q 상행위로 인해 생긴 채무의 불이행으로 인한 손해배상청구권에 대한 상사시효 적용여부

【대법원 1979. 11. 13. 선고 79다1453 판결】
금융거래를 영업으로 하는 원고은행이 그 영업행위로서 한 대출금에 대한 변제기 이후의 지연손해금이 명백하여 이를 민법 제163조 제1호 소정의 단기소멸시효에 해당하는 이자채권이라 볼 수 없고 … 이 건은 상행위로 인한 채권에 관하여 적용될 5년간의 소멸시효를 규정한 상법 제64조가 적용되어야 할 것이다.

Q 상행위에 해당하는 부동산 매매계약의 무효를 이유로 이미 지급한 매매대금 상당액을 부당이득으로서 반환을 구하는 경우, 그 청구권의 소멸시효기간은 10년

【대법원 2003. 4. 8. 선고 2002다64957·64964 판결】
【판결요지】
주식회사인 부동산 매수인이 의료법인인 매도인과의 부동산매매계약의 이행으로서 그 매매대금을 매도인에게 지급하였으나, 매도인 법인을 대표하여 위 매매계약을 체결한 대표자의 선임에 관한 이사회결의가 부존재하는 것으로 확정됨에 따라 위 매매계약이 무효로 되었음을 이유로 민법의 규정에 따라 매도인에게 이미 지급하였던 매매대금 상당액의 반환을 구하는 부당이득반환청구의 경우, 거기에 상거래 관계와 같은 정도로 신속하게 해결할 필요성이 있다고 볼 만한 합리적인 근거도 없으므로 위 부당이득반환청구권에는 상법 제64조가 적용되지 아니하고, 그 소멸시효기간은 민법 제162조 제1항에 따라 10년이다.

Q 도급계약에 기한 하자보수에 갈음하는 손해배상채권의 소멸시효는?

【대법원 2011. 12. 8. 선고 2009다25111 판결】
【판결요지】
건설공사에 관한 도급계약이 상행위에 해당하는 경우 그 도급계약에 기한 수급인의 하자담보책임은 상법 제64조 본문에 의하여 원칙적으로 5년의 소멸시효에 걸리는 것으로 보아야 한다. 원심은, 이 사건 아파트를 분양한 자인 소외 회사와 그 건축을 맡은

> 시공사인 피고 건설회사 사이의 이 사건 도급계약에 기한 하자보수에 갈음하는 손해배상채권은 상사채권으로서 5년의 상사시효에 걸린다고 판단하였다. 앞서 본 법리와 기록에 비추어 보면 원심의 이 부분 판단은 정당하고, 이와 다른 견해에서 이 사건 도급계약에 기한 피고 건설회사의 하자담보책임이 10년의 민사시효에 걸리는 것으로 보아야 한다는 상고이유의 주장은 받아들일 수 없다.

3. 민법 물권편에 대한 특칙

(1) 상인 간의 일반상사유치권

상인 간의 상행위 즉 쌍방적 상행위로 인한 채권이 변제기에 있는 때에는,[15] 당사자 간에 다른 약정이 없는 한, 채권자는 변제를 받을 때까지 그 채무자에 대한 상행위로 인하여 자기가 점유하고 있는 채무자소유의 물건 또는 유가증권을 유치할 수 있다(58조). 상사유치권은 당사자 간의 특약으로 배제가 가능하다(58조 단서). 민법에도 유치권이 인정되지만, 민법에서와 달리 상법에서는 개별적인 견련관계(牽連關係)를 요구하지 아니한다. 즉 민법에서는 피담보채권이 채권자가 점유하는 목적물에 관하여 생긴 것이어야 함을 요구하고 있음(민법 320조 1항)에 반해, 상법에서는 목적물이 채무자의 소유물이라는 사실, 즉 일반적 견련관계만을 요구한다(58조).[16]

상인 간의 유치권은 '상행위로 인하여' 점유하고 있는 채무자 소유의 물건에 대하여 성립하는 것이므로 피담보채권의 발생시에 채권자와 채무자가 모두 상인의 자격을 가질 것을 요한다. 위탁매매인, 운송주선인, 육상운송인 등의 유치권은 그렇지 않지만, 대리상의 경우는 양자 모두 상인이어야 한다고 본다. 그러나 현실적으로 유치권을 행사하는 때에 상인의 자격을 가질 것을 요하지는 않는다.[17]

목적물의 소유권은 유치권이 성립한 때에 채무자 소유이어야 하지만,[18] 유

---

15) 즉 이행지체를 요하지 않으며, 변제기 전이라도 유치권의 성립에는 지장이 없다.

16) 이런 의미에서 민사유치권은 피담보채권과 목적물의 견련성 때문에 대물적 권리라고 할 수 있고, 상사유치권에서는 피담보채권과 목적물 간의 견련성을 요구하지 않기 때문에 제3자의 소유물에까지 유치권을 인정한다면 소유권 침해가 되기 때문에 채무자 소유의 물건으로 제한하는 것이라고 한다. 이철송, 311면.

17) 이철송, 309면; 정찬형, 206면.

18) 민사유치권에서는 개별적 견련관계가 요구되기 때문에 민법에서는 채무자소유물건이 아

치권이 성립한 이후에 타인에게 이전하여도 그로써 유치권이 소멸되는 것은 아니다. 즉 목적물이 채무자의 소유권이어야 한다는 것은 유치권의 성립요건이지 존속요건은 아니기 때문이다.[19)]

상사유치권의 목적물의 종류에 대하여 부동산을 포함시키는 견해가 통설이다.

민사유치권과 상사유치권의 비교

	상사유치권(상법 58조)	민사유치권(민법 320조)
제도의 취지	공평에 의한 인도거절	신용보호를 위한 물적담보수단
당사자	쌍방이 모두 상인	쌍방이 모두 비상인이거나 일방이 상인
피담보채권	쌍방적 상행위(영업적 상행위, 보조적 상행위 모두)로 인하여 발생한 채권으로 변제기에 있는 채권	유치목적물에 관하여 생긴 채권
목적물의 범위	물건 또는 유가증권(부동산 포함 — 다수설)	
목적물의 채무자 소유 여부	목적물이 채무자 소유이어야 함	목적물이 반드시 채무자 소유일 필요 없음
목적물과 피담보채권과의 개별적 관련성	개별적 관련성 요하지 않음(영업을 통한 관련만 있으면 족함)	개별적 관련성 요함

(2) 특별상사유치권

상법은 58조의 일반상사유치권 외에 특별한 내용의 유치권을 인정하는 경우가 있다. 대리상(91조)·위탁매매인(111조, 91조)의 유치권은 일반상사유치권과 마찬가지로 피담보채권과 유치목적물과의 견련성이 요구되지 않으며, 유치목적물도 일반상사유치권과는 달리 채무자의 소유임을 요하지 않는다.

니더라도 유치권이 성립된다. 대리상, 위탁매매인, 운송주선인, 운송인의 경우에도 개별적 견련관계는 필요하지 않다.

19) 손주찬, 228면; 이철송, 311면.

한편 운송주선인(120조)·운송인(147조, 120조)·해상운송인(800조 2항)의 유치권은 유치목적물이 운송물로 제한되며, 피담보채권과 유치목적물과의 사이에 견련성이 있어야 하지만 유치목적물이 채무자 소유임을 요하지는 않는다는 점에서[20] 대리상·위탁매매인의 유치권과는 같다.

이러한 특별상사유치권은 업종에 따라서 상법이 특별히 인정하는 것이므로 일반상사유치권과 더불어 중첩적으로 성립할 수 있다.

특별상사유치권의 비교

	대리상 (91조)	위탁매매인· 준위탁매매인 (111조, 113조)	운송주선인·운송인 (120조, 147조, 800조)
제도의 취지	타인의 물건 또는 유가증권에 대한 거래를 담당하는 상인의 특별한 유치권 필요		
채무자의 상인성	채무자의 상인성 요구	채무자의 상인성을 요하지 않음	
피담보채권	거래의 대리, 중개, 주선으로 인한 채권으로 변제기에 있는 채권		운송물에 관한 보수나 운임 기타 위탁자를 위한 체당금이나 선대금 채권
목적물의 범위	본인이나 위탁자를 위해 점유하는 물건 또는 유가증권		운송물
목적물의 채무자 소유 여부	채무자 소유일 필요 없음(제한 없음)		
목적물과 피담보채권과의 개별적 관련성	개별적 관련성 불필요		개별적 관련성 필요

(3) 유질계약의 허용

민법상 질권설정자는 채무변제기 전의 계약으로 질권자에게 변제에 갈음하여 질물의 소유권을 취득하게 하거나 법률에 정한 방법에 의하지 아니하고 질물을 처분할 것을 약정하지 못한다(민법 339조). 그러나 상법에서는 유질계약(流質契約)을 허용하고 있다(59조). 즉 상인의 금융의 편의를 도모하고 민사에서처럼

20) 견련성이 있어야 하지만 유치목적물이 채무자 소유임을 요하지 않는다는 점에서 민법상 유치권과 유사하지만 유치목적물이 운송물로 제한된다는 점에서 상이하다.

상사에서 법이 채무자의 후견적인 역할을 담당할 필요는 없기 때문이다.

상법상 유질계약을 허용하는 전제로서 요구되는 '상행위로 인하여 생긴 채권'에 대하여, 채무자 또는 채권자의 어느 일방에 대하여 상행위가 되는 행위에 의해 생겨난 채권으로 보는 견해[21]가 있는 반면에, 상법상 유질계약을 허용하는 입법취지에 비추어 보아서 상인인 채무자가 질권을 설정한 경우에 한하여 적용된다고 보는 견해[22]도 있다. 생각건대, 상법이 유질계약을 허용하는 취지가 채무자인 질권설정자가 상인이어서 채권자와 대등하거나 전문가적 지위에 있기 때문으로 본다면, 채무자 보호필요성이 여전히 존재하는 채무자가 비상인인 경우의 일방적 상행위에는 59조가 적용되지 않는다고 해석하여야 한다.

4. 민법 채권편에 대한 특칙

(1) 계약의 성립

(가) 청약의 효력

1) 민법상 원칙

민법상 격지자(隔地者) 간의 계약은 승낙의 통지를 발송한 때에 성립한다(민법 531조, 발신주의). 그렇지만 청약에 대한 승낙의 기간을 정한 경우에는 청약자가 그 기간 내에 승낙의 통지를 받지 못한 때에는 그 청약은 효력을 잃게 된다(민법 528조 1항, 도달주의). 승낙의 통지가 그 기간 후에 도달한 경우에 보통 그 기간 내에 도달할 수 있는 발송인 때에는 청약자는 지체 없이 상대방에게 그 통지를 하여야 하되(민법 528조 2항), 이 통지를 하지 아니한 때에는 승낙의 통지는 연착되지 아니한 것으로 본다(민법 528조 3항). 승낙의 기간을 정하지 아니한 경우에 청약자가 상당한 기간 내에 승낙의 통지를 받지 못한 때에는 실효한다(민법 529조). 위의 두 경우에 연착된 승낙은 청약자가 이를 새로운 청약으로 볼 수 있다(민법 530조).

2) 상법상 특칙

상법상 특칙은 청약을 받는 자가 상인인 경우에 해당된다. 즉 청약을 하는

---

21) 정동윤, 156면.

22) 이철송, 307면. 즉 상인인 채권자가 비상인인 채무자에 대하여 유질계약의 이점을 향유한다는 것은 상법의 입법취지가 아니라고 보는 것이다.

자는 상인이 아니어도 된다.

민법은 대화자 간의 청약의 효력에 관하여 따로 규정을 두지 않고 있다. 상법상 대화자 간의 계약의 청약은 상대방이 즉시 승낙하지 아니한 때에는 그 효력을 잃는다(51조, 도달주의). 지리적인 기준이 아니라 당사자 상호간에 의사표시를 요지(了知)할 수 있는 상태를 말하며, 전화, 컴퓨터통신 등의 수단에 의한다면 거리가 멀어도 대화자라고 할 수 있을 것이다. 민법도 해석상 청약의 효력은 대화가 계속되는 동안에만 유효한 것으로 이해하므로 상법의 규정은 민법의 원리를 주의적으로 밝힌 것으로 보고 있다(통설).

2010년 상법개정 전에는 격지자 간 계약의 청약에서 승낙기간이 없는 경우에는 상법 52조에 따라 발신주의가 적용되고, 승낙기간이 있는 경우에는 민법 528조에 따라 도달주의가 적용되는 문제점이 있었다.[23] 따라서 상법 52조를 삭제하여 격지자 간의 청약에 승낙기간이 있는 경우와 없는 경우 모두 민법상 도달주의가 적용되도록 하여 청약의 효력발생 시기를 동일하게 함으로써 법 해석상의 혼란을 방지하였다. 이처럼 개정 상법은 구 상법 52조를 삭제함으로써 유럽계약법, CISG 등에서 채택한 도달주의라는 글로벌 스탠더드를 수용하게 되었다. 또한 연혁적으로 구 상법 52조 1항은 의용민법과 의용상법하에서 상거래에서의 청약을 철회하는 부담을 덜어주기 위한 차원에서 존재하였지만, 현행 민법하에서는 구 상법 52조 1항이 존재의의가 없으므로 개정상법에서 52조를 삭제한 것은 적절한 조치라 하겠다.[24]

(나) 계약의 성립시기

승낙기간을 정하지 않은 경우 민법의 일반원칙에 의하면 계약은 승낙의 통지를 발송한 때에 성립한다(민법 531조). 따라서 계약의 성립시기에 관하여 특별한 규정이 없는 상사계약의 경우에도 이를 적용하여 청약 후 상당한 기간 내에

---

23) 즉 개정전 상법에 따르면 격지자 간의 계약의 청약은 승낙기간이 없으면, 상대방이 상당한 기간 내에 승낙의 통지를 발송하지 아니한 때에는 그 효력을 잃고(52조 1항, 발신주의). 연착된 승낙은 이를 새로운 청약으로 볼 수 있다(52조 2항, 민법 530조). 그리고 상법은 승낙기간을 정한 경우에 관하여는 규정을 두지 않고 있기 때문에, 민법을 적용하게 되면 승낙기간 내에 승낙의 통지를 받지 못한 때에 청약은 효력을 잃게 된다(민법 528조 1항, 도달주의). 이러한 상법과 민법의 차이는 일견 상법이 발송한 때에 청약의 효력을 유효하다고 하여 상법상 계약의 성립이 민법보다 신속하게 하는 것이라고 설명해 오던 것이 일반적이나, 현실적으로 민법보다 오히려 늦게 되는 것이라고 지적하는 견해도 있었다. 이철송, 318면 이하 참조.

24) 이철송, 318면.

승낙의 통지를 발송하면 계약이 성립한다. 이 경우 발신주의에 의하게 되므로 승낙의 통지가 청약자에게 도달하지 않더라도 계약의 성립에는 지장이 없으며, 불도달로 인한 불이익은 청약자가 부담하게 된다(다수설). 다만 상당한 기간 내에 승낙의 통지를 발송한 것에 대한 입증책임은 승낙자가 입증하여야 한다.

승낙기간을 정한 경우에도 역시 상법에 규정이 없으므로 민법이 적용된다. 따라서 승낙의 통지를 발송한 때에 성립하지만(민법 531조), 청약의 효력은 청약자가 승낙기간 내에 승낙의 통지를 받지 아니하면 소멸하게 된다(민법 528조 1항). 즉 승낙기간을 정한 경우 발신주의와 도달주의의 충돌이 일어나게 되는데, 다수설에 의하면 계약은 승낙기간 내에 승낙이 불도달함을 해제조건으로 하여 승낙을 발송한 때에 성립한다.[25]

(다) 청약을 받은 상인의 의무

민법상으로는 청약은 청약자를 구속할 뿐이며, 청약을 받은 자는 승낙의 여부를 통지할 의무가 없다. 그러나 상시거래관계 있는 자로부터 청약을 받은 상인은 신속히 승낙의 여부를 통지하여야 하며, 이를 해태한 때에는 승낙한 것으로 본다(53조).

그리고 계약의 청약과 동시에 견품을 받은 경우에는 민법상으로는 보관할 의무가 없으나 상인은 청약자의 비용으로 이를 보관할 의무가 있다(60조). 이것은 상인의 물품보관의무와 청약자 부담의 보관비용의 청구에 관한 규정이며, 청약자에 대한 손해배상에 관한 규정은 아니다. 다만 이러한 견품보관의무는 낙부통지의무와는 달리 상시거래를 전제하지 않는다.

상법 60조의 보관의무는 물건의 가액이 보관비용을 상환하기에 부족하거나 보관으로 인해 상인이 손해를 받을 염려가 있는 때에는 면제된다(60조 단서). 견품 기타의 물건을 받은 상인에게 일방적인 손실을 강요할 수는 없기 때문이다. 보관비용에 관한 채권을 가지고 유치권을 행사할 수 있다.

(2) 상행위의 유상성

(가) 법정이자청구권

민법상 타인을 위하여 금전의 체당을 하여도 그것이 위임사무의 처리(민법

---

25) 이러한 문제점 때문에 민법조문의 개정을 2001년에 논의하였지만 여전히 변화가 없다.

688조 1항)를 위한 경우가 아니면 이자를 청구할 수 없지만, 상인이 영업의 범위 내에서 타인을 위하여 금전의 체당[26]을 한 경우에는 체당한 날 이후의 법정이자를 청구할 수 있다(55조 2항). 민법상 소비대차는 특약이 없는 한 무이자가 원칙이지만, 상인이 그 영업에 관하여 금전을 대여한 경우에는 이자의 약정이 없더라도 법정이자를 청구할 수 있다(55조 1항).

2010년 상법 개정 이전에는 상인 간의 금전소비대차의 경우에만 상법상 법정이자를 청구할 수 있다고 되어 있어, 상인이 영업에 관하여 상인이 아닌 자에게 금전을 대여한 경우 상법상 법정이자를 청구할 수 있는지 문제가 되었고, 상인이 아닌 타인을 위해 금전을 체당한 경우에도 이자청구권을 인정한 55조 2항과의 균형상 대주(貸主)가 상인인 경우에는 이자청구권이 인정되어야 한다는 입법론을 받아들여서 대주가 상인인 경우에는 일반적으로 이자청구권을 인정하게 된 것이다.[27]

한편, 체당금에 대한 법정이자청구(55조)와는 별도로 체당행위에 대한 보수(61조)도 청구할 수 있는지의 여부에 대하여, 통설은 양자는 별개이므로 체당금에 대한 법정이자 이외에 보수청구도 할 수 있다고 보지만, 소수설은 체당행위에 대한 이자가 바로 보수의 의미를 가지므로 통설과 같이 이해하면 상인에게 2중의 이익을 안겨주게 되어 부당하다고 한다.[28]

(나) 보수청구권

민법에 의하면 위임 또는 사무관리에 대하여는 특약이 없으면 보수를 청구하지 못한다. 상인이 영업의 범위 내에서 타인을 위하여 어떤 행위를 한 때에는 특약이 없어도 상당한 보수를 청구할 수 있다(61조). 업종의 종류에 따라서는 보수청구권을 행사하기 위한 전제조건을 요구하는 경우도 있다. 즉 중개인은 결약

26) 체당이라 함은 금전의 소비대차에 의하지 아니하고 널리 타인을 위하여 금전을 출연하는 것을 말하는데, 부동산중개인이 매수인의 등기이전비용을 대납하는 것을 예로 들 수 있다.
27) 그런데 2010년 상법개정 전에 상인이 비상인을 위해 영업의 범위 내에서 금전을 체당한 경우에는 이자를 청구할 수 있으나, 비상인과 소비대차로 금전을 대여하면 이자를 청구하지 못하는 결과가 된다는 지적을 하면서 두 가지 경우의 불균형을 입법적으로 해결해야 한다는 주장이 있었다(김성태, 459면 참조). 그러나 개정 후에도 상인의 모든 행위가 영업을 위한다고 보기도 어려우거니와, 상인의 자격을 떠나서 개인 간, 민사상의 금전대차도 얼마든지 할 수 있다고 보아야 하기 때문에 결국 입증의 문제로 남게 되어, 위와 같은 불균형이 입법으로 완전히 해소되었다고 볼 수 없다.
28) 김성태, 461면.

서(結約書)의 작성과 교부절차(96조)를 종료하지 아니하면 보수를 청구하지 못한다(100조 1항).

여기에서의 타인은 상인이 아니어도 된다. '타인을 위하여'라는 의미는 '타인의 이익을 위하여' 행위하는 것을 말하며, 행위의 법률상 효과가 타인에게 귀속되는 것을 말한다. 그러나 실제로 타인에게 이익이 발생하여야만 보수청구권을 갖는 것은 아니다.[29)]

(3) 채무의 이행

민법상으로는 채무의 성질 또는 당사자의 의사표시로 변제장소를 정하지 아니한 때에는 특정물의 인도는 채권이 성립할 당시에 그 물건이 있던 장소에서 하여야 하고, 특정물의 인도 이외의 채무변제는 채권자의 현주소에서 한다(持參債務, 민법 467조 2항).

상법은 이에 관하여 특별한 규정을 두고 있지 아니하므로 민법의 규정에 따라서 한다. 그러나 채권자의 지점에서의 거래로 인한 채무이행 장소가 그 행위의 성질 또는 당사자의 의사표시에 의하여 특정되지 아니한 경우 특정물 인도 이외의 채무이행은 그 지점을 이행장소로 본다(56조). 2010년 상법개정 이전의 규정에 의하면 지점에서의 거래의 경우 채무이행 장소를 그 지점으로 하고 있어, 채무자의 지점에서 거래가 이루어진 경우에는 채무자의 지점이 채무이행 장소가 되어 지참채무의 일반원칙 및 채권자의 현 영업소를 채무이행 장소로 하는 민법 467조 2항 단서에 배치되는 문제점이 있었다. 따라서 2010년 상법개정에 의하여 채권자의 지점 거래의 경우에만 그 지점이 채무이행 장소가 되도록 규정하여, 채무자의 지점 거래의 경우에는 민법 467조 2항 단서에 따라 채권자의 현 영업소가 채무이행 장소가 되도록 함으로써 지점이 채무이행 장소가 되는 경우를 채권자의 지점에서의 거래로 한정함으로써 민법과의 모순을 해결하였다.

증권상의 채무의 이행장소는 성질상 증권에 변제장소의 기재가 없는 경우에는 채무자의 현 영업소 또는 현 주소가 이행장소가 된다. 이 경우에는 추심채무(推尋債務)에 해당하기 때문이다.

---

29) 이철송, 326면; 김성태, 456면.

(4) 법정이율

법정이율에 대하여도 민법상 이자 있는 채권의 이율은 당사자 간 약정이 없으면 연 5푼(分)인 데 대하여, 상행위로 인한 채무의 법정이율은 연 6푼(分)이다(54조). 여기서 '상행위로 인한 채무'에는 상행위로 인하여 직접 생긴 채무뿐만 아니라 그와 동일성이 있는 채무 또는 그 변형으로 인정되는 채무도 포함된다.[30]

> **Q 불법행위로 인한 손해배상채무에 대한 상사법정이율의 적용여부?**
>
> 【대법원 1985. 5. 28. 선고 84다카966 판결】
> 【판결요지】
> 상법 제54조의 상사법정이율은 상행위로 인한 채무나 이와 동일성을 가진 채무에 관하여 적용되는 것이고 상행위가 아닌 불법행위로 인한 손해배상채무에는 적용되지 아니한다.

(5) 다수당사자의 채무

민법에 의하면 다수의 채무자는 특별한 의사표시가 없으면 균등한 비율로 의무를 분담한다(분할채무, 민법 408조). 그러나 상법에서는 연대하여 변제할 책임이 있다(57조 1항). 이 경우 채무자를 위한 상행위이면 족하다. 채무자 중 1인은 반드시 상인이어야 하지만 채권자는 상인이어야 할 필요는 없다. 즉 채권자에게만 상행위가 되는 경우에는 연대채무에 관한 규정(57조 1항)을 적용하지 않는다.

기업집단에 속하는 계열회사들이 그룹 내 조달본부를 통하여 물건을 일괄구입하여 분배하는 경우, 계열회사들이 연대하여 물품대금지급책임을 부담하는지에 대하여 판례[31]는 계열회사들이 조달본부에 위임하여 이루어지는 개별적인 거래로 보아 이를 부정하고 있다. 이에 대하여 계열회사 간에 물품구입에 관한 통합기구의 설치에 관한 합의가 있고 대외거래를 공동으로 하겠다는 합의

30) 대법원 2009. 9. 10. 선고 2009다41786 판결.
31) 대법원 1987. 6. 23. 선고 86다카633 판결.

가 존재하므로 이를 조합으로 보아 연대책임이 있는 것으로 보기도 한다.[32)]

민법상 보증인은 최고·검색의 항변권을 가지지만, 상법상 보증인은 이를 가지지 못한다. 그리고 민법상 보증인이 수인인 경우에는 분별의 이익을 주장할 수 있어(민법 439조) 채권담보의 효력이 약하지만, 상법에서는 보증이 상행위이거나 주채무가 상행위로 인한 것인 때에는 주채무자와 보증인은 연대하여 변제할 책임이 있기 때문에(57조 2항) 담보의 효력이 강하다. 그런데 논란의 여지가 있기는 하지만, 57조 2항은 최소한 주채무의 채무자나 보증인이 상인인 경우에 적용된다고 풀이하여야 한다.[33)]

Q **상법 제57조 제1항의 취지는?**

【대법원 1987. 6. 23. 선고 86다카633 판결】
【판결요지】
상법 제57조 제1항의 취의는 상사거래에 있어서의 인적 담보를 강화하여 채무이행을 확실히 하고 거래의 안전을 도모함으로써 상거래의 원활을 기하려는 것으로 민법상 다수당사자간의 채무이행에 있어서의 분할채무 원칙에 대한 특별규정이라 할 것이므로 여기에서 연대채무를 지우게 되는 행위는 수인이 그 1인 또는 전원에게 상행위가 되는 행위로 인하여 채무를 부담하는 경우이어야 한다.

(6) 무상임치인의 주의의무의 가중

민법상 일반원칙은 보수를 받는 경우에는 선량한 관리자의 주의의무로서(민법 374조), 보수없이 임치를 받은 자는 임치물을 자기재산과 동일한 주의로 보관하면 된다(민법 695조). 그러나 상인은 그 영업범위 내에서 물건의 임치를 받은 경우에는 보수를 받지 아니한 때에도 선량한 관리자의 주의의무를 다하여야 한다(62조). 즉 자기재산과 동일한 주의의무보다는 선량한 관리자의 주의의무의 정도가 더 높게 요구된다.

---

32) 김성태, 479면; 이기수·최병규, 314면; 이철송, 337면.
33) 이철송, 340면.

(7) 상사매매

일반적인 민사매매에 대하여 상법에는 매매에 관한 특칙이 5개조가 있는데, 당사자 쌍방이 상인인 경우에만 적용되는 것이다. 따라서 일방적 상행위인 매매에 대하여는 민법이 원칙적으로 적용된다. 물론 당사자 쌍방이 상인이라 하더라도 상행위가 아닌 매매인 경우에는 적용되지 않는다. 상사매매에 관한 특칙을 상법에서 두고 있는 이유는 매도인의 보호와 거래의 민활한 결제와 신용을 중시하고자 하는 것이 목적이다.

(가) 매도인의 목적물공탁·경매권

상인 간의 매매에 있어서 매수인이 목적물의 수령을 거부하거나 이를 수령할 수 없을 때에는,[34] 매도인은 그 물건을 공탁하거나 상당한 기간을 정하여 최고(催告)한 후 경매할 수 있으며, 이 경우에는 지체 없이 매수인에 대하여 그 통지를 발송하여야 한다(67조 1항). 이와 같이 상법에서는 일정한 경우 공탁이 원칙인 민법과 달리 매도인이 공탁권과 경매권을 자유롭게 선택적으로 행사할 수 있다. 즉 법원의 허가 없이도 경매할 수 있다는 점에서 민법과 다르다. 민법의 경우에는 변제의 목적물이 공탁에 적합하지 아니하거나 멸실·훼손의 염려가 있거나 공탁에 과다한 비용을 요하는 경우에 한하여 법원의 허가를 얻어서 경매할 수 있다(민법 490조). 한편 수령지체에 관한 입증책임은 매도인에게 있다.[35]

또한 매도인이 경매의 방법을 택한 경우에는 최고한 후에 경매할 수 있는데, 매수인에게 최고를 할 수 없거나 멸실 또는 훼손될 염려가 있는 때에는 매도인은 최고 없이 경매할 수 있다(67조 2항). 이를 자조매각권(自助賣却權)이라고 한다. 경매한 경우에 그 대금에서 경매비용을 공제한 잔액을 공탁하여야 하나, 그 전부 또는 일부를 매매대금에 충당할 수 있다(67조 3항, 代金充當權). 이에 반해 민법의 경우에는 경매대금을 반드시 공탁하여야 한다.

한편 매수인이 매매대금을 이미 지급한 경우에도, 매도인이 자신의 채무를

34) 과실없이 매수인을 알지 못하는 경우(민법 487조)도 동일하게 처리, 즉 공탁이 가능하다고 보고 있다. 이철송, 344면에서는 매수인이 사망하였는데 상속인을 알 수 없거나, 매수인이라고 자칭하는 자가 수인이 있는 경우를 그 예로 들고 있다.

35) 김성태, 495면.

면할 필요가 있으므로 공탁이 가능하다.[36] 그러나 매매대금을 완전히 지급받은 경우에는 민법의 일반원칙에 따라서 경매할 수 있다. 즉 공탁에 적당하지 않거나 목적물이 멸실·훼손될 염려가 있거나 공탁에 과다한 비용이 드는 경우 외에는 굳이 경매를 허용해야 할 이유가 없다.[37] 이 경우에도 경매비용은 매수인의 부담으로 하여야 하며, 경매를 마친 후에는 매수인에게 그 통지를 발송하여야 한다.

(나) 확정기매매의 해제

상인 간의 매매에 있어서 계약의 성질(절대적) 또는 당사자의 의사표시(상대적)에 의하여 일정한 시일 또는 일정한 기간 내에 이행하지 않으면 계약의 목적을 달성할 수 없는 계약, 즉 확정기매매(確定期賣買, 민법상 定期行爲에 해당)에 있어서는 민법은 최고를 하지 않고 의사표시에 의하여 계약을 해제할 수 있다고 규정하고 있다(민법 545조).[38] 그러나 상법에서는 당사자 일방이 이행하지 않고 이행시기를 경과한 경우에는 상대방은 즉시 그 이행을 청구하지 않는 한 계약을 해제한 것으로 본다고 함으로써 해제의 의사표시도 필요 없는 것으로 하고 있다(68조).[39] 즉 민법에서는 최고를 요구하지는 않지만 계약해제의 의사표시는 하여야 되나, 상법에서는 해제의 의사표시도 요구하지 않는다는 점에서 차이가 있다.

따라서 확정기매매에 있어서 매도인이 이행하지 아니하는 경우에는 매수인은 신속히 매매관계를 종료하고 다른 대체수단을 찾아볼 수 있고, 매수인이 이행하지 아니하는 때에는 매도인의 입장에서는 목적물을 보유하지 않고 다른 상대방을 찾아서 매도할 수 있다.

한편 확정기매매가 되느냐의 여부는 매매목적물의 성질 및 계약내용을 가

36) 이철송, 346면.
37) 이철송, 346면; 김성태, 497면.
38) 민법의 일반적인 매매에서는 채무불이행을 이유로 하여 계약을 해제하는 경우에 먼저 채무자에게 이행을 최고한 다음 그래도 이행하지 아니할 경우에 비로소 해제할 수 있다(민법 544조).
39) 단지 이행기간이 정해져 있다고 해서 확정기매매가 되는 것은 아니다. 대법원 1955. 3. 31. 선고 4287민상320 판결. 확정기매매의 예로서는 야유회에 쓸 도시락 주문, 결혼식에 입을 웨딩드레스, 수영복과 같은 계절상품 등이다. 대법원은 CIF매매에 있어서 선적기간(船積期間)은 매우 중요한 요소이기 때문에 매매 당시 목적물의 가격변동이 심하고, 매수인이 전매(轉賣)를 예정하고 있는 경우에는 이를 확정기매매로 보고 있다. 대법원 1995. 5. 26. 선고 93다61543 판결.

지고 판단하는 것이 일반적이지만, 대금채권을 가지고도 확정기매매가 될 수 있다. 즉 매도인이 대금의 사용처와 사용시기가 한정되어 있음을 밝히고 계약을 하였다면 대금지급에 관한 (상대적) 확정기매매가 될 수 있다고 보는 견해[40]도 있다.

동시이행의 관계에 있는 반대급부를 채권자가 이행하지 않은 경우에는 본조를 적용할 수 없다는 주장[41]도 있으나, 상법상 확정기매매에 관한 특칙은 소정시기의 경과라는 객관적 사실의 발생에 의해서 해제가 의제되는 것이고 채무불이행이 채무자의 귀책사유에 의한 것이냐의 여부를 묻지 않는 것이므로 동시이행의 항변이 있느냐의 여부와는 관계없이 본 특칙이 적용된다고 보아야 할 것이다.[42] 즉 확정기매매라고 하는 매매의 특수한 형태에 관한 특칙이므로 해제의 일반법리에 맞지 않다는 주장은 적절치 않다.

해제의 효과에 관해서는 상법에 규정이 없으나, 민법에 따라서 계약은 소급하여 소멸하고 채무자에게는 원상회복의무와 손해배상채무가 발생한다(민법 548조, 551조).

Q **확정기매매의 판단기준은?**

【대법원 2009. 7. 9. 선고 2009다15565 판결】
(가) 상인간 매매가 상법 제68조에 정한 확정기매매인지 여부의 판단 기준
【판결요지】
상법 제68조에 정한 상인간의 확정기매매의 경우 당사자의 일방이 이행시기를 경과하면 상대방은 이행의 최고나 해제의 의사표시 없이 바로 해제의 효력을 주장할 수 있는바, 상인간의 확정기매매인지 여부는 매매목적물의 가격 변동성, 매매계약을 체결한 목적 및 그러한 사정을 상대방이 알고 있었는지 여부, 매매대금의 결제 방법 등과 더불어 이른바 시.아이.에프(C. I. F.) 약관과 같이 선적기간의 표기가 불가결하고 중요한 약관이 있는지 여부, 계약 당사자 사이에 종전에 계약이 체결되어 이행된 방식, 당해 매매계약에서의 구체적인 이행 상황 등을 종합하여 판단하여야 한다.

40) 김성태, 516-517면.
41) 송옥렬, 116면; 이철송, 349-350면; 정찬형, 225면; 최준선, 265면. 이철송, 350면에서는 해제의 효과로 채무자는 원상회복의무와 손해배상책임을 지는데, 과실없는 채무자에게 이와 같은 책임을 지우는 것은 해제의 일반법리에 어긋남을 그 근거로 제시한다.
42) 김성태, 517면; 손주찬, 250면; 정동윤, 202면.

(나) 가격변동이 심한 원자재를 계약 목적물로 한 국제 중개무역이라는 사유만으로는 상법 제68조에 정한 상인간의 확정기매매에 해당한다고 볼 수 없다고 한 사례
【판결요지】
계약 당사자 사이에 종전에 계약이 체결되어 이행된 방식, 당해 매매계약에서의 구체적인 이행 상황 등에 비추어 볼 때, 가격변동이 심한 원자재를 계약 목적물로 한 국제 중개무역이라는 사유만으로는 상법 제68조에 정한 상인간의 확정기매매에 해당한다고 볼 수 없다고 한 사례.

(다) 매수인의 목적물검사·하자통지의무

민법에 의하면 매매목적물에 하자 또는 수량의 부족이 있는 경우에는 매도인은 하자담보책임을 부담하고 매수인은 대금감액을 청구할 수 있으며, 매수인이 선의인 때에는 계약해제와 손해배상청구도 할 수 있다. 즉 매수인이 적극적으로 목적물의 하자나 수량부족을 발견해야 할 의무가 없으며, 하자 또는 수량부족을 발견하면 매수인이 선의이면 사실을 안 날로부터 6월(민법 582조) 또는 1년(민법 573조) 내에, 매수인이 악의이면 계약한 날로부터 1년 내에(민법 573조) 하자담보책임을 물을 수 있다.

상법에서는 매도인의 불안정한 상태를 빨리 해소시켜 주기 위하여 민법에 비해서 매수인에게 무거운 책임을 부과하고 있다. 즉 상인 간의 매매에 있어서 매수인이 목적물을 수령한 때에는 지체 없이 이를 검사하여야 하고, 하자 또는 수량의 부족을 발견한 경우에는 즉시 매도인에게 그 통지를 발송하여야 한다. 만약 매수인이 이를 게을리한 경우에는 그로 인한 계약해제·대금감액·손해배상을 청구하지 못한다. 다만 목적물에 즉시 발견할 수 없는 하자가 있는 경우에는 6월 내에 이를 발견한 때에는 하자 또는 수량부족을 즉시 통지하여야 한다(69조 1항). 그러나 매도인이 악의인 경우에는 위의 통지의무를 부담하지 않는다(69조 2항).

매수인이 상법 69조에 따라 검사·통지의무를 이행하면, 민법의 일반원칙에 따라서 매도인에 대하여 담보책임을 물을 수 있게 되며, 매수인에게 민법이 정하지 아니한 새로운 청구권을 부여하는 것은 아니다. 즉 목적물의 하자가 있는 경우 계약의 목적을 달성할 수 없는 경우에는 계약해제를 할 수 있고 기타의 경우에는 손해배상의 청구를 할 수 있고(민법 580조, 575조 1항),[43] 수량부족의 경

43) 목적물하자의 경우에는 계약해제권과 손해배상청구권이 매수인이 그 사실을 안 날로부터 6월 내에 행사되어야 하며(민법 582조), 수량부족의 경우의 대금감액청구권·계약해제권

우에는 대금감액청구(민법 572조 1항) 또는 잔존부분만이면 매수하지 아니하였을 것이라고 인정되는 경우에는 계약해제를 하거나(민법 572조 2항) 손해배상청구(민법 572조 3항)를 할 수 있다.

(라) 매수인의 목적물보관·공탁·경매의무

매수인이 수령한 목적물에 하자가 있거나 그 수량이 부족하거나 하여 계약을 해제한 경우에는, 민법에 의하면 매수인은 원상회복의무로써 그 목적물을 반환하게 된다(민법 548조).

상법에서는 격지매매의 경우(70조 3항) 매수인이 수령한 목적물에 하자가 있거나 수량이 부족하거나 하여 매수인이 계약을 해제한 때에도 그 목적물을 매도인에게 반송할 것이 아니라 보관 또는 공탁하여야 하며, 그 비용은 매도인의 부담으로 한다(70조 1항 본문). 한편 목적물의 상위(相違) 또는 수량초과의 경우에도 계약해제의 경우와 같이 그 상위 또는 초과부분에 대해서는 매수인이 보관·공탁의무를 진다(71조).

만일 그 목적물이 멸실 또는 훼손될 염려가 있는 때에는 법원의 허가를 얻어 경매하고 그 대가를 보관 또는 공탁하여야 한다(70조 1항 단서). 즉 보관할 것인가 경매할 것인가는 매수인의 선택에 달려있다. 그리고 보관행위에 대하여 보수를 청구할 수 있는가에 대하여, 법률의 규정에 의하여 인정되는 의무이므로 반대하는 견해[44]도 있지만, 매도인은 상인이므로 상법 61조를 당연히 적용하여 보관에 관하여 상당한 보수를 청구할 수 있다고 보는 견해[45]가 타당하다.

운송인의 입장에서 보면 운송비의 부담과 전매할 기회를 상실하는 등의 이유로 인하여 반송하지 않고 현지에서 물건을 처분하는 것이 유리할 수 있다. 이렇게 매수인이 경매한 때에는 지체 없이 매도인에게 그 통지를 발송하여야 한다(70조 2항).

상법 60조의 견품보관의무에서도 매수인으로 하여금 보관의무를 부담시키지만, 60조의 경우에는 보관의무자만 상인임을 요구함에 반해 상법 70조의 보관

및 손해배상청구권은 매수인이 선의라면 사실을 안 날로부터, 매수인이 악의라면 계약한 날로부터 1년 내에 행사하여야 한다(민법 574조, 573조). 매매의 목적물이 불특정물인 종류매매인 경우에는 하자없는 물건의 청구를 하거나 계약해제 또는 손해배상청구를 할 수 있으며, 이 경우에는 매수인이 그 사실을 안 날로부터 6월 내에 행사하여야 한다(민법 581조). 모두 제척기간이다.

44) 이철송, 360면; 정찬형, 234면.

45) 김성태, 511면; 손주찬, 256면; 정동윤, 207면; 최준선, 262면.

의무는 쌍방이 상인인 매매에 적용된다는 점에서 다르다. 그리고 60조는 청약거절시에 적용되지만, 70조는 계약성립시에 적용된다. 그리고 70조는 원격지의 상인간의 매매에만 적용된다(70조 3항). 마지막으로 60조에서는 보관비용이 물건의 가액을 초과하거나 상인에게 손해가 생길 염려가 있는 경우에 보관의무가 면제되지만, 70조에서는 그러한 예외가 없다.

5. 유가증권에 관한 특칙

(1) 상법 65조의 준용규정

상법 65조에서는, 금전·물건 또는 유가증권의 지급을 목적으로 하는 유가증권에는 지시채권에 관한 민법 508조 내지 522조와 무기명채권에 관한 민법 523조 내지 525조 및 어음에 관한 어음법 12조 1항과 2항의 규정을 준용한다고 규정하고 있다. 유가증권은 이미 일반적으로 널리 이용되는 제도이므로 상행위법에서 준용규정을 특별히 두는 것은 적절치 아니하다. 어음·수표법이 제정되어 있으므로 이에 맡기는 것이 더 나을 것이다.

(2) 유가증권의 개념

유가증권은 일반적으로 '재산적 가치 있는 사권(재산권)을 표창한 증권으로서 권리의 발생·행사·이전의 전부나 일부에 증권의 소지를 요하는 것'이라고 정의하는 것이 일반적인 견해이다. 이에 대하여 재산권을 표창하는 증권으로서 그 권리의 이전에 관하여 증권을 필요로 하는 것이라고 보는 견해와 재산적 가치가 있는 사권을 표창하는 증권으로서, 그 권리의 행사 및 이전에 증권을 필요로 하는 것이라고 보는 견해가 있다.

(3) 유사한 개념

(가) 증거증권

실질적인 법률관계의 유무나 내용을 증명하는 자료를 말한다. 즉 어떤 법률관계의 존부 또는 내용에 관하여 다툼이 생긴 때에 증거자료의 하나로서 이바지하는 효력만이 인정되는 증권을 말한다. 유가증권은 증거증권이지만, 모든 증거증권이 유가증권인 것은 아니다. 예컨대 금전차용증, 매매계약서, 영수증, 화물명세서, 유한회사사원의 지분증서가 그 예이다.

증권의 존부가 실체적 법률관계의 존부나 내용을 좌우하는 것도 아니고 권리의 발생이나 이전 또는 행사에 증권의 소지가 요구되는 것도 아니다. 즉 증거증권은 일정한 권리가 화체되어 있지 않은 존재이므로 증거증권의 교부만으로 권리이전의 효과가 없다.

(나) **면책증권**(혹은 자격증권)

채무자가 증권의 정당한 소지자에게 변제를 하면 악의 또는 중과실이 없는 한 면책의 효력을 발생하는 증권을 말한다. 즉 채무자가 증권의 소지인에게 이행을 하면 악의·중과실이 없는 한 면책되는 효력이 인정되는 증권으로 증거증권에 면책력을 더한 증권으로 이해해도 크게 틀리지 않는다. 대부분의 유가증권은 면책증권성을 가진다. 즉 무기명증권은 권리행사에 증권제시를 요하므로 유가증권이고, 채무자는 증권의 소지인에게 선의이며 중대한 과실없이 이행하면 면책되므로 면책증권의 성질도 지니고 있다. 예컨대 예금증서, 철도수하물상환증이 그 예이다.

면책증권이지만 유가증권이 아닌 것이 있다. 예컨대 신발표나 짐표(철도의 수하물상환증)는 면책증권이기는 하지만 유가증권은 아니다. 옷표의 경우에 보관자는 옷표를 가지고 온 자에게 옷을 내주면 되므로 면책증권이지만, 권리자는 옷표를 잃어 버렸을 때 다른 방법으로 자기의 권리를 증명하면 옷의 반환을 청구할 수 있으므로 유가증권이 아니다. 예금통장도 마찬가지이다.

(다) **금액권**(金額券)

그 자체가 법률상 특정한 가치를 보유하는 증권이다. 법률에 의하여 특정한 목적을 위하여 금전에 갈음하여 사용되는 증권으로서 발행자에 대한 청구권을 표창하는 것이 아니므로 유가증권이 아니다. 예컨대 은행권(지폐), 우표, 수입인지 등이 그 예이다.

유가증권은 분실 등의 경우에 제권판결을 통하여 권리행사의 가능성을 회복시킬 수 있지만, 우표 등의 금액권의 경우에는 이를 회복시킬 수 없다.

(라) **기타 유가증권성이 문제되는 증권**

1) **승 차 권**

무기명승차권은 운송청구권을 표창하는 유가증권이라고 보는 것이 통설이다. 다만 개찰 후에는 특정인을 운송할 의무를 지고 양도가 허용되지 아니하므로 개찰 후의 승차권의 성질에 관하여는 면책증권 내지 증거증권이라고 보기도 하고, 승차중에 청구가 있으면 제시하여야 하고 회수할 때에 인도하여야 하므로 유가증권의 성질을 잃는 것은 아니라고 보기도 한다.

기명식으로 발행되는 승차권은 양도성이 없으므로 단순한 증거증권이라고 하는 견해와 양도성이 없다는 점을 제외하면 승차 전에 발행되는 무기명식 보통승차권과 다른 점이 없으므로 이를 유가증권으로 보는 견해도 있다.

회수승차권에 대하여는 유가증권이라고 보지 않고 운임의 선급(先給)을 증명하는 단순한 표권(票券)이라고 풀이하는 것이 다수설이다. 이에 대하여 포괄적인 운송청구권을 표창하고 있고 승차시에 이를 제시하여야 하고, 양도가 가능한 경우가 일반적이므로 이를 유가증권이라고 보는 견해도 있다. 예컨대 과거 버스토큰의 경우인데, 이 경우에는 운임의 인상과 추가징수의 가능여부가 문제가 된다.

학생할인승차권, 기명식의 정기승차권은 양도성이 없는 증거증권으로 풀이하거나, 유가증권으로 보는 것이 다수설이다.

2) 상 품 권

발행인이 소지인에 대하여 일정한 가액에 상당하는 물품을 인도하거나 용역을 제공할 것을 약속하여 발행한 일람출급(一覽出給)의 무기명유가증권이다. 상품권법(1994. 1. 5. 법률 제4700호)에서 이를 규율한다.

일정한 금액을 선급하고 발행받은 증표인 선불카드도 상품권에 준하여 유가증권으로 볼 수 있을 것이다.

3) 양도성예금증서(Certificate of Deposit)

은행이 일정한 금액을 예수(預受)하였음을 인정하고 만기에 위 금액을 반환하기로 약속하는 증권이며, 일종의 지급약속증권이며 또한 양도가 자유로운 점에서 보통의 정기예금채권과는 다르다. 권리행사를 위해서는 증권의 소지가 필요하므로 유가증권의 일종으로 보아야 할 것이다.

4) 보험증권

보험금청구권은 장래의 불확실한 사고에 기인하는 경우가 대부분이므로 피보험이익의 개념상 실체관계와 분리하여 양도가 불가능하다고 보아야 하며 이런 점에서 유가증권이라고 보기 힘들다.

한편 목적물과 함께 양도될 필요가 있는 지시식으로 발행되는 운송보험증권(해상보험증권)의 경우에 예외적으로 유가증권성이 허용된다고 보는 견해가 통설이다.

5) 항송운송증권

여객항공권(passenger ticket)은 통상적으로 여객의 성명이 기재되고 양도가 불가능한 것이므로 유가증권으로 보기 어렵고, 수하물증(luggage ticket)은 수하물증의 부존재, 멸실 또는 기재사항의 불비는 운송계약의 효력에 영향을 미치지 아니하고 운송계약에 부수적으로 발생하는 것이므로 독립된 유가증권으로 취급하기 어렵다.

한편 항공운송장은 운송인이 아닌 송하인이 작성하며 항공운송인은 화물의 인수를 확인하기 위해 항공운송장에 서명하여 수하인용, 송하인용 및 운송인용의 3통이 발행되는데 대부분 무역금융의 담보용으로 사용되고 어느 것도 운송물의 인도를 위하여 제시를 요하지 않기 때문에 역시 유가증권으로 보기 어렵지만, 증거증권의 일종으로는 볼 수 있을 것이다.

(4) 유가증권의 종류

(가) 양도방식에 의한 분류

1) **기명증권**(혹은 지명증권)

증권상에 특정인을 권리자로 기재한 증권을 말하며, 증권상에 기재된 특정인 및 그로부터 보통의 지명채권양도의 방법으로 증권을 양수한 자가 권리를 행사하는 것이고 배서양도는 인정되지 아니하는 증권이다. 기명사채(479조), 배서금지된 어음(어음법 11조 2항, 77조 1항 1호)이 그 예이다.

2) **지시증권**

증권상에 기재된 자 또는 그가 지시하는 자를 권리자로 하는 증권을 말한다. 이 지시는 배서(背書)에 의해서 이루어지므로 배서증권이라고도 한다. 어음·수표, 화물상환증, 선하증권, 창고증권, 주권이 그 예이다.

3) **무기명증권**

증권상에 권리자로서 특정인을 지정하지 아니하고, 증권의 정당한 소지인을 권리자로 취급하는 증권을 말한다. 이를 소지인출급식증권이라고도 한다. 무기명식의 수표, 사채권, 상품권 등이 그 예이다. 현행상법하에서는 무기명주권은 물론 기명주권의 경우에도 주권의 점유자가 권리자로 추정되므로 모두 무기명증권에 속한다(336조).

4) 선택무기명증권

증권상에 특정인을 권리자로 취급하지만, 이와 동시에 증권의 정당한 소지인도 정당한 권리자로 취급하는 증권을 말한다. 즉 '갑 또는 이 증권의 소지인에게'라고 기재되는 경우로서, 지명소지인출급증권과 선택소지인출급증권이 있다. 수표(수표법 5조 2항), 화물상환증, 선하증권, 창고증권 등이 이에 해당한다(민법 525조, 상법 65조).

(나) 증권에 화체된 권리와 원인행위와의 관련에 의한 분류

유인증권 혹은 요인증권(有因證券 혹은 要因證券)이라 함은 증권상의 권리가 그 원인으로 되어 있는 법률관계와 관련을 가지고 있는 증권을 말하며, 증권상의 권리의 발생에 원인의 존재가 법률상 요구되는 유가증권을 말한다. 어음·수표 이외의 유가증권은 일반적으로 유인증권이다. 화물상환증, 선하증권, 주권 등이 이에 해당한다.

무인증권 혹은 불요인증권(無因證券 혹은 不要因證券)이라 함은 증권상의 권리가 그 원인으로 되어 있는 법률관계와 관련이 없는 증권으로서 추상증권이라고도 불린다. 예컨대 어음행위가 행하여질 때 원인이 되는 매매나 소비대차 등이 있다. 그러나 어음행위는 이러한 원인관계와는 별도로 독립하여 행해진다고 보고 있으며, 원인관계의 무효·취소 등에 영향을 받지 아니한다. 다만 직접당사자 사이에서는 일정한 범위 내에서 어음법상 인적 항변이 인정된다.

(5) 유가증권의 속성

유가증권이 가지는 속성은 요식증권성, 문언증권성, 제시증권성, 상환증권성, 면책증권성, 설권증권성, 무인증권성 또는 유인증권성, 처분증권성, 지시증권성과 같은 것이 있다.

● 사례형 연구

[제1문]
Y는 보석매매업을 하는 乙 주식회사를 대리하여 매매대금을 먼저 받고 물품은 1개월 내에 인도하는 내용의 매매계약을 X와 체결하였다. Y는 乙 회사를 대리한다는 사실을 명시하지 않은 채 계약서에 자신의 이름으로 서명하고 자신의 인감으로 날인하였다. 그러나 Y가 대금수령 후 1개월이 지났지만 해당 물품을 인도하지 않자 X는 Y에 대해 물품인도를 청구하는 소송을 제기하였다. X는 해당 매매계약이 Y와 체결되는 과정에서 Y가 乙 회사의 대리인으로서 乙 회사를 위해서 계약을 체결한 것으로 알지 못한 것에 대하여 선의이며 전혀 과실이 없었음을 입증하면서 자신은 乙 회사와 새로운 법률관계를 만들고 싶지는 않다는 의사를 밝혔다. 이에 Y는 자신이 乙 회사의 대리인으로서 매매계약을 체결하였으므로 직접 물품인도를 할 의무가 없다고 주장하고 있다. 이 경우 X는 乙 회사에 대하여 물품인도의 이행을 청구할 수 있는가?

Ⅰ. 문제의 소재

본 사례는 상행위의 대리에서 대리인과 상대방의 관계에 관한 문제이다. 사례를 해결하기 위해서는 먼저 Y가 乙 회사의 상사대리인으로서 상행위 대리의 요건 및 방식을 충족하였는지의 여부를 검토하여야 한다. 그 다음으로 상대방 X가 본인인 乙 회사에 대하여 이행을 청구할 수 있는지의 여부를 살펴보아야 한다.

Ⅱ. Y의 상행위 대리의 요건 및 방식의 적절성

1. 상행위 대리의 요건

상행위라 함은 실질적으로는 영리를 위한 기업활동이며, 형식적으로는 상법과 특별법에서 상행위라고 규정한 행위를 말한다. 상법 제46조에서 기본적 상행위로 동산·부동산·유가증권 기타의 재산의 매매행위(제1호)를 비롯하여 21가지의 영업적 상행위를 열거하고 있다.

2. 상행위 대리의 방식

상행위는 영리성, 신속성, 집단성, 비개인성, 정형성 등의 특색을 가지므로 민법의 대리에 대한 특칙을 두고 있다. 민법상의 대리의 경우 대리인이 본인을 위한 것임을 표시하여야 하며, 만약 대리인이 본인을 위한 것임을 표시하지 않았을 경우에는 그 행위는 대리인의 행위로 되며 본인의 책임은 발생하지 않는다(민법 제114조). 이처럼 대리인관계를 표시하는 입장을 현명주의(顯名主義)라 한다.

상행위의 대리는 비현명주의(非顯名主義)를 취하고 있다. 다만, 상법은 비현명주의를 택하되 대리의 상대방 보호를 위해 상행위의 대리는 대리인이 본인을 위한 것임을 표시하지 않아도 본인에 대하여 효력이 생기며(상법 제48조 본문), 만약 상대방이 본인을 위한 것임을 알지 못한 경우에는 대리인에게도 이행을 청구할 수 있음을 규정하고 있다(상법 제48조 단서).

3. 사안에 대한 적용

Y는 X와의 매매계약서에 Y 개인이 서명·날인만 했을 뿐 乙 회사 대리인이라는 사실을 명시하지 않았다. 乙 회사의 보석매매업은 상법 제46조 제1호에 규정한 동산의 매매에 해당한다. Y는 상행위의 대리인으로서 상법 제48조가 적용되며 대리관계의 현명이 없어도 원칙적으로 본인에게 효과가 귀속한다. Y의 행위는 상행위 대리의 요건과 방식을 제대로 갖추고 있다.

Ⅲ. X의 乙 회사에 대한 이행청구의 가부

1. 상대방이 대리관계를 알지 못한 경우의 특칙

(1) 대리인에 대한 이행청구권과 본인에 대한 이행청구권의 관계

(가) 서 언

상행위 대리의 상대방이 대리관계를 알지 못하는 경우 본인과 대리인은 상대방에 대하여 어떠한 관계에 놓이는지에 대하여 살펴볼 필요가 있다. 이를 위해 상법 제48조 단서에 따라 상대방이 대리인에게 이행을 청구한 경우 상대방의 본인에 대한 이행청구는 부정되는지의 여부에 관하여 학설들을 이해하여야 한다.

(나) 학 설

이에 관해서는 학설이 나누어진다. 제1설에 따르면 대리인은 상대방에 대하여 이행책임을 부담할 뿐이라는 점에서 본인의 채무에 대해 부진정연대채무의 관계에 있다는 견해이다. 따라서 상대방은 본인에 대해서는 계약상의 이행책임을 물을 수 있으며, 대리인에 대해서는 상법 제48조 단서에 의한 법정의 이행책임을 물을 수 있다. 제2설은 상대방이 본인 또는 대리인 중 어느 일방에 대하여 청구한 경우 다른 법률관계는 효력을 발생하지 않는다는 입장이다.

(다) 검 토

상법 제48조 본문은 상행위의 대리방식이 비현명주의를 취하고 있는 이상 상행위 대리의 상대방이 대리관계를 알지 못한 것에 대하여 과실유무를 불문하고 대리행위에 따라 본인과 상대방과의 사이에는 법률관계가 발생한다. 그러나 이러한 본인과의 법률관계발생으로 인하여 오히려 본인을 위해서 행한 것을 알지 못한 상대방은 예측하지 못한 불이익을 입을 수도 있다. 따라서 제2설에 따라 상대방은 본인과 대리인 중 일방을 선택할 수 있다고 해석하는 것이다.

2. 상대방의 대리관계를 알지 못한 것에 대한 무과실 요부

(가) 서 언

상사대리의 상대방은 상법 제48조 단서규정의 '본인을 위한 것임을 알지 못한' 것을 입증하여야 한다. 다만, 이 경우 과실로 인하여 대리관계를 알지 못한 경우도 상법 제48조 단서가 적용될 수 있는지의 여부에 관해서는 긍정설과 부정설로 견해가 나누어진다.

(나) 학 설

먼저 긍정설은 상법 제48조 단서규정은 상대방을 보호하기 위한 것이므로 상대방의 과실유무를 불문하고 대리인에 대해 이행을 청구할 수 있다는 견해이다. 부정설에는 상법 제48조 단서규정은 상대방 보호를 위한 규정이기는 하지만, 선의·무과실인 경우에 한해서만 적용되어야 한다는 견해와 상대방 보호를 위한다고 하더라도 중대한 과실이 있는 상대방까지 보호할 필요가 없다는 견해가 있다.

(다) 검 토

상법 제48조 단서규정의 취지가 상대방 보호에 있다고는 하지만 그렇다고 해서 상대방이 중대한 과실이 있는 경우까지 보호할 필요는 없다고 보는 것이 타당하다.

3. 사안에 대한 적용

상행위 대리의 상대방인 X는 해당 매매계약에서 Y가 乙 회사를 위해서 계약을 체결한 것으로 알지 못한 것에 대하여 과실이 없었음을 입증하였기 때문에 과실요부에 관한 어떠한 견해에 따르더라도 X는 상법 제48조 단서의 적용을

받는다. 상대방은 대리인과 본인 중에 선택하여 청구할 수 있다는 견해에 따라 본인인 乙 회사에 대해 이행청구권을 행사할 수 있다. 만약 제1설에 의하면 대리인에 대해 상법 제48조 단서에 의한 이행청구권을 행사하더라도 본인에 대하여서도 계약상의 이행청구권 행사가 가능하다. 따라서 이상의 어느 견해에 의하더라도 X가 乙 회사에 대하여 이행청구를 하는 것은 가능하다.

Ⅳ. 사례의 해결

Y는 乙 회사의 상행위를 대리하여 X와 계약을 체결하였지만 X는 Y의 대리관계를 선의·무과실로 알지 못하였다. X는 상법 제48조 단서에 의하여 乙 회사에 대하여 물품을 인도할 것을 청구할 수 있다. 이러한 결론은 대리인에 대한 이행청구권과 본인에 대한 이행청구권과의 관계에 관한 어느 학설을 취하더라도 동일하다.

[제2문]

전문적인 임대사업자인 乙 주식회사는 자신이 구입한 토지에 임대용 건물을 건축하는 공사를 건설사업자인 X 주식회사에 요청하였다. 乙 회사는 X 회사와 건축도급계약을 체결하면서 건물은 乙 회사 소유의 토지위에 완공되는 날 乙 회사에게 귀속한다는 취지의 특약을 넣었다. X 회사는 건축공사장 주위를 강판으로 만든 가림벽으로 막고 출입구를 자물쇠로 채워 X 회사의 건설인부 및 임직원 이외에는 출입을 철저히 통제하면서 공사를 진행하여 건물을 완공하였다. 건물이 완공된 시점에서 X 회사가 우연히 乙 회사의 재정상태가 악화되었다는 소식을 듣고서는 건축대금채권을 담보하기 위하여 토지와 건물을 유치하려 하는데, 가능한가?

Ⅰ. 문제의 소재

본 사례는 X 회사의 피담보채권의 변제기가 도래한 후 상사유치권의 성립이 가능한지를 묻고 있다. 따라서 본 사례가 상법 제58조에 규정된 상사유치권의 성립요건을 충족하고 있는지의 여부를 검토하여야 한다.

Ⅱ. X 회사의 상사유치권 성립가능여부

1. 상사유치권의 의의

유치권이라 함은 점유하고 있는 타인의 물건 또는 유가증권에 관하여 생긴 채권의 이행을 담보하기 위하여 형평의 관념에서 그 물건 또는 유가증권을 유치할 수 있는 권리를 말한다(민법 제320조 제1항). 상인 간에는 계속적인 거래관계로 인하여 주로 신용거래를 하는 것이 일반적인 현상이므로 담보를 상호 취득하게 하는 것이 편리하다. 이에 상법은 민법상의 유치권, 즉 민사유치권보다 성립요건을 완화 내지 변경하여 채무자의 변제를 간접적으로 강제함으로써 채권자의 이익을 보호하고 거래의 원활을 도모할 수 있는 상사유치권에 관하여 규정하고 있다(상법 제58조).

2. 상사유치권의 성립요건

(1) 상법 제58조의 규정

상법에 따르면 상인 간의 상행위로 인한 채권이 변제기에 있는 때에는 채권자는 변제를 받을 때까지 그 채무자에 대한 상행위로 인하여 자기가 점유하고 있는 채무자소유의 물건 또는 유가증권을 유치할 수 있다(상법 제58조 본문). 그러나 당사자 간에 다른 약정이 있으면 그러하지 않다(상법 제58조 단서).

(2) 당 사 자

(가) 상법 제58조의 요건

유치권 성립시에 당사자 쌍방이 상인이어야만 한다. 즉, 피담보채권의 성립시와 유치물의 점유가 개시된 시점에 상인자격이 있어야 한다.

(나) 사안에 대한 적용

당연상인이란 자기명의로 상행위를 하는 자를 말한다(상법 제4조). 설령 상행위를 하지 않더라도 영업의 형식에 따라 상인으로 취급되는 의제상인의 일종인 설비상인(상법 제5조)도 있다. 따라서 주식회사는 상법 제46조에 규정된 상행위를 하는지의 여부를 불문하고 인정되는 태생적인 상인이다. 사안에서 乙 주식회사와 X 회사는 상인이므로 상사유치권의 당사자로서의 요건을 충족하고 있다.

(3) 피담보채권

(가) 상법 제58조의 요건

피담보채권은 상인 간의 쌍방적 상행위로 인하여 발생한 것이어야 한다.

이러한 상행위는 기본적 상행위(상법 제46조)이든 보조적 상행위(상법 제47조)이든 불문한다. 피담보채권은 변제기가 도래한 것이어야 한다.

(나) 사안에 대한 적용

乙 회사와 X 회사는 상인이다. 乙 회사가 X 회사와 건물건축도급계약을 체결한 것은 상인 乙 회사가 영업을 위한 행위로서, 이는 보조적 상행위에 해당한다. X 회사의 건축도급계약의 인수는 기본적 상행위(상법 제46 제5호)이다. 사안에서 건물이 완공되었으므로 X의 피담보채권의 변제기가 도래하였다. 이에 상사유치권의 피담보채권의 요건을 충족하고 있다.

(4) 목 적 물

(가) 상법 제58조의 요건

채권자가 유치할 수 있는 목적물은 채권자가 채무자에 대한 상행위로 인하여 자기가 점유하고 있는 채무자소유의 물건 또는 유가증권이다. 이를 나누어 살펴보면 다음과 같다.

첫째, 목적물의 점유를 취득한 원인이 채권자가 채무자와의 상행위로 인하여야 한다. 유치권의 발생에 점유의 요건이 필요한 것은 그것에 의해서 피담보채권의 변제를 심리적으로 강제하기 위한 것이기 때문에 점유는 사실상의 지배로써 충분하다(민법 제192조 제1항).

둘째, 목적물은 채무자가 소유권을 갖는 것이어야 한다. 채무자의 소유권은 유치권의 행사시가 아니라 유치권의 성립시에 있으면 충분하다.

셋째, 유치의 목적물은 물건 또는 유가증권에 한한다. 이 경우 물건에는 부동산도 포함되는지의 여부에 관하여 견해가 나누어진다. 즉, 불포함설은 부동산에 대해서는 등기의 전후(前後)에 따라 우선권이 결정되는 저당권제도가 존재하고 있음에도 불구하고 상사유치권을 인정한다면 저당권과의 경합이 발생하여 부동산 거래의 안전을 해한다는 견해이다. 포함설은 물건의 문리적 해석을 하는 경우는 물론이고 상사유치권의 취지가 채권담보에 있다는 점을 고려할 때 부동산도 포함된다는 견해이다. 이들 견해 중에서 부동산의 상품화(商品化)라는 현상을 감안한다면 상인 간의 부동산을 둘러싼 계속적인 거래에서의 채권담보를 위해서는 부동산도 물건에 포함된다고 해야 할 것이다.

(나) 사안에 대한 적용

X 회사가 목적물의 점유를 취득한 것은 乙 회사로부터 건물건축도급의 인

수라는 상행위를 원인으로 한다. X 회사는 건축공사장 주위를 막고 출입구를 봉쇄하며, X 회사의 건설인부 및 임직원 이외에는 출입을 철저히 통제한 것은 사실상의 지배가 있어 乙 회사 소유의 토지와 건물을 점유한 것으로 풀이된다.

건물이 세워진 토지는 乙 회사의 소유이다. 乙 회사와 X 회사 사이의 건축도급계약상의 특약에 따르면 건물의 소유권은 완공 즉시 乙에게 귀속한다. 사안의 설문이 완공시점에 유치권 성립여부를 묻고 있는데, 그 시점에서는 목적물은 분명히 乙의 소유물이다.

X가 유치하고자 한 것은 乙 회사 소유의 토지와 건물, 즉 부동산이다. 상사유치권의 목적물인 물건에 부동산도 포함된다는 견해에서는 乙의 토지와 건물에 대한 유치권이 성립한다. 그러나 부동산이 포함되지 않는다는 견해에 의하면 乙의 토지와 건물에 대한 유치권 성립은 불가능하다.

(5) 목적물과 피담보채권의 견련성 불요

(가) 상법 제58조의 요건

상법 제58조는 상사유치권의 성립을 위해 피담보채권과 목적물 사이의 견련성(牽連性)을 요구하지 않고 있다. 따라서 피담보채권이 그 목적물에 관하여 발생할 필요가 없다.

(나) 사안에 대한 적용

우연히 점유하게 된 물건 또는 유가증권도 피담보채권을 위하여 유치할 수 있을 정도로 담보목적물의 범위가 확대되고 유동적이므로, 목적물과 피담보채권의 견련성 불요 요건은 본 사안과 같은 경우에 상사유치권이 성립하는지의 여부에 대해서는 영향을 미치지 못한다.

(6) 유치권배제 특약의 부존재

(가) 상법 제58조의 요건

당사자 간에 유치권의 발생을 배제하는 특약이 있으면 그 특약은 유효하다(상법 제58조 단서). 특약은 명시 또는 묵시에 의해서도 성립될 수 있다. 따라서 그러한 특약이 없어야 유치권이 성립될 수 있다.

(나) 사안에 대한 적용

사안에서는 당사자 간 유치권을 배제한다는 약정에 관하여는 언급이 없다. 만약 다른 요건을 갖추더라도 유치권배제특약이 있다면 乙 회사 소유의 토지와 건물에 대한 X 회사의 유치권은 성립하지 않는다. 그러한 특약이 없다면 유치권이 성립될 수 있다.

Ⅲ. 사례의 해결

X 회사는 유치하고자 하는 乙 회사의 토지 및 건물에 대하여 상법 제58조가 규정한 당사자 및 피담보채권, 목적물의 채권자 점유 및 채무자 소유 등의 요건을 충족하고 있다. 여기에다가 유치권의 대상이 될 수 있는 목적물인 물건에 부동산도 포함된다는 견해를 따르고, 사례에서 밝히고 있지는 않지만 당사자 간 유치권을 배제한다는 특약이 없다면 X 회사는 乙 회사 소유의 토지와 건물을 유치할 수 있다. 그러나 만약 유치권 대상 목적물에 부동산이 불포함된다는 입장을 지지할 경우 또는 당사자 간 유치권배제의 특약이 있는 경우에는 X 회사의 유치권은 성립할 수 없다.

[제3문]
자연인 甲이 부동산임대업을 하기 위하여 다른 부동산분양업자 乙로부터 건물을 매수하였다. 甲은 乙로부터 부동산의 점유를 이전받은 날로부터 4개월이 지난 시점에서야 당해 건물의 가로 3m 세로 4m 크기의 출입문이 건물매수시점부터 크게 파손되어 사용이 곤란하였다는 사실을 확인하고 乙에게 이를 통지한 후 그에 대한 손해배상을 청구하였다. 법원은 이를 인용할 것인가?

Ⅰ. 문제의 소재

민법은 매매목적물에 하자가 있거나 수량이 부족한 경우 매수인은 매도인의 하자담보책임을 물을 수 있다. 이러한 매수인의 권리는 그 기간이 6월 또는 1년으로 되어 있다(민법 제570조 내지 제575조, 제580조 내지 제582조). 그러나 상인 간의 매매에서는 매도인의 담보책임을 장기간 존속시키는 것은 거래관계를 불안정하게 할 우려가 있을 뿐만 아니라 매수인이 가격변동을 이용하여 투기적 이익을 누릴 여지를 남겨둘 수 있다. 게다가 매도인이 적기에 하자있는 물건을 처분할 수 있는 기회를 빼앗는 측면도 있다.[46] 이에 상법은 매수인에 대하여

46) 대법원 1987. 7. 21. 선고 86다카2446 판결.

즉각적인 목적물검사·하자통지의무를 부담시키고 있다(상법 제69조).

사례에서 이미 乙은 건물분양업을 하는 상인으로의 지위를 갖추고 있으므로 자연인 甲이 상인에 해당하면 상법에 의한 매수인의 목적물검사·하자통지의무가 발생한다. 만약에 甲의 상인성이 인정되지 않는 경우에는 상인 간의 매매가 아니므로 민법상의 하자담보책임을 물어야 한다. 따라서 우선적으로 甲이 과연 상인인지의 여부를 검토한 후 즉각적인 목적물검사 및 하자통지의무를 해태하여 이루어진 통지가 유효한지와 그에 따른 손해배상청구가 가능한지의 여부를 판단하기로 한다.

Ⅱ. 상인자격의 취득시기

1. 개업준비행위와 상인자격의 취득시기

(1) 서 언

상법상 당연상인이란 자기명의로 상행위를 하는 자를 의미한다(상법 제4조). 점포 기타 유사한 설비에 의하여 상인적 방법으로 영업을 하는 자는 상행위를 하지 않더라도 상인으로 본다(상법 제5조 제1항). 이처럼 상인의 자격을 취득하기 위해서는 기본적 상행위를 영업으로 하여야 한다. 사안에서처럼 건물매입과 같은 개업준비행위를 하는 시점에서 상인자격을 취득하는지에 관하여 견해가 나누어진다.

(2) 학 설

우리나라의 다수의 견해는 영업의 개시를 위한 준비행위는 보조적 상행위이며, 따라서 개업의 준비에 착수하였을 때 상인자격을 취득한 것으로 보고 있다. 반면에 소수설은 객관적으로 기업으로 인식될 수 있는 조직을 갖춘 시점에서 상인자격을 취득하는 것으로 판단한다.

생각건대, 개업준비행위는 본래 영업을 행하는 것을 그 본질적인 존재목적으로 하는 것이므로 그 행위가 이루어지고 있는 이상 상인자격을 인정하는 것이 타당하다. 대법원 판례도 이와 같은 입장이다.[47]

2. 사안에 대한 적용

사안에서는 다수의 견해에 따를 경우 甲의 건물구입행위는 영업개시를 위

---

47) 대법원 1999. 1. 29. 선고 98다1584 판결.

한 준비행위이며 또한 그 성질로 보아 영업의사를 객관적으로 인식할 수 있는 보조적 상행위에 해당한다. 그러나 소수의 견해에서는 단순히 건물만 구입하고 기업으로서의 조직을 갖추지 못한 상태이므로 상인자격을 갖추지 못한 것으로 된다.

이상과 같이 甲이 상인으로서의 자격을 갖추는 경우에 한하여 甲과 乙의 매매는 상인 간의 매매로서 상법 제69조가 적용된다. 만약 甲을 상인으로 보지 않는 소수설의 경우에는 甲과 乙의 매매에 대해서는 민법이 적용되므로 甲은 乙에 대하여 부동산의 점유를 이전받은 날로부터 4월이 지난 시점에서 하자담보책임에 기초하여 乙에게 손해배상을 청구할 수 있다. 따라서 甲을 상인으로 인정하는 경우에 한하여 상법 제69조상 매수인의 목적물검사 및 하자통지의무의 부담여부를 검토할 필요가 있다.

Ⅲ. 매수인의 목적물검사 및 하자통지의무

1. 매수인의 목적물검사 및 하자통지의무 개관

(1) 상법의 규정

상법은 매도인의 담보책임을 단기간 존속하는 것으로 제한하고 있다. 즉, 매수인은 목적물을 수령하면 지체 없이 이를 검사하여야 하며, 하자 또는 수량부족을 발견하면 즉시 매도인에게 그 통지를 발송하여야만 담보책임을 물을 수 있다. 다만, 즉시 발견하기 어려운 성질의 것인 경우에는 그 기간을 연장하여 6월 내에 이를 통지하면 그 권리를 상실하지 않는다(상법 제69조).

(2) 법적 성질

이 의무는 매수인이 해태하였을 경우에 일정한 권리를 상실하는 불이익을 받을 뿐 어떠한 책임이 발생하는 것이 아니므로 불완전의무 또는 간접의무로서의 성격을 지닌다.

(3) 요 건

이 의무는 상인 간의 매매에서의 매수인이 부담한다. 즉, 매수인이 목적물을 수령하고 '지체 없이' 이를 검사하고 만약 그 목적물에 하자 또는 수량의 부족이 있음을 발견하였을 때에는 '즉시' 매도인에게 통지를 발송하여야 한다. 만약에 매도인이 목적물의 인도당시에 물건의 하자 또는 수량부족을 알고 있었다면 매수인은 이러한 의무를 부담하지 않는다. 목적물에 즉시 발견할 수 없는 하자가 있는 경우에는 6월 내에 검사 및 통지하면 된다.

(4) 의무이행의 효과

매수인이 이상과 같은 검사의무를 이행하여 하자 또는 수량부족을 발견하고 통지한 경우 민법상 일반원칙에 의하여 계약해제, 대금감액 또는 손해배상의 청구 등으로 담보책임을 물을 수 있다. 매수인이 이러한 의무를 이행하지 않으면 매도인에 대하여 담보책임을 물릴 수 없다.

2. 사안에 대한 적용

사안에서 甲은 건물의 점유를 이전받은 날로부터 4월이 지난 시점에서 목적물을 검사하고 하자가 있음을 통지하였다. 사안에서 가로 3m 세로 4m 크기의 출입문이 크게 파손된 것은 경험칙상 목적물에서 쉽게 발견할 수 있는 성질의 하자이므로 6월 내에 도저히 발견할 수 없었던 것이라고 할 수 없다. 고로 甲이 목적물을 지체 없이 검사하고 그 하자를 즉시 통지하여야 하는 의무를 위반한 것이다. 따라서 甲의 목적물검사와 하자통지는 이미 의무기간을 도과한 것이므로 乙에 대하여 담보책임을 물을 수 없으므로 법원은 甲의 손해배상청구를 인용하지 않을 것이다.

Ⅳ. 사례의 해결

사안에서는 다수의 견해에 따를 경우 甲은 상인의 자격을 갖추었으므로 甲과 乙의 매매는 상인 간의 매매에 해당하다. 이에 甲은 매수인으로서 목적물을 지체 없이 검사하고 하자를 즉시 통지할 의무를 부담한다. 그러나 甲은 건물의 점유를 이전받은 날로부터 4월이 지난 시점에서야 목적물을 검사하고 하자가 있음을 통지하였다. 그 하자는 목적물에서 쉽게 발견할 수 있는 성질의 것이므로 甲은 상법 제69조상의 목적물검사 및 하자통지의무를 위반하였다. 따라서 甲은 乙에 대하여 담보책임을 물을 수 없으므로 법원은 甲의 손해배상청구를 인용하지 않을 것이다.

만약에 甲을 상인으로 보지 않는 소수설의 경우에는 甲과 乙의 매매에 대해서는 민법상의 하자담보책임에 기초하여 乙에게 손해배상을 청구할 수 있다.

제 2 절 상호계산

1. 의 의

상호계산(相互計算)이란 상인 간 또는 상인·비상인 간에 상시 거래관계가 있는 경우에 일정기간 내의 거래에서 발생하는 채권·채무의 총액에 관하여 상계를 하고 그 잔액을 지급할 것을 약정하는 계약을 말한다(72조).

상호계산의 경제적 기능은 격지자 간의 송금절차, 비용, 위험 등의 불이익을 제거하는 데 있다. 민법상 상계가 개별적 채권·채무를 소멸시키는 당사자 일방의 단독행위인 반면에, 상법상 상호계산은 상법이 인정하는 특별한 낙성계약(諾成契約)이라고 이해한다.

2. 상호계산계약의 당사자

당사자의 일방이 적어도 상인 또는 소상인이어야 한다. 따라서 상호계산계약은 영업을 위하여 하는 보조적 상행위가 된다(47조).

상호계산계약이 성립하기 위해서는 당사자가 상시 거래관계에 있어야 한다. 상호계산계약 당시에 상시 거래관계가 존재하여야 하는 것은 아니기 때문에 장래의 계속적 거래관계도 유효하다.

채권발생의 상호성, 즉 당사자에게 채권, 채무가 모두 발생할 것을 예정하여야 한다. 그러나 실제로 일방 당사자에게 채권 혹은 채무가 발생하더라도 상호계산의 효력에는 영향이 없다.[48)]

3. 상호계산에 계입되는 채권·채무(상호계산능력, 상호계산의 대상)

일정기간(상호계산기간, 특약이 없으면 6개월) 내에 발생하여 그 기간 내에 변제기가 도래하는 채권·채무가 그 대상이며, 다수의 채권의 일괄결제제도이므로 금전채권만을 그 대상으로 한다. 따라서 즉시 이행해야 할 채권, 어음상의 권리와 같이 특별한 증권을 필요로 하는 경우와 같은 것은 상호계산의 대상에서 제

48) 이철송, 369면; 정찬형, 242면.

외된다고 본다.

4. 상호계산의 효력

(1) 소극적 효력(상호계산기간중의 효력)

(가) 상호계산불가분의 원칙

상호계산기간 내의 채권·채무는 상호계산에 자동적으로 계입(計入)되고, 그 독립성을 상실하며, 일정시기에 일괄하여 상계할 때까지 정지상태에 놓이게 된다. 따라서 시효의 진행도 없고, 채무이행·채무불이행도 없다.

(나) 원칙의 적용범위(제3자에 대한 효력)

상호계산불가분의 원칙의 효력이 제3자에 대하여도 미치는가의 문제이다. 즉 상호계산의 당사자 일방이 임의로 계입채권의 일부를 제3자에게 양도·입질하거나 이를 제3자(상호계산 당사자의 채권자)가 압류하는 경우에도 그 효력을 인정할 것인가 하는 문제이다. 예컨대 甲과 乙이 상호계산계약을 체결한 경우 甲이 상호계산에 자동계입된 채권을 제3자 A에게 양도한 경우 상호계산불가분의 원칙의 효력이 A에게도 미치는가 하는 것이다.

1) 절대적 효력설

상호계산은 법기술적인 제도이므로 계입된 채권·채무는 그 독립성을 잃고 제3자의 선의·악의에 불문하고 상호계산에 계입된 채권은 양도·입질을 하지 못한다는 견해(절대적 효력설)가 있다. 상호계산이 당사자 간의 계약에 의한 것이라고는 하지만 일단 체결한 이상 법이 예정하는 효과에 따라야 한다고 주장한다.[49] 이 견해는 상호계산제도를 강행성을 가진 상법상의 결제제도로 이해하는 것이다.

2) 상대적 효력설

당사자의 일방이 채권을 양도한 경우에는 선의의 제3자에게는 대항할 수 없고 손해배상채무를 발생시킨다는 견해로서, 양도·입질 및 압류 모두를 유효하다고 인정하는 견해이다. 압류에 대해서는 채무면탈의 목적으로 상호계산제도를 악용하는 것을 방지하기 위해서라도 이를 유효하다고 보아야 한다고 주장

49) 손주찬, 274면.

하며(계약에 의하여 압류금지재산을 만드는 것은 있을 수 없음), 그리고 제3자의 압류를 무효라고 하는 것은 국가의 강제집행권이 당사자 간의 계약에 의해서 무력화되므로 부당하다고 한다. 그리고 상호계산은 공시방법도 갖추지 못하여 '제도'로서의 확고한 기반이 없다고 주장한다.50)

3) 양도·입질과 압류 구별설

상호계산에 계입된 채권의 양도 및 입질은 제3자에게 효력이 있으나, 제3자의 압류의 대상은 되지 못한다는 견해(양도·입질과 압류 구별설)이다.51) 즉 상호계산도 계산상의 편의를 위하여 상법이 특별히 인정한 제도이고, 그에 따른 담보적 기능도 있는바 압류로 인하여 이를 무력화시킬 필요는 없고, 제3채권자는 상호계산기간 중에도 채무자를 대위하여 상호계산을 해지하고 잔액채권을 압류할 수도 있으므로 상호계산에 계입된 개별채권에 대한 압류는 인정되지 않는다고 본다. 또한 채권양도와 입질의 경우 채무자에게 통지하거나 승낙을 받지 아니하면 채무자에게 대항하지 못하는 것이므로(민법 450조 1항) 상호계산에 계입된 개별 채권의 양도나 입질을 유효하다고 해서 채무자가 예측하지 못한 손해를 입을 가능성은 없다.

(다) 원칙의 예외

어음 기타의 상업증권으로 인한 채권·채무를 계입한 경우에 증권채무자가 변제하지 아니한 경우에는 당사자는 그 채무의 항목을 상호계산에서 제거할 수 있다(73조). 예컨대 상호계산의 당사자인 甲이 乙에게 100만원의 환어음을 할인하여 배서양도하고 그에 대한 대가로 90만원의 채권을 상호계산에 계입한 경우에, 어음채무자인 A가 만기에 지급하지 아니하는 경우에 乙은 甲에 대한 채무 90만원을 상호계산에서 제거할 수 있다.

(2) 적극적 효력(상호계산기간 경과 후의 효력)

(가) 잔액의 확정

결산기에 채권·채무에 대하여 일괄상계되어 잔액이 확정되며 그 잔액에 대한 채권·채무만이 남는다. 잔액확정의 방법은 계산서를 제출하고 상대방이 이를 승인하는 것으로 한다. 즉 계산서 승인에 의하여 상호계산의 적극적 효력,

50) 김성태, 396면; 송옥렬, 125면; 정찬형, 246면; 최준선, 273면.
51) 이철송, 372-373면.

즉 잔액의 확정 및 신채무의 발생이 생긴다고 본다.

(나) 계산서승인의 효과

계산서를 승인한 후에는 그 각 항목에 대하여 이의를 하지 못하는 것이 원칙이다(75조). 그러나 착오나 탈루가 있는 때에는 이의를 할 수 있다(75조 단서).

착오나 탈루가 있는 경우에도 승인행위 자체는 유효하며, 착오·탈루가 생긴 부분에 대하여 부당이득반환을 청구할 수 있다고 보는 것(부당이득설)이 다수의 입장[52]이다. 이에 대하여 소수설은 승인행위 자체의 효력을 다투어 잔액채권의 성립에 이의를 제기할 수 있다고 주장한다(승인행위무효설).[53] 즉 승인행위의 효력에 영향이 없다면 '법률상 원인없이'라고 하는 부당이득의 요건(민법 741조)을 충족시킬 수 없으므로 타당한 설명이 아니라는 것이다.

잔액이 확정되면 종전의 계입채권은 소멸된다. 즉 경개(민법 500조)에 의해 신채무가 성립하므로, 종전의 채권에 붙어 있던 담보권은 원칙적으로 소멸한다고 보는 것이 통설의 입장이다. 즉 당사자의 약정이나 관습 및 승낙이 없는 이상 잔액채권의 담보가 된다고 보기는 어렵다(민법 505조). 이에 대하여 구채권에 대한 담보·보증이 존속한다고 하는 소수설도 있다.[54]

상계로 인하여 발생한 잔액채권에 대하여는 계산폐쇄일 이후의 이자를 청구할 수 있으며(76조 1항), 잔액에 대한 소멸시효도 진행된다. 이와는 별도로 당사자는 각 항목을 상호계산에 계입한 날로부터 이자를 붙일 것을 약정할 수도 있다(76조 2항).

5. 상호계산의 종료

약정기간이 만료하거나 약정기간이 없는 경우에는 6월의 경과로 상호계산은 종료한다(72조). 각 당사자는 언제든지 상호계산계약을 해지할 수 있으며, 상호계산을 해지하면 즉시 계산을 폐쇄하고 잔액의 지급을 청구할 수 있다(77조).

---

52) 김성태, 399면; 손주찬, 277면; 정동윤, 181면; 최준선, 275면.
53) 이철송, 376-377면.
54) 이철송, 375면.

제 3 절 익명조합

1. 의 의

(1) 의 의

익명조합(匿名組合)이란 당사자의 일방(익명조합원)이 상대방(영업자)의 영업을 위하여 출자를 하고, 상대방이 영업으로 인한 이익을 분배할 것을 약정하는 계약을 의미한다(78조). 따라서 당사자의 일방이 상대방의 영업을 위하여 출자를 하는 경우라 할지라도 그 영업에서 이익이 난 여부를 따지지 않고 상대방이 정기적으로 일정한 금액을 지급하기로 약정한 경우에는 가령 이익이라는 명칭을 사용하였다 하더라도 그것은 상법상의 익명조합계약이라고 할 수 없다.[55)]

익명조합은 실질적으로는 익명조합원과 영업자의 동업계약이지만 대외적으로 영업자만이 활동하는 까닭에 영업자의 개인기업으로 취급된다. 익명조합에서는 출자자가 경영능력, 사회적 신분, 법률적 제한 등의 이유로 직접 영업자로 나서기가 어려운 경우 익명조합원으로 참가할 수 있으며 동시에 영업자는 자신의 경영에 간섭을 받지 않고서도 자금을 조달할 수 있다. 이 경우 익명조합원의 자격에는 법률상 제한이 없으나 영업자는 성질상 상인이어야 한다.

(2) 유사제도와의 구별

(가) 민법상 조합

민법상 조합에서는 출자목적인 사업이 공동사업(민법 703조)인 반면에 익명조합계약에서는 영업자의 단독사업이라는 점(78조)에서 다르다. 그리고 출자된 재산은 민법상 조합에서는 합유로 되지만(민법 704조), 익명조합계약에서는 영업자의 재산으로 귀속되고, 익명조합원은 제3자에 대한 권리의무가 없다는 점에서 민법상 조합과 상이하다.

(나) 합자회사

익명조합계약과 합자회사는 당사자의 일방이 사업의 경영자에게 출자하고 이익의 분배를 받는 점에서, 경영자인 무한책임사원과 출자자인 유한책임사원으로 성립하는 합자회사에 가장 가깝다고 할 수 있을 것이다. 즉 경영자와 출자

---

55) 대법원 1962. 12. 27. 선고 62다660 판결.

자가 결합된 공동기업이라는 점에서 경제적으로 유사하고, 연혁적으로도 그 연원을 같이한다. 따라서 상법도 86조의 준용규정을 통하여 합자회사에 관한 상법 272조, 277조, 278조를 준용하고 있는 것이다.

익명조합계약은 계약법의 분야에 있고 합자회사는 단체법·조직법의 분야에 존재함으로써 그 존재영역이 다르다. 법률상으로 익명조합은 영업자의 단독기업인 데 반하여, 합자회사는 사단법인인 회사라는 공동기업이다. 또한 익명조합원은 영업자에 대하여 계약상의 출자의무를 부담하고 대외적으로 아무런 책임이 없지만(79조, 80조), 합자회사의 유한책임사원은 일정한 한도에서 회사의 채권자에게 책임을 진다(279조). 출자의 귀속이라는 점에서도 익명조합에서는 영업자의 재산으로 되지만, 합자회사에서는 회사의 재산으로 되고 사원은 사원권으로서 지분을 가진다. 그리고 영업자는 출자의무가 없지만, 무한책임사원은 당연히 출자의무가 있다. 합자회사에서는 퇴사의 제도가 있지만(217조), 익명조합에서는 탈퇴라는 것이 없다.

익명조합과 합자회사의 비교

	익명조합	합자조합	합자회사
법인격	없음		있음
성립	계약		설립행위(정관작성, 등기)
재산 귀속	영업자	조합(조합원 전원)	회사
업무집행	영업자	업무집행조합원(무한책임조합원) *합자조합계약으로 유한책임조합원을 업무집행조합원으로 할 수 있음	업무집행사원(무한책임사원) *유한책임사원은 업무집행사원이 될 수 없음(이설 있음)
당사자의 지위나 지분 양도	금지 원칙	① 업무집행조합원 — 다른 조합원 전원의 동의 필요 ② 유한책임조합원 — 조합계약으로 결정	① 업무집행사원 — 다른 사원 전원의 동의 필요 ② 유한책임조합원 — 무한책임사원 전원의 동의 필요
업무집행의 감시권과 배제 가능여부	익명조합원	업무집행권 없는 조합원 *계약으로 감시권 제한·배제 가능	업무집행권 없는 사원 *정관으로 감시권 제한·배제 못함

(다) 소비대차

익명조합은 익명조합원이 영업자에 대한 계약상의 채권자라는 점에서 소비대차와 유사하지만, 익명조합원은 이자의 지급을 받는 것이 아니고 이익의 분배를 받는다는 점과, 영업에 대한 감시권(86조, 277조)을 가진다는 점에서 소비대차와 다르다.

이익분배와 관련하여, 영업성적에 관계없이 일정액을 정기적으로 지급하기로 약정하는 것이 익명조합계약으로 볼 것인가에 관하여 학설의 대립이 있다. 판례는 "이익여부에 관계없이 정기적으로 일정액을 지급할 것을 약정하되 대외적 거래관계는 경영자가 그 명의로 단독으로 하여 그 권리의무가 그에게만 귀속되는 동업관계는 상법상 익명조합도 아니다"[56]라고 판시하며 다수설도 이와 같은 입장이다.

Q 이자지급과 이익분배의 구분

【대법원 1983. 5. 10. 선고 81다650 판결】
음식점시설제공자의 이익여부에 관계없이 정기적으로 일정액을 지급할 것을 약정하되 대외적 거래관계는 경영자가 그 명의로 단독으로 하여 그 권리의무가 그에게만 귀속되는 동업관계는 상법상 익명조합도 아니고 민법상 조합도 아니어서 대외적으로는 오로지 경영자만이 권리를 취득하고 채무를 부담하는 것이고 그가 변제자력이 없거나 부족하다는 등의 특별한 사정이 있더라도 민법 제713조가 유추적용될 여지는 없다.

2. 익명조합의 내부관계

(1) 익명조합원의 권리의무

(가) 출자의무

계약에서 정한대로 익명조합원은 금전 기타 재산을 출자하고(78조), 신용출자와 노무출자는 인정되지 아니한다(86조, 272조). 그리고 출자된 금전 기타의 재

56) 대법원 1983. 5. 10. 선고 81다650 판결.

산은 영업자의 재산으로 본다(79조).

(나) 손실분담의무

익명조합원의 출자가 손실로 인하여 감소된 때에는 그 손실을 전보(塡補)한 후가 아니면 이익배당을 청구하지 못한다(82조 1항). 손실이 출자액을 초과한 경우에도 익명조합원은 이미 받은 이익의 반환 또는 증자할 의무가 없다(82조 2항). 손실분담이 익명조합계약의 요소는 아닌 까닭에 익명조합원과 영업자 사이에 다른 약정이 있으면 그 약정에 따른다(82조 3항). 따라서 익명조합원이 손실을 전혀 부담하지 않는다는 약정도 가능하다. 반대약정이 없는 한 손실분담의 약정이 있다고 추정되며, 손실분담에 관한 약정이 없으면 이익분배비율과 같다.

(다) 지위불양도의무

익명조합원의 출자는 영업자에 대한 고도의 인적 신뢰관계를 바탕으로 하므로 익명조합원은 물론이고 영업자는 상대방의 동의가 없는 한 그 지위를 타인에게 양도·상속할 수 없다.

(라) 업무감시권

익명조합원은 업무집행의 권리의무는 없으나(86조, 278조), 합자회사의 유한책임사원과 같이 영업자의 영업행위에 대한 감시권을 가지고 있다(86조, 277조). 이에 익명조합원은 영업연도 말에 있어서 영업시간 내에 한하여 회사의 회계장부·대차대조표 기타의 서류를 열람할 수 있고 회사의 업무와 재산상태를 검사할 수 있으며, 중요한 사유가 있는 때에는 언제든지 법원의 허가를 얻어 그 열람과 검사를 할 수 있다.

(마) 이익분배청구권

이익분배는 익명조합계약의 본질적 요소이므로 당연히 인정된다. 이익분배청구권이 인정되지 않는 계약이라면 익명조합계약이 아니다.

(바) 영업집행청구권

익명조합원은 영업자가 영업행위를 통하여 이익을 창출하고 이를 내부적인 계약에 따라 분배할 것을 기대할 것이기 때문에 만일 영업자가 영업행위를 하지 않는다면 계약의 위반이 될 사안이다. 이러한 경우 익명조합계약을 소멸하기보다는 영업자의 영업행위를 통한 이익의 창출이 양자에게 유익한 것이므로 영업자가 영업행위를 게을리하는 경우에는 익명조합원이 영업자에게 영업을 집행할 것을 청구할 수 있다. 왜냐하면 영업자는 계약의 본지에 따라 선량한 관리자의 주의로써 업무를 집행하여야 하기 때문이다(민법 707조, 681조).

(2) 영업자의 의무

(가) 영업수행의무

영업자는 익명조합원이 출자한 재산의 소유권을 취득하여 운용하여 수익을 남기는 것이기 때문에 기본적으로 민법상 위임관계와 유사하다. 따라서 영업자는 선량한 관리자의 주의에 따라서 영업을 수행할 의무가 있다(민법 707조, 681조).[57]

(나) 이익분배의무

이익분배비율에 관해 특약이 없으면 출자액의 비율에 따른다. 손실부담 후 출자액이 감소된 경우에는 그 다음 해의 이익에 의하여 전보된 후가 아니면 이익의 분배를 하지 못한다(82조 1항).

3. 익명조합의 외부관계

(1) 영업자와 제3자와의 관계

익명조합원이 출자한 금전 기타의 재산은 영업자의 재산으로 보고(79조), 익명조합원은 영업자의 행위에 관해서 제3자에 대하여 권리나 의무가 없기 때문에(80조) 모든 권리의무는 영업자에게 귀속한다.

(2) 익명조합원과 제3자와의 관계

익명조합원은 영업자의 행위에 관해서 제3자에 대하여 권리나 의무가 없기 때문에(80조) 익명조합원과 제3자는 아무런 법률관계가 생길 수 없고, 영업자를 대리할 권한도 없다(86조, 278조). 다만 익명조합원이 자기의 성명을 영업자의 상호중에 사용하게 하거나 자기의 상호를 영업자의 상호로 사용할 것을 허락한 때에는 그 사용 이후의 채무에 대하여 영업자와 연대하여 변제할 책임이 있다(81조). 이는 상법상 명의대여자의 책임과 유사하다.

---

57) 익명조합원의 재산에 대한 소유권을 취득한다는 점에서 단순한 위임보다는 신탁으로 보는 것이 더 적절하다.

4. 익명조합계약의 종료

(1) 종료원인

(가) 계약의 해지

계약의 존속기간이 만료된 경우와 종신계약의 경우 6월 전에 예고하고 영업연도 말에 계약을 해지할 수 있다(83조 1항). 그러나 부득이한 사정의 경우 언제든지 해지할 수 있다(83조 2항). 예를 들어 출자의무의 불이행, 영업자의 영업의 태만, 이익분배의무의 불이행 등의 경우이다.

(나) 법정종료사유

영업의 폐지 또는 양도, 영업자의 사망 또는 금치산, 영업자 또는 익명조합원의 파산(84조)이 있는 경우이다.

(2) 종료효과

익명조합계약이 종료하면 영업자는 출자가액을 익명조합원에게 반환한다(85조 본문). 이익이 있으면 출자의 반환과 별도로 이익을 분배해야 하고, 손실분담으로 출자액이 감소된 경우에는 잔액만을 반환하면 된다(85조 단서). 그러나 익명조합원이 손실을 부담하지 않기로 하는 특약이 있다면(82조 3항) 익명조합원에게 출자의 전액을 반환하여야 한다.

만일 소극출자가 된 경우에는 익명조합원이 이를 보충할 의무는 없다. 즉 출자액을 넘는 손실은 영업자가 부담한다. 한편 물건의 사용권을 출자한 사용출자의 경우에는 소유권에 기한 반환청구권을 가진다.

Q 익명조합 영업자의 횡령죄 성립 가부

【대법원 2011. 11. 24. 선고 2010도5014 판결】
【판결요지】
익명조합의 경우에는 익명조합원이 영업을 위하여 출자한 금전 기타의 재산은 상대편인 영업자의 재산이 되므로 영업자는 타인의 재물을 보관하는 자의 지위에 있지 않고, 따라서 영업자가 영업이익금 등을 임의로 소비하였더라도 횡령죄가 성립할 수는 없다.

사례형 연구

법률상 겸직이 금지된 공무원 甲은 친구인 乙에게 출판사경영을 제의하고 다음과 같이 계약을 체결하였다.

출판사 동업계약서

1. 甲은 현금 2억원과 ㅇㅇ동에 소재하는 오피스텔을 출자하며, 출자한 재산은 乙의 재산에 귀속한다.
2. 乙은 출판사를 대외적으로 대표하면서 경영을 전적으로 담당하되 다른 사업에는 종사하지 않는다.
3. 출판사가 월 1,000만원 이상의 수익을 내는 경우 그 이익금의 50%를 甲에게 분배한다.
4. 甲은 영업손실을 전혀 분담하지 않는다.

乙이 개업하자마자 바로 동 출판사가 발간한 책이 베스트셀러가 되면서 월 2,000만원씩 이익이 발생하였다.

(1) 甲과 乙의 각각 상대방에 대한 권리와 의무를 논하시오.
(2) 乙의 개인적 채권자인 丙이 乙의 출판사 영업수익에 대하여 압류하고자 하는데, 이에 대하여 甲은 어떤 조치를 취할 수 있는가?
(3) 甲의 개인적 채권자인 丁이 甲의 출자전부를 압류한 경우 그는 甲과 乙 사이의 동업계약을 해지할 수 있는가?

Ⅰ. 문제의 소재

甲과 乙 사이에 체결한 동업계약서에 따르면 甲은 법률상 겸직이 금지된 공무원이며, 乙은 대외적으로 출판사를 경영하되 이익이 발생하면 甲에게 분배하는 것으로 되어 있다. 우선 본 사례에서는 甲과 乙이 체결한 동업계약의 법적 성질을 규명하기 위해 익명조합에 해당여부를 간단히 살펴본 후 설문에 답하기로 한다. 설문 (1)은 익명조합의 내부적 관계에 관하여 묻고 있으며 설문 (2)는 익명조합의 외부적 관계에 관한 사안이다. 설문 (3)에서는 익명조합의 종료사유를 살펴보아야 한다.

Ⅱ. 甲과 乙의 동업계약의 법적 성질

1. 익명조합의 의의

익명조합이라 함은 당사자의 일방(익명조합원)이 상대방(영업자)의 영업을 위하여 출자하고, 상대방은 그 영업으로 인한 이익을 분배할 것을 약정하는 계약을 의미한다(상법 제78조). 익명조합은 실질적으로는 익명조합원과 영업자의 동업계약이지만 대외적으로 영업자만이 활동하는 까닭에 영업자의 개인기업으로 취급된다. 이 경우 익명조합원의 자격에는 법률상 제한이 없으나 영업자는 성질상 상인이어야 한다.

2. 익명조합의 경제적 기능

익명조합에서는 출자자가 경영능력, 사회적 신분, 법률적 제한 등의 이유로 직접 영업자로 나서기가 어려운 경우 익명조합원으로 참가할 수 있으며 동시에 영업자는 자신의 경영에 간섭을 받지 않고서도 자금을 조달할 수 있다.

3. 사례에 대한 적용

본 사례에서는 법률적인 제한으로 인하여 직접 출판사를 경영하지 못하는 甲이 출자를 하고 乙은 상법 제46조 제6호의 기본적 상행위를 하는 상인으로서 대외적으로 출판사를 대표하면서 경영을 담당하면서 이익을 甲에게 분배하기로 약정한 것으로 보아 甲과 乙 사이의 동업계약은 상법상 익명조합에 해당한다.

Ⅲ. 설문 (1)에 대하여

1. 甲의 乙에 대한 권리의무

(1) 출자의무

甲은 乙을 위하여 계약에서 정한 대로 출자하여야 하는데, 그 출자의 목적은 금전 기타 재산에 한하므로 신용이나 노무를 출자할 수 없다(상법 제86조, 제272조). 甲이 출자한 금전 기타의 재산은 乙의 재산으로 본다(상법 제79조). 사례에서는 甲은 현금과 현물을 출자하였다.

(2) 손실분담의무

손실분담이 익명조합계약의 요소는 아니다. 甲의 출자가 손실로 인하여 감소된 때에는 그 손실을 전보한 후가 아니면 이익배당을 청구하지 못한다(상법 제82조 제1항). 손실이 출자액을 초과한 경우에도 甲은 이미 받은 이익의 반환 또는 증자할 의무가 없다(상법 제82조 제2항). 이와 같은 손실분담은 甲과 乙 사이에 다른 약정이 있으면 그 약정에 따른다(상법 제82조 제3항). 따라서 甲이 손실을 전혀 부담하지 않는다는 약정도 가능하다.

(3) 지위불양도의무

甲의 출자는 乙에 대한 고도의 인적 신뢰관계를 바탕으로 하므로 甲은 물론이고 乙은 상대방의 동의가 없는 한 그 지위를 타인에게 양도·상속할 수 없다.

(4) 업무감시권

甲은 합자회사의 유한책임사원처럼 감시권이 있다(상법 제86조, 제277조). 이에 甲은 영업연도 말에 있어서 영업시간 내에 한하여 회사의 회계장부·대차대조표 기타의 서류를 열람할 수 있고 회사의 업무와 재산상태를 검사할 수 있으며, 중요한 사유가 있는 때에는 언제든지 법원의 허가를 얻어 그 열람과 검사를 할 수 있다.

2. 乙의 甲에 대한 의무

乙은 계약의 정함에 따라 선량한 관리자의 주의로써 영업을 수행하여야 한다. 또한 乙은 영업으로 인한 이익을 분배할 의무도 부담한다(상법 제79조). 乙은 익명조합이 동업계약의 성격을 지니고 있다는 점과 乙의 주의의무부담, 그리고 乙이 합자회사의 무한책임사원과 같은 지위에 있다는 점 등 때문에 경업금지의무를 부담한다.

Ⅳ. 설문 (2)에 대하여

甲이 출자한 재산은 모두 乙의 영업재산으로 편입되어 乙의 대외적인 책임재산을 형성한다(상법 제79조). 따라서 甲과 丙은 상호간 아무런 관계가 없다. 이 때문에 甲은 乙의 출판사 영업수입에 대한 丙의 압류와 관련하여 전혀 조치를 취할 수 없다.

Ⅴ. 설문 (3)에 대하여

익명조합은 계약의 유형 중의 하나이므로 계약의 일반적인 종료사유로 인하여 당연히 종료하지만, 상법은 다음과 같은 종료사유를 부가하고 있다. 첫째, 익명조합계약으로 조합의 존속기간을 정하지 아니하거나 어느 당사자의 종신까지 존속할 것을 약정한 때에는 각 당사자는 영업연도 말에 계약을 해지할 수 있다. 그러나 이 해지는 6월 전에 상대방에게 예고하여야 한다(상법 제83조 제1항). 조합의 존속기간의 약정의 유무에 불구하고 부득이한 사정이 있는 때에는 각 당사자는 언제든지 계약을 해지할 수 있다(상법 제83조 제2항). 둘째, 이 밖에도 영업의 폐지 또는 양도, 영업자의 사망 또는 금치산, 영업자 또는 익명조합원의 파산으로 종료한다(상법 제84조).

익명조합원의 채권자가 출자전부를 압류한다고 하더라도 그 채권자가 익명조합계약을 해지할 수 없다. 그 이유는 상법은 익명조합원에 대한 채권자의 출자전부압류를 해지사유로 명기하지 않고 있을 뿐만 아니라 설령 그러한 해지가 가능하다는 것은 대외적으로 영업자의 재산으로 인식하고 거래하는 제3자의 이익을 침해할 우려가 있기 때문이다. 그러므로 丁이 甲의 출자전부를 압류하더라도 그가 甲과 乙과의 익명조합계약을 해지할 수 없다.

Ⅵ. 사례의 해결

1. 설문 (1)에서 甲은 乙에 대하여 출자의무, 손실분담의무와 지위불양도의무를 부담하고 업무감시권을 행사할 수 있다. 乙은 甲에 대하여 선관주의의무와 이익분배의무를 부담한다.

2. 설문 (2)에서 甲은 丙의 압류와 관련하여 어떠한 조치도 취할 수 없다.

3. 설문 (3)에서 丁은 甲과 乙 사이의 익명조합계약을 해지할 수 없다.

제 4 절 합자조합

1. 의 의

합자조합(合資組合)은 조합의 업무집행자로서 조합의 채무에 대하여 무한책임을 지는 조합원과 출자가액을 한도로 하여 유한책임을 지는 조합원이 상호출자하여 공동사업을 경영할 것을 약정함으로써 성립하는 공동기업형태이다(86조의2). 이는 인적자산의 중요성이 높아지면서 미국의 LP(Limited Partnership) 제도를 모델로 하여 2011년 개정상법에서 도입한 것이다. 합자조합에는 이사와 감사가 없으며, 무한책임조합원과 유한책임조합원이 혼합되어 있다. 예컨대, 게임회사 甲과 게임프로그램 전문가인 乙이 (재무적) 투자자 丙의 지원으로 새로운 게임프로그램의 공동개발 사업을 하기 위해 합자조합을 만들 수 있다. 이 경우 甲과 乙은 경영을 담당하고 사업상 발생한 채무에 대하여 개인적 재산으로 무한책임을 부담하지만 丙은 사업상 발생한 채무에 대하여 출자한 만큼의 책임을 지는 유한책임조합원이다. 따라서 이러한 공동기업형태는 중소기업 간의 합작프로젝트나 기업과 학계 간의 산학연계프로젝트에 이용될 것으로 예상한다.

2. 합자조합의 법적 성질

합자조합은 기본적으로 법인이 아니기 때문에 법인격이 인정되지 않는다. 합자조합의 설립은 등기대상이기는 하지만 합자조합은 그 법적 성질이 회사(법인)가 아닌 조합이므로 합자회사와는 구별된다. 합자조합의 소송당사자능력에 관해서도 규정이 없다. 상법상 조합의 권리능력 혹은 상인성 등에 관한 논의에서는 누가 조합을 대표할 것이며 또 그 행위의 결과는 전체 조합원들에게 미치는 것인지에 대하여, 법인인 회사의 경우처럼 대표기관의 존재가 원칙적인 것이 아니며, 전 조합원이 공동으로 하여야 하는 것이 원칙이지만, 원래 조합은 모든 조합원의 의사가 합치되는 절차가 필요하나 현실상 그렇게 하기가 거의 불가능한 측면이 있기 때문에[58] 대표조합원의 행위가 조합 및 전체 조합원들에게 미치는 것으로 보는 것이 일반적인 견해이다.

---

58) 규모가 크면 클수록 그러할 것이다.

상법상 합자조합에 관한 규정에서는 합명회사에 관한 조문을 많이 준용(86조의8)함으로써 상법상 인적회사에 대한 법적 규제의 내용을 합자조합에서 많이 차용하고 있는 것으로 보인다. 그럼에도 불구하고 합자조합에게 법인격을 인정하지 않은 것은 수요자들에게 다양한 혼합형태의 공동기업조직을 제공해주기 위함이다. 즉 합자조합은 조합 및 법인의 특징을 선별적으로 취합하려는 복합적인 시도의 노력과 더불어 조세적인 측면에서의 유익함을 고려하여 탄생한 제도이다.[59)]

3. 조합계약의 내용

합자조합의 설립을 위한 조합계약에는 법이 정하는 일정한 사항을 기재하고 총조합원이 기명날인하거나 서명하여야 하며(86조의3), 등기하여야 한다. 조합계약의 기재사항은 ① 목적, ② 명칭, ③ 업무집행조합원의 성명 또는 상호, 주소 및 주민등록번호, ④ 유한책임조합원의 성명 또는 상호, 주소 및 주민등록번호, ⑤ 주된 영업소의 소재지, ⑥ 조합원의 출자에 관한 사항, ⑦ 조합원에 대한 손익분배에 관한 사항, ⑧ 유한책임조합원의 지분의 양도에 관한 사항, ⑨ 둘 이상의 업무집행조합원이 공동으로 합자조합의 업무를 집행하거나 대리할 것을 정한 경우에는 그 규정, ⑩ 업무집행조합원 중 일부 업무집행조합원만 합자조합의 업무를 집행하거나 대리할 것을 정한 경우에는 그 규정, ⑪ 조합의 해산시 잔여재산 분배에 관한 사항, ⑫ 조합의 존속기간이나 그 밖의 해산사유에 관한 사항, 그리고 ⑬ 조합계약의 효력발생일이 있다. 이와 같이 합자조합의 경우에는 상법상 조합계약의 기재사항만을 요구할 뿐 회사에 대하여 요구하고 있는 정관작성의무(179조, 270조, 287조의2, 289조, 543조)를 부담시키지 않고 있다.

4. 합자조합의 설립등기

조합계약의 기재사항 중에는 제3자, 특히 채권자의 이익과 연결되는 것이 많으므로 합자조합의 설립은 등기사항이다. 이에 상법은 조합계약 중 법이 정하

59) 미국에서의 다양한 형태의 기업형태가 세법전(Internal Revenue Code) 속에 존재하는 것을 보면 알 수 있다.

는 일정한 사항(86조의4 1항)은 등기하여야 하고 등기사항에 변경이 있는 경우에는 2주 내에 변경등기를 하여야 할 것을 요구하고 있다(86조의4 제2항). 이 밖에 합자조합에 대하여 각종 등기에 관한 사항은 합명회사에 관한 182조 1항(본점·지점의 이전등기), 228조(해산등기), 253조(청산인의 등기), 264조(청산종결등기)와 합자회사에 관한 285조(해산 및 계속)를 준용한다.

5. 업무집행조합원의 권리와 의무

업무집행조합원은 조합계약에 다른 규정이 없으면 각자가 합자조합의 업무를 집행하고 대리할 권리와 의무를 가지며(86조의5 1항), 업무를 집행함에 있어서는 선량한 관리자의 주의로써 하여야 한다(86조의5 2항). 둘 이상의 업무집행조합원이 있는 경우에 조합계약에 다른 정함이 없으면 그 각 업무집행조합원에 관한 행위에 대하여 다른 업무집행조합원의 이의가 있는 경우에는 그 행위를 중지하고 업무집행조합원 과반수의 결의에 따라야 한다(86조의5 3항).

업무집행조합원에 대하여 합명회사에 관한 183조의2(업무집행정지가처분등기), 198조(경업금지), 199조(자기거래승인), 200조의2(직무대행자의 권한), 208조 2항(공동대표 중 수동대표), 209조(대표사원의 권한), 212조(사원의 책임)와 합자회사에 관한 287조(청산인)를 준용한다. 다만 198조와 199조는 조합계약에서 달리 정할 수 있다(86조의8 2항 단서).

6. 유한책임조합원의 권리와 의무

합자조합은 무한책임조합원과 유한책임조합원으로 구성된다(86조의2). 조합계약에서는 조합의 운영 및 재산관계의 중요한 사항을 기재하고 총조합원이 기명날인하거나 서명하여야 하는데 조합원의 출자에 관한 사항도 기재사항 중 하나이다(86조의3). 그런데 등기사항과 관련된 규정을 보면, '조합원의 출자의 목적, 재산출자의 경우에는 그 가액과 이행한 부분'(86조의4 1항 2호)을 등기하도록 되어 있다.

합자조합과 유사하게 무한책임사원과 유한책임사원으로 구성되는 합자회사의 경우 유한책임사원에 의한 노무·신용출자는 명문의 규정으로 금지되고

(272조), 이 규정이 합자조합에 준용되기 때문에(86조의8 3항) 재산출자 외에 노무출자나 신용출자가 허용되지 않아 보인다.[60] 그러나 조합계약에 다른 정함이 없는 경우에 272조가 준용되기 때문에(86조의8 3항) 합자조합의 유한책임조합원에 대하여는 조합계약에 다른 정함 즉 신용이나 노무출자를 정할 수 있는 것으로 풀이할 수 있다.[61]

합자회사의 유한책임사원은 업무집행권을 가지지 못한다(278조). 이에 반해 합자조합의 유한책임조합원은 상법규정상 업무를 집행하는 것이 허용되는 것으로 보인다(86조의4 1항 1호). 즉 합자조합에는 합자회사에 관한 278조가 원칙적으로 준용되므로(86조의8 3항)[62] 합자조합의 유한책임조합원은 업무집행권을 가지지 못하는 것이 원칙이고 이러한 것이 합자조합의 법적 구조상으로도 자연스러운 것이지만, 86조의4 1항 1호의 표현이나 86조의8 3항의 반대해석상(278조의 준용은 조합계약에 다른 정함이 없는 경우에 해당하는 것이므로 반대해석을 하면 조합계약에 유한책임조합원의 업무집행권을 인정할 수 있다는 내용을 담을 수 있다고 해석할 수 있음) 합자조합계약에 의한 유한책임조합원의 업무집행이 가능하다고 볼 수밖에 없다.[63] 이러한 점에서 합자회사의 유한책임사원이 원천적으로 업무집행권을 갖지 못하는 것과는 차이가 있다. 결국 합자조합이 조합계약이라는 점을 생각한다면 자치적인 결정을 존중하여 인정하되, 계약에서 정함이 없으면 합자회사에 관한 규정을 적용함으로써 당사자 자치의 적용범위에 관한 법적 명확성을 기하였다고 풀이할 수 있다.

유한책임조합원은 조합계약에서 정한 출자가액에서 이미 이행한 부분을 뺀 가액을 한도로 하여 조합채무를 변제할 책임이 있으며(86조의6 1항), 합자조합에

---

60) 일본의 경우 유한책임사업조합의 도입시 노무출자를 금지하였다. 안경봉, "합자조합(LP), 유한책임회사(LLC)의 도입과 법적 문제점," 「상사법 연구」 제25권 제4호(한국상사법학회, 2007), 162면 참조.

61) 이렇게 본다면 조합계약이라고 하는 당사자 자치를 먼저 존중하겠다는 법의 입장으로 볼 수 있을 것이다.

62) 다른 정함이 없으면 합자회사 유한책임사원의 업무집행 금지규정인 상법 278조가 준용된다(86조의8 3항).

63) 김병연, "새로운 기업형태의 도입에 따른 향후 전망과 과제," 「비교사법」 제18권 제2호(2011. 6), 488면. 이렇게 해석하면 합자조합의 업무집행자는 무한책임을 부담한다고 하는 원칙(86조의2)과 상충되는 점을 지적하지 않을 수 없다. 이런 문제와 관련하여 유한책임조합원이 계약에 따라 업무집행을 담당하게 되면 그 때부터 책임에 있어 무한책임조합원으로 취급해야 하는 것이 합리적이다.

이익이 없음에도 불구하고 배당을 받은 금액은 변제금액을 정할 때에 변제책임의 한도액에 더한다(86조의6 2항).

조합계약에 다른 규정이 없으면, 유한책임조합원에 대하여는 합명회사에 관한 199조(자기거래승인)와 합자회사에 관한 272조(유한책임사원의 출자), 275조(유한책임사원의 경업의 자유), 277조(유한책임사원의 감시권), 278조(유한책임사원의 업무집행·회사대표의 금지), 283조(유한책임사원의 사망), 284조(유한책임사원의 금치산)를 준용한다.

7. 조합원의 지분양도

민법상 조합의 경우 조합원은 그 전원의 동의를 얻어야만 지분을 양도할 수 있는 것처럼[64]합자조합의 조합원도 원칙적으로 그 지분을 양도할 수 있다. 다만, 업무집행조합원은 다른 조합원 전원의 동의를 받지 아니하면 그 지분의 전부 또는 일부를 타인에게 양도하지 못한다(86조의7 1항). 유한책임조합원의 지분양도는 조합계약에서 정하는 바에 따라서 할 수 있으며(86조의7 2항), 유한책임조합원의 지분을 양수한 자는 양도인의 조합에 대한 권리와 의무를 승계한다(86조의7 3항).

64) 대법원 1958. 2. 26. 선고 4290민상693 판결.

제 3 장 각 론

제 1 절 대 리 상

1. 의의 및 필요성

대리상(代理商)이라 함은 '일정한 상인'을 위하여 상업사용인이 아니면서 상시 그 영업부류에 속하는 거래의 대리 또는 중개를 영업으로 하는 자(87조)를 말한다. 대리상계약은 체약대리의 경우에는 본인으로부터 법률행위에 관한 사무의 위탁을, 그리고 중개대리의 경우에는 사실행위에 관한 사무의 위탁을 받은 것이므로 위임의 성격을 지닌다.

대리상의 상인성, 말하자면 상인자격의 취득은 거래의 대리 또는 중개행위를 함으로써 이루어지는 것이 아니라, 특정상인과 그를 위해 대리 또는 중개를 하기로 계약을 함으로써 즉 대리 또는 중개의 인수를 함으로써 이루어진다. 따라서 실제적인 대리 또는 중개행위는 대리상계약의 이행에 지나지 않으며 이는 대리상의 보조적 상행위(47조 1항)가 된다고 보는 것이 상법 46조 10호에서 '상행위의 대리의 인수'가 기본적 상행위로 되어 있는 점에 비추어 더 적절한 설명이다.[1)]

대리상은 상업사용인이 아닌 독립상인이며, 따라서 상업사용인과는 달리 대리상은 법인이 될 수도 있다. 실제로 구별이 용이하지 않지만, ① 자기 영업소를 가지고 있느냐의 여부, ② 영업비용을 자신이 부담하는지의 여부가 기준이 될 수 있다. 그러나 대리점이라는 명칭을 붙이고 있는 것만으로는 구별의 절대적 표준이 되지는 못한다.

---

1) 김성태, 538면.

대리상에 대하여 본인은 상인이어야 하므로,[2] 본인이 상인이 아닌 경우에는 민사대리상이 되며 따라서 상법의 적용을 받지 아니한다. 체약대리상은 거래의 대리를 하기 때문에 대리권이 있고, 중개대리상은 중개를 하는 자이므로 대리권이 없다.

대리상은 상인이 사업을 확장할 필요성이 있지만 비용증가의 부담으로 인한 때에 적절히 이를 조화시킬 수 있다는 점에서 효율적이다.

Q 대리상여부의 판단기준은?

【대법원 1999. 2. 5. 선고 97다26593 판결】
어떤 자가 제조회사와 대리점 총판 계약이라고 하는 명칭의 계약을 체결하였다고 하여 곧바로 상법 제87조의 대리상으로 되는 것은 아니고, 그 계약 내용을 실질적으로 살펴 대리상인지의 여부를 판단하여야 하는바, 제조회사와 대리점 총판 계약을 체결한 대리점이 위 제조회사로부터 스토어(노래방기기 중 본체)를 매입하여 위 대리점 스스로 10여 종의 주변기기를 부착하여 노래방기기 세트의 판매가격을 결정하여 위 노래방기기 세트를 소비자에게 판매한 경우에는 위 대리점을 제조회사의 상법상의 대리상으로 볼 수 없고, 또한 제조회사가 신문에 자사 제품의 전문취급점 및 A/S센터 전국총판으로 위 대리점을 기재한 광고를 한 번 실었다고 하더라도, 전문취급점이나 전국총판의 실질적인 법률관계는 대리상인 경우도 있고 특약점인 경우도 있으며 위탁매매업인 경우도 있기 때문에, 위 광고를 곧 제조회사가 제3자에 대하여 위 대리점에게 자사 제품의 판매에 관한 대리권을 수여함을 표시한 것이라고 보기 어렵다고 한 사례.

2. 구별개념

대리상의 경우 일정한 상인과 관계를 맺게 되는데(87조), 그 '일정한 상인(本人)'은 1인이어야 할 필요는 없지만 반드시 특정되어 있어야 한다. 따라서 이 점에서 불특정다수인을 위하여 그 영업을 보조하는 중개인이나 위탁매매 등과 다르다. 대리상은 일정한 상인과 계속적인 관계를 가지므로 경업피지의무가 인

2) 중개인의 본인들은 그 중 일방만 상인이면 되고, 위탁매매인의 위탁자 또는 매매상대방은 상인이 아니어도 무방하다.

정되는데, 중개인이나 위탁매매인은 불특정·다수인과 거래하는 것이므로 경업피지의무가 인정되지 않는다.

대리상은 자기 스스로 완전한 상거래를 하는 것이 아니고 다른 상인의 영업을 보조하는 보조상이라는 점에서 중개인·위탁매매인·운송주선인과 유사하다. 그러나 대리상의 경우 일정한 상인을 본인으로 하여 그와 대리 또는 중개의 인수를 함으로써 대리상이라고 하는 상인의 자격을 취득하지만(지위취득의 종속성), 중개인과 위탁매매인은 불특정·다수인을 상대로 하기 때문에 사전에 스스로 중개인 또는 위탁매매인의 자격을 가지고 상인이 된다는 점에서(지위취득의 독립성) 서로 다르다. 이러한 차이 때문에 법규정의 내용도 그 중심이 서로 상이하다. 즉 대리상의 경우에는 본인과 대리상 간의 이해의 조정에, 중개인의 경우에는 쌍방의 거래당사자를 보호하는 것에, 위탁매매인의 경우에는 거래의 안전과

〈대리상의 법률관계의 일례〉

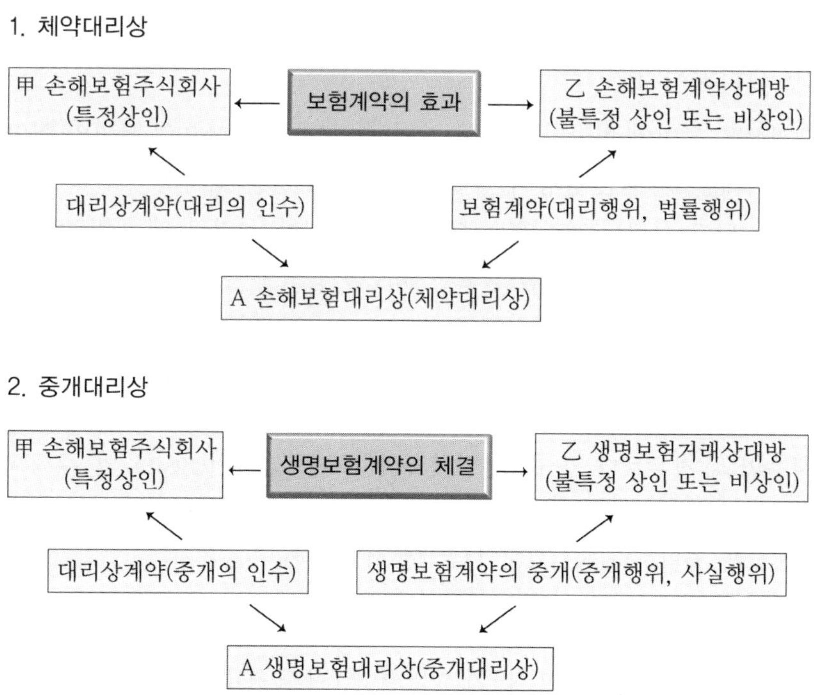

더불어 위탁자의 이익을 보호하는 데 그 입법의 중심이 있다.[3] 또한 우발적으로 개개의 행위를 보조하는 단순한 대리인 또는 수임자와도 구별된다.

일반적인 보험대리상은 상법상의 대리상으로서 보험계약체결의 대리 또는 중개를 업으로 하는 자이다. 체약보험대리상은 주로 손해보험에, 중개보험대리상은 생명보험에 주로 이용되고 있다.

3. 대리상의 권리와 의무

(1) 통지의무

대리상이 거래의 대리 및 중개를 한 경우에는 지체 없이 본인에게 통지를 발송하여야 한다(88조). 이러한 발신주의의 입장은 대리상을 보호하기 위한 것이다.[4] 한편 민법상 위임계약에서는 수임인은 위임의 청구가 있는 때에 그리고 위임사무가 종료한 경우에만 위임사무의 처리내용을 보고하도록 되어 있다(민법 683조).

(2) 경업피지의무

대리상은 본인의 허락이 없으면 자기나 제3자의 계산으로 본인의 영업부류에 속한 거래를 하거나, 동종의 영업을 목적으로 하는 회사의 무한책임사원 또는 이사가 되지 못한다(89조 1항). 대리상은 일정한 상인과 계속적으로 관련을 맺고 있고 본인의 영업에 대한 중요한 정보를 습득할 수 있는 지위에 있으므로 그에게 경업피지의무를 부담시키고 있다.

대리상의 경업피지의무는 상업사용인의 경업피지의무와 거의 동일하지만, 특정지위취임금지에서 동종영업을 목적으로 하는 회사에 한하고 있다는 점에서 상업사용인의 경우보다 좁고, 합명회사의 무한책임사원(198조) 및 주식회사의 이사(397조)와 같다. 경업피지의무를 위반한 경우의 효과에 대하여는 상업사용인의 경우와 동일하다(89조 2항, 17조 2항 내지 4항).

---

3) 이철송, 417면.
4) 민법의 경우 위임은 위임인의 청구가 있을 때 보고하고, 위임이 종료된 때에는 지체 없이 전말을 보고하도록 되어 있다(민법 683조). 민법의 경우는 1회적인 사무의 위임인 경우가 많다.

(3) 보수청구권

대리상은 상인이므로 민법상 위임과 달리 상당한 보수를 청구할 권리가 있다(61조). 보수의 지급시기에 관해서는 법률에 규정이 없는데, 당사자 간의 합의가 없을 경우에는 원칙적으로 대리 또는 중개에 의하여 계약이 성립되고 그 이행이 종료한 때에 청구할 수 있다.

한편 계약이 성립되었으나 본인이 이행하지 아니한 경우에는 보수청구에 영향이 없으나, 본인의 과실 없이 이행불능 등의 경우에는 보수를 청구할 수 없다고 보는 견해[5]가 있다. 그러나 대리상의 임무는 상행위의 대리 또는 중개를 하는 것이므로 이것이 종료되었다면 설사 본인의 과실 없이 이행이 되지 않았다고 해도 대리상은 그 임무를 다한 것이므로 보수를 청구할 수 있는 것으로 보아야 할 것이다.

(4) 유 치 권

대리상은 상법 58조의 일반상사유치권과 민법 320조의 민사유치권을 가지는 외에 거래의 대리 또는 중개로 인한 채권이 변제기에 있는 때에는 당사자 간에 다른 약정이 없으면 그 변제를 받을 때까지 본인을 위하여 점유하는 물건 또는 유가증권을 유치할 수 있다(91조). 다만 당사자 간의 약정으로 이를 배제할 수 있다(91조 단서). 이 경우 유치권에 의해 담보되는 채권은 대리상으로서 거래의 대리 또는 중개로 인한 채권이다. 예컨대 수수료 기타의 보수청구권, 체당금의 상환청구권 등이 이에 해당한다.

유치권의 목적물과 피담보채권과의 견련성이 요구되지 않는다는 점에서 민법상 유치권(민법 320조 1항)과 다르고, 일반상사유치권(58조)과는 동일하다. 그러나 목적물이 채권자 즉 본인의 소유임을 요하지 않는다는 점에서 일반상사유치권과 다르며 민법상의 유치권과 동일하다. 이런 점에서 대리상의 특별상사유치권은 민법상 유치권이나 일반상사유치권보다 더 강력하다고 할 수 있다. 결국 특별상사유치권은 대리상을 보호하기 위함이다.

---

5) 이철송, 424면.

(5) 대리상의 보상청구권

(가) 의 의

대리상의 활동으로 본인이 새로운 고객을 획득하거나 영업상의 거래가 현저하게 증가하고 이로 인하여 계약의 종료 후에도 본인이 이익을 얻고 있는 경우에는 대리상은 본인에 대하여 상당한 보상을 청구할 수 있는 권리를 말한다(92조의2 1항). 이는 대리상의 노력으로 발생한 무형의 재산적 가치에 대한 응분의 대가를 지급하도록 하여 형평의 관점에서 대리상을 보호하기 위한 권리로서 1995년 개정상법에서 신설한 것이다.

(나) 법적 성질

대리상의 기여에 대하여 통상의 보수로 지급되지 않는 부분에 대하여 인정된 법정청구권이다. 즉, 보상청구권은 대리상을 보호하기 위한 강행규정에 의해 주어지는 채권이므로 달리 약정이 없는 경우에도 대리상계약의 종료로 당연히 발생한다. 당사자의 특약에 의하여 대리상의 보상청구권을 배제하는 것은 가능하지 않다.[6] 그러나 대리상계약이 종료한 후에 이미 발생한 보상청구권을 대리상이 포기하는 것은 유효하다.

(다) 발생요건

대리상의 보상청구권의 발생요건은 다음과 같다. 첫째, 유효하게 계속된 대리상계약이 종료되어야 하며 그 사유는 불문한다. 둘째, 대리상계약이 종료한 이후에도 본인이 이익을 얻고 있어야 한다. 구체적으로는 대리상의 활동으로 본인이 새로운 고객을 획득하거나 영업상의 거래가 현저하게 증가하고 그러한 상태가 대리상계약의 종료 후에도 지속되어 본인이 이익을 얻고 있어야 한다. 이에 관한 입증책임은 대리상이 부담한다. 셋째, 대리상이 보상청구권을 행사하는 것이 형평에 부합되어야 한다.

위의 요건을 구비하면 대리상은 본인에 대하여 상당한 보상을 청구할 수 있다. 보상금액은 계약의 종료 전 5년간의 평균년보수액을 초과할 수 없다. 계약의 존속기간이 5년 미만인 경우에는 그 기간의 평균년보수액을 기준으로 한다(92조의2 2항). 보상청구권은 계약이 종료한 날부터 6월을 경과하면 소멸한다(92조의2 3항). 이 기간은 제척기간이다. 다만, 본인이 계약의 종료가 대리상의

6) 김성태, 542면; 이철송, 431면; 정찬형, 268면. 반대는 손주찬, 301면; 최준선, 299면.

책임 있는 사유로 인하였음을 입증한다면 대리상의 보상청구권은 인정되지 않는다(92조의2 1항 단서).

(6) 대리상의 영업비밀준수의무

(가) 의 의

대리상은 계약의 종료 후에도 계약과 관련하여 알게 된 본인의 영업상의 비밀을 준수하여야 한다(92조의3). 대리상은 본인과 지속적인 긴밀한 관계를 유지하는 까닭에 본인의 영업상 비밀에 쉽게 접근할 수 있는 지위에 있다. 따라서 만약에 대리상이 그 비밀을 스스로 이용하거나 제3자에게 누설하면 본인이 손해를 입을 우려가 있으므로 상법은 대리상에 대하여 대리상계약의 종료 후에도 본인의 영업상의 비밀을 준수할 의무를 부과하고 있다. 이 의무는 본인과 대리상의 관계가 위임관계에 해당하므로 대리상이 대리상관계가 지속되는 중에 당연히 부담한다. 사실 대리상계약의 존속중에는 대리상은 당연히 선량한 관리자의 주의의무를 가진다고 보기 때문에 이러한 조문이 필요없지만, 대리상 계약의 종료 후에는 위의 주의의무를 부담시킬 법적 근거가 없으므로 본인을 보호하기 위해서 상법이 특별히 규정하고 있다. 다만, 상법은 대리상의 영업비밀준수의무만을 선언하고 있을 뿐 그 구체적인 의무의 내용에 대해서는 규정하고 있지 않다.

(나) 요 건

대리상의 영업비밀준수의무는 다음과 같은 요건으로 구성되어 있다. 첫째, 대리상계약이 종료되어야 하며 그 사유는 불문한다. 둘째, 대리상계약이 종료된 후에도 대리상이 수비하여야 하는 대상은 대리상계약에 관련되어 알게 된 본인의 영업비밀이다. 여기서 영업비밀이라 함은 기업의 영업에 관련된 공지되지 않은 사실이면서 동시에 그 비밀의 유지에 본인의 경제적 이익이 존재하는 사실을 말한다. 따라서 이미 공개되어 제3자가 쉽게 접근할 수 있는 것은 여기서 말하는 영업비밀에 해당하지 않는다. 셋째, 대리상은 자신이 지득한 본인의 영업비밀을 공개하거나 사익을 추구하는 데 이용할 수 없다.

(다) 의무위반의 효과

대리상의 영업비밀준수의무 위반이 되기 위해서 반드시 현실적으로 본인에게 손해가 발생하여야 하는 것은 아니기 때문에 손해발생가능성 또는 현실적인 발생과는 관계없이 비밀을 누설하더라도 영업비밀준수의무 위반이 되며, 본인

의 영업경쟁상대가 아닌 자에게 비밀을 누설하더라도 본조의 위반이 된다.[7)]

대리상이 대리상계약의 존속중에 영업비밀준수의무를 위반한 경우에는 채무불이행이므로 손해배상책임을 물을 수 있다. 이 경우에는 부득이한 사유에 의한 계약해지(92조 2항, 83조 2항)에 해당하므로 사전통고를 함이 없이 해지할 수 있다고 보아야 할 것이다. 대리상계약이 종료한 후에 의무위반이 발생한 경우에도 역시 손해배상책임이 발생할 것이며, 그러나 이미 발생한 보상청구권(92조의2)에는 영향이 없다.

4. 대리상과 제3자와의 관계(수동대리의 권한)

외부에서 볼 때에는 체약대리상과 중개대리상을 구별하기 힘들기 때문에 외관적 사실에 어느 정도 효과를 인정할 필요가 있다. 즉 물건의 판매나 그 중개의 위탁을 받은 대리상은 매매의 목적물의 하자 또는 수량부족 기타 매매의 이행에 관한 통지를 받을 권한이 있다(90조). 이것을 인정하는 이유는 상인 간의 매매에 있어서 매수인의 신속한 검사통지의무를 규정하였기 때문에(69조), 매수인의 편의를 위하고 매매의 신속한 종결을 위한 것이다. 그러나 매매의 이행에 관한 통지의 수령에 한하고, 대금수령, 매매계약의 무효·취소의 통지의 수령은 이에 해당되지 아니한다.

5. 대리상계약의 종료

대리상계약은 위임의 일반적인 종료사유로 종료한다. 이 밖에 본인 또는 대리상이 영업을 폐지한 경우에도 종료한다. 그러나 대리상이 사망하면 종료하지만(민법 690조), 본인이 사망한 경우에는 종료하지 않는다(50조). 민법상 위임인 또는 수임인은 언제든지 계약을 해지할 수 있지만(민법 689조) 이를 그대로 대리상계약에 적용한다면 대리상의 지위를 위협할 수 있다. 이 때문에 상법은 대리상계약의 존속기간을 정하지 않은 경우에는 각 당사자는 2월 전에 예고하고 계약을 해지할 수 있게 하였다(92조 1항). 다만, 부득이한 사정이 있는 때에는 언제든지 해지할 수 있다(92조 2항).

---

7) 이철송, 422면.

영업양도가 대리상계약의 종료사유가 되는지에 대하여는, 당연히 종료된다고 보는 견해,[8] 원칙적으로 종료되지 않는다고 보는 견해,[9] 양수인에게 대리상관계가 승계된다고 보는 견해,[10] 그리고 종료되지는 않으나 부득이한 사유로 인한 해지사유에 해당된다고 보는 견해[11]가 있다.

대리상관계가 종료하면 보상청구권 및 미지급보수에 대한 청구권과 영업비밀준수의무가 발생한다.

제2절 중 개 업

1. 총 설

(1) 의 의

중개업(仲介業)은 타인 간의 상행위의 중개를 영업으로 하는 것으로서(93조), 그 목적은 타인간의 계약체결의 기회를 촉진하는 데 있다. 중개라고 하는 것은 양 당사자의 중간에서 그 사이의 법률행위의 성립을 위해 노력하는 사실행위를 말한다.

중개인은 불특정·다수인 간의 '상행위'의 중개를 영업으로 하기 때문에, 일반적인 공인중개사·직업소개소·결혼중매를 영업으로 한다고 하더라도 상법 93조 이하에서 규정하는 중개인은 아니다.[12] 왜냐하면 민사중개인도 중개행위를 영업으로 한다면 상법 46조에서 정하는 상인이 될 수는 있겠지만,[13] 93조 이하의 중개인에 해당되기 위해서는 거래의 일방 당사자가 상인이어야 하고, 그래야만 '타인 간의 상행위의 중개'를 영업으로 하는 것이 되기 때문이다.

---

8) 이기수·최병규, 382면; 정동윤, 215면; 최준선, 301면.
9) 정찬형, 271면.
10) 김성태, 546면.
11) 손주찬, 296면.
12) 이철송, 436면.
13) 만약 그러한 것을 영업으로 하지 않는다면 민사중개인이 될 것이다. 그런데 실제로는 영업으로 하는 경우가 많기 때문에 상법 46조에 해당되는 것으로 보아서 상법의 적용대상으로 보는 것이 타당할 것이다. 이는 상법 46조 11호가 '상행위의 중개에 관한 행위'로 규정하지 않고 '중개에 관한 행위'로 규정하였기 때문에 발생하는 해석상의 혼란이다.

결국 민사중개인은 비상인 간의 매매·임대차·결혼중매·직업소개 등의 중개를 영업으로 하는 경우이므로 46조 11호에 의한 상인으로 볼 수 있지만, 중개업에 관한 규정은 적용되지 않는다.

중개업은 타인 간의 상행위의 중개를 하는 것이기 때문에 여기에서의 '상행위'에는 기본적 상행위만 적용된다고 보는 것이 다수설[14]의 견해이다. 그러나 중개업은 불특정·다수인을 상대로 1회성으로 중개하는 것이 일반적이므로 중개인에게는 타인 간의 행위가 기본적 상행위이든 보조적 상행위이든 구별할 이유가 없다는 점에서 보조적 상행위를 중개한 경우에도 중개인에 관한 규정을 적용하는 것이 타당하다.[15]

중개인의 예로는 상품·유가증권의 매매, 보험, 어음할인, 금전대차, 선박임대차 또는 용선계약의 중개행위를 영업으로 하는 자를 들 수 있는데, 현재 중개업이 활발한 분야는 선물시장의 주 거래대상인 석유·곡물과 컴퓨터부품의 매매중개, 유가증권의 매매중개, 보험·운송·금융중개거래 등이다.

〈중개상의 법률관계의 일례〉

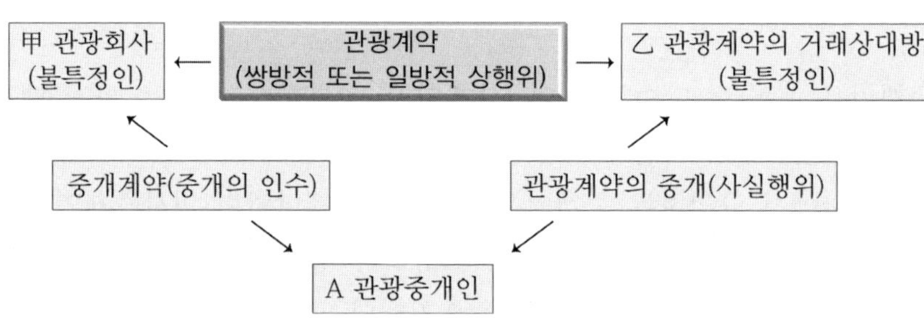

(2) 구별개념

중개인은 사실행위인 중개를 하는 것이므로 대리권이 없고, 따라서 이 점에서 상인을 대리하여 계약을 하는 체약대리상과 다르며 자기명의로 제3자를 위하여 계약하는 주선업 즉 위탁매매인(101조)과도 다르다. 불특정의 타인 간의 상

14) 손주찬, 302면; 정동윤, 218면; 정찬형, 272면.
15) 김성태, 555면; 이철송, 436면; 최준선, 303면.

행위를 중개하는 점에서 특정상인을 위하여서 중개하는 대리상의 일종인 중개대리상과도 다르다. 그리고 비상인 사이의 계약을 중개하는 민사중개인과도 구별된다.

2. 중개인의 의무

(1) 견본보관의무

중개행위에 관하여 견품을 받은 경우에는 그 행위가 완료될 때까지(95조) 그 견품을 보관하여야 한다. 이러한 것을 인정하는 이유는 당사자 간의 분쟁을 방지하고 또 신속한 해결을 기하기 위하여 중개 역할을 담당한 중개인에게 증거를 보존시키기 위한 것이다.

여기에서 '그 행위가 완료될 때'라 함은 중개행위가 완료되거나 계약이 이행된 때를 의미하는 것이 아니라 매도인과 매수인 간의 분쟁이 생기지 않을 것이 확실하게 된 시점을 의미하는 것으로 보는 것이 일반적이다.[16)]

(2) 결약서교부의무

당사자 간에 계약이 성립된 때에는 중개인은 지체 없이 각 당사자의 성명 또는 상호, 계약년월일과 그 요령을 기재한 서면 즉 결약서를 작성하여 기명날인 또는 서명한 후 각 당사자에게 교부하여야 한다(96조 1항). 그리고 즉시 이행하여야 하는 경우를 제외하고는 중개인은 각 당사자로 하여금 결약서에 기명날인 또는 서명하게 한 후에 이를 그 상대방에게 각각 교부하여야 한다(96조 2항). 이러한 결약서를 교부받기를 거부하거나 기명날인 또는 서명을 거부할 때에는 지체 없이 상대방에게 통지를 발송해야 한다(96조 3항). 이러한 경우에는 장차 분쟁이 발생할 수 있기 때문에 당사자로 하여금 대비할 기회를 주기 위함이다.

여기에서의 결약서는 계약서와는 다른 개념이다. 즉 계약서를 작성하는 자는 계약당사자이지만, 결약서는 중개인이 작성한다는 점에서 그 작성주체가 상이하다. 또한 결약서의 의미는 계약의 성립을 명확히 하고 당사자 간의 분쟁발생시 증거보전을 위한 것이다.

---

16) 김성태, 562면; 손주찬, 304면; 이철송, 439면; 최준선, 305면.

(3) 장부비치와 등본교부의무

중개인은 결약서의 기재사항을 장부에 기재하여야 하며(97조 1항), 당사자의 신청이 있는 경우에는 언제든지 등본을 교부하여야 한다(97조 2항). 이러한 장부를 중개인일기장이라고 하는데, 이는 타인 간의 거래에 관한 증거보전을 위한 것에 그 목적이 있을 뿐이며, 상법상의 의무에 따라 작성하지만 상법 29조에서 규정하고 있는 상업장부는 아니다.

(4) 성명·상호묵비의무

당사자가 그 성명 또는 상호를 상대방에게 표시하지 아니할 것을 요구한 때에는, 중개인은 상대방에게 교부할 결약서와 중개인일기장의 등본에 이를 기재하지 못한다(98조).

이러한 성명·상호묵비의무는 당사자의 일방이 자신의 성명이나 상호를 드러내지 않음으로써 거래를 성립시키고자 하는 경우를 생각함이며, 또한 상거래에서는 당사자의 개성이 중요하지 않기 때문이기도 하다.[17)]

(5) 개입의무(중개인의 이행담보책임)

중개인이 임의로 또는 당사자의 요구에 따라 성명이나 상호를 묵비한 경우에 상대방은 중개인에게 그 이행을 청구할 수 있다(99조). 이는 상법 98조의 규정에 따른 성명·상호묵비의무가 인정되기 때문에 그 연장선상에서 상대방의 신뢰를 보호하기 위해서 인정되는 것이다. 왜냐하면 상대방은 현실적으로 이행을 청구할 상대방을 찾을 수가 없고, 이러한 계약체결은 중개인의 신용을 보고 이루어졌다고 보아야 하기 때문이다.

중개인이 개입의무에 따라서 계약내용의 이행을 한다고 하여도 계약당사자가 되는 것은 아니며, 상대방에 대하여 반대급부를 청구할 수 있는 것도 아니다. 이 점이 바로 위탁매매인의 개입(107조)과 다른 점이다. 그러나 중개인이 이행을 한 후에는 묵비를 요구한 당사자에게 구상할 수 있다(민법 481조)고 본다. 만일

---

17) 예컨대 경쟁관계에 있는 상대방에게 자신을 나타내지 않기를 원하는 경우를 들 수 있다. 이철송, 441면; 정찬형, 277면.

중개인이 계약이 성립된 후 묵비한 당사자가 그 성명 · 상호를 공개하면 중개인의 개입의무는 소멸되는 것인가? 이에 대하여 이미 보호대상으로 되었던 묵비 상대방의 신뢰는 계속 보호되어야 하기 때문에 중개인의 이행책임은 소멸되지 아니한다.[18)]

(6) 주의의무

중개업은 위임관계에 있다고 보는 것이 타당하므로 중개인은 민법상 위임에 있어서 인정되는 선량한 관리자의 주의의무(민법 681조)를 부담한다. 따라서 이를 해태하는 경우에는 손해배상책임을 진다.[19)]

Q **중개업자가 선량한 관리자의 주의의무를 부담하는지 여부**

【대법원 1993. 5. 11. 선고 92다55350 판결】

【판결요지】

부동산중개업자와 중개의뢰인과의 법률관계는 민법상의 위임관계와 같으므로 중개업자는 중개의뢰의 본지에 따라 선량한 관리자의 주의로써 의뢰받은 중개업무를 처리하여야 할 의무가 있을 뿐 아니라 구 부동산중개업법(1989. 12. 30. 법률 제4153호로 개정되기 전의 것) 제16조에 의하여 신의와 성실로써 공정하게 중개행위를 하여야 할 의무를 부담하고 있는바, 같은 법 제17조 제1항은 중개의뢰를 받은 중개업자는 중개물건의 권리관계, 법령의 규정에 의한 거래 또는 이용제한사항 등을 확인하여 중개의뢰인에게 설명할 의무가 있음을 명시하고 있고 위 권리관계 중에는 중개대상물의 권리자에 관한 사항도 포함되어 있다고 할 것이므로, 중개업자는 선량한 관리자의 주의와 신의성실로써 매도 등 처분을 하려는 자가 진정한 권리자와 동일인인지의 여부를 부동산등기부와 주민등록증 등에 의하여 조사확인할 의무가 있다.

---

18) 김성태, 565면; 손주찬, 307면; 이철송, 441면; 정동윤, 222면; 정찬형, 277면; 최준선, 308면.

19) 대법원 1993. 5. 11. 선고 92다55350 판결. 동지: 김성태, 560면; 이철송, 438면. 이에 반해 손주찬, 303면은 중개인이 적극적인 주선의무를 부담하는 쌍방적(쌍무적) 중개계약의 경우에는 위임으로 보지만, 그러한 의무를 부담하지 않는다고 보는 일방적(편무적) 중개계약의 경우에는 도급으로도 볼 수 있다고 함으로써, 중개계약의 성질을 위임과 도급에 유사한 특수계약의 2가지 형태가 모두 가능하다고 보고 있다. 이 같은 구분은 중개인의 선량한 관리자의 주의의무를 판단함에 있어 고려해야 할 사안 중의 하나이다.

3. 중개인의 권리

(1) 보수청구권

중개인은 상인이므로 보수에 관한 특약이 없어도 보수를 청구할 수 있다(61조). 중개인의 보수를 특별히 중개료라고 한다.

중개인은 결약서의 교부가 끝난 후에 중개료를 청구할 수 있다(100조 1항). 다만 중개료를 청구하기 위해서는 중개로 인하여 계약이 유효하게 성립했어야 하고 중개행위와 계약성립 사이에 인과관계가 있어야 한다.

일단 계약이 성립하면 채무불이행으로 인하여 계약이 이행되지 않더라도 다른 특약이 없는 한 보수청구가 가능하다. 그리고 채무불이행을 이유로 하여 계약이 해제되더라도 이미 발생한 중개인의 보수청구권에는 영향이 없다. 즉 계약이 유효하게 성립하면 되며 이행되지 않더라도 보수청구권에는 영향이 없다.

보수는 당사자 쌍방이 균분하므로(100조 2항), 일방당사자가 보수의 반액을 지급하지 않더라도 다른 당사자는 이에 대한 지급책임이 없다.

(2) 비용상환청구권의 부존재

중개인이 중개행위를 함에 있어서 지출한 비용은 중개료에 포함되기 때문에 별다른 관습이나 약정이 없는 한 따로 이를 청구하지 못한다. 이러한 입장이 현재 통설이다.[20]

(3) 급부수령권한의 부존재

중개인은 약정이나 관습이 없는 한 중개행위에 관하여 당사자를 위하여 지급 기타의 이행을 받지 못한다(94조). 왜냐하면 중개인은 계약당사자도 아니고 대리인도 아니기 때문이다. 그런데 당사자가 성명·상호를 묵비할 것을 요구한 경우에는 중개인에게 급부수령권을 수여한 것으로 보는 것이 통설의 견해이다.

---

20) 김성태, 569면; 손주찬, 308면; 이철송, 443면; 정찬형, 279면; 최준선, 310면.

제 3 절 위탁매매업

1. 의 의

(1) 정 의

위탁매매업(委託賣買業)에서의 위탁매매인은 자기명의로써 타인의 계산으로 물건 또는 유가증권의 매매를 하는 것을 영업으로 하는 자를 말한다(101조). 즉 위탁매매인의 실질적인 활동의 결과를 위탁매매인 자신이 아니라 제3자인 위탁자에게 귀속시키는 것으로서 타인 간의 매매를 주선하는 것이다. 이처럼 위탁매매란 명의와 계산의 분리를 본질로 하는 주선행위의 일종이다.[21]

〈위탁매매 법률관계의 일례〉

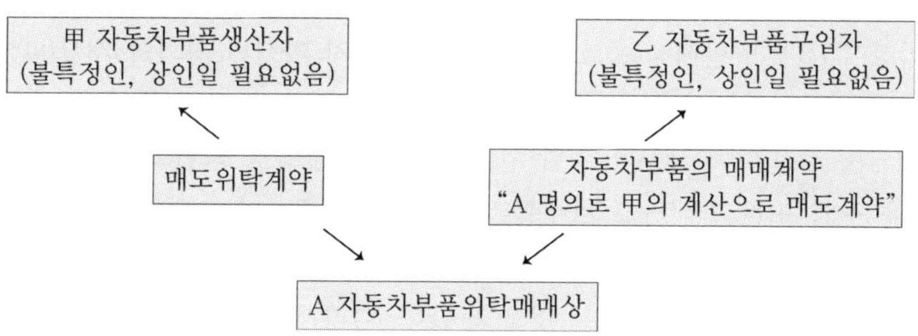

(2) 경제적 기능

상인이 그 사업을 확장할 필요가 있는 경우에 직접 그 조직을 확장할 수도 있고 보조상인 위탁매매인과 대리상을 이용할 수도 있다. 직접 그 조직을 확장하기 위하여 지점을 설치하면 비용이 들고 감독하기가 힘들다는 단점이 발생하며, 대리상을 이용하면 그 권한이 남용될 우려가 있는 데 반하여, 위탁매매의 경우에는 위의 단점들이 줄어들게 될 뿐만 아니라 위탁매매인의 경험·지식·신용을 이용할 수 있어 유리하고 이에 대한 보수인 수수료만 지불하면 된다는 점에서 유리하다.

---

21) 대법원 2011. 7. 14. 선고 2011다31645 판결.

(3) 유사개념과의 구별

일반 매매, 대리에 의한 매매 및 위탁매매를 어떻게 구분하는지와 관련해서는 상품공급자와 상품수요자 사이에 개재된 자가 있는지와 그 사이에 어떤 자가 개재되었다면 그 개재자를 일반 매매인으로 볼 것인지 위탁매매인 내지 대리인이라고 볼 것인지의 여부가 문제된다. 이와 관련하여 국내의 학설에 따르면 일반 매매의 경우 본인 자신의 명의 및 자신의 계산으로 하여 그 거래의 위험을 본인이 모두 감수하는 것을 의미하며, 대리에 의한 매매는 본인의 명의 및 계산으로 하는 대리인의 매매계약을 뜻한다. 한편, 위탁매매는 위탁매매인(수탁자) 자신의 명의로 하되 위탁자인 타인의 계산으로 하여 그 거래의 위험은 위탁자가 감수하는 계약을 뜻한다.[22)]

대체적으로 판례는 어떠한 계약이 일반 매매계약인지 위탁매매계약인지는 계약의 명칭 내지 형식적인 문언을 떠나 그 실질을 중시하여 판단하여야 한다는 입장이[23)]다. 일반매매는 그 실질상 거래당사자 자신의 명의와 계산(위험부담) 하에 상품을 구입하고 이를 재판매하여 매매차익을 도모하거나 손해를 감수하는 경우를 뜻한다.[24)] 한편, 위탁매매는 자기의 명의로 타인의 계산에 의하여 물품을 구입 또는 판매하고 보수를 받는 것이며, 대리인에 의한 매매는 사용인이 아닌 자가 일정한 상인을 위하여 상시 그 사업부류에 속하는 매매의 대리 또는 중개를 하고 보수를 받는 것을 뜻한다. 따라서 위탁매매와 대리인에 의한 매매의 경우는 재화의 공급이 아니라 위탁자 또는 본인에 대한 용역의 공급에 해당할 뿐이어서 위탁자 또는 본인이 직접 재화를 공급하거나 공급받는 것으로 보게 된다.[25)] 요컨대, 거래 당사자 자신이 아닌 타인의 계산하에 상품을 판매하고 그 타인으로부터 수수료(보수)를 받는 경우는 그 거래의 명의를 거래 당사자 자신으로 하였다면 위탁매매인에 해당하며, 당사자 자신이 아닌 본인으로 하였다면 대리상으로 된다.[26)]

---

22) 이철송, 446면.
23) 대법원 1999. 4. 27. 선고 97누20359 판결; 대법원 2008. 5. 29. 선고 2005다6297 판결.
24) 김용대, "위탁매매 또는 대리인에 의한 매매와 재화의 공급," 「조세판례백선」(박영사, 2005), 473면.
25) 대법원 1999. 4. 27. 선고 97누20359 판결.
26) 김용대, 앞의 논문, 473면.

유사개념인 대리상, 중개상, 위탁매매상의 비교

	대리상	중개인	위탁매매인
거래관여 방식	법률행위의 대리(체약대리상)·중개라는 사실행위(중개대리상)	중개라는 사실행위	매매라는 법률행위
성립거래의 주체·성질	특정상인의 쌍방적 또는 일방적 상행위 성립	중개로 인하여 쌍방적 또는 일방적 상행위 성립	위탁자나 매매의 상대방이 상인일 필요 없음
성립거래의 범위	본인의 영업부류에 속하는 상행위	상행위인한 제한 없음	물건이나 유가증권의 매매

2. 법적 지위

위탁매매인은 대리상·중개인과 더불어 다른 상인의 보조상의 일종이라고 할 수 있는데, 행위의 법률적 형식과 경제적 효과의 귀속주체가 달라진다는 점에서 특이하다. 법률적 형식은 자기명의로 하기 때문에 위탁자의 이름으로 행위를 하는 체약대리상과 다르며, 단순히 중개를 하는 중개대리상이나 중개인과도 다르다. 경제적 효과는 타인의 계산으로 하기 때문에 거래에서 발생하는 손익은 전부 타인에게 귀속하고, 따라서 위탁매매인은 그의 노무에 대하여 보수를 받는데 그친다. 행위의 경제적 효과와 법률적 형식이 분리되어 전자는 위탁자에게 후자는 위탁매매인에게 귀속되며 이것이 주선행위라고 하며, 증권회사에 대한 증권의 위탁계약의 경우가 그 전형적인 예이다.

위탁매매인은 상법 101조에서는 '물건 또는 유가증권의 매매를 영업으로 하는' 자로 표시되어 물건 또는 유가증권의 매매를 영업으로 함으로써 상인의 자격을 취득하는 것으로 생각할 수 있지만, 상법 46조 12호에서는 '위탁매매 기타의 주선에 관한 행위'라고 함으로써 대리상의 경우와 마찬가지로 위탁매매인이 물건 또는 유가증권의 매매의 주선을 인수함으로써 즉 위탁자로부터 보수를 받고 위탁매매를 수탁함으로써 상인의 자격을 취득한다고 보아야 하며, 매매행위 자체는 위탁매매인에게는 보조적 상행위로 보아야 한다. 따라서 위탁매매인과 위탁계약을 체결하는 타인은 상인임을 요하지 아니하며, 이 때문에 상법 110조는 매수위탁자가 상인인 경우를 특칙으로 별도로 규정하고 있다.

3. 영업의 범위

위탁매매인은 물건 또는 유가증권의 매매의 주선을 업으로 하는데, 여기서 말하는 물건의 범위에는 부동산은 포함되지 않는다고 보는 견해[27]와 부동산을 제외시킬 이유가 없다고 보는 견해[28]가 있다. 생각건대, 부동산을 포함시키게 되면 이중적인 이전등기로 인하여 법률형식과 경제적 효과가 분리되는 주선행위와 조화되지 아니하고, 또한 법률관계가 복잡해지는 문제점이 발생할 수도 있기 때문에 제외하여야 한다.

4. 위탁매매인과 위탁자와의 관계(위탁계약; 내부관계)

(1) 위탁매매인의 의무

상법은 위탁자와 위탁매매인의 관계에 대하여 위임에 관한 규정을 준용하고 있으므로(112조, 민법 681조) 위탁매매인은 선량한 관리자의 주의로써 사무를 처리하여야 한다. 즉 위탁자를 위하여 적시에 물건의 판매를 하고 매입한 물건을 위탁자에게 인도하며, 혹은 위탁자에 대한 대금의 인도 또는 대금채권의 양도를 하여야 한다.

위탁자가 상인임을 요하지 않지만, 상인 위탁자인 경우에는 매수위탁에 관한 특칙이 적용된다(110조). 즉 위탁자가 매수를 위탁한 경우에는 위탁자를 매수인으로 위탁매매인은 매도인으로 간주되어 상법 68조 내지 71조의 규정이 준용되는 것이다.

위탁자가 매도위탁 또는 매수위탁만을 위탁할 수도 있고, 매도와 매수위탁을 동시에 할 수도 있을 것이다. 그리고 통상의 경우에는 매매목적물과 수량 및 가격 등을 위탁자가 정하여 위탁하겠지만, 모든 것을 위탁매매인에게 일임하는 일임매매도 가능하다. 그러나 자본시장법상 증권의 매매의 위탁의 경우에는 위탁자의 보호를 위해서 일임매매의 위탁이 제한되고 있다(자본시장법 71조 6호).[29]

---

27) 김성태, 575면; 이철송, 448면; 최준선, 312면.

28) 정동윤, 225면; 정찬형, 282면.

29) 금융투자회사가 고객으로부터 포괄적인 매매의 위임을 받는다면 임의적으로 고객을 차별

(가) 위탁실행의 통지의무와 계산서제출의무

계약실행의 요령과 상대방의 주소·성명의 통지를 발송하고(발신주의) 계산서를 제출하여야 한다(104조). 위탁자의 청구를 요하지 않고 통지하여야 하는 점에서, 위임인의 청구가 있는 때에 한하여 사무의 처리상황을 보고하는 민법상의 수임인의 보고의무와 다르다.

(나) 이행담보책임(개입의무)

상대방이 매매계약을 이행하지 아니하면 위탁자에 대하여 이행할 책임이 있다(105조). 이것은 일종의 무과실책임으로서 위탁자를 보호하기 위한 것이다. 즉 당해 거래가 위탁매매인의 이름으로 행하여졌기 때문에 위탁자가 거래상대방에 대하여 직접 권리행사를 할 수 없기 때문이다. 또한 이행담보책임을 인정하는 것은 위탁매매인의 신용을 확보하는 의미도 찾을 수 있다.

본 조항은 임의규정으로서 다른 약정이나 관습이 있으면 적용이 배제될 수 있다(105조 단서).

(다) 지정가격준수의무

위탁자가 매매가액을 지정한 경우에 만약 지정가액보다 염가로 매도하거나 고가로 매수한 경우라 하더라도 위탁매매인이 그 차액을 부담하면 위탁자에 대하여 효력이 있다(106조 1항). 이는 위탁자에게 손해가 없으므로 인정하여도 무방하며, 이 경우에도 보수를 청구할 수 있음은 물론이다.

한편, 지정가액보다 고가로 매도하거나 염가로 매수한 경우에는 약정이 없는 한 그 차액은 위탁자의 이익으로 한다(106조 2항). 왜냐하면 위탁매매인은 위탁자의 계산으로 목적물의 매매를 하기 때문이다. 그러나 다른 약정을 하는 것은 가능하다(동조 2항 후단).

(라) 위탁물의 훼손·하자 등의 통지의무

위탁매매인이 위탁매매의 목적물을 인도받은 후에 그 물건의 훼손 또는 하자를 발견하거나 그 물건이 부패할 염려가 있을 때 또는 가격저락의 상황을 안 때에는 지체 없이 위탁자에게 통지를 발송하여야 한다(108조 1항). 이 때 위탁자

한다든지 회사의 이익을 우선시킴으로써 고객에게 손해를 끼칠 우려가 있다. 따라서 자본시장법은 회사가 고객으로부터 일임받을 수 있는 사항을 제한하고 있는데, '매매수량, 가격, 매매시기의 결정'에 한하여 위임받을 수 있도록 하고, 매매증권의 종류, 종목, 매매의 구분과 방법은 고객이 결정하도록 하고 있다.

의 지시를 받을 수 없거나, 그 지시가 지연되는 경우에는 위탁매매인은 위탁자의 이익을 위하여 적당한 처분을 할 수 있다(108조 2항). 이러한 위탁매매인의 의무는 민법상 위임의 성질에서는 발생할 수 없는 것이므로 상법이 특칙으로 인정한 것이다.

이러한 위탁물의 통지·처분의무에 대하여 상인이 아닌 위탁자에게 이 규정을 적용하는 것은 입법론적으로 불합리하다고 보는 견해[30]가 있다. 즉 증권회사가 위탁매매로 보관하고 있는 증권에 대하여 가격저락의 상황이 있다고 하여서 이를 매각하는 것은 합리적이지 못하므로, 따라서 이 규정은 위탁자가 상인인 경우에 한해서 적용하여야 한다는 입장이다.

(2) 위탁매매인의 권리

(가) 보수청구권·비용상환청구권

위탁매매인은 상인이므로 특약이 없어도 보수청구권(61조)과 비용상환청구권(55조)을 가진다. 즉 위탁내용의 실행이 완료되고 위탁매매인이 위탁자에게 위탁실행의 내용을 이전한 후에는 보수를 청구할 수 있다.

(나) 유 치 권

대리상과 동일한 특별상사유치권(111조, 91조)을 가진다. 즉 위탁매매인은 다른 약정이 없는 한 위탁자에 대한 채권이 변제기에 있는 때에는 그 변제를 받을 때까지 위탁자를 위하여 점유하는 물건 또는 유가증권을 유치할 수 있다. 피담보채권과 유치목적물과의 사이에 견련관계는 요하지 아니하며, 유치목적물이 본인 소유의 물건이 아니어도 무방하다.

(다) 목적물의 공탁권·경매권(매수위탁의 경우)

위탁매매인이 매수위탁을 받은 경우에 위탁자가 매수를 거부하거나 수령불능인 경우에 공탁하거나 상당한 기간을 정하여 최고한 후에 경매할 수 있다(109조, 67조). 경매한 때에는 그 대금에서 경매비용을 공제한 잔액을 공탁해야 하고, 그 전부 또는 일부를 매매대금에 충당할 수 있다.

이 제도는 위탁매매인의 지위가 상사매매에 있어서 매도인의 지위와 유사하므로, 위탁매매인으로 하여금 신속하게 책임을 면하고 보수를 청구할 수 있게

30) 이철송, 456면.

하려는 것이다. 그런데 상사매매의 경우와 다른 점은 위탁자가 상인이 아닌 경우에도 공탁·경매권을 행사할 수 있다는 점이다.

(라) 개 입 권

거래소의 시세있는 물건 또는 유가증권의 매매를 위탁받은 경우[31] 직접 그 매도인(매수위탁의 경우)이나 매수인(매도위탁의 경우)이 될 수 있다(107조 1항). 이러한 개입권은 형성권이며 위탁자가 금지하지 아니한 경우라야 인정이 된다.

원래 위탁매매인은 위탁매매를 제3자와 실행하는 것이 원칙이지만, 거래소의 시세있는 물건이나 유가증권은 가격이 시장에서 이미 객관적으로 결정되어 위탁자와 위탁매매인 간에 이해충돌의 염려가 없으므로 거래의 편리성을 위하여 인정된 것이다. 위탁자가 이를 금지하지 않아야 하고, 주선행위를 실행하지 않은 경우이어야 한다. 개입권을 행사하는 경우 이에 대해 보수를 청구할 수 있다.

'거래소'라 함은 공개경쟁적인 방법으로 매매가 형성되는 시장을 말하며, 한국거래소가 그 대표적인 예이다. 그런데 자본시장법에서는 투자중개업자가 고객으로부터 증권의 매매를 위탁받은 경우에 개입권의 행사를 명문으로 금지하고 있기 때문에(자본시장법 67조) 실제로 유가증권의 매매에 위탁매매인이 개입하는 경우는 흔하지 않을 것으로 예상한다.

5. 위탁자와 제3자의 관계(외부관계)

위탁매매에서는 위탁매매인이 위탁자를 위한 매매를 함에 있어서 위탁매매인이 거래상대방에 대하여 직접 권리를 취득하고 의무를 부담하기 때문에(102조), 위탁자와 위탁매매인의 거래상대방은 아무런 법률관계가 없다. 따라서 상대방이 채무불이행을 하면, 위탁자는 채권자대위권(민법 404조)을 행사하거나 위탁매매인에 대하여 이행담보책임(105조)을 물을 수 있을 뿐이다.

그러나 상법은 위탁물의 귀속에 관하여 특별규정을 두어서, 위탁자로부터 받은 물건 또는 유가증권이나 위탁매매로 인하여 취득한 물건, 유가증권 또는

31) 2010년 상법개정 이전에는 개입권의 대상이 물건으로 한정되어 있었으나, 개정으로 유가증권이 추가되었다.

채권[32]은 위탁자와 위탁매매인 또는 위탁매매인의 채권자[33] 간의 관계에서는 이를 위탁자의 소유 또는 채권으로 본다고 규정함으로써(103조) 위탁자의 이익을 보호하고 있다. 따라서 위탁매매인이 파산하더라도 위탁자는 그 위탁물을 환취할 수 있다(채무자 회생 및 파산에 관한 법률 407조). 위탁매매인의 채권자가 위탁물에 대한 강제집행을 하더라도 위탁자는 자기 소유임을 이유로 하여 '제3자 이의의 소'(민소법 509조)를 제기할 수 있다.

Q 위탁매매인이 파산한 경우

【대법원 2008. 5. 29. 선고 2005다6297 판결】
위탁매매인이 위탁자로부터 받은 물건 또는 유가증권이나 위탁매매로 인하여 취득한 물건, 유가증권 또는 채권은 위탁자와 위탁매매인 또는 위탁매매인의 채권자 간의 관계에서는 이를 위탁자의 소유 또는 채권으로 보므로(상법 제103조), 위탁매매인이 위탁자로부터 물건 또는 유가증권을 받은 후 파산한 경우에는 위탁자는 구 파산법(2005. 3. 31. 법률 제7428호 채무자 회생 및 파산에 관한 법률 부칙 제2조로 폐지) 제79조에 의하여 위 물건 또는 유가증권을 환취할 권리가 있고, 위탁매매의 반대급부로 위탁매매인이 취득한 물건, 유가증권 또는 채권에 대하여는 구 파산법 제83조 제1항에 의하여 대상적 환취권(대체적 환취권)으로 그 이전을 구할 수 있다.

6. 준위탁매매인

자기명의로써 타인의 계산으로 매매 아닌 행위를 영업으로 하는 자(113조)를 준위탁매매인이라고 한다. 예컨대 출판·광고대행업자,[34] 여객운송주선인, 임대차주선인, 보험계약의 주선업자 등이 이에 해당된다. 그러나 물건운송의 주선은 114조 이하의 운송주선업에서 따로 정하고 있으므로 여기에서 제외된다.

---

32) 따라서 금전은 적용대상에서 제외된다고 본다. 왜냐하면 금전은 위탁매매인의 일반재산에 혼융되어 특정하기 힘들기 때문이다. 이철송, 452면.

33) 위탁매매인의 매매상대방이 포함되느냐, 위탁매매인의 채권자에 국한되느냐에 대하여 논란이 있다.

34) 법원은 광고대행사의 경우 광고계약의 대행이라는 용역을 공급하는 준위탁매매인으로 보고 있다. 대법원 2009. 7. 9. 선고 2007두10389 판결; 서울고법 2010. 9. 3. 선고 2009나111601 판결.

위탁매매업에 관한 상법 규정이 준용되나 준위탁매매의 경우에는 거래소의 시세있는 물건의 매매가 아니므로 개입권은 인정되지 않는다.

> **Q** **준위탁매매인의 판단기준은?**
>
> 【대법원 2011. 7. 14. 선고 2011다31645 판결】
> 【판결요지】
> 어떠한 계약이 일반의 매매계약인지 위탁매매계약인지는 계약의 명칭 또는 형식적인 문언을 떠나 그 실질을 중시하여 판단하여야 한다. 이는 자기명의로써, 그러나 타인의 계산으로 매매 아닌 행위를 영업으로 하는 이른바 준위탁매매(상법 제113조)에 있어서도 마찬가지이다. 甲 주식회사가 국내에서 독점적으로 판권을 보유하고 있는 영화의 국내배급에 관하여 乙 주식회사와 체결한 국내배급대행계약이 준위탁매매계약의 성질을 갖는지가 문제된 사안에서, 배급대행계약서의 내용 등 여러 사정에 비추어 乙 회사는 위 배급대행계약에 따라 甲 회사의 계산에 의해 자신의 명의로 각 극장들과 영화상영계약을 체결하였다고 보아야 하므로, 乙 회사는 준위탁매매인의 지위에 있다.

제 4 절 운송주선업

1. 의 의

운송주선업(運送周旋業)에서의 운송주선인이라 함은 실제로 물건의 운송을 하는 것이 아니라 자기의 명의로 물건운송을 주선하는 것을 영업으로 하는 자를 말한다(114조). 여기에서의 운송에는 육상·해상·항공운송을 포함한다. 상법 114조 이하에서의 운송주선은 물건운송을 주선하는 것이므로 여객운송은 준위탁매매업에 해당된다.

운송주선인은 주선의 목적이 물건운송이라는 점을 제외하고는 주선이라는 행위를 한다는 점에서 동일하므로 위탁매매인에 관한 규정이 준용된다. 따라서 기본적으로는 송하인(위탁자)과 운송주선인과의 관계는 위탁자와 위탁매매인의 관계와 동일하다. 그러나 '운송계약'의 주선임을 이유로 하여 상법은 114조 내지

124조의 특칙을 두고 있다. 아울러 위탁매매에 관한 규정도 준용되고(123조), 주선계약은 위임이므로 위임에 관한 민법규정도 적용된다(123조, 112조).

송하인(위탁자)은 운송주선인에게 운송계약의 체결을 위탁하고(운송주선계약), 운송주선인은 그 위탁계약의 이행으로써 자기명의로 운송계약을 체결한다. 따라서 운송주선인은 운송을 하는 운송인과의 관계에서는 송하인이 되며, 위탁자와 운송인 간에는 아무런 법률관계가 발생하지 아니한다. 그러므로 운송위탁자가 운송인에 대하여 운송계약상의 권리를 행사하기 위해서는 운송주선인으로부터 화물상환증 또는 선하증권을 이전받거나 지명채권의 양도를 받아야 한다.[35)]

Q 주선의 의미는?

【대법원 2007. 4. 26. 선고 2005다5058 판결】
대법원은 상법 제114조에서 정한 '주선'의 의미 및 운송주선인이 하주나 운송인의 대리인, 위탁자의 이름으로 운송계약을 체결하고 주선행위를 한 경우, 운송주선인의 지위를 상실하는지 여부에 대하여, "상법 제114조에서 정한 '주선'은 자기의 이름으로 타인의 계산 아래 법률행위를 하는 것을 말하므로, 운송주선인은 자기의 이름으로 주선행위를 하는 것이 원칙이지만, 실제로 주선행위를 하였다면 하주나 운송인의 대리인, 위탁자의 이름으로 운송계약을 체결하는 경우에도 운송주선인으로서의 지위를 상실하지 않는다"고 보았다.

Q 운송주선인이 운송인의 지위를 취득하는 경우

【대법원 2007. 4. 27. 선고 2007다4943 판결】
대법원은 운송주선인이 운송인의 대리인으로서 운송계약을 체결한 경우, 운송의뢰인에 대한 관계에서 운송인의 지위를 취득하기 위한 요건에 대하여, "운송주선인이 상법 제116조에 따라 위탁자의 청구에 의하여 화물상환증을 작성하거나 같은 법 제119조 제2항에 따라 운송주선계약에서 운임의 액을 정한 경우에는 운송인으로서의 지위도 취득할 수 있지만, 운송주선인이 위 각 조항에 따라 운송인의 지위를 취득하지 않는

35) 대법원 1987. 10. 13. 선고 85다카1080 판결.

한, 운송인의 대리인으로서 운송계약을 체결하였더라도 운송의뢰인에 대한 관계에서는 여전히 운송주선인의 지위에 있다"고 하였다.

Q **운송주선인이 운송인과 물건운송계약을 체결한 경우 위탁자가 그 권리를 운송인에게 주장하기 위한 요건**

【대법원 1987. 10. 13. 선고 85다카1080 판결】
【판결요지】
운송주선인은 위탁자를 위하여 물건운송의 주선을 하는 것이기 때문에 운송인과의 사이에 물건운송계약을 체결했을 때에는 상법 제123조, 제104조에 의하여 그 구체적 내용에 관한 통지를 해야 하고 이 경우에는 위탁자와의 내부관계에 있어서는 운송주선인이 체결한 운송계약상의 권리의무는 주선인에 의한 양도 등 특별한 이전절차없이도 위탁자에 귀속되는 것이지만 위탁자가 그 권리를 운송인에게 주장할 수 있기 위하여는 민법 제450조 내지 제452조에 따른 채권양도의 통지가 필요하고 다만 지시식이나 무기명식의 선하증권이 발행되어 있을 때에는 민법 제508조, 제523조에 의하여 운송주선인이 이를 위탁자에게 배서 또는 교부함으로써 그러한 절차를 이행하는 것이 된다.

2. 운송주선인의 의무

위임계약(민법 681조)이므로 선량한 관리자의 주의의무로써 운송주선을 하여야 할 의무를 진다. 따라서 운송주선인은 운송주선계약의 내용, 즉 운송인과 운송계약을 체결하는 것뿐 아니라 그 준비를 위하여 필요한 일체의 행위, 즉 운송물의 수령·보관·인도, 필요한 서류의 조정, 운송인이나 운송경로의 선택 등을 포함한 모든 것에 있어서 주의의무를 다하여야 한다.

(1) 손해배상책임

운송주선인은 자기나 그 사용인이 운송물의 수령·인도·보관·운송인이나 다른 운송주선인의 선택 기타 운송에 관하여 주의를 해태하지 아니하였음을 증명하지 않으면(과실추정), 운송물의 멸실·훼손 또는 연착으로 인한 손해를 배상할 책임을 면하지 못한다(115조). 운송주선인은 자기의 무과실뿐만 아니라 이행보조자의 무과실까지 증명하여야 책임을 면한다. 그러나 운송인의 선택에 관하여 과실이 없는 이상, 운송인의 과실에 대하여는 책임이 없다. 여기에서 운송주선인의 주의의무의 내용에 관하여 135조에서와 동일한 주의의무의 해태를 들고 있지만, 운송인이나 다른 운송주선인의 선택에 관한 주의의무의 해태를 추가하여 열거하고 있다는 점이 특징적이다.

상법 115조에 나열되어 있는 손해방식의 원인은 예시적인 열거라고 보아야 하고, 손해배상의 원인손해의 유형에 대하여 멸실·훼손·연착을 들고 있는데 이것도 역시 예시적인 열거로 보아야 할 것이다.

이 책임은 운송주선인 자신이나 그 사용인의 악의의 경우를 제외하고, 수하인이 운송물을 수령한 날로부터, 또 운송물이 전부 멸실한 경우에는 그 운송물을 인도할 날로부터 1년을 경과하면 소멸시효가 완성한다(121조). 이처럼 단기소멸시효를 적용하고 있다.

운송주선인이나 그 사용인의 고의·과실이 불법행위가 되는 경우에는 채무불이행과 불법행위 2개의 손해배상청구권이 경합하게 된다. 이와 관련하여서는 법조경합설과 청구권경합설의 대립이 있다.

(2) 고가물에 대한 책임

화폐·유가증권 기타의 고가물에 대하여는 위탁자가 운송·주선의 위탁을 할 때에 그 종류와 가액을 명시한 경우가 아니면 운송주선인은 손해배상의 책임을 지지 않는다(124조, 136조). 기타 사항에 관해서는 운송주선인에서 다룬다.

고가물인지 여부에 대한 판단은 송하인이 가지는 주관적 가치가 아니라 그 물건이 가지는 객관적 가치에 의해 판단하여야 하며,[36] 취득한 시점의 가격이 아니라 현재의 가치에 따라 판단하여야 한다.[37]

(3) 기타 의무

상법 123조의 준용규정에 의하여, 지정가격준수의무(106조), 위탁계약을 체결한 경우에 지체 없이 위탁자에게 통지하고 계산서를 제출하여야 하며(104조), 위탁물의 하자를 발견한 경우 지체 없이 알리고(108조 1항), 일정한 경우에 적당한 처분도 하여야 한다(108조 2항). 그러나 운송주선의 성질상 상법 105조의 이행

36) 이철송, 480면.
37) 대법원 1977. 2. 8. 선고 75다1732 판결.

담보책임은 지지 않는다.

3. 운송주선인의 권리

(1) 보수청구권

상인이므로 보수에 관한 특약이 없어도 이를 청구할 수 있다(61조). 그러나 확정운임운송주선계약의 경우에는 특약이 없으면 따로 보수를 청구하지 못한다(119조 2항). 왜냐하면 운임에 보수를 포함시킬 여지가 있기 때문이다.

한편 운송주선인은 운송물을 운송인에게 인도한 때에는 즉시 보수를 청구할 수 있다(119조 1항).

(2) 비용상환청구권

운송계약에 의하여 운송인에게 운임을 지급하였으면 그 운임과 그 밖에 지출한 비용(체당금 등)이 있으면 이것을 위탁자에게 청구할 수 있다(123조, 112조, 민법 687조, 688조).

(3) 유 치 권

운송물에 관하여 받을 보수·운임 기타 위탁자를 위한 체당금이나 선대금에 관하여만 '그' 운송물을 유치할 수 있다(120조). 일반상사유치권, 대리상·위탁매매인의 유치권과 달리 피담보채권과 유치물 간에 견련관계가 있어야 하며, 이 점은 민사유치권과 같다. 그러나 위탁자의 소유임을 요하지 않고, 채권이 변제기에 있어야 하는 것은 아니다.

(4) 개 입 권

운송주선인은 다른 약정이 없으면 직접 운송할 수 있으며, 이 경우에는 운송인과 동일한 권리의무가 있다(116조 1항). 형성권이며 위탁자에 대한 통지는 도달주의에 의한다. 운송주선인이 위탁자의 청구에 의하여 자신의 명의로 화물상환증을 작성한 때에는 직접 운송하는 것으로 본다(116조 2항). 이 경우 개입을 한 경우에도 보수와 비용을 청구할 수 있다.

(5) 운송주선인의 권리의 소멸시효

운송주선인의 위탁자 또는 수하인에 대한 채권은 1년간 행사하지 않으면 소멸시효가 완성한다(122조).

4. 수하인의 지위

운송주선계약의 당사자는 운송주선인과 위탁자이며, 운송물의 수령인으로 지정된 자는 계약의 당사자가 아니다. 그러나 운송물이 목적지에 도착한 후에는 이 수령인은 운송주선으로 인한 위탁자의 권리와 동일한 권리, 즉 운송물의 멸실·훼손·연착으로 인한 손해배상청구권을 가지며 수하인의 권리는 송하인의 권리에 우선한다(124조, 140조 1항). 수령인이 운송물을 수령한 때에는 운송주선인에게 보수 기타의 비용을 지급할 의무를 진다.

수하인에 대한 운송주선인의 채권도 1년의 시효로 인하여 소멸한다(122조).

5. 순차운송주선

(1) 의 의

수인의 운송주선인이 동일한 운송물의 운송에 관하여 순차적으로 그 주선하는 것을 말한다. 장거리운송의 경우에 효용이 있다.

순차운송의 형태에는 하수운송주선, 부분운송주선, 중계운송주선이 있는데 상법상의 형태는 중계운송주선이라고 보는 것이 일반적이다. 이를 자세히 살펴보면 다음과 같다.

하수(下受)운송주선은 최초의 운송주선인이 전구간의 운송을 주선한다. 따라서 다른 운송주선인은 최초의 운송주선인의 이행보조자에 불과하므로 최초의 운송주선인이 모든 책임을 부담한다. 부분(部分)운송주선은 위탁자가 수인의 운송주선인과 구간별로 운송주선계약을 체결한 경우로서 수개의 독립한 운송주선계약이 병존하며, 각 운송주선인은 각 구간에 대하여 독립적으로 책임을 부담한다. 중계(中繼)운송주선은 중계운송을 요하는 경우, 운송주선인이 자기명의로 위탁자의 계산으로 중간운송주선인과 주선계약을 체결하는 것을 말하며, 이것이 상법이 예정한 협의의 순차운송주선이다.

(2) 중계운송주선에 있어서 중간운송주선인의 지위

수인이 순차운송주선을 하는 경우에는 후자는 전자에 갈음하여 그 '권리를 행사할 의무'를 부담한다(117조 1항). 수인의 운송주선인이 있으므로 선순위의 운송주선인이 운임 등의 채권을 가지고 유치권을 행사하기 위해서는 유치할 목적물이 있어야 하는데, 이미 운송물은 자신의 구간을 떠나서 다른 구간에 있기 때문에 자신의 운임 등의 채권을 확보하기 위한 유치권을 행사할 수 없다. 따라서 후순위의 운송주선인이 전순위의 운송주선인을 위해서 전순위의 운송주선인의 운임 등의 채권을 확보해 주기 위하여 그의 권리를 대신 행사하는 것이다. 이에 대하여 후자에게 전자를 위한 법정대리적인 지위를 인정한 것으로 보는 견해가 있는가 하면,[38] 중간운송인은 자기의 이름으로 권리를 행사하기 때문에 법률상 당연히 전자의 권리를 취득하고 의무를 이행하는 것으로 보는 견해[39]가 있다.

후자가 전자에게 변제한 경우에는 전자의 권리를 취득한다(117조 2항). 이는 순차운송주선에서는 지역적인 사정으로 인하여 전자의 운송주선인이 직접 채권을 행사하는 것이 용이하지 않으므로 후자가 전자에게 운임 등을 먼저 지급하고 후자가 전(前) 구간에 대한 권리를 일괄적으로 행사하는 관행을 존중한 것이다.[40]

후자인 운송주선인이 운송인에게 변제한 때에는 전자인 운송주선인에 대하여 운송인이 가졌던 권리를 취득한다(118조). 이는 다음 단계의 운송주선인이 전단계의 운송인으로부터 물건을 넘겨받아서 다시 자신의 운송주선구간을 책임지게 하는 것이다.[41] 즉 중간운송주선인이 전단계의 운송인으로부터 운송물을 수령할 때에 운송인의 요구에 따라 운임·비용을 지급하는 것이 상례임을 감안한 것이다.

38) 손주찬, 330면; 최준선, 339면.
39) 정동윤, 277면.
40) 이철송, 525면.
41) 이철송, 525면; 정찬형, 304면; 최준선, 339면.

제5절 운 송 업

1. 총 설

(1) 운송인의 의의

상법상 운송업(運送業)에서의 운송인은 육상 또는 호천(湖川)·항만(港灣)에서 물건 또는 여객의 운송을 영업으로 하는 자를 말한다(125조). 운송의 대상을 물건 또는 여객이라고 하고 있으나 원칙적으로 운송목적물에 제한이 없다. 그러나 운송의 성격에 맞도록 장소의 이동이 가능한 모든 동산과 유가증권을 의미한다고 보아야 하며, 여객이란 자연인을 뜻하며,[42] 시신을 운반하는 것은 물건운송이 된다. 운송의 도구 또는 방법에도 제한이 없다. 다만 해상에서의 운송은 상법 제5편 해상편에서 규정되어 있으며, 항공운송도 2011년 상법개정에 의하여 제6편 항공편으로 입법되었다. 운송인은 상법 46조 13호에 의해 당연상인이 된다.

Q 물품운송계약의 의의 및 운송계약상 운송인의 확정기준

【대법원 2007. 4. 27. 선고 2007다4943 판결】
"물품운송계약은 당사자의 일방에게 물품을 한 장소로부터 다른 장소로 이동할 것을 약속하고 상대방이 이에 대하여 일정한 보수를 지급할 것을 약속함으로써 성립하는 계약으로서, 운송계약에 따른 권리·의무를 부담하는 운송인은 운송의뢰인에 대한 관계에서 운송을 인수한 자가 누구인지에 따라 확정된다"고 하였다.

(2) 운송에 관한 법규정의 특징

성질상 독점적 경향이 있으며 보통거래약관이 많이 이용된다. 공익적 성격으로 인하여 특별법이 제정되어 있으며 따라서 대체적으로 상법은 보충적으로 적용된다. 예컨대, 철도법, 자동차운수사업법, 항만운송사업법, 해운사업법, 항공운송사업진흥법 등 많은 특별법과 국제조약이 존재한다.

---

42) 여객은 반드시 운송계약의 당사자만을 의미하는 것은 아니고 유아나 영아도 여객운송의 대상이다.

2. 물건운송

(1) 서 설

물건운송계약이라 함은 운송인이 물건을 운송할 것을 인수하고[43] 이에 대하여 상대방이 보수(운임)를 지급할 것을 약정함으로써 성립하는 계약이다. 운송계약의 당사자는 운송인과 송하인이며, 송하인은 반드시 운송물의 소유자라야 하는 것은 아니다.

수하인 또는 화물상환증소지인이 존재하지만 계약의 당사자는 아니며, 송하인과 수하인이 동일인이 되는 것은 무방하다. 수하인은 운송물이 도착지에 도착하기 전까지 정해지면 된다. 그 때까지 지정되지 않으면 송하인이 수하인이 된다고 보아야 한다. 그러나 화물상환증이 발행된 경우에는 그 소지인이 배타적 권리를 가지므로 별도의 수하인을 정하는 것은 의미가 없다.

육상운송인의 의무에 관한 규정은 해상운송인과는 달리 임의규정이므로 (790조 참조) 당사자의 특약에 의하여 이를 변경할 수 있다.

(2) 운송인의 의무

(가) 화물상환증교부의무

송하인의 청구에 의하여 화물상환증을 교부하여야 한다(128조 1항). 따라서 반드시 교부하여야 하는 것은 아니라 청구가 있는 경우에 발행한다.

(나) 운송물처분의무

송하인 또는 화물상환증소지인은 운송인에 대하여 운송의 중지, 운송물의 반환, 기타의 처분을 청구할 수 있다(139조 1항). 시장의 형세 또는 수하인의 신용상태의 변화에 따라 운송물을 처분하는 것에 이해관계가 있기 때문이다. 이미 운송한 비율에 따라 운임, 체당금, 처분으로 인한 비용지급을 청구할 수 있다 (139조 1항 후단).

(다) 운송물인도의무

1) 화물상환증이 발행된 경우

운송인은 도착지에서 운송물을 인도할 의무를 이행함으로써 운송계약상의

---

43) 도급계약의 성격을 가진다.

의무가 완료된다. 화물상환증이 발행된 경우에는 화물상환증소지인에게만 상환으로 인도하여야 한다(129조). 만일 화물상환증이 발행되었음에도 화물상환증소지인 이외의 자에게 지급하면 불법행위를 구성할 수 있다.[44] 그러나 실제로 화물상환증 없이 운송물을 인도하는 경우도 있는데, 은행의 보증장을 담보로 운송물을 인도하는 보증인도(保證引導)와 가인도(假引導)가 그것이다.

2) 화물상환증이 발행되지 않은 경우

운송물이 도착지에 도착한 때에 수하인이 송하인과 동일한 권리를 취득하므로(140조), 수하인이 인도를 청구하면 운송인은 이를 인도하여야 한다.

(라) 수하인의 지위

수하인은 물건운송계약의 당사자는 아니지만 운송인에 대하여 일정한 권리·의무를 지니게 된다. 수하인의 지위가 의미를 가지는 경우는 화물상환증이 발행되지 않은 상태에서 송하인이 제3자를 수하인으로 지정한 경우이다. 이러한 경우 수하인은 운송계약의 당사자가 아니면서 운송계약상의 권리를 취득하고 운임을 지급할 의무를 부담하게 된다.

운송물이 도착하기 전에는 송하인만이 계약상의 권리·의무를 지닌다(139조). 따라서 운송중에 목적물이 전부멸실된 경우에도 송하인만이 손해배상청구권을 가진다.

운송물이 목적지에 도착한 후에는 수하인은 운송인에 대하여 송하인과 동일한 권리를 가진다. 즉 이때까지는 송하인과 수하인의 권리가 병존한다(140조 1항). 따라서 수하인은 자신의 이름으로 운송물의 인도청구를 할 수 있고, 운송물의 일부멸실·훼손·연착에 의한 손해배상을 청구할 수 있다. 그러나 전부멸실한 경우에는 송하인만이 손해배상청구권을 행사할 수 있으며 따라서 140조는 배제된다고 보는 것이 통설이다.

수하인이 목적물의 인도를 청구한 때에는 수하인의 권리가 송하인의 권리에 우선한다(140조 2항). 송하인의 권리가 소멸하지 않고 수하인에 대하여 후순위로 존재하는 이유는 운송물의 수령거부나 수령불능의 경우에 운송인이 송하인에게 운송물의 처분에 대한 최고를 하는 경우가 발생할 가능성이 있기 때문이다(143조 1항·2항).

---

44) 대법원 2001. 4. 10. 선고 2000다46795 판결.

(마) 손해배상책임

1) **책임원인**(과실책임주의)

운송인은 자기 또는 운송주선인(이행보조자)이나 사용인 기타 운송을 위하여 사용한 자가 운송물의 수령·인도·보관과 운송에 관하여 주의를 해태하지 아니하였음을 증명하지 아니하면, 운송물의 멸실·훼손 또는 연착으로 인한 손해를 배상할 책임이 있다(135조). 무과실의 입증책임이 운송인에게 있다.

이 경우 운송주선인은 운송인 자신이 위탁한 운송주선인, 즉 중간운송주선인이나 도착지 운송주선인을 말한다. 이행보조자의 선임·감독에 과실이 없었음을 입증하는 것만으로는 책임으로부터 벗어날 수 없다. 여기서의 멸실에는 물리적 멸실 이외에 제3자에 의한 선의취득 등의 상대적 멸실도 포함된다.

손해배상청구권자는 송하인이지만 운송물이 목적지에 도착하면 수하인도 이 권리를 취득하며 화물상환증이 발행된 경우에는 증권소지인만이 이 권리를 취득한다.

2) **배상액**(정액배상주의)

운송인은 운송물의 멸실이나 훼손 등에 있어 과실이 추정되지만, 한편으로는 운송업의 고위험성과 영업의 특성을 고려하여 손해배상액이 상법상 정액화되어 있다. 운송물이 전부멸실 또는 연착된 경우의 손해배상액은 인도할 날의 도착지의 가격에 의하고, 운송물이 일부멸실 또는 훼손된 경우의 손해배상액은 인도한 날의 도착지의 가격에 의한다(137조 1항 및 2항).[45] 다만 운송물의 멸실 또는 훼손으로 인하여 지급을 요하지 아니하는 운임 기타의 비용은 배상액에서 이를 공제하여야 한다(137조 4항).[46]

운송물의 멸실·훼손 또는 연착이 운송인의 고의나 중대한 과실로 인한 때에는 위의 원칙이 배제되고 그 행위와 상당인과관계에 있는 모든 손해를 배상하여야 한다(137조 3항). 고의나 중과실은 손해배상청구권자가 입증하여야 한다.

3) **고가물에 대한 특칙**

화폐·유가증권 기타의 고가물에 대하여는 송하인이 운송을 위탁할 때에

---

45) 만약 잔존·훼손된 운송물이 연착한 경우에는 '인도할 날'에 의할 것인가 아니면 '인도한 날'에 의할 것인가? 이때에는 '인도할 날'의 도착지 가격을 기준으로 하여야 할 것이다. 상법 제137조 2항은 잔존물이 '인도할 날'에 인도된 경우를 전제로 한 규정이기 때문이다.
46) 이는 이중이득을 방지하기 위함이다.

그 종류와 가액을 명시한 경우에 한하여 운송인이 손해배상의 책임을 진다(136조). 그런데 보통물로서의 주의도 기울이지 않은 경우 고가물이 멸실·훼손된 경우에는 고가물에 대한 가격산정이 어렵다는 이유로 보통물로서의 책임도 지지 않는다고 보는 것이 통설이다. 그러나 보통물로서의 책임을 진다고 보는 것이 타당하다.[47]

한편 고가물의 명시를 하지 않았지만 운송인이 고가물임을 알게 된 경우에는 보통물로서의 주의를 기울이면 되고 이를 해태한 경우에는 고가물로서의 책임을 진다고 보는 것이 다수의 견해[48]이며, 운송인이 고가물임을 안 경우에는 고가물의 주의를 기울여야 하고 이를 해태한 경우에는 고가물로서의 책임을 져야 한다고 보는 소수의 견해[49]가 있다. 이 밖에 대량거래에서 운송인의 주관적 사정을 고려할 수 없으므로 전혀 책임을 지지 않는다는 견해(무책임설)[50]도 있다, 생각건대, 운송인이 운송물이 고가물임을 알게 되더라도 고가물에 걸맞는 운송방법을 취할 기회가 있는 경우에 한하여 고가물로서의 책임을 부담시키는 것이 타당하다. 다만, 이 경우에 운송인은 고가물로서의 운임의 증액을 비롯하여 기타 추가비용을 별도로 청구할 수 있다.

고가물에 대한 특칙은 운송주선인(124조), 해상운송인(812조), 공중접객업(153조, 단 임치를 요함) 등에 준용되고 있으며, 창고업에는 준용규정이 없다.

4) 책임의 소멸(특별소멸사유)

운송인의 손해배상책임은 수하인 또는 화물상환증소지인이 유보없이 운송물을 수령하고 운임 기타의 비용을 지급한 때에 소멸한다(146조 1항). 그러나 즉시 발견할 수 없는 훼손 또는 일부 멸실이 있는 경우에는 운송물을 수령한 날로부터 2주간 내에 운송인에게 그 통지를 발송하면 소멸하지 아니한다(146조 1항 단서).

또한 어떠한 경우라도 운송인 또는 그 사용인이 악의인 경우에는 운송인의 책임은 소멸하지 아니한다(146조 2항).

---

47) 이철송, 481면.
48) 정동윤, 247면; 정찬형, 325면; 최준선, 352면.
49) 김성태, 639면; 이철송, 482면.
50) 채이식, 272면.

5) **책임의 소멸시효**(단기소멸시효)

운송인의 책임은 수하인이 운송물을 수령한 날로부터, 또 운송물이 전부멸실한 경우에는 그 운송물을 인도할 날로부터 각각 1년을 경과하면 소멸시효가 완성한다(147조, 121조 1항 및 2항). 그러나 운송인이나 그 사용인이 악의인 때에는 위의 단기소멸시효가 아니라 일반상사소멸시효가 적용된다(147조, 121조 3항).

6) 불법행위책임과의 경합 문제

운송인의 손해배상책임은 채무불이행책임인데 일반적으로 이것은 불법행위책임에도 해당될 수 있다. 이 문제에 대하여 채무불이행책임과 불법행위책임은 그 요건과 효과를 달리하므로 송하인은 두 가지 중에서 택일하여 청구할 수 있다고 보는 청구권경합설이 통설이자 판례의 입장이다. 이에 반해서 법조경합설에서는 불법행위책임이 손해발생에 관련된 일반법적인 배상책임이므로 특별법적인 계약책임과 경합할 때에는 불법행위책임은 배제된다고 보고 있다.

계약책임과 불법행위의 비교

계약책임	비교항목	불법행위책임
운송인(채무자)	입증책임	피해자(채권자)
정형화(137조)	손해배상의 범위	모든 손해(특별손해, 정신적 손해 포함)
있음(136조)	고가물 특칙	없음
가능	상계여부	불법행위채권을 수동채권으로 하여 상계불가 (민법 496조)
가능	면책약정	불가능
1년(147조, 121조)	시효	3년, 10년(민법 766조, 제척기간)

(3) 운송인의 권리

(가) 운송물인도청구권

운송인은 운송을 실행하기 위하여 운송물의 인도를 청구할 수 있음은 당연한 것이다. 인도청구를 받고도 인도하지 않으면 채권자지체가 되며 이에 관해서는 민법상의 일반원칙에 따라서 처리된다(민법 400조-403조). 그러나 송하인은 언제든지 손해를 배상하고 계약을 해제할 수 있다.

(나) 화물명세서 교부청구권

운송인은 송하인에 대하여 화물명세서(way-bill)의 교부를 청구할 수 있다(126조 1항). 화물명세서는 운송물의 종류·수량 또는 용적(容積)과 포장의 종별, 개수와 기호, 도착지, 수하인과 운송인의 성명 또는 상호, 영업소 또는 주소, 운임 등의 운송에 관한 모든 것을 기재하는 증거서면을 말하는데(126조 2항), 화물명세서의 작성이 계약성립의 요건은 아니다.

송하인이 화물명세서에 허위 또는 부정확한 기재를 한 때에는 운송인이 악의인 경우를 제외하고 운송인에 대하여 이로 인한 손해를 배상할 책임이 있다(127조).

(다) 운임청구권

운송인은 상인이므로 특약이 없더라도 당연히 운임(보수)을 청구할 수 있으나, 특약이 없는 한 선급(先給)을 청구할 수는 없다.[51] 그러나 운송 도중에 운송물의 전부 또는 일부가 송하인의 책임없는 사유(즉 불가항력으로)로 인하여 멸실된 때에는 운송인은 그 멸실된 부분의 운임을 청구하지는 못하며(134조 1항 1문), 운송인이 이미 그 운임의 전부 또는 일부를 받은 때에는 이를 반환하여야 한다(134조 1항 2문). 이는 위험부담의 일반원칙인 '채무자위험부담주의'(민법 537조)의 원칙에 따른 주의적인 규정이라고 보고 있으며,[52] 이는 임의규정이므로 운송물이 불가항력으로 멸실된 경우 등에 대비하여 다른 약정을 할 수 있다.[53]

운송물의 전부 또는 일부가 그 성질이나 하자 또는 송하인의 과실로 인하여 멸실한 때에는 운임의 전액을 청구할 수 있으며(134조 2항),[54] 송하인이나 화물상환증소지인이 운송의 중지, 운송물의 반환 기타의 처분을 청구한 경우에도 이미 운송한 비율에 따른 운임, 체당금과 처분으로 인한 비용의 지급을 청구할 수 있다(139조 1항).

운송인의 과실에 의하여 운송물의 전부 또는 일부가 멸실된 경우에는 운임

51) 운송계약의 본질적 성질은 도급으로 보고 있으므로, 수급인의 보수청구권(민법 665조)과 같이 일의 완성이 있어야 운임을 청구할 수 있음이 원칙이다.

52) 이철송, 489면; 정찬형, 331면.

53) 대법원 1972. 2. 22. 선고 72다2500 판결.

54) 예컨대 포장상태의 부실 등의 사유가 이에 해당되며, 운임의 전액을 지급하도록 규정한 것은 운송의 특성상 다른 운송의 기회를 상실한 기회비용을 보전해주기 위한 것이라고 보고 있다. 김성태, 652-653면.

은 송하인의 손익상계를 위해 운송인의 손해배상액에서 공제한다(137조 4항)

운송을 완료한 운송인은 수하인(혹은 화물상환증소지인)에 대하여 운송물의 인도와 동시이행의 방법으로 운임을 청구하게 된다. 운송인은 운송물에 대하여 유치권을 행사할 수 있으며(147조, 120조), 수하인 또는 화물상환증소지인이 운송물을 수령하지 않을 때에는 운송물을 경매하여 그 대금으로 운임에 충당할 수 있다(145조, 67조 3항).

(라) 비용상환청구권

운송물에 관한 체당금 기타 비용의 상환과 그 체당일 이후의 법정이자의 지급을 청구할 수 있다(141조).

(마) 채권의 시효

운송인의 송하인, 수하인 또는 화물상환증소지인에 대한 채권은 1년간 행사하지 아니하면 소멸시효가 완성한다(147조, 122조).

(바) 유 치 권

운송인은 운임과 비용 등의 청구권을 확보하기 위하여 운송주선인의 경우와 동일한 유치권을 행사할 수 있다(147조, 120조). 즉 운송인의 유치권은 유치물과 피담보채권 사이에 개별적 견련성을 요하지 않고 채무자의 소유물이기만 하면 된다.

(사) 운송물의 공탁경매권

운송인은 수하인을 알 수 없을 때(142조 1항) 또는 수하인이 운송물의 수령을 거부하거나 수령할 수 없는 경우에는(143조 1항) 운송물을 공탁하여 운송계약상의 의무를 면할 수 있다. 공탁한 경우에는 지체 없이 송하인 또는 화물상환증소지인에게 통지를 발송하여야 한다(142조 3항, 143조 1항).

운송인은 수하인을 알 수 없어서 운송물을 공탁한 경우 송하인에게 상당기간 최고하고 기간 내에 지시가 없는 때에는 경매할 수 있다(142조 2항). 경매를 한 경우에도 송하인 또는 화물상환증소지인에게 그 통지를 발송하여야 한다(142조 3항). 경매한 후에는 경매비용을 공제한 잔액을 공탁하여야 한다(145조, 67조 3항). 운송물이 멸실 또는 훼손될 염려가 있는 경우에는 최고 없이 경매할 수 있다(145조, 67조 2항).

송하인 및 수하인과 화물상환증소지인을 모두 알 수 없는 때에는 운송인은 권리자에 대하여 6월 이상의 기간을 정하여 그 기간 내에 권리를 주장할 것을 관보나 일간신문에 2회 이상 공고하여야 한다(144조 1항 및 2항). 그 후에 경매하고(144조 3항), 그 대금에서 경매비용을 공제한 잔액을 공탁하여야 하며 그 전부 또는 일부를 운임 등에 충당할 수 있다(145조, 67조 3항).

(4) 순차운송인의 책임과 권리

수인이 순차로 운송할 경우에는 각 운송인은 운송물의 멸실·훼손 또는 연착으로 인한 손해를 연대하여 배상할 책임이 있다(138조 1항). 순차운송을 하는 경우에는 후자는 전자에 갈음하여 그 권리를 행사할 의무를 부담한다(147, 117조 1항). 입증의 곤란을 피하기 위함이다. 후자가 전자에게 운임 기타 비용을 변제한 경우에는 전자의 권리를 취득한다(117조 2항).

순차운송인 중 1인이 배상한 경우에는 그 손해의 원인이 된 행위를 한 운송인에 대하여 구상권이 있으며(138조 2항), 손해의 원인이 된 행위를 한 운송인을 알 수 없는 경우에는 운임액의 비율로 손해를 분담한다. 그러나 그 손해가 자기의 운송기간 내에서 발생하지 아니하였음을 증명하면 손해분담의 책임이 없다(138조 3항).[55]

(5) 화물상환증

(가) 의　　의

화물상환증(Ladeschein)은 송하인의 청구에 의하여 운송인이 발행한다(128조 1항). 화물상환증은 운송인이 운송물을 수령하였다는 것을 확인하고 그 운송물을 목적지에서 증권의 정당한 소지인에게 인도할 것을 약정하는 유가증권이다. 요식증권이므로 법정사항을 기재하고 운송인이 기명날인 또는 서명한다(128조 2항).

(나) 법률적 성질

화물상환증의 발행이 운송계약의 성립요건은 아니지만, 증권상 권리의 행사·이전에는 증권의 소지를 요하므로 유가증권이다. 운송인이 송하인의 청구에 의하여 발행하므로 요인증권이고(128조 1항), 기재사항이 법정되어 있으므로 요식증권(128조 2항)이며, 증권과 상환해서 운송물을 인도하므로 상환증권이다(129

---

55) 이 경우에도 연대손해배상책임은 부담한다.

조). 배서금지문언(130조 단서)이 없는 이상 배서·양도가 가능하므로 지시증권이다(130조 본문). 운송에 관한 사항은 증권에 기재된 바에 따라 정해지므로 문언증권이며(131조), 운송물에 관한 처분은 증권으로써 하여야 하므로 처분증권이다(132조).

(다) 양 도

화물상환증이 기명식으로 발행된 경우라고 하더라도 화물상환증은 법률의 규정에 의하여 당연한 지시증권이므로 배서에 의하여 양도가 가능하다(130조). 그러나 기명식으로 발행되어도 배서가 금지되어 있는 경우에는 지명채권양도의 방법에 의하여 그 양도는 당사자의 합의로써 하고, 대항요건으로서는 양도의 사실을 운송인에게 통지하거나 그의 승낙을 얻어야 한다(130조 단서, 민법 450조).[56]

(라) 채권적 효력

송하인과 운송인 간의 법률관계는 운송계약에 의하여 정하여지나, 화물상환증이 발행된 경우에는 운송물에 관한 처분은 화물상환증으로써 하게 되고(132조), 따라서 화물상환증의 소지인은 운송인에 대하여 운송물의 인도를 청구할 수 있는데 이를 화물상환증의 채권적 효력이라고 한다.

2010년 상법개정 전 상법 131조는 운송인과 화물상환증소지인과의 사이에 있어서는 그 증권에 기재된 바에 의하여 정하여진다고 문언증권성을 규정하였다. 한편 화물상환증은 운송물을 송하인으로부터 운송인이 수령하고 목적지에서 증권소지인에게 인도할 것을 약정하는, 즉 운송물을 수령하는 것을 원인으로 하여 발행된 요인증권이다(128조). 따라서 운송계약의 체결이나 운송물을 수령함이 없이 화물상환증이 발행되거나(공권의 경우), 운송인이 실제로 수령한 물건과 상이하게 기재하여 화물상환증이 발행된 경우에는 문언성과 요인성이 충돌하는 것이 불가피하였다. 이러한 성질상 충돌하는 경우 어느 것을 우선시킬 것인지의 문제가 발생하는데, 이것이 바로 화물상환증의 채권적 효력의 핵심적 쟁점이었다.[57]

---

56) 일반적으로 지시식으로 발행된 경우에는 양도의 합의 이외에 증권의 배서교부로써 양도의 효력이 생기며, 지명소지인출급식인 경우 및 무기명식인 경우에는 양도의 합의와 함께 증권을 인도하면 된다.

57) 만약 요인성설에 따르면 운송인이 운송물을 수령하지 않고 화물상환증을 발행한 경우에는 공권(空券)으로서 무효이고, 증권에 기재된 것과 상이한 운송물인 경우에는 운송인은 수령한 운송물을 인도하면 된다. 그리고 구 상법 131조에서 말하는 '운송에 관한 사항'이라 함

2010년 상법개정에서는 해석상 혼란을 방지하고 화물상환증의 유통성을 제고하기 위하여 문언성을 기준으로 하여, 운송인과 송하인 사이에는 화물상환증에 기재된 대로 운송계약이 체결되고 운송물을 수령한 것으로 추정한다고 규정하였다(131조 1항). 그리고 화물상환증을 선의로 취득한 소지인에 대하여 운송인은 화물상환증에 적힌 대로 운송물을 수령한 것으로 보고 화물상환증에 적힌 바에 따라 운송인으로서 책임을 진다고 하였다(131조 2항). 이처럼 운송인과 송하인 사이에는 추정을 선의의 제3자에 대하여는 의제라는 법리를 동원했는데 이러한 개정에 의하여 공권 등에서의 충돌이 해소될 지는 지켜볼 일이다.

(마) 물권적 효력

화물상환증에 의하여 운송물을 받을 수 있는 자에게 화물상환증을 교부한 때에는 운송물 위에 행사하는 권리의 취득에 관하여 운송물을 인도한 것과 동일한 효력이 있다(133조). 즉 화물상환증의 교부는 물건의 인도와 동일한 효력이 있다고 보고 있다. 이를 물권적 효력이라고 한다. 그러나 제3자가 선의취득한 경우에는 이 효력이 생기지 않는다. 즉 선의취득이 물권적 효력에 우선한다.

증권의 교부로 인하여 물권적 효력이 발생하기 위해서는 운송인이 운송물을 인도받아 점유하여야 하고 화물상환증에 의하여 운송물을 받을 권리가 있는 자[58]에게 증권이 교부되어야 한다. 따라서 운송물이 멸실된 경우나 운송물의 인도 없이 발행된 경우에는 물권적 효력은 발생하지 않고 채권적 효력의 문제만이 남는다.

은 운임 정도의 경미한 사항에 불과하다고 보는 것이었다. 이 경우에는 선의의 증권소지인의 보호가 문제가 되는데, 고의 또는 과실로 화물상환증의 부정기재를 한 운송인의 불법행위책임으로 해결하여 증권소지인을 보호할 수 있는 한편 입증책임이 증권소지인에게 있기 때문에 증권소지인에게 불리하였다. 한편 구 상법하에서 통설이었던 문언성설에 따르면 요인성이라고 하는 것은 증권의 기재에 원인을 요한다는 것에 불과하기에 증권의 선의취득자를 보호하기 위하여 금반언에 따라 증권에 기재된 바에 따라서 책임을 져야 한다는 것이다. 즉 화물상환증이 발행되면 증권상의 권리는 운송계약과는 독립하여 성립하므로 운송인은 기재된 문언에 따라서 책임을 진다는 입장이었다. 따라서 공권이 발행되었다 하더라도 이는 유효하며, 운송인은 증권에 기재된 바에 따라 운송물인도의무를 지며 그렇지 못할 때에는 채무불이행책임을 지는 것이다. 또한 증권에 기재된 물건과 상이한 경우에는 이의 수령을 거절하고 손해배상책임(채무불이행책임)을 물을 수 있다고 보았다. 이 설은 증권취득자나 증권거래의 안전을 중시한다. 이에 대하여 화물상환증을 사실상 무인증권화시켜 버린다는 비판이 가해지기도 하였다. 이 같은 논의를 바탕으로 2010년 상법개정에서는 화물상환증의 채권적 효력 규정이 정비되었다.

58) 연속되는 배서에 의하여 화물상환증을 취득하여 점유하는 자를 말한다. 따라서 단순한 증권의 점유자에게는 물권적 효력이 인정되지 않는다.

물권적 효력은 운송물 위에 행사하는 소유권 기타의 권리를 취득하고 또는 이것을 제3자에게 대항하기 위하여 운송물이 인도된 것과 동일한 효력이 있다는 것에 불과하며, 증권의 인도가 운송물의 매매당사자 간의 급부로서의 인도와 같은 것은 아니다. 결국 화물상환증의 물권적 효력은 운송인이 직접점유를 하고 최초의 화물상환증소지인이 운송인에 대하여 가지는 운송물반환청구권을 통하여 운송물을 간접점유하는 것이다.

화물상환증의 인도가 운송물의 인도와 동일한 효력이 있다고 하는 물권적 효력의 이론구성에 관하여 학설이 대립하고 있다. 민법상 물권변동의 공시 중에는 직접점유자가 가지는 목적물반환청구권을 양수인에게 양도함으로써 목적물을 인도하였다고 보는 방법이 있다(민법 190조). 이러한 목적물반환청구권은 채권적 청구권이므로 이를 양도하기 위해서는 운송인에게 통지하거나 승낙을 얻어야 한다(민법 450조). 이론적 논의의 핵심은 화물상환증의 물권적 효력과 민법 190조 및 450조의 규정들을 어떻게 연결하여 이해하여야 하는지이다.

1) 절 대 설

상법 133조를 민법 190조의 특칙으로 보는 견해이다. 따라서 상법에서 정한 물권적 효력에 의하여 운송인이 운송물을 점유하고 있느냐의 여부에 관계없이 증권의 이전만으로 운송물을 인도한 것과 동일한 효력이 생긴다고 하는 것이다.

이 견해는 증권의 유통보호를 위한 것이지만 운송물이 멸실된 경우에는 물권적 효력을 유지하지 못하게 된다는 단점이 있다.

2) 엄정상대설

엄정상대설은 운송물의 직접점유는 운송인이 하고 운송물의 간접점유만이 증권의 교부에 의하여 이전된다고 설명하는 상대설의 하나이다(상대설에는 엄정상대설과 아래에서 설명하는 대표설이 있음). 엄정상대설은 상법 133조는 민법 190조의 예시규정이라고 파악하고 상대설의 논거를 말 그대로 엄격하게 해석하고 적용해야 한다는 견해이다. 결국 화물상환증의 교부와 함께 민법 190조와 450조의 요건을 모두 갖추어야 물권적 효력이 발생한다고 설명한다. 우리나라에서는 이 견해를 지지하는 학자는 없다.

3) 대 표 설

대표설은 화물상환증이 운송물을 대표하는 것이므로 운송인이 운송물을 넓은 의미에서 직접 점유하는 동안은 화물상환증의 인도만으로 운송물의 간접점유의 효과가 생긴다는 주장이다. 즉, 증권이 운송물을 대표하는 것이므로, 증권의 소지는 운송물의 간접점유를 대표하는 것이 되고, 증권의 교부로 운송물의 간접점유를 이전하는 효과가 발생한다는 것이다. 원칙적으로 운송인은 운송물을 직접 점유하여야 하지만, 설령 그가 일시 직접점유를 하지 못하더라도 점유회수청구권(민법 204조 1항, 204조)이 인정되는 동안에는 운송인이 운송물을 점유하고 있는 것으로 보아 물권적 효력에는 영향이 없다. 결국 이 설은 화물상환증이 운송물을 대표한다고 설명함으로써 민법 190조에 따른 반환청구권의 양도나 대항요건의 이행은 필요없다는 것이고, 물권적 효력은 운송인의 직접점유와 증권의 교부만 있으면 된다는 입장이다. 이 같은 견해는 절대설과 엄정상대설의 중간 정도에 서 있는 것으로 평가할 수 있으며, 현재 우리나라의 통설이다.

4) 검　토

절대설은 화물상환증소지인의 지위를 강화하고 증권의 유통을 보호하는 것으로 보이지만 공권이 발생하거나 운송물이 멸실된 경우 또는 제3자가 선의취득한 경우 모두에 있어 물권적 효력이 부정되는 문제점이 있다. 엄정상대설의 경우 간접점유를 이전하기 위해서는 증권의 인도 외에 민법상 운송물인도청구권의 양도가 있어야 한다. 즉 대항요건을 구비하기 위해 채무자에게 통지 또는 승낙이 있어야 한다는 것인데, 이것은 물권적 효력을 정의하는 상법 133조의 규정(증권의 인도는 운송물을 인도한 것과 동일한 효력이 있다는 규정)을 사실상 무의미하게 만든다는 문제점이 있다. 따라서 화물상환증 없이는 처분이나 반환청구를 할 수 없다는 유가증권적 속성을 고려할 때 증권이 운송물을 대표한다는 방식으로 논리를 구성하는 것이 타당하다.

3. 여객운송

(1) 운송계약의 체결

여객운송이란 육상 또는 호천, 항만에서 자연인의 운송을 하는 것을 말한다(125조). 여객운송계약의 당사자는 운송인과 운송의 위탁자이다.

(2) 승차권의 법률적 성질

무기명식으로 발행되는 통상적인 승차권은 운송채권을 표창하는 유가증권이며 양도가 가능하다고 본다(다수설). 정기승차권은 지명식인 경우에는 양도성이 없다. 회수승차권은 후에 성립할 운송계약을 예상하여 그 운임의 선급을 증명하는 표권에 불과하므로 유가증권이라고 할 수 없다고 보는 것이 다수설의 입장인데, 그 근거로서 요금이 인상되면 그 차액을 지급하여야 하는 것을 들고 있다.

(3) 여객운송인의 책임

(가) 선량한 관리자의 주의의무를 부담

여객운송인은 선량한 관리자의 주의로써 여객을 안전하게 그리고 지체 없이 도착지에 운송하여야 할 의무가 있다고 본다. 이를 위반하게 되면 손해배상책임을 부담하게 된다.

(나) 여객의 손해에 대한 책임(인적 손해)

운송인은 자기 또는 사용인이 운송에 관한 주의를 해태하지 아니하였음을 증명하지 아니하면, 여객이 운송으로 인하여 받은 손해를 배상할 책임을 면하지 못한다(148조 1항). 즉 채무불이행으로 인한 과실책임을 부담함에 있어서 역시 입증책임의 전환이 이루어져 있는 책임형태라고 할 수 있다. 운송주선인, 운송인, 해상여객운송인의 경우와 같은 책임의 소멸시효규정이 없으므로 일반상사채권의 시효인 5년으로 본다(64조).

책임의 범위는 여객이 입은 모든 손해를 포함하므로 생명, 신체, 재산에 대한 손해를 포함하여야 하며, 그 손해액을 정함에 있어서 피해자와 그 가족의 정상을 참작하여야 한다(148조 2항). 따라서 이는 정액배상주의의 예외라고 할 수 있다. 그런데 피해자의 정신적 손해에 대한 위자료를 청구할 수 없다는 것이 판례의 태도인데, 여객이 사망한 경우 사자(死者)는 권리의무의 주체가 아니므로 위자료청구권을 취득할 수 없고 상속인도 운송계약의 당사자가 아니므로 운송인의 채무불이행에 기한 위자료청구권을 행사할 수 없다고 한다.[59]

승월구간(乘越區間)의 사고는 원칙적으로 책임을 발생시키는 것이 아니라고 보아야 할 것이지만 불가피성 등의 상황을 종합적으로 판단하여 결정하여야 하며,[60] 운송중에 사고가 났다고 하더라도 외부에서 차량에 투석하는 등 제3자의

59) 대법원 1982. 7. 13. 선고 82다카278 판결.
60) 대법원 1979. 8. 14. 선고 79다1070 판결; 서울고법 1985. 7. 11. 선고 85나1053 판결.

행위가 개입된 경우에는 운송인이 책임을 지지 않는다.[61]

한편 여객이 아닌 사람에 대하여는 본조가 적용되지 않는다. 즉 입장권을 소지한 사람이 진행중인 열차에서 뛰어내리다가 사고를 당한 경우 입장권의 발매만으로는 여객운송계약이 체결된 것이 아니므로 운송인은 손해배상책임이 없다.[62]

> **Q** **승월구간에도 운송계약이 존속되는지 여부**
>
> 【대법원 1979. 8. 14. 선고 79다1070 판결】
> 【판결요지】
> 철도에 의한 여객 운송계약은 승차권에 표시된 시발역과 도착역 사이에 한하여 존속하는 것이 원칙이라 할 것이나 승객이 전적으로 자기의 책임으로 돌릴 수 없는 사유로 이른바 승월을 한 경우에는 계약갱신 연장등 절차를 취하지 않았다 하더라도 예외적으로 그 승월구간에 있어서도 운송계약이 그대로 존속되므로 승월후 일어난 사고도 여객 운송계약이 계속된 동안에 일어난 것이라고 보아야 한다.

(다) 여객의 수하물에 대한 책임

탁송수하물인 경우에는 운임을 받지 아니한 경우에도 물건운송인과 동일한 책임이 있다(149조 1항). 그리고 수하물이 도착지에 도착한 날로부터 10일 이내에 여객이 그 인도를 청구하지 아니하면 상사매매의 규정(67조)에 따라 운송인은 그 수하물을 공탁 또는 경매를 할 수 있으며, 만약 여객의 주소나 거소를 알지 못하면 최고와 통지를 요하지 아니한다(149조 2항).

휴대수하물인 경우는 멸실·훼손된 경우에도 운송인 또는 사용인에 과실이 있을 때에만 손해배상의 책임을 진다. 운송인 등의 과실은 여객이 입증하여야 한다(150조).

(4) 여객운송인의 권리

여객운송인은 상인이므로 당연히 보수청구권을 가진다(61조). 운송계약은

---

61) 대법원 1969. 7. 29. 선고 69다832 판결.
62) 대법원 1991. 11. 8. 선고 91다20623 판결.

도급계약이므로 운송이 종료된 후에 운임을 청구하는 것이 원칙이지만(민법 665조), 약관 또는 상관습에 의하여 승차권의 발행을 통해 선급을 하는 것이 보통이다.

한편 상법인 여객운송인이 운임채권을 확보하기 위하여 탁송수하물에 대한 유치권을 인정하지 않고 있는데, 따라서 여객운송인이 운임채권을 확보하기 위해서는 민법상의 유치권을 행사하여야 한다. 이에 대하여 운송인의 운임채권을 보호하기 위하여 물건운송인의 특별상사유치권(147조, 120조)을 유추적용하여야 한다고 보는 견해가 다수설[63]이지만, 실제로 선급을 받으므로 유치권의 행사를 논하는 것은 현실적으로 큰 의미가 없다.

63) 이철송, 511면; 정동윤, 271면; 정찬형, 356면; 최준선, 382면.

● 사례형 연구

지폐를 수집 및 판매를 하는 상인인 X는 고객에게 1억원 상당의 희귀한 지폐를 전달하기 위하여 지폐를 월간지 속에 끼워 넣어 운송업자 Y에게 운송할 것을 위탁하였다. Y는 X에게 만약 운송물이 고가물이면 분실에 대비하여 보험에 가입하는 것이 바람직하다고 권유하였다. 그러나 X는 보험료를 아끼기 위하여 월간지 속에 희귀한 지폐가 끼워져 있다는 사실과 지폐의 가액을 밝히지 않았다. Y가 배송차로 운송하는 도중 그의 과실로 월간지를 분실하는 바람에 지폐도 사라지게 되었다. 이 경우 Y는 X에 대하여 지폐분실과 관련하여 부담하여야 하는 손해배상액은 어느 정도인가? Y는 어떤 책임을 부담하는가? 단, Y의 운송에는 면책약관이 적용되지 않은 것으로 전제한다.

Ⅰ. 문제의 소재

본 사례에서 운송인 Y의 과실로 지폐가 끼워져 있는 월간지를 분실하였다. 이는 Y의 운송물에 대한 책임으로서 채무불이행 책임(상법 제135조)을 비롯하여 송하인 X의 소유권을 침해하여 불법행위(민법 제750조, 제756조)가 동시에 성립한다. 운송인의 채무불이행책임과 관련하여 상법 제136조는 고가물(高價物)에 대한 특칙을 마련하고 있다.[64] 즉, 상법은 송하인이 고가물의 운송을 위탁할 때에 그 종류와 가액을 명시한 경우에 한하여 운송인이 손해배상할책임을 진다는 것이다.

본 사례에서 X가 운송물의 종류와 가액을 명시하지 않았으므로 특칙으로서의 상법 제136조가 적용되기 위해서는 그 운송물이 고가물이어야 한다. 이에 1억상당의 희귀한 지폐가 고가물에 해당하는지의 여부와 그 종류 및 가격을 확실하게 알리지 않은 경우의 책임을 검토하여야 한다. 특히 X가 운송물의 종류와 가격을 명시하지 않더라도 Y가 그 물건이 고가물인 것을 알고 있는 경우와 Y가 고가물임을 알지 못한 경우의 책임으로 나누어 살펴보아야 한다. 마지막으로 Y가 X의 운송물에 대해 손해를 가하였으므로 불법행위책임도 부담하는지의 여부도 논하여야 한다.

64) 대법원 1991. 8. 23. 선고 91다15409 판결.

Ⅱ. Y의 고가물에 대한 책임 부담여부

1. 운송인의 고가물에 대한 책임

(1) 상법 제136조의 취지

운송인은 운송품의 수령, 인도, 보관과 운송에 관해 주의를 소홀히 하지 않았다는 것을 증명하지 않으면 운송품의 멸실·훼손 또는 연착에 대해 손해배상의 책임을 부담한다(상법 제135조). 배상해야 할 금액의 산정방법은 인도할 날의 도착지의 가격을 손해배상으로 하는 등 상법에 정형화되어 있다(상법 제137조).

만약 상법 제135조와 제137조를 운송인에게 수정없이 적용하는 경우 운송인은 예측할 수 없는 손해를 배상하여야 하는 불합리가 발생하게 된다. 즉, 송하인이 운송물이 고가물이라는 사실을 명시하였다면 고가물에 상응하는 운송방법을 취할 수 있었는데, 그런 기회를 부여받지 못했던 운송인에게 예상할 수 없는 거액의 손해배상책임을 부담시키는 것이 가혹하다는 점을 고려하여 운송인보호차원에서 정책적으로 상법 제136조를 두고 있다. 게다가 운송인에게 고가물을 보통물로서 가액을 결정하여 손해배상책임을 부담시키는 것도 곤란하다는 사실도 반영되어 있다. 이렇게 운송인의 면책규정을 둠으로 인하여 송하인에게 고가물의 명시를 촉구하는 간접적인 효과도 있다.

(2) 고가물의 개념

상법 제136조는 고가물에 적용되는 운송인의 책임을 규정하고 있다. 동조의 입법취지를 고려할 때 동조에서 말하는 고가물이라 함은 예상 외의 거액의 손해배상책임을 질 수 있는 가능성이 있는 물건, 즉 용적 또는 중량에 비하여 현저하게 고가인 것을 말한다. 구체적으로 고가물은 사회통념에 비추어 판단하여야 한다.[65] 따라서 객관적·경제적 가치가 큰 것을 말하며 주관적 가치는 고려대상이 아니다.

(3) 고가물을 명시하지 않은 경우의 책임

(가) 원　　칙

상법 제136조의 고가물에 관한 특칙에 따르면 송하인이 고가물의 운송을 위탁하면서 그 종류 및 가격을 명시하지 않으면 손해배상책임을 전혀 부담하지

---

65) 대법원 1963. 4. 18. 선고 63다126 판결.

않는 것으로 하고 있다. 그러나 운송품에 발생한 손해에 대한 운송인의 책임에 관해서는 송하인이 명시하지 않았더라도 운송인이 당해 운송물을 고가물인 것을 알게 된 경우 및 운송인이 고가물임을 알지 못한 경우로 나누어서 다양한 견해가 제시되어 있다.

(나) 운송인이 고가물인 것을 알게 된 경우

1) 서 언

운송물이 고가물임에도 불구하고 그 종류 및 가격을 명시하지 않았지만 그 운송물이 고가물인 것을 알게 된 운송인에게 상법 제136조가 적용되어 운송인이 면책되는지 혹은 고가물 내지 보통물로서의 주의의무를 부담하는지가 문제된다.

2) 학 설

이와 관련하여서는 대량거래에서 운송인의 주관적 사정을 고려하는 것은 부당하므로 전혀 책임을 지지 않는다는 견해(무책임설), 운송인은 고가물로서의 주의의무를 부담하되 만약 이를 해태할 경우 고가물로서 책임을 진다는 견해(고가물책임설), 보통물로서의 주의의무를 부담하지만 그 의무를 게을리할 경우 고가물로서 책임을 진다는 견해(절충설) 등이 있다.

3) 검 토

이상의 견해 중에서 무책임설은 신의칙에 반하므로 수용하기 어렵다. 또한 절충설은 위반의 대상이 되는 주의의무의 정도와 그로 인하여 부담하는 책임 사이에 불균형이 존재하는 모순이 발생하므로 타당하지 않다. 왜냐하면 고가물로 명시하지 않은 이상 송하인은 보통물로 운송을 위탁하고 그 대가도 보통물에 상응하게 지급함에도 불구하고 운송인이 운송도중에 고가물이라는 사실을 알게 됨으로써 고가물에 상당하는 책임을 부담한다는 것은 형평에 맞지 않기 때문이다.

생각건대, 운송인이 운송물이 고가물임을 알게 되어 그가 고가물에 어울리는 운송방법을 취할 기회가 있다면 송하인이 고가물로 명시한 경우와 동일시하여 고가물책임설이 타당하다.

(다) 운송인이 고가물인 것을 알지 못한 경우

운송인이 고가물임을 알지 못한 채 보통물로서의 주의를 기울이지 않아 운송물이 훼손·멸실된 경우 보통물로서의 가격산정이 어렵고 송하인으로 하여금 고가물의 명시를 촉구하는 의미에서 운송인은 책임을 전혀 부담하지 않는다는 견해(무책임설) 및 운송인은 자신의 귀책사유에 대하여 책임을 전혀 부담하지 않는 것은 불공평하므로 보통물로서 책임을 부담하여야 한다는 견해(보통물책임설) 등이 있다. 생각건대, 보통물로 의제하여 가격산정하는 것이 곤란하여 귀책사유가 있어도 책임을 물릴 수 없다는 것은 형평의 관념에 반하므로 제2설이 타당하다.

2. 사안에 대한 적용

본 사안에서의 지폐는 월간지에 끼워넣을 수 있을 정도로 경량임에도 불구하고 희귀하여 1억원 상당의 가치가 있기 때문에 고가물에 해당된다. 따라서 지폐의 운송인에 대해서는 상법 제136조가 적용된다.

X가 고가물에 대하여 그 종류 및 가격을 명시하지 않았지만 Y가 고가물인 것을 알게 된 경우 고가물책임설에서는 Y가 고가물로서의 주의의무를 해태하였다면 X에 대하여 손해배상책임을 부담하여, 그 배상액은 지폐의 가치 1억원과 월간지 가격 상당이 될 것이다. 이 경우도 Y는 X에 대하여 보통물(월간지)과 보통물과 고가물(월간지와 지폐)로서의 운임의 차액 등 추가비용을 별도로 청구할 수 있다. 한편, 무책임설에 의하면 Y는 지폐에 대해서는 책임이 없으므로 그가 보통물로서 주의의무를 해태하였더라면 월간지 가격만 배상하면 되지만, X가 고가물임을 주장하는 경우 Y는 아무런 책임도 부담하지 않는다. 절충설에서는 Y가 보통물로서 주의의무를 제대로 이행하지 못한 경우 손해배상책임을 부담하며, 그 배상액은 지폐의 가치 1억원 상당이다.

운송인의 귀책사유로 인하여 운송품이 멸실·훼손된 경우 보통물로서 책임을 부담하여야 한다는 견해에서는 Y가 보통물로서의 주의를 해태하였다면 법원은 재량으로 지폐의 분실에 대해 보통물로서 배상액을 산정하게 될 것이다. 그러나 운송인은 전혀 책임을 부담하지 않는다는 견해에서는 보통물로서의 주의를 기울이지 않았더라도 Y는 지폐에 대해서는 손해배상책임을 면하게 된다.

Ⅲ. Y의 불법행위책임 부담여부

1. 불법행위책임과 채무불이행책임과의 관계

(1) 서　　언

운송인의 행위가 채무불이행은 물론이고 동시에 불법행위를 구성할 수 있다. 이 경우 상법 제136조를 적용하여 불법행위책임까지 면제하는가의 여부가 문제된다.

(2) 학 설

(가) 청구권경합설

불법행위에 입각한 손해배상청구권은 계약책임으로서의 손해배상책임과는 그 성립요건과 효과가 별개인 권리이므로, 송하인은 그의 선택에 따라 운송인에 대하여 권리를 행사할 수 있다는 견해이다. 송하인의 보호를 강조하는 입장이다.

(나) 법조경합설

청구권의 실질적인 경합은 있을 수 없고, 형식상 조문상에서 경합하는 것에 불과하므로 송하인은 특별법인 상법 제136조에 의하여 운송인의 채무불이행책임만을 추궁할 수 있다는 견해이다. 결국 법조경합으로 인하여 불법행위로서의 위법성은 조각된다.

(3) 판 례

대법원 판례는 일관되게 청구권경합설을 지지하고 있다.[66]

(4) 검 토

운송인의 책임에 대해서는 상법상 고가물에 관한 특칙(상법 제136조), 정액배상주의(상법 제137조), 책임의 특별소멸사유(상법 제146조) 및 단기소멸시효(상법 제121조, 제147조)가 적용될 뿐만 아니라 면책약관을 적용하여 그 책임을 경감시키고 있다. 이 때문에 만약에 법조경합설에 따라 채무불이행책임만을 인정한다면 결과적으로 운송인이 아무런 책임도 부담하지 않는 것으로 되어 송하인에게는 가혹한 처사가 될 것이다. 이에 채무불이행책임과 불법행위책임은 각각 상이한 요건으로 효과가 규정되어 있는 별개의 청구권이므로 청구권경합을 인정하는 것이 송하인 보호에 도움이 된다.

2. 사안에 대한 적용

본 사안에서 Y의 과실로 지폐가 끼워져 있는 월간지를 분실하였다. 이처럼 X의 운송물 배송에 과실이 있고 불법행위의 구성요건을 충족한다면 운송인의 채무불이행책임 이외에 불법행위책임을 인정할 것인가가 문제된다. 이와 관련하여 청구권경합설을 따를 경우 X의 선택에 따라 Y는 채무불이행책임 또는 불법행위책임을 부담한다. 그러나 법조경합설을 따를 경우 Y는 X에 대하여 채무불이행책임을 진다.

---

66) 예컨대, 대법원 1999. 7. 13. 선고 99다8711 판결 등.

제 6 절 공중접객업

1. 의 의

공중접객업에서의 공중접객업자(公衆接客業者)라 함은 극장·여관·음식점, 그 밖의 공중이 이용하는 시설에 의한 거래를 영업으로 하는 자를 의미한다(151조).[67] 공중접객업자는 이와 같은 인적·물적 시설의 소유자가 아니라, 이러한 시설을 고객에게 이용하게 하는 행위를 영업으로 하는 공중접객업을 경영하는 기업의 주체이다. 공중접객업의 적용대상이 되는 공중의 이용을 위한 시설은 불특정다수인이 모여 특정한 목적을 위해 이용할 수 있도록 제공된 인적·물적 설비나 장소를 말하는데, 위에 열거된 것뿐만 아니라 목욕탕·독서실·이발소·다방·골프장·볼링장 등 매우 다양하다. 즉 공중접객업자의 영업의 내용은 공중접객업자와 고객과의 계약내용에 따라 달라진다.

여기에서 고객의 범위에 대하여는 반드시 이용계약이 성립되어 출입하는 자에 한정되는 것은 아니고 시설을 이용할 의사를 가지고 시설 내에 있는 모든 자를 포함하는 개념으로 이해하여야 한다.[68]

2. 공중접객업자의 책임

(1) 임치받은 물건에 대한 책임

(가) 책임의 내용 및 성질

공중접객업자는 자기 또는 그 사용인이 고객으로부터 임치를 받은 물건의 보관에 관하여 주의를 게을리하지 아니하였음을 증명하지 아니하면 그 물건의 멸실 또는 훼손으로 인한 손해를 배상할 책임이 있다(152조 1항). 과거에는 공중접객업자는 '불가항력'[69]의 경우를 증명하지 않으면 자신이 물건을 수령했다는

67) 2010년 상법개정 전에는 '객의 집래(集來)'라는 일반적이지 않은 표현으로 되어 있었으나, '공중'이라는 용어로 표현이 변경되었다.

68) 이철송, 529면; 최준선, 386면.

69) 구 상법상 '불가항력'의 의미에 대하여, 사업의 성격에 따라 최대의 주의를 기울여도 손해를 피할 수 없는 경우를 불가항력이라고 보는 견해(주관설은 무과실과 동일한 의미가 되므로 별 의미가 없다), 객관적으로 보아 특정 사업의 외부에서 유래된 사건에 의한 것으로 통상 예측할 수 없는 위해가 발생하는 것이라고 보는 견해(객관설은 손해발생이 예측되는

이유만으로 고대 로마법하에서 인정되었던 레셉툼(receptum) 책임[70]을 부담하였지만 2010년 개정에서 다른 사업자와의 형평을 고려하고[71] 관광산업에서 큰 비중을 차지하는 공중접객업의 활성화에 기여하기 위해 그 책임을 다소 완화하였다. 즉, 구 상법하에서 공중접객업자의 책임은 거의 무과실책임에 가까우므로 물건을 보관하는 운송인·창고업자의 책임이 과실책임인 것(135조, 160조)과 비교할 때 매우 엄격하였던 것이었다. 아마도 고객의 휴대품이 도난 또는 분실될 위험에 상응하여 공중접객업자의 책임을 엄격히 하여 사회적 신뢰를 높이려고 한 취지가 반영된 것으로 보인다.[72] 그러나 오늘날은 치안체계가 정비되어 있고 상인의 신용이 중시되고 있어 굳이 공중접객업자의 책임을 엄격하게 규정할 필요성은 공중접객업자의 책임이 출현할 당시와는 상황이 판이하게 다르다.[73] 이러한 점에서 공중접객업자 책임을 완화하면서도 고객보호차원에서 입증책임을 전환하는 현행상법은 매우 합리적이라고 평가할 수 있다.

(나) 임치의 의미

상법 152조 1항에 의한 임치가 성립하기 위해서는 공중접객업자와 고객 사이에 공중접객업자가 자기의 지배영역 내에서 목적물 보관의 채무를 부담하기로 하는 명시적 또는 묵시적 합의가 있음을 필요로 한다고 본다. 여기서 명시적 또는 묵시적 합의의 개념에 대하여 판례는 공중접객업자의 주차장에 시정장치 출입문의 설치·관리인의 배치·차량열쇠의 보관 또는 공중접객업자가 그 출입을 통제하거나 확인할 수 있는 조치가 되어 있다면 명시적인 위탁의 의사표시가 없어도 공중접객업자와 고객 사이에 자동차의 임치에 관한 합의가 있은 것으로 볼 수 있다고 보았다.[74]

경우에 이를 방지하지 못하면 무조건 책임을 지게 된다), 그리고 특정 사업의 외부에서 발생한 사건으로서 보통 필요하다고 인정된 예방방법을 취하더라도 방지할 수 없는 위해라고 보는 견해가 있었다(통설).

70) 구 상법 152조의 공중접객업자의 레셉툼 책임은 로마법에서 유래하였다. 로마법하에서는 선주, 여관, 역사의 주인은 운송 혹은 임치를 인수한 물건을 고객에게 안전하게 반환해야 하는 절대적인 의무를 부담하였으며, 이는 물품수령을 이유로 법률상 부담하는 결과책임이었다. 이철송, 528면.

71) 이러한 공중접객업자의 책임은 운송주선인, 육상운송인, 창고업자의 책임보다도 무거운 것이었으며, 결과적으로 공중접객업자는 자기나 사용인의 무과실을 증명하는 것만으로는 책임을 면할 수 없었다.

72) 김성태, 718면.

73) 김성태, 720-721면.

74) 대법원 1992. 2. 11. 선고 91다21800 판결.

Q 상법 제152조 제1항의 규정에 의한 임치의 성립요건

【대법원 1992. 2. 11. 선고 91다21800 판결】
【판결요지】
상법 제152조 제1항의 규정에 의한 임치가 성립하려면 우선 공중접객업자와 객 사이에 공중접객업자가 자기의 지배영역 내에서 목적물 보관의 채무를 부담하기로 하는 명시적 또는 묵시적 합의가 있음을 필요로 한다. 여관 부설주차장에 시정장치가 된 출입문이 설치되어 있거나 출입을 통제하는 관리인이 배치되어 있거나 기타 여관측에서 그 주차장에의 출입과 주차사실을 통제하거나 확인할 수 있는 조치가 되어 있다면, 그러한 주차장에 여관 투숙객이 주차한 차량에 관하여는 명시적인 위탁의 의사표시가 없어도 여관업자와 투숙객 사이에 임치의 합의가 있은 것으로 볼 수 있으나, 위와 같은 주차장 출입과 주차사실을 통제하거나 확인하는 시설이나 조치가 되어 있지 않은 채 단지 주차의 장소만을 제공하는 데에 불과하여 그 주차장 출입과 주차사실을 여관측에서 통제하거나 확인하지 않고 있는 상황이라면, 부설주차장 관리자로서의 주의의무 위배 여부는 별론으로 하고 그러한 주차장에 주차한 것만으로 여관업자와 투숙객 사이에 임치의 합의가 있은 것으로 볼 수 없고, 투숙객이 여관측에 주차사실을 고지하거나 차량열쇠를 맡겨 차량의 보관을 위탁한 경우에만 임치의 성립을 인정할 수 있다.
【同旨: 대법원 1998. 12. 8. 선고 98다37507 판결】

(2) 임치받지 아니한 물건에 관한 책임

공중접객업자는 고객이 시설물 내에 휴대한 물건이 자기 또는 사용인의 과실로 인하여 멸실 또는 훼손된 때에는 그 손해를 배상할 책임이 있다(152조 2항). 즉 임치를 받지 아니한 물건에 대하여는 과실책임만을 부담한다. 이러한 책임은 계약책임이나 불법행위책임이 아니라 공중접객업자와 고객 사이의 시설이용관계를 근거로 하여 상법이 인정한 특별한 법정책임이라고 본다(통설). 이 경우 과실의 존재에 대한 입증책임은 임치를 받은 경우와는 달리 고객이 부담한다.

(3) 면책의 특약과 면책게시의 효력

공중접객업자의 책임은 강행규정이 아니므로 개별적인 특약에 의하여 원칙적으로 책임을 감면할 수 있다. 그러나 고객의 휴대물에 대하여 책임이 없음을 알린 것만으로는 위의 책임을 면하지 못한다(152조 3항).[75] 이러한 알림으로 인하여 과실상계의 대상이 될 수는 있다.[76]

(4) 고가물에 대한 책임

화폐·유가증권 기타의 고가물(高價物)에 관하여는 고객이 그 종류와 가액을 명시하여 임치하지 아니하면 공중접객업자는 그 물건의 멸실 또는 훼손으로 인한 손해를 배상할 책임이 없다(153조). 다만 고가물을 영업주에게 임치해야만 책임을 물을 수 있고, 단지 고가물임을 명시하여 고객이 계속하여 점유한다면 영업주의 책임을 물을 수 없다.[77]

(5) 책임의 소멸시효

임치물을 반환하거나 고객이 휴대물을 가져간 후 6월을 경과하면 소멸시효가 완성된다(154조 1항). 공중접객업자의 책임은 물건이 전부 멸실한 경우에는 그 시설을 퇴거한 날로부터 기산한다(154조 2항). 그러나 공중접객업자나 사용인이 악의인 경우에는 위의 규정을 적용하지 아니하며(154조 3항), 상사시효의 일반원칙에 따라 5년의 소멸시효가 완성한다.

3. 대인적 손해에 대한 책임

상법은 공중접객업자의 책임을 정함에 있어서 고객의 물건에 대한 것만 규정하고 있고, 여객운송인의 경우와 같은(148조) 고객의 대인적 손해에 대해서는 규정하지 않았다. 과거의 경우에는 고객의 생명·신체에 손해가 발생하는 일이 드물었겠지만, 공중접객업시설의 현대화와 이용의 증가, 그리고 시설이 고층화·대형화되어 있으므로 이에 대한 입법적 고려가 절실하다는 지적이 있다.[78]

75) 흔히 대중목욕탕의 경우 이러한 문구가 붙어 있는데, 이에 대하여 영업주에게 책임을 인정하였다. 대구고법 1977. 4. 22. 선고 76나665 제2민사부판결. 대중골프장의 경우에도 골프가방 도난에 대하여 골프장 경영자의 책임을 인정하였다. 서울민사지법 1991. 3. 20. 선고 90나24290 판결.

76) 김성태, 723면; 손주찬, 386면; 이철송, 530면; 정찬형, 360면.

77) 이철송, 530면.

78) 이철송, 531면 이하 참조. 그리고 만일 이러한 책임을 묻는다면 이에 대하여 불법행위책임

● 사례형 연구

X는 A 은행이 발행한 수표금액 1억원인 수표를 甲 호텔의 데스크에 맡기고 물건의 종류와 금액이 명기된 보관증을 받은 후 연회에 참석하였다. 그러나 데스크에서 귀중품보관을 담당하는 직원이 X가 맡긴 수표를 훔쳐서 은행에서 수표를 현금으로 지급받아 달아났다. 이 경우 X가 甲 호텔에 대하여 추궁할 수 있는 책임에 관해 그 요건을 제시하여 논하시오.

Ⅰ. 문제의 소재

본 사례는 고객 X로부터 임치받은 물건의 멸실 또는 훼손에 대한 공중접객업자인 甲 호텔의 책임의 요건을 묻고 있다. 따라서 상법상 공중접객업자의 책임요건을 먼저 논한 후 그가 면책될 수 있는지의 여부, 공중접객업자 책임의 감면특약 및 소멸시효와 불법행위책임과의 관계 등을 살펴보아야 한다. 특히 멸실의 대상이 된 물건이 수표라는 유가증권이므로 여기서 고가물의 특칙이 적용되는지의 여부를 검토하여야 한다.

Ⅱ. 공중접객업자의 의의

공중접객업자란 극장, 여관, 음식점, 그 밖의 공중이 이용하는 시설에 의한 거래를 영업으로 하는 자를 말한다(제151조). 여기서 '공중이 이용하는 시설'이라 함은 다수가 모이기에 적합한 물적·인적 시설을 의미한다. 그러므로 상법이 예시한 장·여관·음식점 이외에도 호텔, 골프장 등이 공중이 이용하는 시설에 포함한다.

공중이 이용하는 시설에 의한 거래는 기본적 상행위의 하나이므로(제46조 제9호), 자기명의로 이러한 거래를 영업으로 하는 자는 당연상인이 된다(제4조). 상법은 공중접객업자의 거래와 관련하여 고객의 휴대품에 대하여서만 공중접객업자에게 임치책임을 부과하고 있다.

을 물을 것인지 아니면 채무불이행책임으로 할 것인지 하는 것도 간단한 문제가 아니며, 보다 깊은 이론적 검토와 입법 노력을 필요로 하는 부분이다.

Ⅲ. 공중접객업자의 책임

1. 총 설

공중접객업자는 자기 또는 그 사용인이 고객으로부터 임치(任置)받은 물건의 보관에 관하여 주의를 게을리하지 아니하였음을 증명하지 아니하면 그 물건의 멸실 또는 훼손으로 인한 손해를 배상할 책임이 있다(상법 제152조 제1항). 이는 공중접객업자가 임치받은 물건의 보관에 대한 부주의에서 발생하는 통상의 과실책임이며, 공중접객업자가 무과실에 대한 입증책임을 부담한다.

2. 책임의 요건

공중접객업자 책임의 요건으로는 첫째, 공중접객업자가 물건의 임치를 받았어야 한다. 즉, 공중접객업자는 고객과의 사이에 물건(휴대품)에 관하여 명시 또는 묵시의 임치계약을 체결하였어야 한다.[79] 둘째, 공중접객업자가 고객으로부터 임치를 받았어야 한다. 여기서 고객이란 공중접객업소의 시설을 이용하는 자를 의미하지만, 그렇다고 해서 반드시 그 이용계약이 성립되었어야 하는 것은 아니다. 셋째, 물건이 멸실 또는 훼손되어 고객이 손해를 입어야 한다. 고객의 신체(身體)에 관하여는 상법상 공중접객업자의 책임규정은 적용되지 않으며, 손해는 시설에 의한 거래와 관련하여 임치를 하고 있는 중에 발생하여야 한다.

3. 고가물의 특칙

화폐, 유가증권, 그 밖의 고가물에 대하여는 고객이 그 종류와 가액(價額)을 명시하여 임치하지 아니하면 공중접객업자는 그 물건의 멸실 또는 훼손으로 인한 손해를 배상할 책임이 없다(제153조). 이와 같은 고가물의 특칙은 직접적으로는 고가물에 대한 주의를 할 수 있는 기회를 부여받지 못한 공중접객업자가 고가물의 멸실 또는 훼손으로 인하여 예상할 수 없는 손해를 부담하는 것을 방지함은 물론이고 간접적으로는 고객으로 하여금 고가물에 대한 사전의 명시를 촉구하여 손해를 미연에 방지시키고자 하는 취지로 마련된 것이다.

4. 책임감면특약

상법상 공중접객업자의 책임에 관한 규정은 임의법규이므로 당사자 간의 명시 또는 묵시의 개별적인 특약에 의하여 공중접객업자의 책임을 감면할 수

79) 대법원 1992. 2. 11. 선고 91다21800 판결; 대법원 1998. 12. 8. 선고 98다37507 판결.

있다. 그러나 고의 또는 중과실에 의한 경우에서의 책임감면의 특약은 공서양속에 반하므로 무효이다.

5. 책임의 소멸시효

공중접객업자의 책임은 공중접객업자나 그 사용인이 악의인 경우를 제외하고는 물건을 전부 멸실하였다면 고객이 그 시설을 퇴거한 날로부터 6월이 경과하면 소멸시효가 완성한다(상법 제154조 제2항·제3항). 이는 공중접객업자의 책임을 가급적이면 신속하게 소멸시켜 부담을 덜어주겠다는 취지가 반영되어 있다.

공중접객업자나 그 사용인이 악의인 경우 공중접객업자의 책임은 상사시효의 일반원칙에 따라 5년의 상사소멸시효에 의하여 소멸한다(상법 제64조, 제154조 제3항). 여기서 '악의'라 함은 공중접객업자 또는 그 사용인이 고의로 고객의 물건을 멸실·훼손하는 경우 또는 고의로 고객의 물건을 멸실 또는 훼손을 은폐하는 것을 말한다. 다만, 그가 물건이 멸실 또는 훼손된 사실을 알고 있었다는 것만으로 악의가 된다는 견해와 그렇지 않다는 견해로 나누어진다.

6. 불법행위책임과의 관계

공중접객업자의 행위가 채무불이행책임의 요건과 불법행위책임의 요건(민법 제750조, 제756조)을 동시에 충족할 수도 있다. 이 경우 이들 청구권의 관계에 대하여 법조경합설과 청구권경합설로 학설이 나누어져 있다. 전자는 계약법과 불법행위법과의 관계에서는 특별법과 일반법의 관계에 있으므로 특별법인 상법 제152조에 의한 채무불이행으로 인한 손해배상책임만이 성립한다는 견해이다. 후자는 양청구권은 그 성립요건과 효과가 각각 달라서 청구권의 경합이 생기는 까닭에 채권자는 그 중 하나를 선택하여 행사할 수 있다는 입장이다. 이상의 견해 중에서 채권자를 두터이 보호한다는 차원에서 청구권경합설이 타당하다고 생각한다. 대법원 판례도 청구권경합설을 취하고 있다.[80]

Ⅳ. 사례의 해결

본 사례에서 X는 甲 호텔을 이용한 고객이며, 甲 호텔은 공중접객업자이다. X는 수표를 각각 맡긴 후 보관증을 발급받았다는 점에서 X와 甲 호텔 사이에는 명시적인 임치계약에 의해 甲 호텔이 수표를 임치받았다. 그 후 수표가 은행으

80) 예컨대, 대법원 1962. 6. 21. 선고 62다102 판결 참조.

로부터 지급된 것은 물건이 멸실된 것과 동일하며, 그 결과 X가 손해를 입었다. 따라서 이상의 사항으로 甲 호텔이 공중접객업자로서의 책임을 부담한다. 게다가 본 사례에서 목적물인 수표는 유가증권으로서 고가물이기는 하지만 X가 수표를 임치하고 각각 물건의 종류와 금액이 명기된 보관증을 받은 정황으로 보아 고객이 물건의 종류와 가액을 명시할 의무를 다하였으므로 고가물의 특칙이 적용될 여지가 없다. 그러나 사용인에 의한 물건도난의 경우 甲 호텔이 공중접객업자로서의 책임이 감면된다는 개별적인 특약이 있는 경우라 하더라도 본 사례에서는 사용인의 고의에 의한 멸실이 있는 경우에 해당하므로 그러한 특약은 효력이 없다. 그리고 본 사례에서는 공중접객업자의 사용인이 고의에 의하여 물건을 멸실시켰으므로 X는 자신이 甲 호텔을 퇴거한 날로부터 5년 이내에 甲 호텔에 대하여 책임을 추궁할 수 있다.

본 사례에서는 甲 호텔의 사용자의 고의에 의한 물건멸실인 까닭에 상법상 공중접객업자의 채무불이행책임의 요건과 민법상 불법행위책임의 요건을 동시에 충족한다. 이 경우 청구권경합설을 따를 경우 X의 선택에 따라 甲 호텔에 대하여 공중접객업자의 책임, 즉 채무불이행책임 또는 불법행위책임을 물을 수 있다. 그러나 법조경합설을 따를 경우 甲 호텔에 대하여 공중접객업자의 책임만을 추궁할 수 있다.

제7절 창 고 업

1. 의 의

창고업(倉庫業)에서의 창고업자는 타인(임치인)을 위하여 창고에 물건을 보관함을 영업으로 하는 자를 말한다(155조). 여기서 창고는 반드시 지붕이 있는 건물이어야 하는 것은 아니며, 창고가 자신의 소유가 아니어도 무방하다. 또한 임치인이 반드시 임치물의 소유자이어야 하는 것도 아니다. 창고업자는 임치의 인수를 영업으로 하는 자인데(46조 14호), 임치의 인수를 반드시 주업으로 할 필요는 없다고 보는 견해도 있다.[81]

창고업과 운송업은 여러 가지 면에서 공통점을 가지고 있다. 유가증권인 창고증권의 발행과 유통을 통하여 목적물의 거래에 이용된다는 점에서 화물상환증을 사용하여 동일한 목적을 이루는 운송업과 유사하고, 위탁자가 창고업자에게 보관시켜 놓은 물건을 직접 타인에게 창고증권을 통하여 양도할 수 있다는 점에서도 운송업과 유사하며, 창고업자가 임치물을 직접 점유하고 임치인이 창고업자에 대한 목적물반환청구권을 가짐으로써 목적물을 간접점유한다는 점에서도 유사하다. 그러나 창고업은 물건의 보관을 통하여 상품의 가치를 보존하는 것임에 반해, 운송업은 운송물의 이동을 통하여 동적으로 상품거래에 기여한다는 점에서 상이하다.

창고임치계약은 낙성·불요식의 계약이며, 유상·쌍무계약이다. 즉 임치계약에 있어서 통상적으로 창고증권을 발행하지만 이는 임치계약의 성립요건은 아니다. 그리고 낙성계약이므로 물건의 인도는 계약의 성립요소가 아니다.

2. 창고업자의 의무

(1) 임치물보관의무

창고업자는 물건의 임치가 유상·무상이든 선량한 관리자의 주의로써 임치물을 보관한다(62조). 창고업자는 물건의 보관에 있어서 전문적인 지식이 있는

81) 정찬형, 364면; 최준선, 390면에서는 운송주선인이나 운송인이 영업의 편의를 위하여 운송물을 일시 보관한다고 하여서 창고업자라고 할 수는 없으나, 임치의 인수도 영업으로 하는 경우에는 창고업자의 지위도 겸하게 된다고 설명한다.

자이므로 민법상 임치인보다 높은 수준의 의무를 진다.[82] 그리고 보관에 있어서 특약 또는 관행이 없는 한 다른 창고업자에게 하청을 주지 못한다.

임치기간에 대한 특약이 있으면 그에 따르고, 특약이 없으면 부득이한 사유를 제외하고 창고업자는 임치를 받은 날로부터 6월간은 보관하여야 하며, 6개월이 지난 후에는 언제든지 이를 반환할 수 있다(163조 1항).

(2) 창고증권교부의무

창고업자는 임치인의 청구에 의하여 창고증권을 교부하여야 한다(156조 1항). 창고증권의 이용에 관한 법률관계는 운송업에 관한 화물상환증과 유사하나, 창고업의 특성상 차이가 발생한다. 이에 대하여는 후술한다.

(3) 임치물의 검사·견품적취·보존처분행위에 응할 의무

임치인 또는 창고증권소지인은 창고업자의 영업시간 내에는 언제든지 창고업자에 대하여 임치물의 검사·견품의 적취를 요구하거나 그 보존에 필요한 처분을 할 수 있으며, 임치인 또는 창고증권소지인의 요구가 있는 경우 창고업자는 이에 응하여야 한다(161조). 이러한 창고업자의 의무는 창고업의 본질적인 특성상 창고시설의 이용과 관련하여 법이 인정하는 의무이므로 별도의 보수를 청구할 수 없다.[83]

(4) 임치물의 훼손·하자 등의 통지의무

물건의 훼손 또는 하자를 발견하거나 그 물건이 부패할 염려가 있는 때 또는 가격하락의 상황을 안 때에는 지체 없이 임치인에게 통지를 발송하여야 한다(168조, 108조 1항). 임치인의 지시를 받을 수 없거나 지시가 지연되는 경우에는 적당한 처분을 할 수 있다(168조, 108조 2항). 여기서 적당한 처분이라 함은 상거래의 통념상 받아들여질 수 있는 처분을 말하며, 전매도 포함될 수 있다.

그러나 위탁매매에 관한 상법 108조 2항을 창고업자에게 준용하는 것은 바람직하지 않다. 왜냐하면 위탁자를 위해 자기명의로 법률행위를 해야 하는 위탁매매인과 단지 물건의 보관이라고 하는 사실행위를 하는 창고업자의 지위를 동일

82) 최준선, 391면.
83) 이철송, 537면.

하게 취급하는 것은 타당하지 않기 때문이다.[84] 입법적 재고를 요하는 부분이다.

(5) 임치물반환의무

임치기간에 대한 특약이 있으면 그에 따르고, 특약이 없으면 부득이한 사유를 제외하고 창고업자는 임치를 받은 날로부터 6월간은 보관하여야 하며, 6개월이 지난 후에는 언제든지 이를 반환할 수 있다(163조 1항). 그러나 부득이한 사유가 있는 경우에는 언제든지 임치물을 반환할 수 있다(164조). 임치물을 반환하고자 하는 경우에는 부득이한 경우를 제외하고는 2주간 전에 최고하여야 한다(163조 2항, 164조).

한편 임치인은 보관기간에 관계없이 언제든지 임치물의 반환을 청구할 수 있다고 보는 견해[85]가 있는데, 임치의 특성상 일정한 장소를 요하는바 창고업자가 다른 임치의 기회를 상실하였을 수도 있다는 점을 생각한다면 일정 기간 최고 후 반환하여야 한다고 풀이하는 것이 적절하다. 왜냐하면 그렇게 하는 것이 창고업자가 반환하는 경우에 2주간의 최고기간을 부여한 것(163조 2항)과 형평상 맞을 것이기 때문이다.

창고증권이 발행된 경우에는 그 소지인에게만 증권과 상환하여 임치물을 반환할 의무를 진다(157조, 129조).

(6) 손해배상책임

(가) 손해배상책임의 내용

창고업자는 자기 또는 사용인이 임치물의 보관에 관하여 주의를 해태하지 아니하였음을 증명하지 아니하면 임치물의 멸실·훼손에 대하여 손해를 배상할 책임을 면하지 못한다(160조). 여기에서 임치물의 멸실이라 함은 물리적인 멸실뿐만 아니라 타인에게 임치물이 인도됨으로써 정당한 권리자가 반환받지 못하게 된 경우도 포함한다.[86] 이러한 창고업자의 책임은 과실책임이며, 창고업자가 무과실에 대한 입증책임을 진다.

---

84) 이철송, 538면; 김성태, 703면.
85) 최준선, 393면; 정찬형, 367면.
86) 대법원 1978. 9. 26. 선고 78다1376 판결; 대법원 1981. 12. 22. 선고 80다1609 판결.

(나) 특별소멸사유

창고업자의 손해배상의 범위에 관하여는 고가물의 임치나 손해배상액에 관한 특칙이 없으므로 민법상 일반원칙에 의하여 상당인과관계에 있는 모든 손해를 배상하여야 한다고 보는 것이 통설의 입장이다.

창고업자의 책임은 임치인 또는 창고증권소지인이 유보 없이 임치물을 수령하고 보관료 기타의 비용을 지급한 때에는 소멸한다(168조, 146조 1항 본문). 그러나 즉시 발견할 수 없는 훼손 또는 일부멸실이 있는 경우에는 운송물을 수령한 날로부터 2주간 내에 창고업자에게 통지를 발송한 경우와 창고업자 또는 그 사용인에게 악의가 있는 경우에는 소멸되지 않는다(168조, 146조 1항 단서). 전항의 규정은 창고업자 또는 그 사용인이 악의인 경우에는 적용하지 아니한다(168조, 146조 2항).

(다) 단기소멸시효

임치물의 멸실 또는 훼손으로 인하여 생긴 창고업자의 책임은 그 물건을 출고한 날로부터 1년이 경과하면 소멸한다(166조 1항). 임치물의 전부 멸실의 경우 위 기간은 임치인과 알고 있는 창고증권소지인에게 그 멸실의 통지를 발송한 때로부터 기산한다(166조 2항). 전항의 규정은 창고업자 또는 그 사용인이 악의인 경우에는 적용하지 아니한다(166조 3항).[87]

3. 창고업자의 권리

(1) 임치물인도청구권

창고임치계약이 체결된 후에 임치인이 지체 없이 임치물을 인도하지 않으면 임치계약을 해제할 수 있으며, 이에 대하여 창고업자는 손해배상을 청구할 수 있다.

(2) 보관료와 비용상환청구권

보관료에 관한 특약이 없는 경우에도 상인은 당연히 보수청구권을 가지므로(61조) 이를 청구할 수 있다.

87) 여기서 악의라 함은 임치물을 인도받은 자가 그 임치물을 반환받을 정당한 권리자가 아님을 알면서 출고한 경우이다.

임치물에 관한 보험료·수입세 등의 비용이나 체당금을 지출한 경우에는 출고할 때 상환청구를 할 수 있으며, 보관기간 경과 후에는 언제든지 출고 전이라도 청구할 수 있다(162조 1항). 일부출고시에도 그 비율만큼 보관료 및 체당금의 지급을 청구할 수 있다(162조 2항).

(3) 유 치 권

상법은 창고업자에 대하여는 위탁매매인과 운송주선인, 운송인과 같은 특별한 상사유치권을 규정하고 있지 않다. 그러나 보관료와 비용상환청구권에 관하여 임치물에 대한 민법상의 유치권과 임치인이 상인인 경우에는 상인 간의 유치권을 행사(58조)할 수 있는 것으로 풀이하여야 한다.[88]

(4) 공탁권과 경매권(자조매각권)

창고업자는 상사매매에 있어서의 매도인과 마찬가지로 임치인 또는 창고증권소지인이 임치물의 수령을 거부하거나 수령불능인 경우에 임치물을 공탁하거나 경매할 수 있다(165조, 67조 1항·2항).

(5) 손해배상청구권

임치물의 성질 또는 하자로 인하여 생긴 손해에 관하여 그 성질 또는 하자를 안 때를 제외하고 임치인에 대하여 손해배상을 청구할 수 있다(민법 697조).

(6) 채권의 단기소멸시효

창고업자의 임치인 또는 창고증권소지인에 대한 채권은 임치물을 출고한 날로부터 1년의 소멸시효로 소멸된다(167조).

4. 창고증권

(1) 의 의

창고증권은 창고업자에 대한 임치물반환청구권을 표창하는 유가증권으로

---

88) 이철송, 542면; 최준선, 396면.

서 임치인의 청구에 의하여 창고업자가 교부한다(156조). 재산적 가치를 지니므로 입질(入質)이 가능하다.

창고증권에는 화물상환증에 관한 규정이 준용된다(157조, 129조 내지 133조).

창고증권에 대한 입법은 ① 임치물의 양도, 입질을 단일의 증권에 의하도록 하는 단권주의, ② 입질증권과 예증권(預證券)의 2가지를 발행하여 전자는 임치물의 질권설정을 위하여, 후자는 양도를 위하여 사용하도록 하는 복권주의, ③ 단권과 복권의 양자를 인정하고 당사자의 선택에 따라 발행하는 병용주의가 있다.

우리 상법은 단권주의를 택하면서, 임치물을 입질한 경우에 질권자의 승낙을 얻어 임치물을 반환청구할 수 있도록 하고(159조), 분할부분에 대한 창고증권의 청구를 가능하게 하여(158조) 단권주의의 단점을 보완하고 있다.

(2) 발행과 방식

창고증권은 임치인의 청구에 의해 창고업자가 발행한다(156조 1항). 창고증권소지인은 창고업자에 대하여 그 증권을 반환하고 임치물을 분할하여 각 부분에 대한 창고증권의 교부를 청구할 수 있다(158조 1항). 그러나 임치물의 분할과 증권교부의 비용은 증권소지인이 부담한다(158조 2항).

(3) 창고증권의 양도

창고증권은 화물상환증과 같이 법률상 당연한 지시증권이므로 기명식으로 발행된 경우에도 배서금지의 표시가 없는 한 배서에 의하여 양도되며(157조, 130조), 무기명식 또는 선택무기명식으로 발행된 경우에는 단순한 교부에 의하여 양도된다(65조, 민법 523조, 525조).

(4) 창고증권의 효력

창고증권에는 화물상환증과 같은 물권적·채권적 효력이 있다(157조).

포장된 대로 임치를 한 경우 그 내용에 대하여는 책임을 지지 않는다는 부지약관(不知約款)의 효력에 대하여는 이를 인정하는 견해[89]들이 있다. 이에 따르

89) 김성태, 714면; 정동윤, 288면.

면 창고업자가 임치물의 내용을 알고 있었거나 쉽게 알 수 있었을 경우에는 창고증권상 부지약관이 삽입되어 있었다고 하더라도 그 효력을 인정하지 않는다고 보고, 따라서 내용검사에 많은 비용과 임치물의 가치저하를 가져오는 경우에는 부지약관의 효력을 인정할 수 있다고 하여 제한적인 범위에서 이를 인정한다.[90]

(5) 창고증권에 의한 입질과 일부출고

창고증권의 소지인이 임치물을 입질하는 경우에는 채권자와 질권설정계약을 체결하고 창고증권을 질권자에게 교부하여야 한다(157조, 133조, 민법 330조). 따라서 채무를 변제하기 전에는 임치물의 반환을 청구할 수 없다.

그러나 상법에서는 질권자의 승낙만 있으면 변제기 전이라고 하더라도 임치물의 일부반환을 청구할 수 있도록 규정하고 있다(159조 1문). 이 경우에 창고업자는 반환한 임치물의 종류, 품질, 수량을 창고증권에 기재하여야 한다(159조 2문).

제8절 특수한 상거래

리스, 프랜차이즈, 및 팩터링은 우리 상법 1995년 개정시에 편입되었는데, 상법규정을 신설함으로써 만들어진 상행위가 아니고 그 이전부터 존재하던 새로운 상행위의 형태를 입법적으로 수용한 것이다. 그러나 구체적인 법률관계에 관한 규정이 없어 약관 등에 의존하여 규제되던 것을 2010년 상법개정으로 구체적인 법률관계에 적용되는 규정을 마련하였다.

1. 금융리스업(finance lease)

(1) 리스의 개념와 거래구조

(가) 리스의 의의

리스(lease)는 크게 나누어 금융리스와 운용리스로 나뉜다. 전자는 lease이용

---

90) 김성태, 714면. 그런데 증권의 문언성에 관한 상법 131조를 강행규정으로 해석하면 부지약관은 무효라고 보아야 할 것이다.

자(대여시설이용자: lessee)가 필요로 하는 특정물건(즉 공장시설 등의 범용성(汎用性)이 없는 물건)을 lease업자(시설대여자: lessor)가 이를 구매하여 조달하여 주고 대여기간 중 지급받는 대가로 비용을 충당하는 것을 말하며, 후자는 이용자가 원하는 물건을 리스업자의 유지·관리책임 아래 일정한 정기적인 대가를 받고 물건을 이용하게 하는 것으로서 대체적으로 범용성이 있는 물건(예컨대 복사기, 자동차 등)을 대상으로 하며 단기간의 운용리스[91]를 rental이라고도 한다.

리스계약의 법적 성질에 대하여는 특수임대차계약설과 무명계약설(無名契約說)이 대립한다. 전자에 따르면 민법 652조의 임대차규정에서 강행규정으로 정한 것을 제외하고는 원칙적으로 임의규정이므로 자유롭게 그 조건을 당사자들이 약정할 수 있다. 후자는 리스계약이 민법상 전형계약 중 어디에도 속하지 아니하는 계약이고, 임대차, 소비대차, 매매 등의 요소가 혼합된 특수한 무명계약이라고 보는 견해이다.[92]

(나) 리스거래의 구조

리스계약과 관련된 당사자는 공급자(supplier), 리스업자(lessor), 그리고 이용자(lessee)의 3자이며 계약의 체결과 이행구조는 다음과 같다.

일반적으로 리스계약은 먼저 리스이용자가 자신이 필요로 하는 물건의 공급자(supplier)와 협의하여 가격·인도시기에 관한 실질적인 내용의 합의를 한 다음(①), 리스회사에 이에 대한 리스를 신청하면 리스회사가 리스이용자의 신용상태를 조사하고 승낙여부를 결정한 뒤에, 리스이용자와 리스계약을 체결한다(②). 그리고 리스회사는 공급자와 리스이용자가 합의한 내용대로 매매계약을 체결하고(③) 공급자는 이용자에게 리스물건을 인도하고 리스이용자는 리스물건수령증을 발급한다(④). 마지막으로 리스회사는 공급자에게 대금을 지급하며(⑤) 리스이용자는 리스회사에 리스료를 지급하게 된다(⑥).

---

91) 운용리스는 금융리스에 비하여 단기간이며, 금융보다는 컴퓨터, 자동차, 비행기 등의 물건의 대여라는 서비스에 중점이 있어서 언제든 리스계약을 해지할 수 있고, 물융이용자는 서비스료만 납부하면 물융물건의 수선, 납세 등에 책임을 지지 않으며, 운용리스의 법적 성질은 임대차와 유사하다.

92) 대법원 1986. 8. 19. 선고 84다카503·504 판결; 대법원 2001. 2. 9. 선고 2000다52929 판결.

〈리스 구조도〉

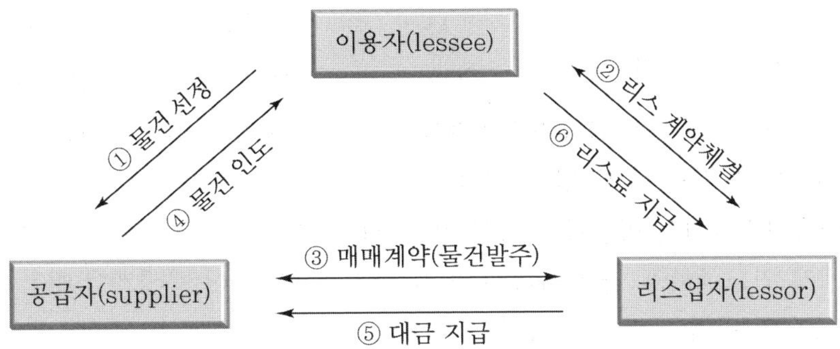

(2) 리스계약의 법률관계

상법 제2편 제12장은 금융리스업자의 의무와 책임, 금융리스계약의 성립시기 및 물건 인도와 관련된 금융리스이용자 및 공급자의 책임, 금융리스계약 해지 등에 관하여 필요한 최소한의 조문만으로 금융리스업을 규정하고 있다. 금융리스업은 리스의 유형 중에서 운용리스를 제외한 영역을 의미하는데, 상법은 이를 금융리스이용자가 금융리스물건을 공급자로부터 취득하거나 대여받아 금융리스이용자에게 이용하게 하는 것을 내용으로 하는 영업으로 정의하고 있다(168조의2 1항).

금융리스업자는 금융리스이용자가 금융리스계약에서 정한 시기에 금융리스계약에 적합한 금융리스물건을 수령할 수 있도록 하여야 한다(168조의3 1항). 이는 금융리스업자가 금융리스이용자가 금융리스물건을 수령할 수 있도록 협력하여야 하는 의무를 규정하고 있다. 금융리스이용자는 금융리스물건을 수령함과 동시에 금융리스료를 지급하여야 한다(168조의3 2항). 이는 금융리스계약은 금융리스물건의 수령으로부터 개시하되 금융리스료의 지급과 금융리스물건의 인도가 동시이행의 관계에 있기 때문이다.[93]

만일 금융리스물건수령증을 발급한 경우에는 금융리스계약 당사자 사이에 적합한 금융리스물건이 수령된 것으로 추정한다(168조의3 3항). 이는 업계의 현실을 반영하여 금융리스이용자가 물건수령증을 발급한 경우에는 금융리스물건

93) 대법원 1997. 11. 14. 선고 97다6193 판결.

을 수령한 것으로 추정하는 것이다. 이러한 수령추정은 2010년 상법개정 이전부터 일관되게 유지하여 온 대법원 판례[94]를 수용한 것이다.

(3) 당사자의 의무

금융리스이용자는 금융리스물건을 수령한 이후에는 선량한 관리자의 주의로 금융리스물건을 유지 및 관리하여야 한다(168조의3 4항).

금융리스물건의 공급자는 공급계약에서 정한 시기에 그 물건을 금융리스이용자에게 인도하여야 한다(168조의4 1항). 금융리스물건이 공급계약에서 정한 시기와 내용에 따라 공급되지 아니한 경우 금융리스이용자는 공급자에게 직접 손해배상을 청구하거나 공급계약의 내용에 적합한 금융리스물건의 인도를 청구할 수 있다(168조의4 2항). 이러한 직접적인 손해배상청구권이 인정되는 경우는 공급자와 금융리스업자 간의 공급계약에서 동 계약이 금융리스업자와 금융리스이용자 간의 리스계약을 이행하기 위한 계약임을 명시한 경우에 한한다. 만약 그러한 명시가 없다면 금융리스이용자는 금융리스업자로부터 채권을 양도받아야만 손해배상을 청구할 수 있는데, 이에 관해서는 제3항에서 금융리스이용자의 권리행사에 대하여 금융리스업자의 협력의무로 명시하고 있다.

(4) 금융리스계약의 해지

금융리스계약은 해지에 의하여 중도에 종료하게 되는데, 금융리스이용자의 책임 있는 사유로 금융리스계약을 해지하는 경우에는 금융리스업자는 잔존 금융리스료 상당액의 일시 지급 또는 금융리스물건의 반환을 청구할 수 있다(168조의5 1항). 이에 따른 금융리스업자의 청구는 금융리스업자의 금융리스이용자에 대한 손해배상청구에 영향을 미치지 아니한다(168조의5 2항).

금융리스이용자는 중대한 사정변경으로 인하여 금융리스물건을 계속 사용할 수 없는 경우에는 3개월 전에 예고하고 금융리스계약을 해지할 수 있다. 이 경우 금융리스이용자는 계약의 해지로 인하여 금융리스업자에게 발생한 손해를 배상하여야 한다(168조의5 3항). 천재지변 기타 금융리스이용자가 책임없는 사유로 금융리스물건이 멸실·훼손 내지 도난당한 경우에도 모든 책임과 위험은 금

---

94) 대법원 1995. 5. 12. 선고 94다2862·2879 판결; 대법원 1995. 7. 14. 선고 94다10511 판결.

융리스이용자가 부담하여야 한다. 이는 금융리스업은 금융리스업자가 금융리스이용자에게 물건매입대금을 융자하는 물적금융의 성격을 띠고 있으므로 금융리스료의 변제에 있어서 금융리스물건의 멸실이 면책사유가 될 수 없기 때문이다

2. 가맹업(franchise)

(1) 개 요

주로 프랜차이즈 거래가 약관에만 의존하다보니 다양하게 발생할 수 있는 분쟁의 소지를 줄이며, 프랜차이즈 산업의 발전을 도모하기 위한 차원에서 정부는 제13장을 신설하여 가맹업의 의의, 가맹업자와 가맹상의 의무, 가맹상의 영업양도 제한, 계약의 해지 등 기본적 사항에 관하여 규정하고 있다. 상법 168조의6은 프랜차이즈에 관련된 대표적인 법률인 「가맹사업거래의 공정화에 관한 법률」 2조(정의)와 「가맹사업 진흥에 관한 법률」 2조(정의)를 참조하여 작성된 것으로서, 상법의 성격상 상인으로서의 지위를 드러낼 필요가 있어 '가맹업자'와 '가맹상'이라는 용어를 사용하고 있다.

(2) 가맹업의 의의

가맹업(Franchise)은 상법 46조 20호에서 '상호·상표 등의 사용허락에 의한 영업에 관한 행위'라고 규정되고 있는데, 독립상인 간에 가맹상(프랜차이즈이용자: franchisee)이 가맹업자(프랜차이즈설정자: franchisor)의 상호나 상표 기타 영업에 관한 표지를 이용하며, 아울러 자신의 영업활동에 관해 부분적으로 타방의 지휘·감독을 받기로 하고 그에 대가를 지급하는 계약을 말한다(168조의6).

프랜차이즈계약은 상호·상표의 사용허락이 계약의 출발점이 된다. 이러한 상호·상표의 허락에 대하여 가맹상은 일정한 프랜차이즈료를 지급하고 가맹업자의 일정한 지시·통제에 따라서 영업활동을 하게 된다. 지시·통제의 주된 내용은 상호·상표의 사용방법, 점포의 입지, 광고 및 각종 표지물의 형식, 영업시간, 직원의 제복 등에 관한 내용이 된다.

가맹상은 가맹업자와는 독립적인 관계에 있으므로 영업의 결과는 가맹상에게 귀속된다. 가맹업자는 일정한 가맹료(프랜차이즈료)만 수령하게 된다.

(3) 가맹업자와 가맹상의 의무

가맹사업거래의 공정화에 관한 법률(이하 "가맹사업법"으로 줄임)에서는 가맹사업당사자가 가맹사업을 영위함에 있어서 각자의 업무를 신의에 따라 성실하게 수행하여야 한다(가맹사업법 4조)고 규정하고 있는데, 상법은 이러한 내용의 규정이 없지만 당연히 적용되는 것으로 보아야 할 것이다.

상법 168조의7은 가맹사업의 필수적인 요소라고 할 수 있는 가맹업자의 가맹상 영업에 대한 지원의무와 가맹영업지역에서의 경업을 금지하는 의무를 규정하고 있다. 즉, 가맹업자는 가맹상의 영업을 위하여 필요한 지원을 하여야 하며(168조의7 1항), 가맹업자는 다른 약정이 없으면 가맹상의 영업지역 내에서 동일 또는 유사한 업종의 영업을 하거나, 동일 또는 유사한 업종의 가맹계약을 체결할 수 없다(168조의7 2항).

상법 168조의8은 가맹업의 지속적인 유지·발전이 가능하도록 하기 위하여 가맹업자의 영업에 관한 권리침해금지의무, 영업비밀준수의무를 가맹상에게 부과하고 있다. 즉, 가맹상은 가맹업자의 영업에 관한 권리가 침해되지 아니하도록 하여야 하며(168조의8 1항), 가맹상은 계약이 종료한 후에도 가맹계약과 관련하여 알게 된 가맹업자의 영업상의 비밀을 준수하여야 한다(168조의8 2항). 가맹상의 영업비밀준수의무는 설령 계약기간이 끝나기 전이라도 중도에 종료되더라도 부담하여야 하며, 이는 상법 92조의3(대리상의 영업비밀준수의무)과 그 내용이 유사하다.

상법 168조의9 1항은 가맹상이 영업양도를 하기 위해서는 가맹업자의 동의를 얻어야만 가능하도록 하고 있는데, 이는 가맹업자와 가맹상 간의 관계는 고도의 신뢰를 바탕으로 하는 계속적 계약관계일 뿐만 아니라 가맹상의 지위가 양도되는 영업양도는 가맹업자의 이해가 걸려 있다는 점에서 적절하다. 이와 동시에 가맹상이 자신이 투자한 자금을 회수하는 길도 열어두어야 한다. 그러한 차원에서 동조 2항은 가맹업자는 특별한 사유가 없으면 영업양도에 동의하여야 하는 것으로 규정하고 있다

(4) 계약의 해지

가맹계약상 존속기간에 대한 약정의 유무와 관계없이 부득이한 사정이 있

으면 각 당사자는 상당한 기간을 정하여 예고한 후 가맹계약을 해지할 수 있다(168조의10). 그러나 가맹업자와 가맹상의 교섭력이 동등하지 않다는 현실을 감안한다면 '부득이한 사정'의 요건을 확대해석하여 가맹업자가 계약해지권한을 악용할 우려가 있다.95) 특히 부득이한 사정 때문에 가맹계약의 어느 일방 당사자가 해지함으로 인하여 다른 당사자가 손해를 입은 경우는 금융리스계약 해지시의 경우(168조의5 3항)와 마찬가지로 손해배상책임을 인정할 필요가 있을 것이지만 현행 상법은 아무런 규정을 두지 않고 있다.

3. 채권매입업(factoring)

상법은 제14장에서 채권매입법과 관련하여 팩터링업자의 의의와 채권매입업자의 상환청구에 관한 규정만을 두고 있다. 채권매입업은 팩터링이라고 불리기도 하며, '영업상 채권의 매입·회수 등에 관한 행위'로서 기본적 상행위의 한 유형으로 규정되어 있다(46조 21호). 이는 물건판매상인이 외상판매채권을 전문적인 채권매입업자에게 양도하여 이러한 채권을 관리·회수하도록 하는 것이다. 여기서 채권매입업자라 함은 타인이 물건·유가증권의 판매, 용역의 제공 등에 의하여 취득하였거나 취득할 영업상의 채권(이하 "영업채권"이라 함)을 매입하여 회수하는 것을 영업으로 하는 자를 말한다(168조의11). 이처럼 상법은 채권매입업자를 정의함에 있어 상법 46조 21호와 일관성을 유지하기 위하여 영업채권의 매입과 회수기능을 중심으로 채권매입업자를 정의하고 있다.96) 그러므로 매입과 회수업무를 모두 수행하여야만 채권매입업자가 된다. 팩터링계약은 일반적으로 일정한 기간 동안 다수의 장래채권을 이전할 것을 내용으로 한다. 말하자면, 팩터링계약은 계속적 계약의 성격을 가지고 있다. 이에 채권매입업자를 정의하면서 양도대상 영업채권에 장래채권을 포함시키고 있는 것이다.

채권매입계약에서는 기업(client)의 매출채권을 채권매입업자(factor)에 양도하는 것이 주된 부분이다. 지명채권의 양도는 양도인이 채무자에게 통지하거나

95) 최영홍, "프랜차이즈 관련 상법 개정안의 고찰," 「상사법연구」 제28권 제2호(한국상사법학회, 2009), 89-90면.

96) 김홍기, "채권매입업(factoring)의 법적 쟁점과 상법개정안의 검토," 「상사법연구」 제28권 제2호(한국상사법학회, 2009), 110면.

채무자가 승낙하지 아니하면 채무자 기타 제3자에게 대항하지 못한다(민법 450조 1항). 따라서 채권매입에 있어서도 채권양도인(기업: client)은 채무자에 대하여 채권매입업자에 대한 채권양도의 사실을 통지하여야 한다.

채권매입계약이 체결된 후에 소비자의 무자력이나 물건매매계약의 하자로 인하여 채권매입업자가 채권의 변제를 받지 못하게 되는 경우에 이러한 채권회수불능의 위험을 누가 부담하느냐가 문제된다. 팩터링은 크게 진정팩터링와 부진정팩터링으로 나누어진다. 전자는 채권매입업자가 위험을 부담하는 경우이며, 후자는 제3채무자가 파산이나 무자력으로 되는 경우 채권매입계약의 채무자가 그 위험을 부담하는 팩터링을 의미한다. 상법은 '영업채권의 채무자가 그 채무를 이행하지 아니하는 경우 채권매입업자는 채권매입계약의 채무자에게 그 영업채권액의 상환을 청구할 수 있다'(168조의12)고 하여 채권매입업자의 상환청구를 규정하고 있기 때문에 우리 상법상 채권매입업은 부진정팩터링(factoring with recourse, recourse factoring)이 원칙임을 밝히고 있다.[97] 다만, 채권매입계약에서 다르게 정할 수도 있기 때문에(168조의12 단서) 우리 상법상 진정(眞正)팩터링의 형태도 가능하다.

97) 이철송, 579면; 정찬형, 397면.

선택형 연구

선택형 연구 1(서론/총칙)

선택형 연구 2(상행위)

선택형 연구 1

1. 상법에 관한 다음 설명 중 가장 옳은 것은?

① 상법전은 자치법규인 정관에 우선하여 적용될 수 있다.
② 형식적 의의의 상법은 모두 실질적 의의의 상법에 속한다.
③ 상법상 특수사채 규정은 민법의 상화현상의 일례라고 볼 수 있다.
④ 거래당사자 일방의 행위가 상행위인 경우에는 그 일방에 대해서만 상법이 적용된다.
⑤ 보통거래약관은 기업의 유지·강화라는 특성이 반영된 제도이다.

〈해설〉
① 상법전의 규정 중 강행법규는 자치법규에 우선하여 적용된다.
② 형식적 의의의 상법인 상법전에는 입법정책에 따라 벌칙규정 등의 공법적 내용이 담겨 있어, 형식적 의의의 상법이 모두 실질적 의의의 상법에 해당한다고 볼 수 없다.
③ 상법상 특수사채 규정은 상법의 고유 영역으로 민법과 상법이 접근하여 합해지는 현상으로 볼 수 없다.
④ 일방적 상행위인 경우에도 당사자 전원에 대하여 상법이 적용된다(3조).
⑤ 기업 거래의 반복성과 집단성을 고려하여 법률관계를 정형화한 제도이다(기업활동측면의 특성).

정답 : 1

2. 다음 보기의 설명 중 외관존중주의와 관련 있는 것만으로 묶인 것은?

〈보기〉
㉠ 회사가 설립절차의 하자로 인하여 설립취소의 소가 제기되었어도, 판결이 확정될 때까지 유효하게 설립된 경우와 동일하게 취급한다.
㉡ 상인은 그 성명 기타 명칭으로 상호를 정할 수 있다.
㉢ 물건판매점포의 사용인은 그 판매에 관한 모든 권한이 있는 것으로 의제된다.
㉣ 주식회사는 주주권을 유통성 있는 주권으로 발행하여야 한다.
㉤ 상행위의 대리인이 본인을 위한 것임을 표시하지 아니하여도 그 행위는 본인에 대하여 효력이 있다.

ⓑ 고의 또는 과실로 사실과 다른 사항을 등기한 자는 그 다름으로 선의의 제3자에게 대항하지 못한다.
ⓢ 상인이 그 영업부류에 속하는 계약의 청약을 견품 기타 물건과 함께 받은 경우에는, 거절한 때에도 청약자의 비용으로 그 물건을 보관하여야 한다.

① ㉠, ㉡, ㉦
② ㉠, ㉢, ㉥
③ ㉢, ㉣, ㉤
④ ㉢, ㉣, ㉥
⑤ ㉣, ㉤, ㉦

〈해설〉
㉠ 사실상의 회사제도 — 외관존중의주의, 기존상태존중주의
㉡ 상호선정의 자유 — 기업의 유지·강화
㉢ 외관을 근거로 하는 대리권 의제 — 외관존중주의
㉣ 자본집중의 촉진 — 기업의 유지·강화
㉤ 상행위 대리의 비현명주의 — 거래의 간이·신속
㉥ 부실등기의 효력 — 외관존중주의
㉦ 물건보관의무 — 엄격책임주의

정답 : 2

3. 다음 중 상관습법에 해당한다고 볼 수 있는 것은?
① 미완성의 약속어음도 보충권이 존재하면 유효하다.
② 운송인이 은행의 선취보증서를 받으면 선하증권과 상환하지 않고 운송물을 인도할 수 있다.
③ 자금사용자나 자금용도가 특정되어 있는 지급보증서는 유가증권이다.
④ 은행은 예금통장의 제시가 없어도 예금지급청구서에 찍힌 인영과 미리 계출된 인영이 맞기만 하면 예금을 지급할 수 있다.
⑤ 주식의 양도는 주권을 교부하여야 한다.

〈해설〉
① 백지어음제도는 어음법에 명문화되었다(어음법 10조 참조).
② 대법원은 운송인이 선하증권이 오기 전에 화물선취보증서만 받고 운송물을 인도하는 보증도의 상관습은 있다고 판결하여 상관습법으로 인정하였다(대법원 1974. 12. 10.

선고 74다376 판결).
③ 대법원은 자금사용자나 용도가 특정되어 있는 지급보증서를 유가증권으로 유통시키는 상관습은 인정할 수 없다고 판결하였다(대법원 1967. 5. 16. 선고 67다311 판결).
④ 대법원은 예금통장 없이 인영확인만으로 은행이 예금을 지급하는 상관습은 인정할 수 없다고 판결하였다(대법원 1962. 1. 11. 선고 4294민상195 판결).
⑤ 상법 336조의 내용이다.

정답 : 2

4. 다음 설명 중 약관에 관한 대법원의 판결 내용으로 볼 수 없는 것은?
① 보통거래약관의 내용이 명백하지 못하거나 의심스러운 때에는 약관작성자에게 불리하게 제한해석해야 한다.
② 보통보험약관이 계약당사자에 대하여 구속력을 갖는 것은 보험계약당사자 사이에서 계약내용에 포함시키기로 합의하였기 때문이다.
③ 불공정한 약관조항은 단순한 예문에 불과한 것으로 당사자에게 구속력이 없다.
④ 보통보험약관을 계약내용에 포함시킨 보험계약서를 스스로 작성한 이상 보험업자가 약관의 명시·설명의무를 위반하지 않은 한 계약자가 위 약관내용을 알지 못한다는 이유로 약관의 구속력에서 벗어날 수 없다.
⑤ 보험계약자가 보험계약서를 스스로 작성하였으면, 보험대리점이 보통보험약관과 다른 내용을 설명하였다 하더라도 당사자에게 약관의 구속력이 있다.

〈해설〉
① 대법원 2005. 10. 28. 선고 2005다35226 판결.
② 대법원 1985. 11. 26. 선고 84다카2543 판결.
③ 대법원 1984. 6. 12. 선고 83다카2159 판결.
④ 대법원 1989. 11. 14. 선고 88다카29177 판결.
⑤ 보험대리점의 약관과 다른 설명은 그 다른 설명이 보험계약의 내용이 된다(대법원 1989. 3. 28. 선고 88다4645 판결).

정답 : 5

5. 상법의 법원과 적용순서에 관한 다음 설명 중 가장 옳은 것은?

① 상법 1조는 민법도 상법의 법원임을 밝히고 있다.
② 상법전에 규정이 없는 경우에만 보충적으로 상관습법을 적용한다.
③ 상관습법이 민법전에 우선하여 적용된다는 것은 성문법우선주의의 예외를 인정한 것이다.
④ 회사의 정관은 상법의 강행법규에 반하지 않는 한 상법에 우선한다.
⑤ 조리(條理)는 상법의 법원이 될 수 없다.

〈해설〉
① 상법 1조는 상법의 법원으로 민법을 규정한 것이 아니고, 민법은 상법의 법원은 아니지만 상사에 관하여 적용된다는 것을 선언하고 있다.
② ③의 기술은 관습법의 보충적 효력설에 따른 설명이다. 관습법의 대등적 효력설에 따르면 옳지 않은 설명이 된다.
⑤ 조리의 법원성에 대하여는 긍정설과 부정설의 대립이 있다.

정답 : 4

6. 다음 상법상 제도 중 거래안전과 가장 관련이 적은 것은?

① 표현지배인제도 ② 확정기매매의 해제 제도
③ 명의대여자의 책임 ④ 사실상의 회사 제도
⑤ 항공운송증서 기재의 효력

〈해설〉
② 거래의 간이·신속을 위한 제도이다.

정답 : 2

7. 甲은 밭에서 자신이 재배한 딸기를 직접 판매하기 위하여 乙은행으로부터 자금을 차입하여 시장내에 점포를 개설하고 장사를 시작하였다. 甲은 장사가 잘 되자 점포를 확장하기 위하여 丙과 점포확장공사계약을 체결하였다. 다음 설명 중 가장 옳지 않은 것은(다툼이 있는 경우에는 판례에 의함)?

① 甲의 딸기 판매행위는 상법 46조 1호의 매매에 해당한다.
② 甲은 설비상인에 해당한다.

③ 甲은 乙과의 자금차입계약 체결시부터 상인이다.
④ 丙의 甲에 대한 공사대금채권의 소멸시효는 3년이다.
⑤ 만일 甲이 길가에서 행상(行商)을 했다면 상인이 아니다.

〈해설〉
① 판례는 이 같은 행위를 46조 1호의 매매에 해당하는 것으로 보나(대법원 1993. 6. 11. 선고 93다7174·7181 판결) 다수설은 매매로 보지 않는다.
② 판례가 甲의 행위를 46조 1호의 매매행위에 해당하는 것으로 보고 있고, 영업성과 기업성도 만족하는 것으로 보아야 하므로 당연상인이 된다.
③ 판례에 의하면 甲은 개업준비행위시에 상인자격을 취득한다(대법원 1999. 1. 29. 선고 98다1584 판결).
④ 보조적 상행위로서 상법이 적용되는데, 64조 단서가 적용되어 민법상 도급채권의 소멸시효 3년이 적용된다(민법 163조).
⑤ 甲이 행상을 했다면 46조가 요구하는 기업성을 만족하지 못하기 때문에 상인이 아니다.

정답 : 2

8. 상법에 관한 다음 설명 중 옳지 않은 것은?
① 홍길동 세무사는 '홍길동세무사무소'를 상호로 등기할 수 있다.
② 대전광역시는 상인이 될 수 있다.
③ 법정대리인의 승낙 없이 자기명의로 전자대리점을 하는 만 16세의 김○○는 상인이다.
④ 결혼상담소를 자기명의로 운영하는 이○○는 당연상인이다.
⑤ 빌딩의 사무소를 임대하고 직원을 고용하여 투자자문업을 하는 박○○은 의제상인이다.

〈해설〉
① 세무사는 상인이 아니므로 판례는 상호등기를 허락하고 있지 않다(대법원 2008. 6. 26. 자 2007마996 결정).
② 공법인의 상행위는 다른 규정이 없는 한 상법이 적용된다(2조).
③ 행위무능력자도 자기명의로 상행위를 하면 상인이다. 다만 법정대리인 동의 없이 한 영업행위는 취소가 가능하기 때문에 그 영업행위의 효력에 제한이 가해진다.
④ 민사중개업도 상법 46조 11호에 해당하므로 당연상인이다.
⑤ 상법 5조 1항을 만족하는 설비상인이다.

정답 : 1

9. 상법상 상인에 관한 다음 설명 중 옳은 것은?

① 설립등기 후 불황으로 영업거래를 한 건도 성사시키지 못한 甲 주식회사는 상인이 아니다.

② 상인이 아닌 A가 B에게 자신의 성명을 사용하여 영업하도록 허락했으면, B의 영업행위로 A와 B는 상인이 된다.

③ 자본금 800만원의 乙 합명회사에는 상업등기의 규정이 적용된다.

④ 광산업을 운영하는 丙 주식회사는 민사회사에 해당한다.

⑤ 우유수익사업을 하던 丁 학교법인의 상인자격 상실시점은 학교법인의 청산종결등기 시점이다.

〈해설〉

① 회사의 경우는 설립목적 자체가 영리추구이므로 상행위 실행여부와 상관없이 설립등기시 상인이 된다.

② 명의대여의 경우 명의차용자가 영업행위에 의한 권리와 의무의 귀속자이므로, B만이 상인이 되는 것이지 명의대여자인 비상인 A가 상인이 되는 것은 아니다.

③ 자본금 규모에 상관 없이 회사는 소상인이 될 수 없으므로, 상업등기 규정의 적용을 받는다.

④ 광산영업은 상법 46조의 18호에 해당하므로 丙 주식회사는 당연상인으로 상사회사이다.

⑤ 비영리법인이 적법한 수익사업을 하는 경우 상인자격의 취득과 상실시점은 자연인의 경우와 동일하게 판단하면 된다.

정답 : 3

10. 다음 설명 중 상법상 상인에 관한 대법원의 판결 내용과 일치하는 것은?

① 일반 개인변호사와는 달리 법무법인에 대하여는 상호등기를 허용한다.

② 비영리법인인 새마을금고가 금고의 회원에게 자금을 대출하는 행위는 일반적으로는 영리를 목적으로 하는 행위라고 보기 어렵다.

③ 축산업협동조합이 양계업을 영위하는 상인인 조합원에게 사료를 판매하여 보유하고 있는 외상대금채권은 상사채권이 아니다.

④ 계주가 여러 개의 낙찰계를 운영하여 얻은 수입으로 가계를 꾸려 왔다면 상법 46조 8호 소정의 대금, 환금 기타 금융거래를 영업으로 운영한 것에 해당한다고 볼 수 있다.

⑤ 직무수행으로 발생한 소득에 대해 종합소득세가 부과되는 변호사는 상인으로 의제된다.

〈해설〉
① 대법원 2007. 7. 26.자 2006마334 결정 참조.
② 대법원 1998. 7. 10. 선고 98다10793 판결 참조.
③ 대법원 1993. 3. 9. 선고 92다44329 판결 참조.
④ 대법원 1993. 9. 10. 선고 93다21705 판결 참조.
⑤ 대법원 2007. 7. 26.자 2006마334 판결 참조.

정답 : 2

11. 다음 보기 중에서 상법상 상인에 해당하는 자를 모두 묶은 것은?

〈보기〉
ⓐ 甲 주식회사의 대외적 영업활동을 전담하는 대표이사 김○○
ⓑ 약사인 처 A의 명의로 영업허가를 받아 약국을 경영하는 남편 이○○
ⓒ 오리농장의 경영을 영업으로 하는 乙 유한책임회사
ⓓ 빵집을 경영하는 아들 B에게 영업자금을 대여해준 부모 박○○
ⓔ 자본금 5백만원의 떡볶기 가게를 운영하는 정○○
ⓕ 법정대리인의 허락을 얻어 丙 합명회사의 무한책임사원으로 활동하는 미성년자 최○○

① ⓐ, ⓑ
② ⓐ, ⓒ
③ ⓑ, ⓒ, ⓓ
④ ⓑ, ⓒ, ⓔ
⑤ ⓒ, ⓓ, ⓔ, ⓕ

〈해설〉
ⓐ 甲 주식회사가 상인이다.
ⓑ 영업허가의 명의나 위법성은 상인여부 판단의 기준이 아니다. 이○○는 상인이다.
ⓒ 乙 유한책임회사는 상인이다.
ⓓ 아들 B가 상인이다.
ⓔ 정○○는 상인이다(소상인).
ⓕ 丙 합명회사가 상인이다.

정답 : 4

12. 甲은 乙(만 17세)의 법정대리인이다. 다음 설명 중 옳지 않은 것은?

① 甲의 허락을 얻어 영업을 하는 乙은 상업등기부에 이를 등기하여야 한다.
② 甲이 乙을 위하여 영업행위를 대리행사하는 경우 그 대리권의 제한은 선의의 제3자에게 대항하지 못한다.
③ 乙의 영업을 허락한 甲이 이를 취소한 경우 이를 등기할 필요는 없다.
④ 甲이 乙을 위하여 영업행위를 대리하는 경우 이 같은 사항은 등기하지 않으면 선의의 제3자에게 대항할 수 없다.
⑤ 甲의 허락으로 합명회사의 무한책임사원이 된 乙은 회사채권자에 대한 책임에 있어 능력자로 의제된다.

〈해설〉
① 6조.
② 8조 2항.
③ 대리행사를 위한 등기한 것을 지체 없이 소멸등기하여야 한다(40조).
④ 37조 1항.
⑤ 7조.

정답 : 3

13. A는 甲은행 명동출장소 소장이다. 다음 설명 중 가장 옳은 것은?

① 甲은행은 은행내규에 의해 A의 융통어음 배서 권한을 금지시켰더라도 이를 선의의 제3자에게 대항할 수 없다.
② A는 명동출장소 영업의 폐지를 결정할 수 있다.
③ 甲은행의 대표이사가 이사회의 결의 없이 A를 명동출장소 소장으로 선임했다면, A의 영업행위는 甲은행에 대하여 효력이 없다.
④ A는 甲은행의 허락이 있어도 乙은행 지점의 지점장이 될 수 없다.
⑤ A가 만 17세라면 A의 명동출장소 영업행위는 甲은행에 대하여 효력이 없다.

〈해설〉
① 지배권의 제한은 선의의 제3자에게 대항할 수 없다(11조 3항, 대법원 1997. 8. 26. 선고 96다36753 판결).
② 지배인은 영업에 관한 포괄적대리권을 가지나 영업의 양도·폐지, 상호변경은 하지 못한다.

③ 이런 경우 지배인 선임행위 자체의 효력에는 문제가 없다고 보는 것이 통설적 견해이다.
④ 17조 1항.
⑤ 지배인은 행위능력자일 것을 요하지 않는다(민법 117조).

정답 : 1

14. 신촌동에서 S 전자회사의 제품을 판매하는 대리점을 운영하는 甲은 A를 지배인으로 선임하였다. 다음 설명 중 가장 옳은 것은?

① A는 근무시간 후에는 甲의 허락 없이 L 전자회사의 제품을 조달하여 판매하는 행위를 할 수 있다.
② 甲은 A가 전자부품을 제조판매하는 H 전자합명회사의 무한책임사원으로 취임한 사실을 알면서도 상당기간 방치했다면 지배인선임계약을 해지할 수 없다.
③ A가 甲의 허락 없이 친구 B의 투자로 L 전자 제품의 판매사업을 한 경우, 甲은 B에 대하여 취득한 이득의 양도를 청구할 수 있다.
④ 甲은 A가 L 전자 제품을 사적으로 조달하여 판매했다는 사실을 안 날로부터 1년 내에는 그 거래를 자신의 계산으로 한 것으로 할 수 있다.
⑤ 甲은 자신의 허락없이 L 전자대리점의 사용인으로 취임한 A를 해임하고 취득한 보수의 반환을 청구할 수 있다.

〈해설〉
① 경업금지의무는 근무시간 후에도 준수해야 한다.
② 묵시적 허락에 해당하는 경우이다.
③ 제3자의 계산으로 경업한 경우의 개입권은 甲이 A에 대하여 부당이득의 청구를 할 수 있는 것이다(17조 2항).
④ 1년이 아니고 2주간이다(17조 4항).
⑤ 겸직금지 위반에는 개입권이 인정되지 않는다.

정답 : 2

15. 상법상 지배인에 관한 다음 설명 중 옳지 않은 것은?

① 영업주 甲의 등기된 공동지배인 A, B 중 A가 단독으로 영업거래한 경우, 甲은 선의의 거래상대방에 대하여는 대항할 수 없다.

② 지배인 아닌 A와 거래한 상대방 乙이 영업주 甲에 대하여 표현지배인을 주장하기 위해서는 A가 甲의 실질적인 영업소를 바탕으로 행위를 했어야 한다.
③ 여관업자 甲의 지배인인 A가 개인채무변제를 위해 甲명의로 어음을 발행한 경우, 甲의 어음상의 책임은 없다.
④ 영업주 甲의 지배인으로 A가 등기되어 있어도, 지배인선임계약을 체결한 바가 없으면 상법상 지배인이 아니다.
⑤ 지배인 A는 변호사가 아니라도 영업주 甲을 위하여 법률에 따라 소송행위를 할 수 있다.

〈해설〉
① 다른 표현책임을 구성하지 않는 한, 공동지배인으로 등기했으므로 등기에 의해 선의의 제3자에게도 대항할 수 있다(37조 1항의 반대해석).
② 대법원 1998. 10. 13. 선고 97다43819 판결.
③ 영업에 관한 행위여부를 판단하는 문항인데, 여관업의 실태를 감안할 때 여관영업과 어음발행은 연관성이 없다고 보는 것이 옳다(대법원 1960. 12. 8. 선고 4293민상22 판결).
④ 등기의 존재가 실체적 법률관계에 영향을 미치지는 않는다.
⑤ 민사소송법 87조 참조.

정답 : 1

16. 甲회사의 중앙지점에는 차장 A와 자재부장 B 그리고 자재과장 C가 근무하고 있다. A는 乙에게 회사 운영자금명목으로 1천만원을 차입하여, 자신의 유흥비로 탕진하였다. 또한 B는 납품업자 丙과 2억원의 자재공급계약을, C는 다른 납품업자 丁과 5천만원의 자재공급계약을 체결하였다. 그런데 甲회사의 업무에 관한 내부규정에는 “부장직급의 자는 1억원 이상의 계약을 체결하지 못하고, 과장직급의 경우는 계약을 체결하지 못한다”고 정해져 있다. 다음 설명 중 가장 옳은 것은?
① A가 甲회사의 지배인으로 등기되어 있는 경우에는, 甲회사가 乙에 대하여 언제나 변제책임을 부담한다.
② 乙은 A를 지배인으로 신뢰하였다는 것을 인정받아도 甲회사에게 표현지배인의 성립을 근거로 1천만원의 이행책임을 추궁할 수 없다.
③ 甲회사는 A가 영업과는 상관없이 개인적인 유흥비를 조달할 목적으로 자금

을 차입했다는 것을 이유로 그의 1천만원 지급청구를 거절할 수 있다.

④ 甲회사는 丙에 대하여 1억원의 지급책임만을 부담한다.

⑤ 甲회사는 丁이 회사내규를 몰랐던 선의자라면 丁에 대하여 5천만원의 표현책임을 부담한다.

〈해설〉

① A가 실질적으로 지배인으로 선임된 자가 아니라면 부실등기(39조)의 책임이나 표현책임이 성립하지 않는 한 책임이 없다(중앙지점 차장이라는 직함으로 볼 때 명칭상으로 지배인으로 선임되었다고 보기 어려움).

② A는 표현지배인이 아니라고 보아야 한다. 일반거래관념상 '지점차장'은 상법 14조가 말하고 있는 지배인으로 믿을 만한 외관에 해당한다고 볼 수 없다(외관의 존재 요건 결여).

③ 영업에 관한 행위인가 여부는 행위의 객관적 성질에 따라 추상적으로 판단하는 것이다. 기업운영자금의 차입행위는 영업에 관한 행위로 볼 수 있다. 따라서 甲은 표현지배인 성립여부와 관련하여 영업에 관한 행위가 아니라는 것을 이유로 14조의 성립을 부정할 수는 없다.

④ 丙이 선의라면 부분적 포괄대리권의 내부적 제한으로 대항할 수 없다.

⑤ C는 부분적 포괄대리권을 가진 사용인의 명칭사용을 허락받았지만 이에 해당하는 대리권이 없는 소위 표현과장인데, 이 경우에 표현지배인의 규정을 유추적용할 수 있을까에 대한 견해의 대립이 있다. 부정설을 취한다면 틀린 설명이 된다(민법상 표현대리 요건을 검토하는 것은 별론으로 함).

정답 : 2

17. 다음 중 상법상 상업사용인에 해당하는 사람은?

① 대형할인매장의 트럭 운전기사 A

② 회사의 물품재고관리 및 구매업무를 담당하는 자재과장 대리 B

③ 건설업을 목적으로 하는 주식회사의 대주주 C

④ 제약업을 목적으로 하는 유한회사의 감사 D

⑤ 자동차를 제조·판매하는 주식회사의 판매중개인 E

〈해설〉

① 비영업적 잡무를 수행하는 운전기사나 경비원은 상업사용인이 아니다.

② 부분적 포괄대리권을 가진 상업사용인에 해당한다고 볼 수 있다(대법원 1989. 8. 8.

선고 88다카23742 판결 참조).
③ ④ 주주나 회사의 기관인 감사 등은 상업사용인이 아니다.
⑤ 판매중개인은 대리상으로 상업사용인이 아니고 독립된 상인이다.

정답 : 2

18. 다음 중 상법상 물건판매점포사용인으로 취급될 수 없는 자는?
① 정수기판매대리점의 외무사원
② 렌터카대리점에서 근무하는 경리사원
③ 횟집의 청소원
④ 백화점 점포에서 근무하는 계산담당직원
⑤ 공중목욕탕에서 근무하는 안내직원

〈해설〉
① 16조의 적용은 점포의 사용인이므로 점포 외에서 물건을 판매하는 행위에 대하여는 적용이 없다.
②-⑤ 판매의 행위를 하는 점포 이외의 임대업, 금융업, 공중접객업 등의 점포에서 종사하는 사용인에게도 16조를 유추적용할 수 있다는 견해가 통설이다.

정답 : 1

19. 상법상의 상업사용인에 관한 다음 설명 중 옳지 않은 것은(다툼이 있는 경우에는 판례에 의함)?
① 영업주가 지배인의 대리권을 제한한 것을 가지고 대항하기 위해서는 상대방의 악의 또는 중과실을 입증해야 한다.
② 지배인이 영업주 명의로 한 어음행위는 특별한 사정이 없는 한 객관적으로 영업에 관한 행위로서 지배인의 대리권의 범위에 속하는 행위라고 보아야 한다.
③ 지배인이 자신의 사익을 도모할 목적으로 지배권을 행사한 경우에 영업주는 거래상대방이 악의인 경우에 한하여 그 이행을 거절할 수 있다.
④ 공동지배인이 단독으로 지배권을 행사한 경우에 표현지배인 규정을 적용할 수 있다.

⑤ 표현지배인이 성립하는 경우 영업주는 상대방에게 과실이 있다고 하더라도 과실상계의 법리에 따른 책임감경을 주장할 수 없다.

〈해설〉
① 대법원 1997. 8. 26. 선고 96다36753 판결.
② 대법원 1998. 8. 21. 선고 97다6704 판결.
③ 지배권 남용의 사안에서 최근 판례는 심리유보설을 취하여 상대방이 악의일 때뿐만 아니라 알 수 있었던 때도 영업주의 책임을 부정하는 판결을 하고 있다(대법원 1999. 3. 9. 선고 97다7721·7738 판결).
④ 대법원 1991. 11. 12. 선고 91다19111 판결 참조.
⑤ 대법원 1994. 12. 22. 선고 94다24985 판결 참조.

정답 : 3

20. 가구점을 경영하는 상인 甲의 상업사용인인 A가 甲의 허락 없이 할 수 있는 것을 모두 고르면?
① A가 친구 B의 계산으로 다른 가구점을 개설하여 야간에만 가구를 판매하는 행위
② A가 인근 백화점 내의 신발판매점포에서 매장을 정리해주는 행위
③ 甲의 영업자금조달업무를 수행하는 A가 甲의 주거래은행으로부터 자신의 개인영업인 부동산중개업의 영업자금을 대출받는 행위
④ A가 乙 가구회사의 지배주주가 되는 것
⑤ A가 丙 조미료회사의 이사가 되는 것

〈해설〉
① 甲의 허락 없이 한다면 경업거래 위반에 해당한다(17조 1항).
② A의 인근백화점에서의 행위로 물건판매점포사용인으로 의제될 수 있어 겸직금지 위반이 성립될 수 있다(17조 1항 후단).
③ 경업금지되는 행위 속에 영업주 甲의 보조적 상행위는 포함되지 않는다.
④ 겸직금지에 해당하지 않는다.
⑤ 겸직금지 대상회사가 영업주 甲과 동종영업의 회사에 한정되지 않으므로 겸직금지에 해당한다(17조 1항 후단).

정답 : 3, 4

21. 상법상 영업소에 관한 다음 설명 중 옳지 않은 것은(다툼이 있는 경우에는 판례에 의함)?

① 하나의 영업만을 경영하는 상인도 수개의 영업소를 가질 수 있다.
② 해수욕장의 일시적 매점도 기업활동의 중심 장소이면 영업소가 될 수 있다.
③ 회사는 지점만을 독립하여 양도할 수 있다.
④ 보험회사의 출장소는 일반적으로 영업소가 아니다.
⑤ 증권채무의 이행장소는 채무자의 영업소이다.

〈해설〉
① 동일한 영업을 경영하는 경우에도 본점과 지점 등 여러 개의 영업소를 둘 수 있다.
② 상법상 영업소이기 위해서는 어느 정도 시간의 계속성이 있어야 한다.
③ 374조 1항 1호·3호, 576조 1항.
④ 대법원 1978. 12. 13. 선고 78다1567 판결.
⑤ 증권채무는 추심채무이다(어음법 2조, 4조 등 다수, 민법 516조, 524조).

정답 : 2

22. 상법상 상호에 관한 설명 중 옳은 것은?

① 회사는 본점영업소의 지명과 다른 지명을 상호로 사용할 수 없다.
② 개인상인이 회사의 영업을 양수하면 상호중에 회사라는 명칭을 사용할 수 있다.
③ 동일한 영업을 수행하는 본점과 지점도 상호를 달리 할 수 있다.
④ 미등기 상호권자도 가해자에 대하여 등기말소청구권을 행사할 수 있다.
⑤ 동일하거나 인접한 특별시·광역시·시·군에서 동종영업으로 타인이 등기한 상호를 사용하는 자는 부정목적으로 사용하는 것으로 추정한다.

〈해설〉
① 상호를 인명·지명 등의 진실과 일치시킬 필요가 없다.
② 회사의 영업을 양수한 경우에도 회사임을 표시하는 문자를 사용하지 못한다(20조 2문).
③ 동일한 영업의 본점과 지점은 단일한 상호를 사용해야 하며, 다만 종속관계를 표시해야 할 뿐이다(21조 2항).
⑤ 추정되는 지역적 제한에 인접한 지역이 포함되지 않는다(23조 4항).

정답 : 4

23. 다음 설명 중 상법에 위반되지 않는 것은?

① 서울에서 점포를 개업한 개인상인 甲이 'LA 핏자점'을 상호로 선정하였다.

② 라면가게를 운영하는 개인상인 乙이 상호로 '(주)라면세상'을 선정하였다.

③ A 합자조합이 상호로 '우리금융합자회사'를 선정하였다.

④ 점포를 임대하여 문구도소매업을 경영하는 개인상인 丙은 '친절문구점'과 '성실문구사'라는 2개를 상호를 선정하였다.

⑤ 웨딩 영업을 하는 회사를 설립하려는 B와 C는 'Happy 웨딩'이라는 상호를 선정하여 등기신청을 하였다.

〈해설〉

① 우리 상법은 상호선정에 있어 자유주의가 원칙이다.

② 개인상인의 경우 주식회사와 동일시 할 수 있는 '(주)'라는 용어는 사용하지 못한다.

③ 회사가 아니면 상호에 회사임을 표시하는 문자를 사용할 수 없다(19조).

④ 동일 영업에 2개의 상호를 선정하여 사용하지 못한다(21조 1항).

⑤ 상호에 '회사형태'가 표시되어야 한다(19조).

정답 : 1

24. 甲은 서울시 서초구에서 '진미복집'이라는 식당을 5년간 경영하여 복매운탕의 맛집으로 명성을 쌓아 왔다. 乙은 같은 구(區)에서 '진미복전문점'이라는 상호를 선정하여 상호등기를 완료하였다. 다음 설명 중 가장 옳은 것은(다툼이 있는 경우에는 판례에 의함)?

① 甲은 乙의 부정목적을 입증만 하면 즉시 상호사용폐지청구권을 행사할 수 있다.

② 甲은 乙에 대하여 등기말소를 청구할 수 없다.

③ 乙은 상법 22조 등기배척권을 근거로 별다른 입증 없이 甲에 대하여 상호사용폐지를 청구할 수 있다.

④ 만일 乙의 영업이 복가공품 유통판매였다면 甲은 상호사용폐지청구권을 행사하기 어렵다.

⑤ 甲은 영업을 폐지한 경우에도 '진미복집'이라는 상호를 타인에게 양도할 수 없다.

〈해설〉

① 미등기상호권자 甲은 23조 1항의 요건 전부를 입증해야 한다(부정목적, 손해 받을 염려 등). 乙이 甲의 식당이 소재하는 같은 구에서 상호를 등기한 것으로 보아, 특별한 사정이 없다면 甲은 상호를 등기하지 않은 것으로 보아야 한다.

② 미등기상호권자도 제반요건을 입증하면 등기말소를 청구할 수 있다.

③ 22조의 등기배척권은 타인에 대한 사전등기배척권으로 주로 중복등기발생시 그 효력이 문제된다.

④ 상호의 오인가능성을 판단함에 있어 영업의 종류는 중요한 요소 중의 하나이다(대법원 2002. 2. 26. 선고 2001다73879 판결).

⑤ 25조 1항.

정답 : 4

25. 다음 중 상법상 상호로서 옳은 것을 모두 고르시오?

① 김철수세무사사무소　　② SAMSUNG

③ 세공정밀유한책임회사　　④ 삼양라면

⑤ 신용상호보험회사

〈해설〉

① ⑤ 상인의 명칭이 아니다.

② 영업표로 보아야 한다.

④ 상표이다.

정답 : 3

26. 甲은 50년 전부터 천안에서 자신이 개발한 빵을 '천안호두과자'라는 상호로 판매하여 전국적으로 명성을 얻었다. 그런데 乙이 대전에서 '천안호두과자'라는 상호로 빵집 영업을 시작하였다. 다음 설명 중 가장 옳은 것은?

① 甲이 상호를 먼저 등기한 상태라면, 乙의 상호선정은 효력이 없다.

② 乙이 먼저 상호를 등기했다면, 甲은 천안에서 상호를 등기할 수 없다.

③ 甲과 乙이 모두 상호를 등기한 상태라면, 서로 상호권을 주장할 수 없다.

④ 甲이 상호를 등기했다면, 甲은 乙의 부정목적의 입증 없이 乙에 대하여 상호사용폐지를 청구할 수 있다.

⑤ 만일 丙이 '천안호두과자'라는 상호로 대전에서 수입과자총판을 운영하고 있다면, 甲은 丙에 대하여 상호사용폐지를 청구할 수 있다.

〈해설〉

① 등기상호가 존재한다고 하여 동일 또는 유사한 상호를 선정할 수 없는 것은 아니다.

② 22조에 의한 등기배척권은 동일한 특별시, 광역시, 시, 군에서만 발생한다.

③ 甲과 乙이 모두 상호등기를 한 경우에, 이로 인하여 서로에 대한 상호사용권이나 상호전용권의 행사가 제한받지 않음은 물론이다.

④ 손해받을 우려와는 달리 부정목적은 입증해야 한다(23조 2항).

⑤ 상호사용의 폐지를 청구하기 위하여 판단해야 하는 상호의 오인가능성 여부의 검토에 있어 영업의 종류는 중요한 사항이지만 절대적 기준은 아니다. 특히 문제에서처럼 널리 알려진 상호인 경우에는 영업의 종류에 상관없이 오인가능성이 인정될 수 있다는 점에 유의하자.

정답 : 5

27. 甲은 신촌에서 '서울바게트'라는 상호로 제과점을 운영하여 많은 신용을 쌓았다. 그런데 그 후 甲의 친구인 乙이 종로에서 '서울바게트카페'라는 상호로 제과와 커피를 전문적으로 판매하는 상점을 개업하였다. 甲은 이러한 사정을 우연히 알고 조치를 고민하고 있었던 중 乙이 甲에게 감사의 뜻을 전하며 일정 금액을 지급하자 법적 조치를 미루었다. 다음 설명 중 가장 옳은 것은?

① '서울바케트카페'를 甲의 영업으로 오인하고 乙에게 원두커피를 외상으로 공급한 A에 대하여 甲은 책임이 없다.

② 甲은 乙에게 상법 23조를 근거로 상호사용의 폐지를 청구할 수 있다.

③ 甲은 乙의 영업상 불법행위 피해자 B에 대하여 손해배상책임을 진다.

④ 乙의 영업상 채권자인 C에게 채무를 이행한 乙은 甲에게 그 절반을 구상할 수 있다.

⑤ 乙이 영업상 채권자 D에게 채무변제를 위하여 甲 명의로 어음을 발행한 경우에 甲은 어음상책임을 부담한다.

〈해설〉

① 24조 명의대여자의 책임이 인정되기 위해서는 명의대여자와 명의차용자 사이에 '영업외관의 동일성'이 인정되어야 하는데, 엄격한 해석을 요하는 것이 아니므로 제과점과

커피를 제과와 함께 파는 영업 사이에는 '영업외관의 동일성'이 인정된다고 하겠다. 甲의 책임이 있다.

② 甲이 아무런 조치도 취하지 않고 乙로부터 금전을 취득한 것은 상호사용의 묵시적 허락으로 해석할 수 있다. 따라서 이런 경우 상호사용폐지청구를 할 수 없다고 보아야 한다.

③ 24조의 책임의 범위에 불법행위로 인한 채무는 포함되지 않는다.

④ 24조의 책임에 의하여 甲과 乙이 부진정연대책임 관계가 성립하지만, 乙이 甲에게 구상할 수는 없다.

정답 : 5

28. A는 친구이자 유명한 골프선수인 B의 허락을 받아서 'B프로골프샵'을 개설하여 운영하였다(A와 B는 'B프로골프샵'의 영업상 채권에 대하여 70:30의 비율로 부담하기로 내부 합의한 상태임). 그런데 평소 B의 팬인 C는 이 골프샵이 B가 직접 운영하는 것으로 알고 A에게 100만원 상당의 골프용품을 외상으로 공급하고 대금은 후일 받기로 하였다. 그 후 C는 이 골프샵의 주인이 A라는 사실을 알게 되었다. C의 채권에 대한 A와 B의 변제책임에 대한 다음 설명 중 옳은 것은?

① A와 B는 각각 70만원과 30만원의 범위에서 책임을 부담한다.
② A와 B가 각각 50만원의 범위 내에서 책임을 부담한다.
③ A는 100만원 전액을 부담하고 B는 30만원의 범위 내에서 책임을 부담한다.
④ A가 지급하지 못한 범위 내에서만 B가 지급책임을 부담한다.
⑤ B는 C가 입은 손해를 배상할 책임을 부담한다.

〈해설〉

① ② ③ 24조의 책임은 법정책임이고 부진정연대책임이다.
④ 명의대여자와 명의차용자의 책임관계에는 보충성 없다.
⑤ 채무불이행으로 인한 손해배상책임은 24조의 책임에 포함된다.

정답 : 5

29. 상법상 상호에 관한 다음 설명 중 가장 옳지 않은 것은(다툼이 있는 경우에는 판례에 의함)?

① 상호의 후사용자의 상호사용으로 인하여 선상호사용자의 신용이 훼손되었어도, 후사용자의 영업규모가 선사용자보다 크고 후사용자가 주지성을 획득한 경우에는 선사용자가 손해를 배상받지 못한다.

② 상인이 아닌 자도 상법 23조를 근거로 상호사용폐지청구권을 행사할 수 있다.

③ 상법 22조의 규정은 선등기자가 후등기자를 상대로 그 상호의 등기 말소를 소로써 청구할 수 있는 효력을 가진다.

④ 등기상호를 양도받은 자가 변경등기를 하지 않으면 악의의 제3자에 대하여도 대항할 수 없다.

⑤ 등기상호든 미등기상호든 상속이 가능하다.

〈해설〉

① 법원은 상호의 역혼동에 의한 피해를 인정한다(대법원 2002. 2. 26. 선고 2001다73879 판결 참조).

② 예를 들어 상인이 아닌 甲 대학교는 甲 대학교 근처에서 '甲 대학약방'이라는 상호로 영업하는 자에게 23조를 근거로 상호사용폐지를 청구할 수 있다.

③ 대법원 2004. 3. 26. 선고 2001다72081 판결.

④ 등기상호의 양도는 변경등기가 대항요건이다(25조 2항, 37조 1항과 구별해야 함).

⑤ 상호는 재산권적 성질이 강하므로 옳다.

정답 : 1

30. 상호의 가등기에 관한 다음 설명 중 옳은 것은(다툼이 있는 경우에는 판례에 의함)?

① 합명회사를 설립하기 위하여 상호를 가등기할 수 있다.

② 상호가등기권자는 동일한 특별시에서 동종영업의 상호로 등기한 자에 대하여 등기말소를 청구할 수 있다.

③ 상호가등기권자는 상법 22조의2 규정을 근거로 동일한 특별시에서 동종영업으로 동일한 상호를 사용하고 있는 자에 대하여 사용폐지를 청구할 수 있다.

④ 주식회사가 목적만을 변경하는 경우에는 상호가등기제도를 이용할 수 없다.

⑤ 주식회사가 본점을 이전하기 위하여 가등기를 하는 경우에는 본등기까지 1년을 초과하지 못한다.

〈해설〉

① 설립을 위한 상호 가등기는 주식회사와 유한회사만이 가능하다(22조의2 1항).

② 상호 가등기에도 22조와 동일한 등기배척권이 인정되므로(22조의2 4항), 결국 이 문항의 쟁점은 22조의 효력문제이다. 판례가 22조를 근거로 등기말소청구권이라는 실체법적 권리를 행사할 수 있다는 입장이다(대법원 2004. 3. 26. 선고 2001다72081 판결).

③ 23조 요건을 갖추어야 상호사용폐지청구가 가능하다.

④ 목적만을 변경하는 경우에도 상호 가등기 가능하다(22조의2 2항).

⑤ 2년을 초과하지 못한다. 22조의2 1항과 3항의 경우는 2년을 초과하지 못하고 2항의 경우는 1년을 초과하지 못한다(상업등기법 39조 2항).

정답 : 2

31. 아래의 경우 중 甲이 乙에게 등기상호의 배척력을 근거로 상호등기의 말소를 청구할 수 있는 경우는(다툼이 있는 경우에는 판례에 의함)?

〈甲의 선등기 또는 가등기〉 〈乙(또는 乙회사)의 후등기〉

① 대전광역시에서 '대전택시'로 등기 / 대전광역시에서 '대전운수'로 등기

② 구리시에서 '행복약국'으로 등기 / 하남시에서 '행복약국'으로 등기

③ 서울특별시에서 '할머니족발'로 등기 / 서울특별시에서 '할머니보쌈'으로 등기

④ 부산광역시에서 여관상호로 '신선장'을 등기 / 부산광역시에서 중국음식점 상호로 '신선장'을 등기

⑤ 대구광역시에서 유한책임회사 설립을 위해 '신라유한책임회사'로 가등기 / 대구광역시에서 '신라유한책임회사'로 회사의 상호를 변경등기

〈해설〉

상법 22조와 22조의2의 등기상호의 배척 효력에 관한 문제이다.

② 동일한 행정구역이 아니다.

③ 유사한 상호에 대하여는 등기배척력이 인정되지 않는다.

④ 동종업종의 상호가 아니다.

⑤ 유한책임회사의 설립을 위해서는 상호를 가등기할 수 없다. 따라서 甲은 적법한 가등기권자가 될 수 없다.

정답 : 1

32. 상업장부에 관한 설명 중 옳지 않은 것은?

① 합명회사는 청산종결등기 후에도 상업장부를 10년간 보존하여야 한다.
② 회사 이외의 상인은 영업을 개시한 때와 매년 1회 이상 일정시기에 대차대조표를 작성하여야 한다.
③ 상업장부상의 자산 평가에 대하여는 상법이 자산별로 기본 원칙을 제공하고 있다.
④ 주권상장법인은 반드시 한국채택국제회계기준에 따라 재무제표를 작성해야 한다.
⑤ 법원은 직권으로 소송당사자에게 상업장부의 제출을 명할 수 있다.

〈해설〉
① 266조.
② 30조 2항.
③ 2010년 개정으로 자산평가에 관한 상법 31조가 삭제되어, 자산평가는 공정·타당한 회계관행 즉 기업회계기준에 따르도록 되어 있다.
④ 2011년부터 주식회사 외부감사에 관한 법률(외감법)에 따라, 주권상장법인, 은행, 보험회사 등은 반드시 '한국채택국제회계기준(Korean International Financial Reporting Standards)'을 적용하여 재무제표나 연결재무제표를 작성하여야 한다.
⑤ 32조.

정답 : 3

33. 다음 중 반드시 등기해야 하는 사항이 아닌 것은?

① 한정치산자가 법정대리인의 허락을 얻어 영업을 하는 사실
② 지배인의 해임
③ 주식회사의 설립
④ 영업양도인의 상호를 계속 사용하는 영업양수인이 양도인의 영업상 채무를 인수하지 않았다는 사실
⑤ 법정대리인이 미성년자를 위하여 영업을 하는 사실

〈해설〉
④ 상대적 등기사항이다(42조 2항).

정답 : 4

34. 전자대리점을 경영하는 甲은 A를 지배인으로 선임하여 등기하고 영업활동을 시켜왔는데, A가 불성실하자 A를 해임하고 B를 새로운 지배인으로 선임하였다. 그런데 A는 해임 후에도 자신이 등기부에 그대로 남아 있다는 것을 알고 이를 악용하여 乙과 대형 TV 판매계약을 체결하고 계약금 3백만원을 가지고 잠적하였다. 다음 설명 중 가장 옳지 않은 것은?

① 乙이 A의 해임사실을 알고 있었다면 甲은 乙에게 대형TV의 인도를 거절할 수 있다.

② 乙이 A의 해임사실을 알고 있었던 경우에, 乙은 이 계약의 무효를 주장하지 못한다.

③ 甲이 이 계약의 효력을 부정하기 위해서는 乙이 해임사실을 알고 있었다는 것을 스스로 입증하여야 한다.

④ 만일 등기공무원의 실수로 乙의 해임등기가 되어 있지 않은 경우에도, 甲은 乙의 악의를 입증하지 않는 한 이 계약의 이행책임을 부인할 수 없다.

⑤ 乙은 甲의 상법 39조의 부실등기의 책임을 주장할 수 있다.

〈해설〉

① 37조 1항.

② 거래상대방 乙은 선의, 악의에 상관없이 실체적 법률관계(해임되었으니 무권대리)를 주장할 수 있다.

③ 甲(등기의무자)이 乙의 악의를 입증해야 한다.

④ 등기공무원의 실수로 등기가 되지 않은 경우에도 37조 1항이 적용된다.

⑤ 등기의 해태의 경우에 있어, 39조의 적용이 가능하다는 견해와 이를 부정하는 견해가 대립되어 있다. 따라서 가장 옳지 않은 정답은 아니다.

정답 : 2

35. 상업등기의 효력에 관한 다음 설명 중 가장 옳지 않은 것은?

① 회사의 합병절차가 완전히 이루어진 경우에는 합병등기가 없어도 합병사실을 알고 있는 제3자에 대하여는 합병을 가지고 대항할 수 있다.

② 상법등기는 객관적 사실과 다르게 등기되어도 일단 진실하다는 사실상의 추정을 받게 된다.

③ 상업등기의 일반적 효력에 관한 규정은 영업상 불법행위의 법률관계에는 적용되지 않는다.

④ 등기신청자의 고의 또는 과실 없이 부실등기가 이루어진 경우에도, 등기신청자가 부실등기임을 안 후에는 말소 또는 경정의 등기절차를 밟지 않으면 부실등기의 책임을 면할 수 없다.
⑤ 등기가 되었으면 제3자가 주관적 사유로 등기사실을 알지 못한 경우에도 등기의무자가 대항할 수 있다.

〈해설〉
① 회사의 설립이나 합병과 같이 창설적 등기사항에 대하여는 37조 1항의 적용이 없다.
② 통설과 판례의 입장이다(대법원 1991. 12. 27. 선고 91다4409·4416 판결).
③ 다수설적 견해이다.
④ 옳은 설명이다.
⑤ 주관적 사유는 37조 2항의 '정당한 사유'에 포함되지 않는다.

정답 : 1

36. 상업등기에 관한 다음 설명 중 옳지 않은 것은?
① 본점소재지에서 등기해야 할 사항을 지점소재지에서 등기하지 않으면 본점소재지 등기만을 가지고 지점거래의 선의의 제3자에 대하여 대항할 수 없다.
② 상호의 양도는 등기하지 않으면 악의의 제3자에 대하여도 대항하지 못한다.
③ 협동조합의 등기에도 상법 37조 및 39조가 적용된다.
④ 회사간의 합병은 등기에 의하여 효력이 발생한다.
⑤ 과실로 지배인 아닌 자를 지배인으로 등기한 자는 이를 가지고 선의의 거래상대방에 대항할 수 없다.

〈해설〉
① 35조, 37조 1항.
② 25조 2항.
③ 상인이 아니므로 상업등기가 아니다.
④ 회사의 합병은 창설적 등기사항이다.
⑤ 39조.

정답 : 3

37. 회사가 영업을 양도하거나 양수하는 경우 거쳐야 하는 내부의사결정에 관한 다음 설명 중 옳지 않은 것만을 고른 것은?

〈보기〉
a. 甲 주식회사가 乙 주식회사의 영업 전부를 양수하려면 주주총회의 특별결의가 반드시 필요하다.
b. 甲 유한회사는 사원총회의 특별결의가 없으면 자신의 영업 전부를 타인에게 양도할 수 없다.
c. 甲 주식회사는 주주총회의 특별결의가 있어야만 자신의 영업 일부를 타인에게 양도할 수 있다.
d. 甲 유한책임회사는 정관에 다른 정함이 없는 한 총사원의 동의가 있어야 자신의 영업 전부를 양도할 수 있다.
f. 甲 합명회사가 해산 후 청산인이 영업의 전부를 양도하는 경우에는 총사원의 동의가 필요하다.

① a, b ② b, d
③ a, c, d ④ a, c, f
⑤ c, d, f

〈해설〉
a. 주식회사는 다른 회사의 영업전부를 양수하든 일부만 양수하든 그 회사 영업에 중대한 영향을 미치는 경우에만 주주총회의 특별결의를 요한다(374조 1항 3호).
b. 576조 1항.
c. 중요한 일부의 양도시에만 주주총회의 특별결의를 요한다(374조의 1항 1호).
d. 287조의16(정관변경사항이므로).
f. 청산인이 영업양도를 할 때에는 총사원의 과반수 결의만 있으면 된다(257조).

정답 : 4

38. 영업양도에 관한 다음 설명 중 옳지 않은 것을 모두 고른 것은?
① 영업양도계약이 체결되면 이전대상의 기업재산은 개개 구성부분에 대하여 개별적인 물권행위가 행해져야 한다.
② 회사가 자신의 영업전부를 양도하면 상인자격을 상실한다.
③ 영업양도계약은 상법상의 법정기재사항을 기재한 계약서에 의하여야 한다.

④ 당사자 사이의 다른 약정이 없으면 영업양도계약에 의하여 상업사용인 등의 인적설비가 양수인에게 승계된다.

⑤ 양도인이 경업금지의무를 위반하면 양수인은 영업양도계약을 해제할 수 있다.

〈해설〉

① 영업재산을 포괄적으로 이전시키는 물권행위는 없으므로, 해당 법률에 따라 개별적 이전절차를 밟아야 한다.

② 회사가 영업전부를 양도해도 그 자체만으로 법인격이 소멸하는 것도 아니고 상인자격을 상실하는 것도 아니다.

③ 영업양도는 불요식계약이다(합병과 비교하여 두자).

④ 인적설비가 양수인에게 승계되는 것이 원칙이다.

⑤ 양수인이 경업금지 위반 양도인에게 채무불이행의 책임을 추궁할 수 있다.

정답 : 2, 3

39. 甲은 구리시에서 설렁탕집 식당을 운영하다가 乙에게 영업을 양도하였다(상호도 함께 양도하였음). 다음 설명 중 가장 옳은 것은?

① 甲이 乙과 25년 동안 경업을 하지 않기로 합의했다면, 甲은 25년간 구리시에서 새로운 설렁탕집 식당을 개업할 수 없다.

② 甲이 영업양도 후 구리시에서 다시 설렁탕집을 개업한 후 丙에게 영업양도했다면, 乙은 丙에게 경업금지(중지)청구를 할 수 없다.

③ 甲의 영업상 채권자 A는 乙이 채무인수를 한 경우에만 乙에게 책임을 추궁할 수 있다.

④ 영업양도계약상 명시적 약정이 없는 한, 甲은 乙에게 설렁탕의 조리비법을 전수해줄 의무가 없다.

⑤ 甲의 영업상 채무자 B가 영업양도 사실은 알았지만 부주의 하여 채권양도절차의 이행이 없었음을 알지 못한 경우에는 乙에 대하여 채무이행을 하여도 효력이 없다.

〈해설〉

① 특약으로 상법상 경업금지기간을 연장할 수 있으나 20년을 초과하지 못한다(41조).

② 상법상 경업금지의무관계는 전속적 권리관계로서 제3자에게 영업이 다시 이전된 경

우에는 그 제3의 양수인에게는 경업금지청구를 할 수 없다고 보아야 한다.

③ 채무인수가 없는 경우에도 42조 1항에 따라 양수인의 책임이 인정될 수 있다.

④ 영업양도의 경우 반대의 특약이 없는 한 영업비밀의 이전의무도 있다고 본다.

⑤ B의 부주의가 경과실에 해당하면 B의 변제가 유효지만 중대한 과실에 해당하면 변제의 효력이 없다. 따라서 온전하게 옳은 기술이라고 볼 수 없다.

정답 : 2

40. 영업양도에 관한 다음 설명 중 대법원 판례에 따르면 옳지 않은 것은?

① 영업양도 당사자 사이에 근로관계 일부를 승계의 대상에서 제외하기로 하는 특약은 효력이 없다.

② 양도인의 상호를 계속 사용하지 아니하는 영업양수인이 양도인의 채권자에 대하여 채무인수의 뜻을 개별적으로 통지한 경우에는 영업양수인은 그 채무변제의 책임을 부담한다.

③ 양도인의 상호를 계속사용하는 영업양수인이 변제책임을 지는 영업으로 인하여 발생한 채무에는 영업관련성이 있는 한 불법행위로 인한 손해배상채무도 포함된다.

④ 영업을 출자하여 주식회사를 설립하고 새로 설립된 주식회사가 출자자의 기존 상호를 계속 사용한다면 이 회사에 대하여 영업양수인의 변제책임을 규정한 42조 1항이 유추적용될 수 있다.

⑤ 영업재산의 전부를 양도했어도 그 조직을 해체하여 개별적으로 양도했다면 상법상 영업양도로 볼 수 없다.

〈해설〉

① 근로기준법 위반여부가 문제될 수 있으나, 특약자체가 무효는 아니다(대법원 1995. 9. 29. 선고 94다54245 판결).

② 인수광고뿐만 아니라 개별통지도 44조가 적용된다(대법원 2008. 4. 11. 선고 2007다89722 판결).

③ 대법원 1989. 3. 28. 선고 88다카12100 판결.

④ 대법원 1995. 8. 22. 선고 95다12231 판결.

⑤ 대법원 2003. 5. 30. 선고 2002다23826 판결.

정답 : 1

41. 다음 보기의 ( )에 들어갈 올바른 내용만으로 묶인 것은?

〈보기〉
a. 상인은 전표 또는 이와 유사한 서류를 ( )년간 보존하여야 한다.
b. 영업양수인이 양도인의 상호를 계속 사용하는 경우에 양도인의 영업으로 인한 채권에 대하여 채무자가 ( )없이 양수인에게 변제한 때에는 그 효력이 있다.
c. 상호를 등기한 자가 정당한 사유없이 2년간 상호를 사용하지 아니하는 때에는 이를 폐지한 것으로 ( ).
d. 영업양수인이 양도인의 상호를 계속사용함으로써 양도인의 영업상 채권자에 대하여 변제의 책임이 있는 경우에는 ( )의 제3자에 대한 채무는 영업양도 후 ( )이 경과하면 소멸한다.

	a.	b	c	d
①	5	악의	본다	양수인, 6월
②	5	선의이며 과실없이	추정한다	양수인, 1년
③	5	선의이며 중대한 과실	본다	양도인, 2년
④	10	악의	본다	양수인, 2년
⑤	10	선의이며 중대한 과실	추정한다	양도인, 1년

〈해설〉
a. 33조 1항 단서.
b. 43조.
c. 26조.
d. 45조.

정답 : 3

42. 다음 중 상법과 관련된 다음 설명 중 옳은 설명은 무엇인가(다툼이 있는 경우에는 판례에 의함)?

① 甲은 이익을 얻을 목적으로 매매행위를 하였어도 그 이익 전부를 공익사업의 기금으로 기부하였다면 상인이 아니다.
② 부분적 포괄대리권을 가진 사용인인 甲이 자신의 이익을 위하여 대리행위를

하였어도 자신의 권한범위에 속하는 행위였다면, 그 거래는 상대방의 선의·악의여부를 불문하고 영업주에 대하여 효력이 있다.

③ 설렁탕집을 경영하는 甲이 설렁탕 영업을 계속하면서 자신의 상호만을 乙에게 양도하였고, 이로 인해 乙의 거래상대방 A가 乙의 영업을 甲의 영업으로 오인하였다면 A는 甲에 대하여 이행책임을 추궁할 수 있다.

④ 甲이 고의로 부실등기를 한 경우에는 진위여부를 불문하고 등기된 사실을 기준으로 법률관계가 확정되므로, 甲뿐만 아니라 제3자인 乙도 진실된 사실을 주장할 수 없다.

⑤ 소상인인 개인상인 甲에게는 상법상 상호의 규정의 적용되지 않으므로 甲은 '진국설렁탕회사'라는 상호를 선정하여 사용할 수 있다.

〈해설〉

① 상인개념에서의 영리성은 이익의 분배나 처분과는 상관 없다(회사의 영리성은 이익을 사원에게 분배할 것을 요함).

② 부분적 포괄대리권을 사진 사용인의 대리권 남용의 경우에도 민법 107조 1항 단서가 유추적용된다. 즉 거래상대방이 甲이 자신의 이익을 위하여 행위를 한다는 것을 알았거나 알 수 있었을 경우에는 영업주에 대하여 효력이 없다(대법원 2008. 7. 10. 선고 2006다43767 판결).

③ 상호만의 양도는 위법한 양도이나, 이러한 사정으로 인하여 명의대여자의 책임(24조)을 부담할 수 있음은 별론이다.

④ 제3자가 부실등기자에 대하여 진실된 사실관계를 주장하는 것은 무방하다(39조 관련 문제).

⑤ 소상인에게는 상호 규정의 적용이 배제되는 것이 원칙이나(9조), 타인의 상호를 보호하기 위한 규정인 상법 20조나 23조, 24조 등의 규정은 적용된다.

정답 : 3

43. 다음 설명 중 대법원의 판결 내용과 다른 것은?

① 영업양도인인 주식회사의 지배주주가 회사의 명의로 어음을 발행한 경우에는 회사의 영업을 위한 행위로 추정되므로 반증이 없는 한 상법 42조 1항에 따라 영업양수인이 변제책임을 부담한다.

② 주체를 오인시킬 상호의 사용을 금지하는 상법 23조의 적용에 있어서 반드시 동종영업에 사용함을 요하지 않으므로 이종(異種)의 영업에 상호를 사용하는 경우에도 적용이 가능하다.

③ 동업계약이 종료되었고 공동사업자에서 탈퇴하는 신고까지 하였어도 동업관계에 있던 자는 다른 동업자가 상호를 계속 사용하면서 영업을 계속하도록 방치하였다면 명의대여자의 책임을 부담할 수 있다.
④ 상가를 분양하는 분양자와 입점자 간에 입점자의 업종을 제한하는 약정(입점자 간의 경업을 금지하는 약정)은 유효하고, 입점자로부터 점포를 양수한 자에 대하여도 그 약정의 효력이 미친다.
⑤ 영업양수인이 영업양도 후 자신의 상호를 그대로 보유·사용하면서 영업양도인의 상호는 단지 자신의 영업명칭 내지 영업표지로서만 사용하였다면 상법 42조 1항의 상호속용에 해당한다고 할 수 없다.

〈해설〉
① 대법원 2002. 6. 28. 선고 2000다5862 판결.
② 대법원 2002. 1. 26. 선고 2001다73879 판결.
③ 상법 24조의 요건 중 묵시적 허락에 해당하는지 여부가 문제된 사건이다(대법원 2008. 1. 24. 선고 2006다21330 판결).
④ 대법원 2004. 9. 24. 선고 2004다20081 판결.
⑤ 대법원 2009. 1. 15. 선고 2007다17123·17130 판결.

정답 : 5

44. 상법에 관한 다음 설명 중 옳지 않은 것은?
① 당사자가 2명 이상인 경우 그 중 1인만 상인으로서 하는 거래인 경우에도 전원에 대하여 상법이 적용된다.
② 첨단반도체를 제조하는 회사가 기술직 종업원과 퇴직 후 15년 동안 첨단 반도체 관련 영업에 종사하지 않기로 한 계약은 유효이다.
③ 법정대리인의 허락을 얻어 영업을 하는 미성년자는 법정대리인의 동의 없이 지배인을 선임할 수 없다.
④ 지배인을 3인 선임한 영업주는 그 중 2인 만을 공동지배인으로 할 수 있다.
⑤ 예명을 사용하는 저명한 가수가 엔터테인먼트회사에게 자신의 예명을 상호로 사용할 것을 허락하였다면 명의대여자의 책임을 부담할 수 있다.

〈해설〉

② 당사자 사이의 영업제한의 계약은 선량한 풍속 기타 사회질서에 반하지 않는 한(민법 103조), 유효이다.

③ 영업의 허락을 받은 미성년자는 지배인을 자유롭게 선임할 수 있다.

⑤ 예명의 대여도 24조의 명의대여자에 포함될 수 있다.

정답 : 3

45. 상호와 관련된 다음 설명 중 옳지 않은 것은(다툼이 있는 경우에는 판례에 의함)? (1회 변호사시험 기출문제)

① 민법상의 조합은 상호에 회사임을 표시하는 문자를 사용하지 못한다.

② 주식회사가 각기 독립된 수개의 영업을 하는 경우에 각 영업별로 다른 상호를 사용할 수 있다.

③ 주식회사와 유한회사는 회사의 설립 전에 상호의 가등기를 신청할 수 있다.

④ 부정한 목적으로 타인의 영업으로 오인될 수 있는 상호를 사용하는 자가 있는 경우, 그러한 상호의 사용으로 인하여 손해를 받을 염려가 있는 자는 그 상호의 폐지를 청구할 수 있으며, 이는 손해배상의 청구에 영향을 미치지 않는다.

⑤ 양도인의 상호를 계속 사용하는 영업양수인이 영업양도를 받은 후 지체 없이 양도인의 채무에 대한 책임이 없음을 등기한 경우에는, 양수인은 양도인의 영업으로 인한 제3자의 채권에 대하여 변제할 책임이 없다.

〈해설〉

② 회사는 자연상인과 달리 상호가 회사의 전인격(全人格)을 나타내는 유일한 명칭이므로 수개의 영업을 하는 경우에도 하나의 상호를 사용해야 한다.

정답 : 2

선택형 연구 2

1. 상행위법에 관한 다음 설명 중 옳지 않은 것은?

① 상법의 항공운송편에는 실질적 의의의 상행위법에 속하는 규정이 많다.
② 상거래는 거래안전이 무엇보다 중요하므로 상행위법은 강행법규가 많다.
③ 상행위법은 상인들의 개방성을 존중하여 새로운 형태의 상거래를 규율대상으로 포섭하려는 경향이 강하다.
④ 상행위법은 업종에 따라서는 상인 책임의 가중과 경감을 병존시키는 특성을 나타낸다.
⑤ 상행위법에는 거래의 신속한 처리를 위한 제도가 많다.

〈해설〉
② 상행위법은 기업의 거래에 관한 법으로, 합리적 판단 능력을 가진 당사자의 거래에 있어서의 이익조정이 주된 문제이어서 계약자유의 원칙이 민법 규정보다 강하게 지배하므로 임의법규가 더 많다(회사법 같은 기업조직법과 비교하자!).

정답 : 2

2. 다음 상행위 중 종류가 다른 하나는 무엇인가?

① 타인에게 임대하기 위하여 비디오테이프를 임차하는 행위
② 사무실과 사용인 등을 갖추고 여러 개의 낙찰계를 운영하는 행위
③ 타인의 허락을 받아 타인의 상호와 영업방식으로 튀김닭을 판매하는 행위
④ 타인의 자동차를 일시적으로 보관하여 주는 행위
⑤ 자신의 토지에서 분출되는 온천수를 온천장여관에 공급하는 행위

〈해설〉
① ③ ④ ⑤ 46조에서 규정하고 있는 기본적 상행위들이다.
② 5조 1항의 요건을 갖춘 설비상인의 영업상 행위로 볼 수 있으므로, 준상행위에 해당한다(66조)(대법원 1993. 9. 10. 선고 93다21705 판결 참조).

정답 : 2

3. 다음 甲의 행위 중 상법 47조 1항의 보조적 상행위로 볼 수 없는 것은?

① 甲이 설렁탕집을 개업하기 위하여 주방장 乙과 미리 맺은 고용계약

② 렌트카업체 甲의 납세신고 행위

③ 설렁탕집 주인 甲이 고객주차장 확보를 위하여 乙과 맺은 토지임차행위

④ 단추제조업체 甲이 乙은행으로부터 영업자금을 차용한 행위

⑤ 가구점을 경영하는 甲이 乙을 지배인으로 고용한 행위

〈해설〉

① '영업을 위하여'한 행위이면 개업준비행위도 보조적 상행위이다.

② 공법상의 행위로 보조적 상행위가 될 수 없다.

정답 : 2

4. 상법상 상행위의 대리에 관한 다음 설명 중 가장 옳지 않은 것은?

① 상가건물소유자 A를 위하여 분양업체 B가 분양계약을 체결하면서, A를 위한 계약임을 표시하지 아니하여도 분양의 효과가 A에게 귀속된다.

② 가구점 주인 A의 지배인 B는 A가 사망하여도 A의 상속인을 위하여 대리권을 계속 행사할 수 있다.

③ 전자대리점 주인 A의 지배인 B는 C에게 TV를 판매하였는데, C가 B를 그 대리점의 주인으로 오인한 경우에는 B에게도 계약의 이행을 청구할 수 있다.

④ 야채상점 주인 A로부터 배추의 매수를 위임받아 배추를 매수한 B는, 기상이변으로 가격이 급락하여 손실이 우려되면 임의로 배추를 처분할 수 있다.

⑤ 과일상점 주인 A가 C에게 영업을 양도하면, A의 지배인인 B는 별도의 절차 없이 C를 위하여 영업상의 대리권을 계속 행사할 수 있다.

〈해설〉

① 48조 본문.

② 50조.

③ 48조 단서.

④ 49조.

⑤ 영업양도의 계약에 의하여 지배인의 법적 지위도 승계된다는 견해와 영업주와 긴밀한 인적 관계를 가지는 위치라는 측면에서 영업양도계약에 의하여 법적 지위가 자동 승계되는 것은 아니라는 해석이 대립되어 있다(견해의 대립이 있으므로 온전히 옳은 설

명으로 취급할 수 없음).

정답 : 5

5. 상행위법에 관한 다음 설명 중 가장 옳은 것은?

① 다수 채무자 중 1인에게 상행위가 되는 행위로 인한 채무는 모든 채무자가 연대책임을 부담한다.

② 비상인도 상인과 상시거래관계 있는 자라면 영업 부류의 청약을 받은 즉시 낙부의 통지를 발송하지 않으면 승낙이 의제된다.

③ 은행이 고객을 위하여 지급보증을 하는 경우에는 최고의 항변은 가지나, 검색의 항변권은 가지지 못한다.

④ 상사계약의 해제로 인한 원상회복청구권은 10년의 시효가 적용된다.

⑤ 비상인이 상인으로부터 금전을 차용하는 경우 유질계약의 설정이 가능하다.

〈해설〉

① 57조 1항.

② 낙부통지의무자는 상인에 한한다(53조).

③ 상법상 연대보증이 성립하여, 은행은 민법상의 최고 및 검색의 항변권을 갖지 못한다(57조 2항).

④ 상사채권에 포함된다. 소멸시효기간은 5년이다(64조).

⑤ 채무자가 비상인인 경우의 피담보채권을 위한 유질계약 설정은 허용긍정설과 허용부정설이 대립되어 있다(견해의 대립이 있으므로 가장 옳은 설명이 될 수 없음).

정답 : 1

6. 상법상 (일반) 상사유치권의 특성과 관련된 다음 해석 중 옳지 않은 것은?

① 甲 주식회사와 지배인 A 사이의 채권관계에는 상사유치권이 성립하지 않는다.

② 운송업자 甲은 야채도매상 乙에 대한 고구마운송 운임채권(변제기가 1개월 도과)을 위하여, 乙이 최근 운송을 위탁하면서 인도한 배추를 유치할 수는 없다.

③ 창고업자 甲이 과일 유통업자 乙에 대한 보관료채권을 위하여 유치권을 행사하기 위해서는 乙이 임치한 사과 10상자가 乙의 소유물이어야 한다.

④ 甲 은행은 문방구를 경영하는 乙이 경영자금으로 빌려간 금전을 회수하기 위하여 乙이 甲 은행 금고에 임치해 놓은 유가증권을 유치할 수 있다.
⑤ 골동품위탁매매상 甲이 중고품판매업자 乙로부터 골동품의 매각을 위탁받으면서 보수채권을 위하여 그 골동품의 유치권을 행사하지 않기로 합의했다면, 甲은 상사유치권을 행사할 수 없다.

〈해설〉
① 지배인은 상인이 아니다.
② 상사유치권은 개별적 견련성을 요하지 않는다.
③ 상사유치권이 성립하기 위해서는 유치목적물이 채무자소유이어야 한다.
④ 일방에 있어 보조적 상행위인 경우에도 상사유치권은 성립한다.
⑤ 상사유치권은 당사자의 특약으로 배제할 수 있다(58조 단서).

정답 : 2

7. 상행위법에 관한 다음 설명 중 옳지 않은 것은?
① 상사채권자 甲은 상사채무자 乙이 법령 또는 관습에 의한 영업시간 외에 이행을 하면 이를 수령하지 않아도 수령지체가 되지 않는다.
② 상사채권자 甲의 지점에서 거래한 경우 채무자 乙은 채무이행이 그 행위의 성질 또는 당사자의 의사표시에 의하여 특정되지 아니한 경우로서 특정물 인도가 아니라면, 그 채무이행은 거래가 있었던 채권자의 지점이 이행장소이다.
③ 乙로부터 영업부류에 속하는 청약을 견품과 함께 받은 상인 甲은 상시거래관계가 없는 경우에도 견품을 보관해야 하는 것이 원칙이다.
④ 상인 甲이 비상인 乙으로부터 영업자금을 차입했다면 특약이 없는 한 甲의 채무는 연 6퍼센트의 법정이율을 적용받는다.
⑤ 상인 甲이 비상인 乙과 마주보고 대화를 통하여 청약을 하면서 1일의 승낙기간을 정한 경우에도, 乙이 즉시 승낙하지 아니하면 청약의 효력이 없다.

〈해설〉
① 63조.
② 56조.
③ 60조 본문.

④ 채권자든 채무자든 어느 일방에게 상행위이면 그 상행위로 인한 채무는 상사법정이율 규정의 적용을 받는다(54조).
⑤ 즉시 승낙해야 하는 것이 원칙이나 당사자 사이의 특약으로 대화자 간에도 승낙기간을 정할 수 있다(51조 참조).

정답 : 5

8. 상사매매에 관한 다음 설명 중 옳지 않은 것은?
① 목적물의 수량이 초과하여 인도된 경우에 매수인에게 검사 및 통지의무가 발생하지 않기 때문에 대금증액의무가 없다.
② 매수인이 변제장소로 기재되어 있는 주소지에 부재하여 변제가 불가한 경우 매도인은 공탁권과 경매권을 선택적으로 행사할 수 있다.
③ 확정기매매에서 일정기간까지의 채무불이행이 발생한 경우, 채권자는 자동해제의 주장 대신에 즉시이행을 청구할 수 있다.
④ 매수인이 수령을 거부하는 경우 목적물이 멸실될 염려가 있으면 매도인은 최고 없이 경매할 수 있다.
⑤ 격지매매에 있어서 매도인이 목적물의 하자를 사전에 알고 있었던 경우는 매수인이 계약을 해제할 수 있는데, 이 경우에는 매수인이 목적물의 보관·공탁의무를 부담하지 않는다.

〈해설〉
① 수량초과나 일부 멸실 등의 경우에는 목적물 검사·통지의무가 발생하지 않는다.
② 67조 1항.
③ 확정기매매에서도 채권자는 자신에게 유리하다고 판단되면 이행지체시에 즉시 이행을 청구할 수 있다(68조).
④ 67조 2항.
⑤ 매도인이 목적물의 하자를 알고 있었으면, 매수인은 목적물 검사와 하자통지의무 이행여부와 상관없이 계약을 해제할 수 있는데, 이 경우에도 목적물 보관·공탁의무는 부담한다.

정답 : 5

9. 상인 甲은 자신의 제품을 상인 乙에게 판매하는 계약을 체결하였다. 이와 관련한 다음 설명 중 가장 옳지 않은 것은?

① 상법은 甲의 보호를 위하여 특칙을 규정하고 있다.

② 甲은 목적물의 수령거부가 乙의 귀책사유로 인하지 아니한 경우에도 목적물 공탁·경매권을 행사할 수 있다.

③ 甲과 乙의 계약이 확정기매매라면, 목적물 인도 불이행에 甲의 귀책사유가 없었어도 이행약정기간의 도과로 해제의 효력이 발생한다.

④ 甲은 乙의 수령거부로 목적물을 경매했다면 경매 후 반드시 乙에게 통지하여야 한다.

⑤ 乙이 甲과 맺은 격지매매계약을 목적물의 하자 때문에 해제하는 경우에, 乙은 목적물이 멸실, 훼손될 염려가 있으면 별 다른 절차 없이 목적물을 경매할 수 있다.

〈해설〉

③ 68조의 적용을 위해 甲의 귀책사유가 필요한가에 대하여는 견해의 대립이 있다(따라서 가장 옳지 못한 정답이 될 수 없음).

④ 67조 1항.

⑤ 법원의 허가를 얻어야 한다(70조 1항 단서).

정답 : 5

10. 2012년 3월 1일에 양말제조업자 B는 섬유업자 A로부터 원단을 구입하여 양말을 제조판매하였다. 그런데 판매된 양말이 변색·수축되어 막대한 금전적 손해를 입었다. 이에 관한 다음 설명 중 가장 옳은 것은(A가 공급한 원단에 하자가 있었고 이 하자는 6개월 내에 발견할 수 없는 하자였음)?

① B의 하자의 통지가 2012년 9월 1일까지 A에게 도달한 경우에만, B는 손해배상을 청구할 수 있다.

② B는 원단 수령 즉시 조사했지만 조사장비의 질이 낮아 하자를 알 수 없었다는 것을 입증하면, 하자의 통지를 하지 않았어도 손해배상을 청구할 수 있다.

③ A가 원단을 제조할 당시부터 변색이 발생할 가능성이 있다는 것을 알고 있었다면, B의 A에 대한 손해배상청구권은 10년의 시효에 의하여 소멸한다.

④ 2012년 9월 1일 이후까지 B가 하자와 관련하여 A에 대하여 아무런 조치를 취하지 않았다면 B에게 과실이 없어도 A는 담보책임을 면한다.

⑤ 만일 B가 A에게 2012년 8월 15일에 특수장비를 통하여 원단의 하자를 발견하고 즉시 이를 통지했다면, 계약해제권과 손해배상청구권은 하자를 안 날로부터 1년 내에만 행사하면 된다.

〈해설〉
① 하자 통지는 발송주의이다.
② 매수인의 주관적 사정(능력부족·시설 및 인력부족 등)은 고려되지 않는다.
③ 상사시효가 적용된다.
④ 다수설과 판례의 입장이다(대법원 1999. 1. 29. 선고 98다1584 판결).
⑤ 6월 내에 행사하여야 한다(민법 582조).

정답 : 4

11. 다음 보기 항목 중 옳은 설명은 총 몇 개인가?

〈보기〉
ⓐ 가구점을 경영하는 영업주 甲이 지배인 乙을 선임하는 행위는 기본적 상행위가 아니다.
ⓑ 설렁탕집 주인 甲의 손님에 대한 음식료 채권은 소멸시효기간이 5년이다.
ⓒ 상인 甲과 상시거래관계 있는 자 乙은 비상인이라도 영업부류의 청약을 받은 즉시 낙부의 통지를 발송하여야 한다.
ⓓ 甲 백화점이 고객 乙의 소지품을 무상으로 임치해주는 경우에도 언제나 선량한 관리자의 주의의무를 부담한다.
ⓔ 투자자문업자 甲이 비상인인 고객 乙에게 금전을 대여한 경우 이자지급의 약속이 없어도 법정이자를 청구할 수 있다.
ⓕ 상인 乙로부터 견품과 함께 청약을 받은 상인 甲이 청약을 거절하면서 물건을 보관하는 경우에는 그 보관비용채권을 위하여 견품에 유치권을 행사할 수 있다.
ⓖ 상인과 상인 사이에 매매계약을 체결하면서. "전쟁이 발생하여 목적물을 인도하지 못하는 사정이 발생하면 매도인은 이행지체의 책임을 부담하지 않는다"는 계약조건을 정하였다면 이 같은 면책조항은 무효이다.

① 2개 ② 3개 ③ 4개 ④ 5개 ⑤ 모두

〈해설〉

a. 보조적 상행위이므로 옳은 설명이다.

b. 상사채권이지만 상법 64조 단서에 따라 1년의 단기소멸시효가 적용된다(민법 164조).

c. 상인만이 낙부통지의무를 진다.

d. 62조.

e. 상인이 비상인에게 영업에 관하여 금전을 대여한 경우에 법정이자를 청구할 수 있다(55조 1항)(대부업자와 같이 금전대여를 반드시 영업으로 해야 하는 것은 아니다).

f. 상인과 상인 사이의 상사채권을 피담보채권으로 하는 등 상사유치권의 요건을 만족하는 경우이다.

g. 매도인의 불가항력 면책의 약정은 유효하다.

정답 : 3

12. 다음 설명 중 대법원 판례의 내용과 일치하지 않는 것은?

① 금전대여를 영업으로 하지 아니하는 상인이라 하더라도 영업자금의 일부로 이자취득 목적의 대여를 하는 행위는 반증이 없는 한 보조적 상행위로 추정된다.

② 개업준비행위도 영업의사를 상대방이 객관적으로 인식할 수 있으면 보조적 상행위로 상법이 적용된다.

③ 건물소유자인 본인을 위하여 분양업체가 분양계약을 체결하면서 건물소유자의 대리인임을 표시하지 않았다 하더라도 분양계약의 효력은 본인에게 귀속된다.

④ 상행위에 해당하는 부동산 매매계약의 무효를 이유로 이미 지급한 매매대금의 상당액을 부당이득으로 반환청구하는 경우에는 5년의 상사소멸시효를 적용한다.

⑤ 불법행위로 인한 손해배상채무에 대하여는 상사법정이율인 연 6푼을 적용하지 않는다.

〈해설〉

① 대법원 2008. 12. 11. 선고 2006다54378 판결.

② 대법원 2012. 4. 13. 선고 2011다104246 판결.

③ 대법원 1996. 10. 25. 선고 94다41935·41942 판결.

④ 대법원은 상행위의 무효를 이유로 한 부당이득반환청구권이라도 민법 162조 1항에 따

라 10년의 소멸시효를 적용하였다(대법원 2003. 4. 8. 선고 2002다64957 · 64964 판결).
⑤ 대법원 1985. 5. 28. 선고 84다카966 판결.

정답 : 4

13. 상법상 상호계산에 관한 설명 중 옳지 않은 것은?
① 상호계산기간 중에 생긴 채권·채무는 독립성을 상실하여 각각의 효력이 정지된다.
② 담보부채권을 상호계산에 편입시킨 경우에는 잔액채권의 확정으로 채권뿐만 아니라 그 담보도 당연히 소멸한다.
③ 상호계산기간만료로 일괄 상계된 잔액에 대하여 채권자는 계산폐쇄일 이후의 법정이자를 청구할 수 있다.
④ 채권·채무의 각 항목을 기재한 계산서를 당사자가 승인하였을 경우에는 이 계산서의 각 항목에 착오가 있을지라도 이의를 제기하지 못한다.
⑤ 상호계산의 당사자는 각 항목을 상호계산에 계입한 날로부터 이자를 붙일 것을 약정할 수 있다.

〈해설〉
④ 이의제기가 가능하다(75조 단서).
⑤ 76조 2항.

정답 : 4

14. 상인 甲과 비상인 乙은 1년간 서로 상호계산으로 결제하기로 약정하였다(상호계산기간의 약정은 없었음). 이에 관한 다음 설명 중 가장 옳은 것은?
① 甲이 乙에게 인도해야 하는 옥수수 1톤의 채무(乙의 채권)도 상호계산계약의 대상이 될 수 있다.
② 甲이 乙에게 1천만원의 약속어음을 배서교부하고 취득한 9백만원의 금전채권이 상호계산에 편입된 경우, 그 어음이 지급거절되면 9백만원의 채권은 상호계산 계입 항목에서 제외할 수 있다.
③ 甲과 乙의 상호계산계약은 6월이 경과하면 종료한다.
④ 甲의 乙에 대한 5백만원의 채권이 탈루된 채 이루어진 승인행위는 무효가

된다.

⑤ 甲의 개인채권자 A는 상호계산에 계상된 乙에 대한 5백만원의 채권을 압류할 수 있다.

〈해설〉

① 특정물 인도의 현물채권은 그 성질상 상호계산의 대상이 될 수 없다(금전채권에 한하는 것이 원칙임).

② 73조 후단.

③ 특별한 약정이 없으면 상호계산기간은 6월이다(74조). 그러나 상호계산계약의 존속기간과 상호계산기간은 구분해야 한다. 상호계산계약은 상호계산계약의 존속기간의 만료로 종료한다.

④ ⑤ 학설의 대립이 있으므로 가장 옳은 정답으로 선택하면 안 된다.

정답 : 2

15. 상법상 익명조합에 관한 다음 설명 중 옳지 않은 것은?

① 수개의 익명조합계약에 의하여 개별적인 출자가 가능하나 최소한 익명조합원 중 1인 이상은 상인이어야 한다.

② 영업자가 익명조합의 영업을 위하여 금전을 출연한 것은 익명조합에 대한 출자가 아니다.

③ 이익 발생여부에 상관 없이 매월 일정액을 익명조합원에게 지급하도록 약정하는 계약은 다른 요건을 갖추어도 익명조합계약이 될 수 없다.

④ 손실분담에 관한 약정이 없어도 익명조합계약의 성립에는 문제가 없다.

⑤ 익명조합원은 특약이 없는 한 자신의 지위를 타인에게 양도할 수 없다.

〈해설〉

① 개별적 출자가 가능하며, 출자자인 익명조합원 상호간에는 아무런 법률관계가 없고, 익명조합원이 상인이든 비상인이든 상관 없다.

② 자기 영업에 대한 출연이다(영업자는 출자의무가 없다).

③ 대법원 1983. 5. 10. 선고 81다650 판결 참조.

④ 손실분담에 관한 사항은 익명조합계약의 본질적 요소가 아니다.

⑤ 익명조합의 당사자는 특약이 없는 한 지위양도를 할 수 없다.

정답 : 1

16. 상법상 익명조합에 관한 다음 보기의 설명 중 옳은 것만으로 묶인 것은?

〈보기〉
ⓐ 익명조합의 영업자는 상인이어야 한다.
ⓑ 영업상 손실이 있는 경우에는 손실을 메운 후에야 이익분배를 청구할 수 있다.
ⓒ 익명조합원이 자기의 성명을 영업자의 상호로 사용하게 한 경우에는 영업상 거래상대방이 악의라도 익명조합원은 영업자와 연대책임을 진다.
ⓓ 익명조합원은 신용 출자를 할 수 없다.
ⓔ 특약으로 영업자의 이익분배의무를 배제할 수 있다.
ⓕ 영업자는 상법상 경업피지의무를 부담한다.
ⓖ 영업자인 회사가 흡수합병으로 소멸하면 익명조합계약은 종료한다.

① ⓐⓑⓕ ② ⓐⓑⓓ ③ ⓒⓔⓖ
④ ⓑⓒⓔⓖ ⑤ ⓐⓑⓓⓕⓖ

〈해설〉
c. 81조 법문상에는 언급이 없으나, 24조와 동일한 취지의 규정으로 보아 선의의 제3자에 대하여만 연대책임을 지는 것으로 보아야 한다.
e. 본질적 요소이므로 특약으로 이익분배의무를 배제하면 익명조합계약이 아니다.
f. 상법규정이 없다.
g. 존속회사나 신설회사가 권리의무를 승계하므로, 흡수합병으로 인한 소멸 그 자체만으로 익명조합계약이 종료된다고 볼 수 없다.

정답 : 2

17. 상법상 익명조합의 종료원인이 아닌 것은?

① 존속기간의 만료 ② 영업의 양도
③ 영업자의 사망 ④ 익명조합원의 파산
⑤ 익명조합원의 금치산선고

〈해설〉
⑤ 영업자의 금치산선고와는 달리 익명조합원의 금치산선고는 종료사유가 아니다(84조).

정답 : 5

18. 상법상 합자조합에 관한 다음 설명 중 옳지 않은 것은?

① 상법상 회사는 합자조합의 무한책임조합원이 될 수 없다.
② 합자조합의 주된 영업소의 소재지는 등기사항이다.
③ 유한책임조합원의 지분양도에 관하여는 조합계약에서 자율적으로 정할 수 있다.
④ 합자조합계약으로 유한책임조합원이 신용출자할 수 있도록 정할 수 있다.
⑤ 무한책임조합원은 다른 약정이 없으면 다른 조합원 과반수 결의 없이 자기 계산으로 조합과 거래를 할 수 없다.

〈해설〉
① 173조에 해당되지 않는다. 회사도 무한책임조합원이 될 수 있다.
② 86조의4 1항 1호.
③ 86조의7 2항.
④ 86조의3 6호.
⑤ 86조의8 2항 본문, 199조.

정답 : 1

19. 甲 합자조합에는 업무집행(무한책임)조합원 A와 유한책임조합원 B가 있다. 다음 설명 중 가장 옳지 않은 것은?

① A는 甲조합의 재판상의 행위는 할 수 없다.
② A의 지분을 압류하면 이는 A의 장래의 이익배당권리에 효력이 미친다.
③ C가 새로운 무한책임사원으로 가입했다면, C는 가입 전의 조합채무에 대하여는 책임이 없다.
④ 甲 조합은 조합계약으로 B에게 업무집행권을 부여할 수 있다.
⑤ B가 甲 조합의 이익이 없이 배당받은 금액은 조합채무의 변제한도액에 포함된다.

〈해설〉
① 86조의8 2항, 209조.
② 86조의8 4항, 민법 714조.
③ 213조를 준용하는 명문규정이 없으므로 ③의 설명이 옳다고 볼 수도 있고, 269조의 해석으로 213조를 준용하여 틀린 설명으로 볼 수도 있다.
④ 86조의3 3항을 근거로 가능하다고 보아야 한다.
⑤ 86조의6 2항.

정답 : 1

20. 다음 설명 중 대법원 판례의 입장과 일치하지 않는 것은?

① 조합채무가 조합원 전원을 위하여 상행위가 되는 행위로 인하여 부담하게 된 것이라면 그 채무에 관하여 조합원은 연대책임을 부담한다.

② 상인 사이의 선물환계약은 환율변동의 위험을 회피하기 위하여 체결되는 것으로서 그 성질상 그 약정 결제일에 이행되지 않으면 계약의 목적을 달성할 수 없는 확정기매매이다.

③ 상사매매에서 목적물에 상인에게 통상 요구되는 객관적인 주의의무를 다하여도 즉시 발견할 수 없는 하자가 있는 경우에도 매수인은 6월 내에 그 하자를 발견하여 지체 없이 이를 통지하지 아니하면 매수인이 무과실이어도 매도인에게 하자담보책임을 물을 수 없다.

④ 익명조합의 경우에는 익명조합원이 영업을 위하여 출자한 금전 기타의 재산은 상대편인 영업자의 재산이 되지만 실질적으로 영업자는 타인의 재물을 보관하는 자의 지위에 있으므로 영업자가 영업이익금 등을 임의로 소비하면 횡령죄가 성립한다.

⑤ 음식점시설제공자의 이익여부에 관계없이 정기적으로 일정액을 지급할 것을 약정하면 설사 대외적 거래관계는 경영자가 그 명의로 단독으로 하여 그 권리의무가 그에게만 귀속되는 동업관계라 하더라도 상법상 익명조합은 아니다.

〈해설〉

① 이런 경우 57조 1항을 적용한다(대법원 1992. 11. 27. 선고 92다30405 판결).

② 상인 사이의 선물환계약은 68조의 적용대상이다(대법원 2003. 4. 8. 선고 2001다38593 판결).

③ 대법원 1999. 1. 29. 선고 98다1584 판결.

④ 이런 경우 영업주가 타인의 재물을 보관하는 지위에 있는 자로 보지 않아 횡령죄가 성립하지 않는 것으로 판결하였다(대법원 2011. 11. 24. 선고 2010도5014 판결).

⑤ 대법원 1983. 5. 10. 선고 81다650 판결.

정답 : 4

21. A는 상인 甲의 상법상 대리상이다. 다음 설명 중 옳지 않은 것은?

① A는 다른 상인 乙과 대리상계약을 추가로 체결할 수 있다.

② A는 甲을 위한 영업거래를 한 후 지체 없이 통지했으나, 그 통지가 불도착한 경우는 甲이 그 위험을 부담한다.

③ A의 능력 발휘로 인하여 甲이 막대한 영업이익을 얻었다면, A는 대리상계약 종료 후 6개월 이내에는 언제나 甲에게 적정한 보상을 청구할 수 있다.
④ A는 거래상대방이 이행을 하지 않아도 甲을 위해 이행을 담보할 책임은 없다.
⑤ A는 대리상계약이 종류한 후에도 甲의 영업상 비밀을 준수하여야 한다.

〈해설〉
① 대리상은 특정된 다수의 상인을 보조할 수 있다.
② 88조 발신주의 원칙상 당연하다.
③ '언제나' 보상청구가 가능한 것이 아니고, 대리상계약 종료 후에도 甲이 계속 이익을 얻고 있는 경우에만 보상청구가 가능하다(92조의2 1항).
⑤ 92조의3.

정답 : 3

22. A는 상인 甲의 상법상 중개대리상이다. 다음 설명 중 가장 옳은 것은?
① 존속기간이 약정되지 않았다면, 甲은 A와의 계약을 해지하기 위해서는 6월 전까지 해지를 예고해야 한다.
② A가 甲으로부터 물건매매의 중개를 위탁받은 경우, A는 매매 목적물 하자의 통지를 수령할 권한이 있다.
③ A는 甲의 허락 없이도 다른 상인 乙의 지배인으로 취임할 수 있다.
④ A에게는 상법상 보상청구권이 인정되지 않는다.
⑤ A가 업무수행 중 타인에게 불법행위를 한 경우에, 甲은 A와 연대하여 손해를 배상할 책임을 부담하는 것이 원칙이다.

〈해설〉
① 2월 전에 예고하면 된다(92조 1항).
② 중개대리상이지만 90조에 의해 일정한 경우 수동대리권이 인정된다.
③ 89조 1항에 '다른 상인의 사용인'의 취임금지가 규정되어 있지 않지만, 해석상 금지된다고 보는 것이 옳다(최근 다수설).
④ 92조의2.
⑤ 법률에 의하여 책임을 지는 경우(보험업법 102조) 외에는 불법행위에 대하여 甲은 책임을 부담하지 않는다.

정답 : 2

23. 상법상 대리상의 상사유치권에 관한 다음 설명으로 옳지 않은 것은?

① 대리상은 유가증권도 유치할 수 있다.
② 피담보채권과 유치목적물 사이에 개별적 견련성에 대하여는 (일반)상사유치권과 같다.
③ 목적물의 소유권이 제3자에게 이전되면 대리상은 유치권을 행사할 수 없다.
④ 대리상의 본인에 대한 체당금청구권도 피담보채권에 포함된다.
⑤ 대리상계약의 당사자 간 합의로 유치권의 성립을 배제할 수 있다.

〈해설〉
③ 목적물의 소유권이 채무자일 것임을 요하지 않으므로 유치권행사가 가능하다.
⑤ 91조 2문.

정답 : 3

24. A는 중개를 영업으로 하기 위하여 甲과 중개인수계약을 체결하였다. 다음 설명 중 옳은 것은?

① 甲이 상인이 아니면 A는 중개를 영업으로 해도 상법상 중개인이 아니다.
② A는 결약서 기재사항 등에 관하여 반드시 장부를 작성하고 이를 즉시 당사자에게 교부하여야 한다.
③ A는 자신의 중개로 인하여 당사자 사이에 계약이 성립하고 결약서가 교부되었다면 계약의 이행여부와 상관없이 보수를 청구할 수 있다.
④ A의 보수는 특약이 없는 한 甲이 전액 부담한다.
⑤ A가 甲의 묵비요구에 따라 甲의 성명이나 상호를 표시하지 않고 계약을 성사시킨 경우에는, 甲이 계약을 불이행하면 A가 계약당사자가 된다.

〈해설〉
① 甲이 비상인이어도 A가 甲과 상인이 거래하도록 중개하는 것을 영업으로 하면 상법상 중개인이 된다.
② 장부의 일반적 교부의무는 없고, 당사자가 청구하는 경우 등본을 교부할 의무는 있다(97조).
④ 중개인의 보수는 당사자 쌍방이 균분하여 부담한다(100조 2항).
⑤ 이행담보책임을 부담할 뿐 계약당사자가 되는 것이 아니다(99조).

정답 : 3

25. 다음 중 상법상 중개인의 의무에 해당하는 것은?

① 매매 계약서 제출의무
② 지정가액준수의무
③ 매매계약을 위해 인도받은 목적물의 하자 통지의무
④ 개입의무
⑤ 경업피지의무

〈해설〉
① ② ③ 위탁매매인의 의무이다(104조, 106조, 108조).
④ 99조.
⑤ 중개인의 경업피지의무에 대하여는 상법상 규정이 없다.

정답 : 4

26. 甲은 상법상 위탁매매인이다. 다음 설명 중 가장 옳은 것은?

① A가 S회사 주식을 1주당 10만원에 매도해줄 것을 위탁했는데, 甲이 8만원에 매도했다면 특약이 없는 한 이 계약은 甲이 차액을 부담하여도 A에 대하여 효력이 없다.
② A가 주권상장법인인 H회사 주식을 시세로 매도해 줄 것을 위탁한 경우, 甲이 직접매수인이 되기 위해서는 A의 동의가 필요하다.
③ 매수 위탁한 A가 목적 물건의 수령을 거부하는 경우에, 甲은 특별한 사정이 없으면 공탁권만을 행사할 수 있다.
④ 甲이 A를 위해 매수 위탁을 성사시켰지만, 거래상대방으로부터 하자 있는 목적물이 인도된 경우에는, 甲이 A에 대하여 목적물의 하자담보책임을 부담한다.
⑤ A가 D 주식을 주당 10만원에 매도할 것을 위탁했는데, 甲이 15만원에 매도한 경우 차액인 주당 5만원은 甲의 이익이 된다.

〈해설〉
① ⑤ 106조.
② 위탁매매인의 개입권은 형성권이다(107조).
③ 공탁권과 경매권이 모두 인정된다(109조, 67조).
④ 위탁매매인의 이행담보책임(개입의무)에 해당한다(105조).

정답 : 4

27. 甲은 A로부터 운송주선을 의뢰받은 자이다. 다음 설명 중 옳지 않은 것은?

① 甲이 A에게 화물상환증을 발행했다면 인도받은 목적물의 멸실에 대하여 완전배상해야 한다.

② 甲은 다른 약정이 없으면 의뢰받은 물건이 거래소 시세가 없는 물건이라도 개입권을 행사할 수 있다.

③ 甲이 손해배상책임을 면하기 위해서는, 甲이 운송물에 관한 사항뿐만 아니라 운송인의 선택이나 운송에 있어서도 과실이 없음을 입증해야 한다.

④ A가 고가물을 위탁하면서 그 종류와 가액을 명시하지 않으면 甲은 손해배상책임을 지지 않는다.

⑤ 운송물이 도착지에 도착한 후에는 운송주선계약상의 수하인에 대하여도 甲이 손해배상책임을 부담할 수 있다.

〈해설〉

① 116조 2항에 의하여 운송인으로 의제되므로 정액배상주의 원칙에 따라 배상하면 된다.

② 116조 1항.

③ 115조.

④ 124조, 136조.

⑤ 124조, 140조 1항.

정답 : 1

28. 다음 중 상법상 여객운송주선업과 동일한 종류의 영업형태에 해당하는 것은?

① 상장주권위탁매매업 ② 물건운송주선업

③ 중고차위탁매매업 ④ 출판·광고주선업

⑤ 어음할인중개업

〈해설〉

④ 준위탁매매업을 고르는 문제이다(113조 참조).

정답 : 4

29. 다음 보기의 설명 중 상법상 옳은 것만으로 묶인 것은?

〈보기〉
ⓐ 대리상은 1인의 특정한 상인만을 보조한다는 점에서 중개상과 위탁매매인과 차이가 있다.
ⓑ 본인의 보조적 상행위를 대리하거나 중개하는 자는 대리상이 아니다.
ⓒ 상사중개인은 경업이 허용되며 중개하는 행위의 당사자 일방이 상인이면 충분하다.
ⓓ 운송주선인 A, B, C가 순차로 운송주선을 하는 경우, C는 A에게 보수를 지급하여도 서로 약정이 없는 한 A의 보수청구권을 취득하지는 못한다.
ⓔ 운송주선인 A, B가 순차로 운송주선을 하는 경우, B는 A가 선임한 운송인에게 변제한 때에는 그 운송인의 권리를 취득한다.
ⓕ 위탁매매인은 개입의무를 지는 동시에 개입권도 행사할 수 있다.

① ⓐⓓⓔ ② ⓐⓔⓕ ③ ⓑⓒⓓ
④ ⓑⓒⓔⓕ ⑤ ⓒⓓⓔⓕ

〈해설〉
a. 대리상은 일정하게 특정된 상인을 보조하지만, 반드시 1인만을 보조하여야 하는 것은 아니다.
d. 117조 2항의 전자에는 직전의 전자만 포함되는 것이 아니다.
e. 118조.

정답 : 4

30. 다음 보기 중 상법상 대리상, 중개인, 위탁매매인 모두에 공통된 내용은 몇 개인가?

〈보기〉
ⓐ 당연상인이다.
ⓑ 타인을 위하여 법률행위를 한다.
ⓒ 상법상 경업금지의무를 부담한다.
ⓓ 보수청구권을 가진다.
ⓔ 상법상 특별유치권을 가진다.

ⓕ 개입 제도의 규정이 존재한다.
ⓖ 공탁·경매권을 가진다.

① 2개 ② 3개 ③ 4개 ④ 5개 ⑤ 6개

〈해설〉
b. 중개대리상이나 중개인은 타인을 위해 중개라는 사실행위를 하는 자이다.
c. 대리상만 상법상 경업금지의무를 부담한다.
e. 상법은 중개인의 특별상사유치권을 정하고 있지 않다.
f. 대리상의 경업금지위반시 본인이 개입권을 행사할 수 있고(89조 2항, 17조), 중개인이나 위탁매매인도 개입제도에 관한 규정이 존재한다(99조, 107조).
g. 위탁매매인제도만이 매수물의 공탁 및 경매권에 관한 규정을 가지고 있다(109조).

정답 : 2

31. 상법상 육상물건운송업에 관한 다음 설명 중 옳지 않은 것은?
① 운송계약은 송하인과 운송인 사이에 체결되는 계약으로 본질적으로 도급계약의 성질을 가진다.
② 운송물이 도착지에 도착한 때에는 수하인은 송하인과 동일한 권리를 취득한다.
③ 송하인이 화물명세서에 기재사항을 잘못 기재하여 통관이 지연된 경우에는, 송하인이 자신의 무과실과 운송인의 악의를 입증하지 못하는 한 운송인에게 손해를 배상하여야 한다.
④ 화물상환증이 발행되지 않은 경우에 송하인은 운송 도중에 운송인에게 운송물의 반환을 청구할 수 있다.
⑤ 운송인이 수하인의 운송물 수령거부로 경매를 함에 있어서는 송하인에 대한 최고를 하기 전에 수하인에 대하여 상당한 기간을 정하여 운송물의 수령을 최고하는 절차를 밟아야 한다.

〈해설〉
② 140조 1항.
③ 127조의 송하인 부실기재책임은 무과실책임이라는 것이 통설이다(127조).
⑤ 143조.

정답 : 3

32. 송하인 甲은 수하인 乙에게 물건을 보내기 위해 운송인 A와 운송계약을 체결하였다. 상법상 甲과 乙의 법적 지위에 대한 다음 설명 중 옳지 않은 것은(화물상환증은 발행되지 않았음)?

① 도착지에 도착하기 전까지는 甲만이 운송물의 처분을 지시할 수 있다.
② 도착지에 물건이 도착하였어도 인도청구가 있기 전까지는 甲의 운송물 처분권이 乙의 권리보다 우선한다.
③ 乙이 물건의 인도청구를 하면, 乙의 권리가 甲의 권리보다 우선한다.
④ 물건의 인도청구가 있기 전까지는 甲과 乙 모두 손해배상청구권자가 될 수 있다.
⑤ 乙이 물건을 수령한 후에는 乙의 권리만 존재한다.

〈해설〉
② 이 기간 동안에는 甲과 乙의 권리가 동등하게 병존하고, 결국 누가 먼저 권리를 행사하느냐가 기준이 된다(140조 1항).

정답 : 2

33. 상법상 육상물건운송인의 손해배상책임에 관한 다음 설명 중 가장 옳은 것은(다툼이 있는 경우에는 판례에 의함)?

① 운송물이 일부 멸실된 경우의 손해배상액은 인도할 날의 도착지의 가격에 의한다.
② 피해자는 운송인에 대하여 요건만 구비되면 채무불이행책임과 불법행위책임을 선택하여 행사할 수 있다.
③ 운송인은 자신 또는 사용인이 무중과실임을 입증하면 손해배상책임을 면할 수 있다.
④ 운송인의 손해배상액 산정에서 운임의 지급여부는 고려되지 않는다.
⑤ 운송인이 운송물의 훼손사실을 은폐하고 인도한 경우에는 1년의 소멸시효가 적용된다.

〈해설〉
① 인도한 날의 도착지의 가격이다(137조 2항).
② 청구권경합설이 통설·판례의 입장이다(대법원 1983. 3. 22. 선고 82다카1533 판결).

③ 무과실을 입증해야 한다(135조).
④ 137조 4항 참조.
⑤ 운송인이 악의이면 일반 원칙대로 상사소멸시효인 5년이 소멸시효기간이다(146조 2항).

정답 : 2

34. 甲은 고가의 다이아몬드를 乙에게 보내기 위해 운송인 A와 운송계약을 맺었다. 다음 설명 중 가장 옳은 것은?

① 甲은 다이아몬드의 가액과 가치를 반드시 화물명세서에 명시하지 않으면 허위기재의 책임을 면할 수 없다.
② 甲이 운송도중에라도 다이아몬드의 종류와 가액을 고지했다면, A는 고가물로서의 손해배상책임을 부담한다.
③ 甲이 다이아몬드의 종류와 가액 등 고가물임을 고지하지 아니하였으면, A는 특별한 다른 사정이 없는 한 보통물로서의 손해배상책임도 부담하지 아니한다.
④ 甲이 운송물이 고가물임을 고지하지 않았지만, A가 운송중 우연히 운송물이 다이아몬드로서 고가물임을 알게 되었어도 A는 손해배상책임이 없다.
⑤ 甲이 다이아몬드의 가액으로 1천만원을 기재하여 고지했다면, 다이아몬드가 전부 멸실된 경우 A의 손해배상액은 1천만원이 된다.

〈해설〉
① 화물명세서의 법정 기재사항이 아니다(126조 2항 참조).
② 운송도중의 고가물 고지는 운송인 A에게 불측의 감당하기 어려운 부담을 줄 수 있으므로 일률적으로 A에게 고가물의 손해배상책임을 인정할 수 없다.
④ 견해의 대립이 있다(가장 옳은 설명이 될 수 없음).
⑤ 송하인의 고지 금액이 바로 손해배상금액이 되는 것은 아니다.

정답 : 3

35. 송하인 甲은 운송인 A에게 고구마 10가마를 인도하면서 그 물건에 대한 운송계약을 체결하고 화물상환증을 교부받았는데, 그 화물상환증에는 '운송물 : 고구마 100가마'로 기재되어 있다. 다음 설명 중 옳지 않은 것은?

① 甲이 교부받은 화물상환증이 기명식이어도 금지문구의 기재가 없는 한 배서

에 의하여 양도할 수 있다.
② 화물상환증을 乙이 정당하게 소지하고 있으면 언제나 乙만이 운송물 처분권을 가진다.
③ 화물상환증을 취득한 乙이 선의라면 A가 고구마 100가마를 수령한 것으로 추정한다.
④ 乙이 丙에게 배서교부한 경우에 乙은 丙에게 담보적 책임을 부담하지 않는다.
⑤ 甲이 화물상환증을 제시하면서 고구마 100가마의 인도를 청구하는 경우에 A는 10가마만 수령했음을 입증하여 손해배상책임을 면할 수 있다.

〈해설〉
① 130조.
③ 제3자가 선의로 화물상환증을 취득했다면 화물상환증에 기재된 대로 운송인이 수령한 것으로 의제된다(131조 2항).
④ 화물상환증의 배서에는 담보적 효력이 없다(어음법상 배서의 담보적 효력 규정이 준용되지 않음).
⑤ 甲과 A 사이에 있어서는, A가 화물상환증에 기재되어 있는 대로 수령하였음을 추정하는 것에 그치므로 A는 반대 입증을 통하여 책임을 면할 수 있다(131조 1항).

정답 : 3

36. 운송업자 A가 컴퓨터 10대를 운송하고 있는 사이에 회물상환증소지인 甲이 乙에게 운송물을 양도하려 한다. 다음 중 대표설이 주장하는 화물상환증의 물권적 효력의 발생요건은 무엇인가?

〈보기〉
ⓐ 甲과 乙 사이의 소유권이전의 합의
ⓑ 乙에게 화물상환증 교부
ⓒ A의 운송물 직접점유(타인을 위한)
ⓓ A에 대한 운송물인도청구권의 양도 합의
ⓔ A에 대한 운송물인도청구권 양도의 통지

① ⓐ + ⓑ
② ⓐ + ⓓ + ⓔ
③ ⓐ + ⓑ + ⓒ
④ ⓐ + ⓑ + ⓓ + ⓔ
⑤ ⓐ + ⓑ + ⓒ + ⓓ + ⓔ

〈해설〉
대표설은 화물상환증이 운송물을 대표한다고 보는 견해로써 화물상환증의 교부로 운송물의 간접점유가 이전하게 된다고 설명한다. 따라서 대표설에 따르면 '화물상환증의 교부와 운송인(A)의 직접점유'가 있어야 물권적 효력이 발생한다.

정답 : 3

37. 甲은 목욕탕을 영업으로 하는 자이다. 다음 설명 중 옳지 않은 것은?

① 甲이 "고객이 휴대한 물건에 대하여는 영업주가 손해배상책임을 부담하지 않는다"라는 문구를 게시하였고 고객 A가 이를 읽었다는 사실만으로 甲은 면책되지 않는다.
② 甲은 고객 B로부터 임치받은 시계의 멸실에 대하여 불가항력을 입증하지 못하면 손해를 배상해야 한다.
③ 고객 C가 자신의 시계를 임치하지 않고 휴대한 경우, 그 멸실에 대한 甲의 과실은 A가 입증해야 한다.
④ 고객 D가 자신의 고가 다이아몬드를 甲에게 임치하면서 그 종류와 액수를 알리지 않았다면 甲의 사용인에게 과실이 있어도 甲은 손해를 배상할 책임이 없다.
⑤ 고객 E가 임치하지 않고 휴대한 소형컴퓨터와 프린터가 전부 멸실된 경우에 과실 있는 甲의 책임은 E가 목욕탕을 퇴거한 날로부터 6개월이 지나면 소멸시효가 완성한다.

〈해설〉
① 152조 3항.
② 과실이 추정될 뿐 불가항력의 입증책임을 지는 것이 아니다(152조 1항).
③ A에게 입증책임이 있다(152조 2항).
④ 153조.
⑤ 154조 1항·2항·3항.

정답 : 2

38. 甲은 타인을 위하여 창고에 물건을 보관하는 것을 영업으로 하는 자이다. 다음 설명 중 옳은 것은?

① 甲은 비상인인 고객 A가 보관료를 지급하지 않는 경우 임치물이 A 소유물이 아니어도 유치권을 행사할 수 있다.

② 고객 A는 甲과 6개월의 임치기간을 약정하였다면, 임치물 인도 3개월 경과 후 반환청구를 하기 위해서는 2주간 전까지 예고하여야 한다.

③ 甲이 고객 A와 임치기간 약정 없이 창고계약을 맺었다면, 甲은 임치물 인도 후 6개월이 경과하면 반환해 갈 것을 청구할 수 있고 만일 A가 임치물의 수령을 거부하면 경매할 수 있지만 법원의 허가를 얻어야 한다.

④ 고객 A는 창고증권 교부의무자인 甲에게 甲의 비용으로 임치물을 분할하여 각 부분에 대한 창고증권을 교부할 것을 청구할 수 있다.

⑤ 고객 A가 창고증권으로 임치물을 B에게 입질한 경우에는 A는 질권계약이 종료될 때까지 甲에게 임치물의 일부반환을 청구할 수 없다.

〈해설〉

① 비상인과 창고업자 사이에는 민사유치권이 적용된다.

② 고객 A의 반환청구가 있으면 약정임치기간과 상관없이 甲은 임치물을 반환하여야 한다(164조, 민법 698조, 699조 참조).

③ 67조가 준용되므로 법원의 허가가 필요 없다.

④ 가능하지만 임치물 분할과 증권교부의 비용은 증권소지인이 부담한다(158조 2항).

⑤ 질권자 B의 승낙이 있다면 창고증권에 기재하고 임치물의 일부반환이 가능하다(159조).

정답 : 1

39. 상법상 새로운 종류의 상행위에 관한 다음 설명 중 옳지 않은 것은?

① 금융리스이용자가 금융리스업자에게 금융리스물건의 수령증을 발급한 경우에는 금융리스이용자가 적합한 금융리스물건을 수령한 것으로 추정한다.

② 금융리스이용자는 계약기간 동안 금융리스물건을 선량한 관리자의 주의로 유지 및 관리할 의무를 부담한다.

③ 가맹상은 가맹업자의 동의를 받아야 그 영업을 양도할 수 있다.

④ 가맹업자는 다른 약정이 없으면 가맹상의 영업지역 내에서 동일한 업종을 영업할 수 없으나, 동일한 업종의 가맹계약은 체결할 수 있다.

⑤ 채권매입업자는 다른 약정이 없는 한 매수한 영업채권을 채무자로부터 회수

하지 못하는 경우에 채권매입계약의 채무자에게 영업채권액의 상환을 청구할 수 있다.

〈해설〉
① 168조의3 3항.
② 금융리스이용자가 금융리스물건의 유지 및 관리의무를 부담한다(임대차 계약과의 차이를 정리하자!, 168조의3 4항).
③ 168조의9 1항.
④ 다른 약정이 없으면 가맹계약체결도 금지된다(168조의7).
⑤ 168조의12.

정답 : 4

40. 다음 설명 중 대법원 판례의 내용과 일치하는 것은?

① 제조회사와 대리점 총판계약을 체결하고 제조회사의 본체를 매입하여 다른 주변기기를 붙여 판매한 대리점은, 제조회사가 신문에 자사 제품의 전문취급점 및 A/S센터 전국총판으로 위 대리점을 기재하는 광고를 했다면, 상법상 대리상에 해당한다.
② 위탁매매인이 위탁자로부터 받은 물건을 점유하다가 파산절차에 들어간 경우 위탁자는 상법 103조를 근거로 채무자 회생 및 파산에 관한 법률에 의한 환취권을 행사할 수 있다.
③ 운송인이 보수를 청구하려면 운송이 완료되어야 하는데, 운송의 완료라 함은 운송물을 현실적으로 인도하는 것을 의미한다.
④ 고가물 불고지로 인한 상법상 면책규정은 불법행위로 인한 손해배상책임에도 적용한다.
⑤ 운송물의 권리를 양수한 수하인 또는 그 이후의 자는 (선하)증권의 교부와 운송물반환청구권의 양도합의 및 대항요건을 갖춤으로써 그 물권적 효력에 의하여 운송물의 소유권을 취득한다.

〈해설〉
① 대리상 여부는 단순히 명칭만 보고 판단하는 것이 아니고, 실질적인 계약내용이 기준이 된다(대법원 1999. 2. 5. 선고 97다26593 판결).
② 대법원 2008. 5. 29. 선고 2005다6297 판결.

③ 운송의 완료는 인도할 수 있는 상태가 되어 있으면 족하다(대법원 1993. 3. 12. 선고 92다32906 판결).
④ 불법행위책임에는 적용되지 않는다(대법원 1991. 8. 23. 선고 91다15409 판결).
⑤ 대법원은 대표설을 취하고 있다(대법원 1997. 7. 25. 선고 97다19656 판결).

정답 : 2

41. 상법에 관한 다음 설명 중 옳은 것은?

① 우리 상법은 행위 자체의 성격만을 고려하여 누가 하든 언제나 상행위로 인정되는 행위를 제한적으로 열거하고 있다.
② 익명조합계약으로 익명조합원이 전혀 손실을 분담하지 않기로 하는 약정은 유효하다.
③ 격지자 상인 간의 계약의 청약은 승낙기간이 없으면 상대방이 상당한 기간 내에 승낙의 통지를 발송하지 아니한 때에는 그 효력을 잃는다.
④ 합자조합에 둘 이상의 업무집행조합원이 있는 경우 조합계약에 달리 정함이 없는 한 각 업무집행조합원의 업무집행에 대하여 다른 업무집행조합원의 이의가 있으면 그 행위를 중지하고 업무집행조합원 전원의 찬성에 따라야 한다.
⑤ 운송주선인은 운송물이 전부 멸실된 경우에 인도할 날의 도착지의 가격에 따라 손해배상을 하면 된다.

〈해설〉
① 우리 상법은 절대적 상행위를 인정하지 않고 있다.
② 82조 3항.
③ 2010년 상법개정으로 52조 1항이 삭제되었다.
④ 과반수의 결의에 따르면 된다(86조의5 3항).
⑤ 운송인과는 달리 전손배상이 원칙이다(민법 393조 1항).

정답 : 2

42. 다음 중 대법원의 판결내용과 다른 것은?

① 중개인 甲이 매매를 중개함에 있어 매수인 B의 이익을 위하여만 중개행위를 하였고, 매도인 A에게는 이로 인한 반사적 이익만이 돌아간 경우에는, 甲은

A에게 보수청구권을 갖지 아니한다.

② 甲은행은 乙은행으로부터 양도받은 채권(A에 대한 채권)을 위해, 직접 A로부터 다른 채권의 담보목적으로 입질받아 점유하고 있는 유가증권을 유치할 수 없다.

③ 은행의 영업시간이 16:30까지인 것은 상관습이라 할 것이므로, 복권당첨자 A가 지급기한일 16:30까지 甲은행에게 지급청구하지 않았으면 甲은행은 당첨금의 지급의무가 없다.

④ 철도승객 A가 열차승강구에 올라서서 아직 객실에 들어가지 않은 상태에서 열차가 동요하여 추락하였다면, 여객운송인인 국가는 운행 전 사고발생차단 주의의무 위반으로 A에 대하여 손해배상책임을 져야 한다.

⑤ 여관업자 甲이 건물 옆에 고객들의 차량을 주차할 수 있는 주차장을 설치하면서 통제할 시설이나 인원을 따로 두지 않았다면, 고객 A가 甲에게 명시적이거나 묵시적인 방법으로 주차차량의 관리를 맡겼다는 등의 특수한 사정이 없는 한, 甲은 주차도중 차량에 대한 손해를 입은 A에게 그 손해를 배상할 책임이 없다.

〈해설〉

① 대법원 1977. 11. 22. 선고 77다1889 판결.

② 대법원 2000. 10. 10.자 2000그41 결정 참조.

③ 대법원 2005. 4. 29. 선고 2004다65299 판결; 서울고법 2004. 11. 10. 선고 2003나47913 판결(상법 63조 '관습에 의한 영업시간'에 관한 판결).

④ 대법원 1980. 1. 15. 선고 79다1966 판결.

⑤ 대법원 1998. 12. 8. 선고 98다37507 판결.

정답 : 2

43. 상법상 금융리스계약에 관한 다음 설명 중 옳지 않은 것은(다툼이 있는 경우에는 판례에 의함)?

① 금융리스이용자는 중대한 사정변경으로 인하여 리스물건을 계속 사용할 수 없는 경우에는 언제든지 리스계약을 해지할 수 있다.

② 금융리스업자의 책임 있는 사유로 금융리스계약을 해지하는 경우에는 금융리스업자는 잔존 리스료 상당액의 청구나 리스물건의 반환을 선택적으로 청구할 수 있다.

③ 금융리스업자가 금융리스이용자의 책임을 물어 리스물건의 반환을 청구하는 것은 손해배상의 청구에 영향을 미치지 않는다.
④ 금융리스업자의 리스물건의 하자에 대한 하자담보책임을 부정하는 특약은 유효하다.
⑤ 공급자는 공급계약에서 정한 시기에 리스물건을 금융리스이용자에게 인도할 의무가 있다.

〈해설〉
① 3개월 전에 예고하고 해지해야 한다(168조의5 3항).
② 168조의5 1항.
③ 168조의5 2항.
④ 일반적으로 금융리스계약에는 리스업자의 리스물건에 대한 하자담보책임을 배제하는 특약을 두게 되는데, 이는 비전형계약인 리스계약의 특성상 유효라고 보는 것이 타당하다(대법원 1996. 8. 23. 선고 95다51915 판결).
⑤ 168조의4 1항.

정답 : 1

44. 다음 설명 중 옳은 것은? (1회 변호사시험 기출문제)
① 익명조합원의 출자가 손실로 인해 감소된 때에는 당사자 간에 다른 약정이 없으면 그 손실을 전보한 후가 아니면 익명조합원은 이익배당을 청구하지 못한다.
② 익명조합원은 원칙적으로 영업자의 거래상대방에 대하여 영업자와 함께 직접 권리와 의무를 부담한다.
③ 상호계산의 당사자 쌍방은 모두 상인이어야 한다.
④ 상호계산에 있어서 상계할 기간을 정하지 아니한 때에는 그 기간은 1년으로 한다.
⑤ 상사유치권에 관한 규정은 소상인에게 적용되지 아니한다.

〈해설〉
① 82조 1항.
② 익명조합의 영업은 영업자의 단독영업이므로, 익명조합원이 거래상대방에 대하여 아무런 권리나 의무를 갖지 않는다.

③ 상인과 비상인 간의 거래관계에도 상법상 상호계산계약이 성립한다(72조).
④ 6월이다(74조).
⑤ 소상인에게도 적용된다(9조 참조).

정답 : 1

45. 대리상, 중개인 및 위탁매매인을 비교한 설명 중 옳지 않은 것은?

(1회 변호사시험 기출문제)

① 대리상은 일정한 상인의 영업만을 보조한다는 점에서 중개인과 구별된다.
② 대리상은 상법상 경업금지의무를 지지만, 중개인에 대하여는 상법에 경업금지의무에 관한 규정을 두고 있지 않다.
③ 대리상은 본인의 영업부류에 속한 거래만을 보조하지만, 중개인과 위탁매매인은 그에 한정되지 않는다.
④ 대리상의 본인은 반드시 상인이어야 하지만, 위탁매매인의 위탁자는 상인일 필요는 없다.
⑤ 대리상, 중개인 및 위탁매매인은 모두 특별상사유치권을 행사할 수 있다는 점에서 공통된다.

〈해설〉
⑤ 중개인을 위한 특별상사유치권 규정은 없다. 대리상과 위탁매매인은 상법상 특별상사유치권이 인정된다(91조, 111조).

정답 : 5

판례색인

사항색인

공저자소개

김병연

Indiana University Law School, LL.M. & S.J.D.
한림대학교 법학과 교수
한국거래소 시장감시위원회 위원
Georgetown University Law Center, Visiting Scholar
한국증권법학회 연구이사
현) 건국대학교 법학전문대학원 교수

박세화

Washington University In St. Louis School of Law, LL.M.
연세대학교 법과대학 법학박사
University of California at Berkeley School of Law, Research Scholar
Washington University In St. Louis School of Law, Visiting Scholar
사법시험·PSAT·세무사시험 위원
법무부 상법특별위원회 위원
현) 충남대학교 법학전문대학원 교수

권재열

University of California at Berkeley School of Law, LL.M.
Georgetown University Law Center, S.J.D.
법무부 상법특별위원회 위원
한국상사법학회 출판이사
현) 경희대학교 법학전문대학원 교수

상법총칙·상행위 : 사례와 이론

2012년 8월 25일 초판인쇄
2012년 9월 1일 초판발행

공저자 김병연·박세화·권재열
발행인 안 종 만
발행처 (주)박영사
서울특별시 종로구 평동 13-31번지
전화 (733) 6771 FAX (736) 4818
등록 1959. 3. 11. 제300-1959-1호(倫)

저자와 협의하에 인지첩부를 생략함

www. pybook. co. kr e-mail: pys@pybook. co. kr

정 가 30,000원 ISBN 978-89-6454-864-6